Deutsche Lehrlingspolitik im Handwerk.

Von

Dr. Hans Coelsch.

Berlin 1910
J. Guttentag, Verlagsbuchhandlung,
G. m. b. H.

Druck von H. Laupp jr in Tübingen.

Vorwort.

Es ist unbestritten, daß die schwierige Lage des Handwerks in einer ganzen Reihe von Punkten wesentlich mit durch die Vernachlässigung des Handwerkernachwuchses entstanden ist, und daß es einer der Hauptpunkte praktischer Handwerkerpolitik sein muß, einem geordneten Lehrlingswesen besondere Fürsorge zuzuwenden.

Der Verfasser hat deshalb auch gerne, einer Anregung des deutschen Handwerks- und Gewerbekammertages folgend, die deutsche Lehrlingspolitik im Handwerk einer eingehenderen Beleuchtung unterzogen, umsomehr, als er durch seine Tätigkeit als wissenschaftlicher Hilfsarbeiter bei der Handwerkskammer Posen und als Syndikus des Rhein.-Westf. Tischler-Verbandes Gelegenheit hatte, das Lehrlingswesen im praktischen Leben selbst kennen zu lernen. Zum besseren Verständnis und zur Würdigung der Handwerkslehre hielt es der Verfasser für empfehlenswert, analoge Verhältnisse in der Fabrik zum Vergleiche heranzuziehen.

Die vorliegende Arbeit, die in ihrem ersten Teile auf die Geschichte des Lehrlings während der Zunftzeit eingeht, gibt im zweiten Teile eine eingehendere Darstellung des geltenden Reichsgewerberechts in Bezug auf die gewerblichen Lehrlinge und bespricht im dritten Teile die Maßnahmen zur Erziehung eines berufstüchtigen gewerblichen Nachwuchses, die aber so zahlreich sind, daß sie hier eine vollständig erschöpfende Behandlung nicht erfahren können.

Zum Schluß erledigt sich der Verfasser noch der angenehmen Pflicht, alle denen zu danken, die ihm mit großer Bereitwilligkeit umfangreiches Material zur Verfügung gestellt und seine Arbeit durch Anregung und Aufklärung gefördert haben. Vor allem gebührt der Dank seinem verehrten, leider nach Beendigung der Arbeit verstorbenen Lehrer, Herrn Staatsrat Kanzler Professor Dr. von Schönberg, der ihm mit Rat und Tat hilfreich zur Seite gestanden hat. An seiner Stelle haben die Herren Professoren Dr. Wilbrandt und Dr. Sartorius in Tübingen die Referate zu der Arbeit übernommen und wertvolle Anregungen zu einer weiteren Verbesserung derselben gegeben. Ihre Unterstützung haben ihm weiterhin angedeihen lassen die Herren Reichstags- und Landtagsabgeordneten Trimborn, Hitze und Euler, die württembergische Zentralstelle für Gewerbe und Handel, die Landesgewerbeämter von Preußen und Baden, die hessische Zentralstelle für die Gewerbe und das K. K. österr. Handelsministerium; ferner haben die Handwerkskammern mit einigen Ausnahmen, die bei den betreffenden Punkten besonders hervorgehoben sind, in der bereitwilligsten Weise auf bezügliche Anfragen geantwortet und Material zur Verfügung gestellt.

Crefeld, im Sommer 1909.

Dr. Hans Coelsch.

Inhalts-Verzeichnis.

Literatur-Verzeichnis.

Literatur zum I. Teil.

Bachem, Dr. J., Staatslexikon, 2. Aufl. Freiburg i. Br. 1902, Bd. III.
Biermer, Art. „Handwerk", im Wörterbuch der Volkswirtschaft. Jena 1898, S. 1044 ff.
— Art. „Lehrlingswesen" im Wörterb. d. V. Bd. I.
Brentano, L., Ueber „Lehrlingswesen" in den Schriften des Ver. f. S. 1875, Bd. X.
— — Arbeitergilden der Gegenwart. Leipzig 1872.
Die Entwicklung der deutschen Volkswirtschaftslehre im 19. Jahrhundert. (Schmoller Festschrift) Leipzig 1908. H. Waentig: Die gewerbe-politischen Anschauungen in Wissenschaft und Gesetzgebung des 19. Jahrhunderts.
Dannenberg, J. F., Das deutsche Handwerk und die soziale Frage. Leipzig 1872.
Elkan, A., Das Frankfurter Gewerberecht von 1617—1631. Tübingen 1890.
Flemming, M., Das Lehrlingswesen der Dresdener Innungen vom 15. bis Ende des 17. Jahrhunderts. Dresden 1887.
Funk, A., Das Innungswesen und das Verhältnis der Meister, Gesellen und Lehrlinge. Wolfenbüttel 1846.
Geering, Fr., Handel und Industrie der Stadt Basel. 1886.
Gierke, Rechtsgeschichte der deutschen Genossenschaften. Berlin 1868.
Gramich, Verfassung und Verwaltung der Stadt Würzburg vom 13.—16. Jahrhundert. 1882.
Hoffmann, J. G., Die Befugnisse zum Gewerbebetrieb. Berlin 1844.
Jäger, E., Die Handwerkerfrage. Berlin 1887.
Justi, Grundzüge der Polizeiwissenschaft. Göttingen 1784.
Keller, Jul., Das Lehrlingswesen. Landsberg a. d. W. 1876.
Krumbholtz, R., Die Gewerbe der Stadt Münster.
Mascher, H. A., Das deutsche Gewerbewesen von der frühesten Zeit. Potsdam 1866.
Meyer, M., Geschichte der preuß. Handwerkspolitik, Minden 1884 und 1888.

Morgenstern, Das Lehrlingswesen in den Fabriken; im Arbeiterfreund von V. Böhmert, 26. Jahrgang. Berlin 1888.
Nelken, F., Gewerberecht in Preußen. Berlin 1906.
Neuburg, C., Die älteren deutschen Stadtrechte, insbesondere das Augsburger von 1276 in Bezug auf die Entstehung und Entwicklung der Innungen (Zeitschrift f. d. ges. Staatsw. Bd. 32, S. 660 ff.).
— — Zunftgerichtsbarkeit und Zunftverfassung in der Zeit vom 13.—16. Jahrhundert. Jena 1880.
Ortloff, J. A., Das Recht der Handwerker. Erlangen 1803.
Phillippi, Dr. Fr., Die ältesten Osnabrücker Gildeurkunden, Osnabrück 1890.
Rau, C. H., Ueber das Zunftwesen und die Folgen seiner Aufhebung. Leipzig 1816.
Rohrscheidt, K., Vor- und Rückblicke auf Zunftzwang und Gewerbefreiheit. Jahrb. f. N. u. St. III. Flg. Bd. VIII. S. 1 ff. u. S. 481 ff.
— — Vom Zunftzwang zur Gewerbefreiheit.
von Rönne, Die Gewerbepolizei des preuß. Staates. Breslau 1851.
Rüffer, Fr., Das gewerbliche Recht des allg. preuß. Landrechts v. 1. I. 1794. Tübingen 1903.
Sammlung der sämtlichen Handwerkerordnungen Württembergs. Stuttgart 1758.
Seiffert, K., Beitrag zur Geschichte der Gewerbegesetzgebung. Zeitschr. f. d. ges. Staatsw. 1896, S. 619 ff.
Seydel, Das Gewerbepolizeirecht nach der Reichsgewerbeordnung, in Hirths Annalen des Deutschen Reiches 1881.
Röhl, Hugo, Beiträge zur preußischen Handwerkerpolitik vom allgemeinen Landrecht bis zur allgemeinen GO. von 1845 in Schmollers Forschungen Bd. 17.
Schanz, Zur Geschichte der Gesellenverbände im Mittelalter. 1876.
Schönberg, Dr. G., Zur wirtschaftlichen Bedeutung des deutschen Zunftwesens im Mittelalter. Berlin 1868. In Hildebrands Jahrbücher für Nat. und Stat. Bd. 9.
— — Abhandlungen und Vorträge 1868—1873.
— — Zur Handwerkerfrage. Vortrag gehalten zu Heidelberg am 26. September 1876.
— — Art. „Gewerbe" im HW. der politischen Oekonomie. 4. Aufl. 1896 Bd. II.
Schriften d. Ver. f. S. Bd. X. XI, XIII, XV.
Schmoller, Dr. G., Die Straßburger Tuch- und Weberzunft. Straßburg 1879.
— — Zur Sozial- und Gewerbepolitik der Gegenwart. Leipzig 1890.
Schulze, J., Das heutige gewerbliche Lehrlingswesen. Leipzig 1876.
Smith, A., Untersuchung über die Natur und die Ursachen des Nationalreichtums. Uebersetzt ins Deutsche von Ch. Garve. 4. Aufl. Breslau 1794.
Sombart, W., Der moderne Kapitalismus. Leipzig 1902.

Stenogr. Ber. über d. Verhandl. d. Nordd. Reichstages von 1867—69.
Dieselben, des deutschen Reichstages. 1869—1908.
Stieda, Dr. W., Ueber Lehrlingswesen in Bayern, in der bayr. Handelszeitung 1893.
— — „Das gewerbliche Lehrlingswesen" in Konrads Jahrbüchern für Nat. und Stat. N. F. Bd. 20.
— — Art. „Lehrlingswesen" im Handwörterbuch der Staatswissenschaften Bd. V.
— — Der Befähigungsnachweis. Leipzig 1895.
Untersuchungen über die Lage des Handwerks in Deutschland, veranstaltet vom Verein für Sozialpolitik 1895.
Wehrmann, C., Die älteren Lübeckischen Zunftrollen. 2. Aufl. Lübeck 1872.
Weiß, J., Handwerkerbarbarey oder Geschichte meiner Lehrjahre. Leipzig und Halle 1790.
— — Ueber das Zunftwesen. Frankfurt 1798.

Literatur zum II. Teil.

Archiv für Strafrecht, herausgegeben von Goldammer, fortgesetzt von Meyer, Berlin.
Beyendorff, R., Die Geschichte der Reichsgewerbeordnung. Leipzig 1901.
— — Das System der Reichsgewerbeordnung. Berlin 1902.
Biermer, Art. „Handwerk", im Wörterb. d. Volksw. Bd. I. Jena 1898.
— — Art. „Lehrlingswesen" im Wörterb. d. Volksw. Bd. II. Jena 1898.
Boos, E., Das gewerbliche Lehrlingswesen. Winterthur 1881.
Böttcher, H., Das Programm der Handwerker. Braunschweig 1893.
— — Für das Handwerk. Braunschweig 1894.
— — Geschichte und Kritik des neuen Handwerkergesetzes. Florenz und Leipzig. 1898.
Bouquet, L., La reglementation du travail. Le travail des enfants Paris-Nancy 1893.
Contrats, d'apprentissage. Enquete. Bruxelles 1859.
Dodd, E., Die Wirkung des gesetzlichen Schutzes auf die Lage der jugendlichen Fabrikarbeiter Deutschlands. Halle 1897.
Droste, Fr., Die Handwerkerfrage. Bonn 1884.
Engelmann, Dr. J., Die deutsche Gewerbeordnung. Erlangen 1891.
Erhebungen des Vorstandes des deutschen Bäckereiverbandes über die Lage der Bäckereiarbeiter. Hamburg 1904.
Ergebnisse der über die Verhältnisse der Lehrlinge, Gesellen und Fabrikarbeiter angestellten Erhebungen, veranstaltet vom Reichskanzleramt 1875. Gewerbearchiv für das Deutsche Reich, herausgegeben von K. v. Rohrscheidt.
Grazer, R., Zur Handwerkerfrage; in der sozialen Praxis 1897, S. 842 ff.
Hampke, Th., Die Organisation des Handwerks und die Regelung des Lehrlingswesens in Konrads Jahrbücher für Nat. und Stat. 3. Folge Bd. VII. 1894.

Hecht, M., Die bad. Gewerbepolitik, in der sozialen Praxis 1897, S. 448 ff.
Hilse, B., Ueber Lehrverhältnis zwischen Vater und Sohn im Gewerbebl. f. d. Großh. Hessen v. 26. II. 1904.
Hirth, G., Die Lebensbedingungen der deutschen Industrie, Zeitschrift für die gesamte Staatswissenschaft 1877.
Hoffmann, F., Die Organisation des Handwerks. Berlin 1898.
Jahresberichte der Handwerkskammern.
Kaehler, W., Die Stellvertretung im Gewerbebetrieb. Halle 1893.
Keil, K., Die Neuordnung des Handwerkerlehrlingswesens. Leipzig 1898.
Kolisch, GO. für das deutsche Reich. Hannover 1900.
Landmann-Rohmer, GO. f. d. Deutsche Reich. Bd. I. 5. Aufl. München 1907, Bd. II. 4. Aufl. München 1903.
Ledebour, G., Die Regelung des Lehrlingswesens im zentralpolitischen Zentralblatt 1894, S. 121.
Marcinowsky, F., Die deutsche GO. 6. Aufl. Berlin 1898.
Nelken, Gewerberecht in Preußen. Berlin 1906.
— — Arbeiter- und Handwerkerschutzgesetze. Berlin 1901.
Neukamp, E., Die Reichsgewerbeordnung. Berlin 1901.
— — „Gewerbegesetzgebung" im Wörterb. d. Volksw. 2. Aufl. Jena 1906, S. 1025 ff.
Ostpreuß. Handwerkerzeitung.
Paeschke, Die Förderung des Handwerks. Breslau 1902.
Panier, K., GO. f. das Deutsche Reich. Leipzig 1896.
Pollitzer, J., Die Lage der Lehrlinge im Kleingewerbe in Wien. Tübingen und Leipzig 1900.
Preußischer Entwurf zur Handwerkernovelle 1896, im Reichsanzeiger vom 3. VIII. 1896.
Reger, A., Entscheidungen der Gerichte und Verwaltungsbehörden.
Schenkel, Dr. K., Die deutsche GO. Karlsruhe 1901.
Schönberg, Dr. G., Handb. der pol. Oekonomie 1896. IV. Aufl. Bd. II, S. 537 ff.
Schicker, Die GO. für das Deutsche Reich. 4. Aufl. Stuttgart 1901.
Schmoller, G., Natur des Arbeitsvertrages und der Kontraktbruch. Zeitschrift f. d. ges. Staatsw. 1874, S. 448 ff.
Seidel, Dr., Die Grundzüge der Organisation des Handwerks, in Hirths Annalen 1904.
Seufferts Archiv für die Entscheidungen der obersten Gerichte in den deutschen Staaten.
Soziale Praxis. Berlin. Herausgegeben von Dr. H. Francke.
Sozialistische Monatshefte. Berlin. 1904, Heft 12.
Sombart, W., Die gewerbliche Arbeiterfrage. Leipzig 1904.
— — Gewerbewesen. Leipzig 1904.
Staub, Kommentar zum Handelsgesetzbuch 1896.
Stenogr. Ber. über die Verhandlungen des Norddeutschen Bundes und des deutschen Reichstages.

Stieda, Dr. W., Der Befähigungsnachweis. Leipzig 1895.
Verhandlungen der Handwerks- und Gewerbekammertage.
Voigt, P., Die Hauptergebnisse der neuesten deutschen Handwerkerstatistik. Leipzig 1897.
Waentig, H., Gewerbliche Mittelstandspolitik. Leipzig 1908.
Werkmeister, Der Lehrvertrag zwischen Vater und Sohn, in Hirths Annalen 1906, S. 902 ff.
Wilhelmi, W., Das Handw.Ges. von 1897. Berlin 1902.
Zeller, Dr., W., Art. „Lehrlinge" in v. Stengels Handwörterb. d. deutschen Verwaltungsrechts Bd. II. S. 190.

Literatur zum III. Teil.

Zu Werkstatt und Fabriklehre.

Allgemeine Grundsätze bei der Ausbildung von Handwerkslehrlingen. Dresden 1890.
Allgemeine Handwerkerzeitung München.
Bücher, C., Die Entstehung der Volkswirtschaft. Tübingen 1893.
Erhebungen der Bäcker- und Berufsgenossenschaften über Lohn und Arbeitsverhältnisse, Hamburg. 1898.
Ewert, Der Arbeiterschutz und seine Entwicklung im 19. Jhrd. Berlin 1887.
Frankenstein, Der Arbeiterschutz. Leipzig 1896.
Garbe, Der zeitgemäße Ausbau des gesamten Lehrlingswesens für Industrie und Gewerbe. Berlin 1888.
Jahresberichte der Fabrikinspektoren.
Jahresberichte der Gewerbeaufsichtsbeamten.
Jahresberichte der Handwerkskammern.
Landmann-Rohmer, Kommentar zur GO. für das Deutsche Reich. 4. Aufl. München 1903.
Nelken, Gewerberecht in Preußen. Berlin 1906.
Pape, R., Beiträge zur Lösung der Frage Fabrik und Handwerk. Insterburg 1905.
Plotke, Fabrik und Handwerk. Berlin 1903.
Reger, Entscheidungen der Gerichte und Verwaltungsbehörden.
Rohrscheidt, Gewerbeordnung für das Deutsche Reich 1901.
Schicker, Gewerbeordnung für das Deutsche Reich. 4. Aufl. Stuttgart 1901.
Schönberg, Artikel „Gewerbe" im Handbuch der polit. Oekonomie 4. Aufl. 1896.
Scheven, P., Die Lehrwerkstätte. Tübingen 1894.
Schwarz, Die Betriebsformen in der modernen Großindustrie. Zeitschrift für die gesamte Staatsw. Bd. 25, S. 535 ff.
Stenographische Berichte über die Verhandlungen des Reichstags.
Stieda, Der Befähigungsnachweis in Schmollers Jahrbücher Bd. 19. S. 219 und 517.
Verhandlungen der deutschen Handwerks- und Gewerbekammertage.
Waentig, H., Gewerbliche Mittelstandspolitik. Leipzig 1898.

Zu Lehrlingswerkstätte.

Erhebungen über die Lage des Kleingewerbes in Baden. 1888.

Gewerbeblatt für das Großherzogtum Hessen. Darmstadt.

Gewerbeblatt aus Württemberg. Stuttgart.

Gewerbeblatt für das Großherzogtum Baden. Karlsruhe.

Satzungen der badischen Lehrlingswerkstätten.

Grundbestimmungen der württembergischen Lehrlingswerkstätten.

Satzungen für Lehrlingswerkstätten in Hessen.

Scheven, P., Die Lehrwerkstätte. Tübingen 1894.

Soziale Praxis. Berlin.

Stenographische Berichte über die Verhandlungen der württemb. Kammer der Abgeordneten.

Stenographische Berichte über die Verhandlungen des Reichstages.

Literatur zu Lehrwerkstätte.

Back, H., Der gewerblich technische Unterricht in Lehranstalten der nordamerikanischen Union. Frankfurt a. M. 1897.

Bayrisches Industrie- und Gewerbeblatt. München.

Berichte der im Jahre 1904 von der preuß. Regierung zum Studium des gewerblichen Unterrichts nach Nordamerika gesandten Kommission (Stenogr. Ber. ü. d. Verhandl. d. preuß. H. d. Abg. 03/04, Bd. VI. Aktenstück 257).

Bücher, C., Lehrlingsfrage und gewerbliche Bildung in Frankreich. Eisenach 1878.

— — Die gewerbliche Lehrlingsfrage und der industrielle Rückgang. Eisenach 1877.

Centralblatt für das gewerbliche Unterrichtswesen in Oesterreich.

Denkschrift der Augsburger Handwerkskammer betr. die Errichtung einer Handwerkerfachschule, Augsburg, September 1904.

Frankfurter Handwerkerzeitung. Frankfurt a. O.

Genauck, C., Die gewerbliche Erziehung durch Schulen, Lehrwerkstätten usw. in Belgien. Reichenberg 1887.

Gewerbeblatt für das Großherzogtum Hessen. Darmstadt.

Gewerbeblatt aus Württemberg. Stuttgart.

Handwerkerzeitung, Allgemeine. München.

Jahresberichte der Handwerkskammern.

Jahresberichte der Berner Lehrwerkstätten von 1895/1906.

Kerschensteiner, G., Beobachtungen und Vergleiche über Einrichtungen und gewerbliche Fortbildung in Staaten außerhalb Bayerns. München 1901.

Keller, J., Das deutsche Handwerk. Chemnitz 1878.

Protokoll des III. bayrischen Handwerkskammertages 1904.

Scheven, P., Die Lehrwerkstätte. Tübingen 1894.

Schindler, Das gewerbliche Fortbildungsschulwesen in Oesterreich. Wien. 1904.

Schönberg, Dr. G., Handbuch der politischen Oekonomie, 4. Auflage, S. 686 ff. Tübingen 1896.

Steinbeis, Dr. F., Die Elemente der Gewerbeförderung, nachgewiesen an den Grundlagen der belgischen Industrie. Stuttgart 1853.
Tyroler Gewerbeblatt. Innsbruck.
Weigert, Die Volksschule und der gewerbliche Unterricht in Frankreich, in den volkswirtschaftlichen Zeitfragen XII. Berlin 1890.
Zeitschrift „Volkswohl" Dresden.
Zeitschrift „Der Bildungsverein".

Literatur zu Handwerkerschule.

Denkschrift über den Stand der Gewerbeförderung in Preußen 1903, in den stenogr. Ber. d. preuß. H. d. Abg. 1903, Anl. Bd. IV, S. 1999 ff. Aktenstück 82.
Elster, A., Artikel „Gewerbliches Unterrichtswesen" im Wörterbuch der Volkswirtschaft, 2. Aufl. S. 1075 ff. Jena 1906.
Jahresberichte der Handwerkskammern.
Jahresberichte der städtischen Gewerbeschulen. Frankfurt a. M.
Lexis, W., Das Unterrichtswesen im Deutschen Reiche, Bd. IV, S. 70 ff. Berlin 1904
Romberg, Gewerbliches Bildungswesen. Cöln 1899.
Schindler, R., Das gewerbliche Bildungswesen in Oesterreich. Wien 1904.
Schönberg, Dr. G., „Gewerbliches Unterrichtswesen" im Handbuch der politischen Oekonomie, Bd. II. Tübingen 1896.
Schott, Das badische Gewerbewesen. Freiburg 1900.
Sombart, C. M., Ueber die Zukunft des Kleingewerbes. Magdeburg 1898.
Stieda, W., Artikel „Handwerkerschulen" im Handwörterbuch der Staatswissenschaften. Jena 1900. Bd. IV, S. 593 (das. auch weitere Literatur).

Literatur zu Fortbildungsschule.

Allgemeine Handwerkerzeitung. München.
Badische Gewerbezeitung. Karlsruhe.
Böttcher, F., Im bayrischen Gewerbeblatt 1896.
Bobertag, G., Handwerkerfragen im Jahre 1880. Bernstadt 1880.
Bücher, C., Die gewerbliche Bildungsfrage und der industrielle Rückgang. Eisenach 1877.
— — In der Diskussion über Lehrlingswesen im Verein für Sozialpolitik 1875. Schriften desselben Bd. XI.
Cathiau, Dr., Aussichten für das badische Gewerbeschulwesen in der Zeitschr. f. gewerbl. Unterrichtsw. 1892, S. 127 ff.
Das gewerbliche Fortbildungsschulwesen in den Verhandlungen des Vereins für Sozialpolitik 1879. „7 Gutachten und Berichte".
Denkschrift der königlichen Kommission für die gewerblichen Fortbildungsschulen über die Entstehung und Entwicklung der gewerblichen Fortbildungsschulen in Württemberg. Stuttgart 1889.
Dannenberg, J. F., Das deutsche Handwerk und die soziale Frage. Leipzig 1873.

Dorn, A., Pflege und Förderung des gewerblichen Fortschrittes durch die Regierungen in Württemberg.

Elster, A., Artikel „Gewerbliches Unterrichtswesen" im Wörterbuch der Volkswirtschaft, 2. Aufl. Jena 1906.

Ergebnisse der über die Verhältnisse der Lehrlinge, Gesellen und Fabrikarbeiter veranstalteten Erhebungen 1875.

Fortbildungsschulkorrespondenz, herausgegeben von dem deutschen Verein für das Fortbildungsschulwesen.

Festschrift des Kölner Gewerbevereins zu seinem 50 jährigen Bestehen.

Führer durch die Ausstellung der gewerblichen Unterrichtsanstalten des Großherzogtums Baden, 21—29. Mai 1902. Karlsruhe 1902.

Garbe, R., Der zeitgemäße Ausbau des gesamten Lehrlingswesens für Industrie und Gewerbe.

Gewerbeblatt für das Großherzogtum Hessen. Darmstadt.

Gewerbeblatt aus Württemberg. Stuttgart.

Gewerbliche Zeitfragen.

Hampke, Dr. Th., Das Fortbildungs- und Fachschulwesen. Hamburg 1900.

Hecht, M., Die badische Gewerbepolitik, in der sozialen Praxis 1897.

Huber, Dr. F. C., Zur kaufmännischen und gewerblichen Fortbildung. Stuttgart 1906.

Jahresberichte der Handwerkskammern.

Kerschensteiner, G., Beobachtungen und Vergleiche über Einrichtungen und gewerbliche Fortbildung in Staaten außerhalb Bayerns. München 1901.

— — Ueber staatsbürgerliche Erziehung, in den Annalen des Deutschen Reiches für Ges., Verw. und Volksw. 1902, No. 43.

— — Grundsätze über die Reorganisation der gewerblichen Fortbildungsschule. Vortrag, gehalten am 19. I. 1900 im Münchener Gewerbeverein.

— — Die gewerbliche obligatorische Fortbildungsschule. Vortrag, gehalten auf dem IV. deutschen Handwerks- und Gewerbekammertag in München 1903.

Krebs, W., Die Fürsorge für unsere gewerbliche Jugend. Zürich 1891.

Köhler, Das württembergische Gewerberecht von 1805—1870. Tübingen 1891.

Lexis, W., Das Unterrichtswesen im Deutschen Reiche. Bd. IV, S. 70 ff. Berlin 1904,

Lachner, Die Bedeutung des gewerblichen Unterrichts für Handwerk, Kunstgewerbe und Industrie. In der Zeitschrift für gewerbliches Unterrichtswesen 1893.

Lüders und Simon, Denkschrift über die Entwicklung des gewerblichen Fortbildungsschulwesens in Preußen. Bd. I. 1879—90, Bd. II, 1891—95. Berlin 1891 und 1896.

Mitteilungen der Gewerbeaufsichtsbeamten und der mit Beaufsichtigung der Fabriken beauftragten Beamten.

„Mitteilungen" des Handwerks- und Gewerbekammertages. Hannover.

Otto, H., Die Entwicklung des Fortbildungsschulunterrichts. Berlin 1902.

Pache, O., Handbuch des deutschen Fortbildungsschulwesens. Wittenberg 1896.

— — Die zeitgemäße Gestaltung der deutschen Fortbildungsschule. Wittenberg 1898.

Papst, Dr., Gewerbliche Erziehung und ihre Vorbedingungen. Leipzig 1907 (in der „Woche"). S. 283.

Petersilie, A., Das öffentliche Unterrichtswesen im Deutschen Reiche und den übrigen europäischen Kulturstaaten. Leipzig 1897.

Ridder, De l'enseignement professional en Belgique. Bruxelles 1884.

Rücklin, Das neuzeitliche Handwerk 1880.

Rüffer, F., Das gewerbliche Recht des allgemeinen preußischen Landrechts vom 1. Januar 1794. Tübingen 1903.

Romberg, Die Handwerkerfortbildungsschulen. Köln 1885.

— — Gewerbliches Bildungswesen. Köln 1899.

Scheven, P., Die Lehrwerkstätte. Tübingen 1894.

Schindler, Das gewerbliche Bildungswesen in Oesterreich. Wien 1904.

Schmoller, G., Das untere und mittlere gewerbliche Schulwesen in Preußen 1881 in „Zur Sozial- und Gewerbepolitik der Gegenwart". Leipzig 1890.

Schönberg, G., Korreferat über Lehrlingswesen im Verein für Sozialpolitik 1875. Schriften d. Ver. f. Sozialpolitik Bd. XI.

— — Im Handbuch der politischen Oekonomie, Bd. II. 4. Aufl. Tübingen 1896,

Schott, Das badische Gewerbewesen. Freiburg 1900.

Sachse, A., Artikel „Gewerblicher Unterricht" in Stengels Wörterbuch des deutschen Verwaltungsrechts, Bd. I. Freiburg 1890.

Schulze, F., Das heutige gewerbliche Lehrlingswesen. Leipzig 1876.

Simon, O., Das gewerbliche Fortbildungs- und Fachschulwesen in Deutschland. Berlin 1903.

Soziale Rundschau, Wien 1904, herausgegeben vom K. K. Handelsministerium.

Sozialpolitisches Zentralblatt. Berlin 1892. Herausgegeben von Dr. H. Braun.

Soziale Praxis, herausgegeben von Dr. Francke, Berlin.

Sombart, C. M., Ueber die Zukunft des Kleingewerbes. Magdeburg 1898.

Steinbeis, Die Elemente der Gewerbeförderung usw. Stuttgart 1853.

Stieda, W., Das Lehrlingswesen im deutschen Kleingewerbe, in der Sozialen Praxis 1896.

— — Die Lebensfähigkeit des deutschen Handwerks. Rektoratsrede, Rostock 1897.

Stenogr. Ber. über die Verhandl. der württemb. Kammer d. Abgeord.

Stenogr. Ber. über die Verhandl. des Reichstages.

Stockbauer, Dr., Unser gewerbliches Bildungswesen (ohne Datum und Verlag).
Verhandlungen der deutschen Handwerks- und Gewerbekammertage.
Verwaltungsbericht des preuß. Landesgewerbeamtes 1905.
Vischer, L., Die industrielle Entwicklung im Königreich Württemberg Stuttgart 1875.
Waentig, H., Gewerbliche Mittelstandspolitik. Leipzig 1898.
Weigert, M., Die Volksschule und der gewerbliche Unterricht in Frankreich, in den Volkswirtschaftlichen Zeitfragen XII. Berlin 1890.
Wuttke, Dr., Die deutschen Städte nach den Ergebnissen der I. deutschen Städteordnung zu Dresden 1903. Bd. I.

Literatur zu Lehrlingsprüfung.

Allgemeine Grundsätze für die Ausbildung von Handwerkslehrlingen. Dresden 1890.
Allgemeine Handwerkerzeitung. München.
Badische Gewerbezeitung. Karlsruhe.
Bechtle, O., Die Gewerbeförderung im Königreich Württemberg. Stuttgart 1905.
Berichte betr. die schweizerischen gewerblichen Lehrlingsprüfungen. Erstattet vom schweizerischen Gewerbeverein.
Biermer, Artikel „Lehrlingswesen", im Wörterbuch der Volkswirtschaft, Bd. II. Jena 1898.
Dannenberg, J. F., Das deutsche Handwerk und die soziale Frage. Leipzig 1872.
Droste, Fr., Die Handwerkerfrage. Bonn 1884.
Garbe, R., Der zeitgemäße Ausbau des Lehrlingswesens für Industrie und Gewerbe, Berlin 1889.
Gewerbeblatt für das Großherzogtum Hessen. Darmstadt.
Gewerbeblatt aus Württemberg. Stuttgart.
Handwerkerblatt, Neues deutsches Wiesbaden.
Handwerkerzeitung, Zentralorgan f. deutsch. Handwerkskammerwesen. Berlin.
Handwerkszeitung, Oldenburgische. Oldenburg.
Handwerkerzeitung, Ostpreußische. Insterburg.
Hitze, Fr., Schutz dem Handwerk. Paderborn 1883.
Hoffmann, F., Die Organisation des Handwerks. Berlin 1898.
Jahresberichte der Handwerkskammern.
Jahresberichte der Gewerbeaufsichtsbeamten.
Köhler, Das württembergische Gewerberecht von 1805—1870. Tübingen 1891.
Kolisch, Gewerbeordnung für das Deutsche Reich. Hannover 1900.
Krebs, W, Organisation und Ergebnisse der Lehrlingsprüfungen im In- und Auslande, in „Gewerbliche Zeitfragen". Zürich 1888.
Landmann-Rohmer, Die Gewerbeordnung für das Deutsche Reich. 4. Aufl. München 1903.
„Mitteilungen" des Handwerks- und Gewerbekammertages. Hannover.

Nelken, F., Die deutschen Handwerker und Arbeiterschutzgesetze. Berlin 1901.

Neukamp, E., Die Reichsgewerbeordnung. Berlin 1901.

Pape, R., Die Regelung des Lehrlings- und Gesellenprüfungswesens im Handwerk. Leipzig 1902.

Programm für die Abhaltung von Lehrlingsprüfungen und Lehrlingsarbeitenausstellungen. Nürnberg 1892.

Reger, Entscheidungen der Gerichte und Verwaltungsbehörden.

Rücklin, Das neuzeitliche Handwerk. 1880.

Scheven, P., Die Lehrwerkstätte. Tübingen 1894.

Schmoller, G., Die Natur des Arbeitsvertrages und der Kontraktbruch in der Zeitschrift für die gesamte Staatswissenschaft 1874, S. 449 ff.

Schriften des Vereins f. Sozialpolitik Bd. XI.

Schicker, Die Gewerbeordnung für das Deutsche Reich. 4. Aufl. Stuttgart 1901.

Stenogr. Ber. über die Verhandl. d. Reichstages.

Stenogr. Ber. über die Verhandl. d. preuß. H. der Abg.

Stenogr. Ber. über die Verhandl. der württemb. K. der Abg.

Statut der Handwerkskammer Köln.

Stieda, W., Artikel „Lehrlingsprüfung" im Handwörterbuch der Staatswissenschaften. Bd. V. S. 585. Jena 1900.

— — Das Lehrlingswesen im deutschen Kleingewerbe in der Sozialen Praxis 1896.

— — „Lehrlingsprüfung" in den preuß. Jahrbüchern f. N. u. Stat. Bd. 70.

Verhandlungen d. deutschen Handwerks- und Gewerbekammertage.

Vischer, L., Die industrielle Entwicklung im Königreich Württemberg. Stuttgart 1875.

Wilhelmi, L., Das Handwerkergesetz von 1897. Berlin 1898.

Literatur zur Lehrlingsarbeitenausstellung.

Allgemeine Handwerkerzeitung. München.

Ausstellung von Lehrlingsarbeiten aus dem Großherzogtum Hessen. Darmstadt 1887.

Badische Gewerbezeitung. Karlsruhe.

Bayrisches Industrie- und Gewerbeblatt. München.

Bechtle, O., Die Gewerbeförderung im Königr. Württemberg. Stuttgart 1905.

Bericht der XIV. Kommission des preuß. Hauses d. Abg. 1902.

Biermer, Art. „Lehrlingswesen" im Wörterbuch der Volksw. Jena 1898.

Dorby, J., Die Lehrlingsarbeitenausstellungen. Wien 1903.

Garbe, R., Der zeitgemäße Ausbau des Lehrlingswesens für Industrie und Gewerbe. Berlin 1889.

Gewerbeblatt für das Großherzogtum Hessen. Darmstadt.

Gewerbeblatt aus Württemberg. Stuttgart.

Hampke, Th., Staatliche Gewerbeförderung, im Jahrb. f. Nat. und Stat. 1903, S. 774 ff.

Handwerkerblatt, Neues deutsches. Wiesbaden.
Handwerkerzeitung, Zentralorgan für deutsches Handwerkskammerwesen. Berlin.
Jahresbericht der Handwerkskammern.
Köhler, L., Das württ. Gewerberecht von 1805—1870. Tübingen 1891.
Programm für die Abhaltung von Lehrlingsprüfungen und Lehrlingsarbeitenausstellungen. Nürnberg 1892.
Protokoll des deutschen Innungstages. Gotha 1901.
Reger, A., Entscheidungen der Gerichte und Verwaltungsbehörden.
Scheven, P., Die Lehrwerkstätte. Tübingen 1894.
Stieda, W., Art. „Lehrlingsarbeitenausstellung" im Handwörterb. d. Stw. Bd. V. S. 582 ff. (daselbst noch weitere Literatur). Jena 1900.
— — Das gewerbliche Lehrlingswesen in Jahrb. für Nat. und Stat. N. F. 2, S. 261 ff. N. F. 20, S. 607 ff.
Stößer, Denkschrift über die Verleihung von Preisen für Lehrlingsarbeiten. Karlsruhe 1881.
Zeitschrift „Bildungsverein".
Zeitschrift „Volkswohl". Dresden.

Literatur zu Lehrstellenvermittlung.

Deutsche Tapeziererzeitung. Magdeburg und Berlin.
Gewerbeblatt für das Großherzogtum Hessen. Darmstadt.
Gewerbeblatt aus Württemberg. Stuttgart.
Gewerbeblatt aus Baden. Karlsruhe.
„Der Handwerker" Organ des Zentralausschusses der vereinigten Innungsverbände Deutschlands. Berlin.
Handwerkerzeitung, Zentralorgan für deutsches Handwerkskammerwesen. Berlin.
Handwerkszeitung, Oldenburgische. Oldenburg.
Handwerkskammer, Ostpreußische. Insterburg.
Handwerkerblatt, Neues Deutsches. Wiesbaden.
Jahresberichte der Handwerkskammern.
„Mitteilungen" des deutschen Handwerks- und Gewerbekammertages. Hannover.

Literatur zu Lehrlingsheime.

Bachem, Dr. J., Staatslexikon, 2. Aufl. Bd. III. Freiburg Br. 1902.
Badische Gewerbezeitung. Karlsruhe.
Blitz, H., Obligatorischer Jugendverein. Lüneburg 1901.
Böhmert, V., „Gründet Lehrlingsheime" im Arbeiterfreund 1890.
Classen, W. F., Großstadtheimat. Hamburg 1906.
Cathiau, Die erziehlichen Aufgaben der Handwerkerschule und Mittel zu deren Lösung, in der Zeitschrift für gewerbliches Unterrichtswesen 1892.
Cahn, E., Das Schlafstellenwesen in den deutschen Großstädten und seine Reform. Stuttgart 1898.

Bowmaker, Housing of the working classes. London 1895.
Biermer, Art. „Lehrlingswesen" i. Wörterb. d. Volksw. Bd. II. Jena 1898
Gewerbeblatt für das Großherzogtum Hessen. Darmstadt.
Gewerbeblatt aus Württemberg. Stuttgart.
Hampke, Th., Staatliche Gewerbeförderung und die sogen. Trimbornschen Anträge. Hamburg 1902.
Handwerkerblatt, Neues Deutsches. Wiesbaden.
Hirschberg, E., Die Kriminalität der Jugendlichen, in der Sozialen Praxis 1901.
Jahresberichte des Dresdener Vereins „Volkswohl" 1900—1905.
— des Münchener Vereins „Lehrlingsschutz" 1890—1905.
— des Stuttgarter Vereins „Jugendfürsorge" 1900—1905.
— des Frankfurter Vereins „Jugendfürsorge" 1904—1906.
— der Handwerkskammer.
— der Gewerbeaufsichtsbeamten.
— des Züricher Lehrlingspatronats.
Kerschensteiner, G., Staatsbürgerliche Erziehung. Erfurt 1901.
Krebs, W., Fürsorge für unsere gewerbliche Jugend. Zürich 1891.
Monatshefte für die Innere Mission. Altona.
Neef, Entwicklung und Tätigkeit des Jugendvereins. Stuttgart 1876.
Pertes, Cl., Das Herbergswesen der Handwerksgesellen. Bonn 1883.
Schriften des Vereins f. Sozialpolitik 1879.
Scheven, P., Die Lehrwerkstätte. Tübingen 1894.
Schultz, Cl., Die Vereinigungen der St. Paulianer-Lehrlinge. Berlin 1903.
Soziale Praxis. Berlin. Herausgegeben von Dr. H. Francke.
Stieda, Das Lehrlingswesen im deutschen Kleingewerbe, in der Sozialen Praxis 1896.
— Art. „Lehrlingsheim" im Handwörterb. d. Staatsw.
Waentig H., Gewerbliche Mittelstandspolitik. Leipzig 1898.
Zeitschrift „Der Bildungsverein.
Zeitschrift „Volkswohl" Dresden.

I. Teil.

Geschichtlicher Rückblick auf die deutsche Gewerbegesetzgebung bezüglich des Lehrlingswesens bis zur Novelle zur Reichsgewerbeordnung vom 26. Juli 1897.

Wenn zur Beurteilung der heutigen Lehrlingsverhältnisse auch erst die gesetzlichen Maßnahmen nach Einführung der Gewerbefreiheit im Anfange des vorigen Jahrhunderts in Betracht kommen, so dürfte es doch von Interesse sein, einen kurzen Rückblick auf das Lehrlingswesen vor Einführung der Gewerbefreiheit zur Zeit der Zunftherrschaft zu werfen.

Eine Ausbildung von Handwerkslehrlingen, die systematisch und unabhängig von dem Berufe und der individuellen Fertigkeit der Vorfahren eingerichtet war, findet sich in der Mitte des achten Jahrhunderts zuerst in den Klöstern, und wurde durch Verordnung Karls des Großen vom Jahre 812 auch in den königlichen Pfalzen eingeführt [1]). Später auf den Fronhöfen gepflegt, wurde die Ausbildung der Lehrlinge dann von den Einzelwirtschaften und nach dem Entstehen der Zünfte am Ende des 11. und Anfangs des 12. Jahrhunderts von diesen übernommen. Beim Entstehen und der ersten Entwicklung der Zünfte wurde weder eine bestimmte Lehrzeit noch eine bestimmte Dienstzeit gefordert und konnten in der Regel Lehrlinge nach Beendigung der Lehrzeit auch Meister werden [2]). Zu dieser Zeit traten namentlich viele Verheiratete als Lehrlinge in ein Handwerk ein, wurden aber nach Bezahlung einer Vergütung meist schon nach kurzer Zeit, höchstens Jahresfrist, selb-

1) Bachem a. a. O. Bd. III, S. 1062.

2) Schönberg: Zur wirtschaftlichen Bedeutung a. a. O. S. 55.

ständig [1]). Erst später trat mit fortschreitender Technik und gewisser Besetztheit der Gewerbe zwischen Meister und Lehrling die Stufe als Geselle (Knecht), und der Lehrling mußte erst Geselle gewesen sein, ehe er Meister werden konnte. Vielfach mußte sogar derjenige, „der das Handwerg triben will" nachweisen, „wo er das Handwerg gelernt hat un von weme" [2]). Diese Dreiteilung in Meister, Geselle und Lehrling ist bis heute immer ein spezifischer Zug des Handwerks gewesen, es ist die innere Gliederung des Handwerks [3]). Wie unten S. 4 ff. näher ausgeführt wird, ist dieses Verhältnis durch die Familiengemeinschaft, die Geselle und Lehrling umfaßt, Produktions- und Haushaltungseinheit darstellt, zu verstehen.

Von dem Lehrlingswesen selbst ist in den Zunfturkunden in der ersten Zeit des Bestehens der Zünfte wenig, im 14. und 15. Jahrhundert erst mehr die Rede [4]); aber wenn auch wenig, so ist von ihm doch überall die Rede, wo wir dem Handwerk als Wirtschaftsform begegnen: „im deutschen, französischen, italienischen, englischen Mittelalter bis unsere Zeit hinein, ebenso wie im alten Rom oder im alten Aegypten oder im alten Indien" [5]). Seine Existenz ist eben im Wesen der dem Handwerk eigenen Arbeitsweise begründet.

Gewöhnlich trat der Lehrling nach Vollendung seines 13. oder 14. Jahres in die Lehre. Doch kam es auch vor, daß durch die Zunft ein Minimal- oder Maximalalter für den Eintritt vorgeschrieben war. So verlangten z. B. die Schuhmacher in Osnabrück 1465, daß keiner einen Lehrling annehmen dürfe, der über 16 Jahre alt sei [6]). Andererseits verlangen die Bäcker in Münster 1639, daß der Lehrling wenigstens 18 Jahre alt sein müsse [7]).

Vielfach und bei den Zünften des Herzogtums Württemberg fast überall, hatte der Lehrling nach seinem Eintritt erst eine Probezeit durchzumachen, ob der Knabe „zum Handwerge lust hette und tüchtig darzu erkandt wurde" oder ob Meister und Lehrling „beyderseits mit einander zu uerkommen getrawen" [8]). Eine Probezeit ist bereits 1336 bei den Kölner Decklakenmacher vorgeschrieben. Sie

1) Bachem a. a. O. Bd. II, S. 1357. — 2) Schanz a. a. O. S. 5. — 3) Sombart: Moderner Kapitalismus Bd. I. S. 118. — 4) Wehrmann a. a. O. S. 112. — 5) Sombart a. a. O. Bd. I. S. 119. — 6) Phillilippi a. a. O. S. 40. — 7) Krumbholtz a. a. O. S. 78. — 8) Flemming a. a. O. S. 11.

findet sich aber im allgemeinen erst später, Ende des 15., Anfang des 16. Jahrhunderts [1]). Gewöhnlich betrug die Probezeit wohl 14 Tage bis 4 Wochen [2]), doch kamen auch solche von 6 Wochen und mehr vor [3]). Die Brandenburgischen Generalprivilegien von 1734 schrieben für alle Gewerbe eine vierwöchige Probezeit vor.

Während die Dauer der Lehrzeit in der ersten Zeit bei den Zünften je nach der Schwierigkeit des zu erlernenden Handwerks von verschiedener Dauer und nicht fest bestimmbar war, wurde sie später von der betreffenden Zunft gleichmäßig festgesetzt und mußte eingehalten werden. Sie betrug in der Regel 3 Jahre [4]), doch war eine Lehrzeit von 1 oder 2 Jahren, 4, 5, 6 oder noch mehr Jahren auch keine Seltenheit [5]).

Eine besonders niedrige Lehrzeit hatten z. B. die Tuchscherer in Basel, die nur 1 Jahr, seit 1484 allerdings 2—3 Jahre verlangten [6]) und die Lohgerber in Münster mit 1½ Jahren [7]). Eine fünfjährige Lehrzeit dagegen forderten die Maurer im Herzogtum Württemberg [8]), gar eine sechsjährige die Goldschmiede, Steinhauer, Maler, Glaser und Sattler in Münster, doch muß dies schon als eine Absperrungsmaßregel betrachtet werden [9]).

Eine Ausnahme von der Innehaltung dieser Lehrzeit wurde bei den meisten Zünften für die Söhne der Meister gemacht. „Die Meister konnten vielmehr den Jungen lossprechen, sobald sie ihn für fähig erachteten“ [10]) [11]). Bei vielen Zünften war es gestattet, die Söhne der Meister an demselben Tage ein- und ausschreiben zu lassen, also zu Gesellen zu erklären, ohne daß dieselben auch nur einen Tag in der Stellung eines Lehrlings verbracht hätten [12]).

Die Zünfte hatten weiterhin die Höchstzahl der zu haltenden Lehrlinge vielfach bestimmt, und mehr wie ein Lehrling scheint meist nicht gestattet gewesen zu sein [13]) [14]). Nur vereinzelt in Lübeck

1) Schmoller: Straßburger Tuchmacherzunft a. a. O. S. 98.

2) Flemming a. a. O. S. 11. Mascher a. a. O. S. 275.

3) Sammlung sämtlicher Handwerksurkunden Württembergs. Stuttgart 1758. — 4) Mayer a. a. O. S. 20. — 5) Elkan a. a. O. S. 776. Gramich a. a. O. S. 49. Ortloff a. a. O. S. 172. — 6) Hoffmann: Befugnis a. a. O. S. 88. — 7) Geering a. a. O. S. 62. — 8) Krumbholtz a. a. O. S. 81. — 9) Sammlung a. a. O. — 10) Meyer a. a. O. Bd. I, S. 21. — 11) Elkan a. a. O. S. 125. — 12) Hoffmann: Die Befugnisse a. a. O. S. 102. — 13) Sammlung a. a. O. — 14) Flemming a. a. O. S. 8.

z. B. und bei den Grapengießern, Riemern und Beutlern, waren zwei Lehrlinge gestattet [1]). Bei den Kölner Decklakenmachern durfte nur der verdiente Meister, d. h. derjenige, der der Zunft das vorschriftsmäßige Essen gegeben hatte, zwei Lehrlinge halten [2]). Neuanstehenden Meistern war die Annahme von Lehrlingen nicht immer sogleich gestattet [3]). So mußten z. B. in Württemberg die Lichter- und Seifenmacher, Schneider und Kübler 2 Jahre warten, ehe sie Lehrlinge annehmen durften. Auch wenn ein Lehrling ausgelernt hatte, mußten die Meister vielfach einige Jahre warten, ehe sie einen neuen anstellen durften [4]). So mußten z. B. in Dresden die Hutmacher, Bäcker und Leineweber 1 Jahr, die Weißgerber, Barettmacher und Seifensieder 3 Jahre [5]), in Württemberg die Schneider und Kübler 2 Jahre, die Schuhmacher, Gürtler und Kupferschmiede 3 Jahre und die Hutmacher sogar 4 Jahre warten, ehe sie einen neuen Lehrling annehmen konnten [6]). Die Seifensieder in Dresden rechtfertigen dies „Stillestehen" damit, daß „das Handwerg, so im Lande durch eine mäßige Anzahl Meister nothdürfftig versorget werden kann, durch Vielheit derselben nicht obermenget undt zu boden getrieben werde" [7]). Bei einer Reihe englischer Gewerkschaften finden wir noch heute ähnliche Beschränkungen. So müssen die Schafscherenschleifer, Rasiermessergriffmacher und Zangschmiede 7 Jahre warten, ehe sie einen Jungen in das Gewerbe einführen wollen; andere setzen ein bestimmtes Alter von 25, 27 oder gar 30 Jahre fest [8]). Diese Bestimmungen gehören allerdings erst dem 17. Jahrhundert an und können schon als Mißbräuche der Zunft, als Absperrungsmaßregeln bezeichnet werden. So lag überhaupt die ganze Regelung des Lehrlingswesens in Händen der Zünfte, die Rechtsvorschriften erlassen, Gewerbepolizei und Gerichtsbarkeit ausüben konnten [9]). Sie waren das richtige Werkzeug der menschlichen und technischen Erziehung des Lehrlings. Im Hause des Lehrherrn, bei dem er wohnte, und wo er als zur Familie betrachtet

1) Wehrmann a. a. O. S. 115. — 2) Wehrmann a. a. O. S. 115. — 3) Schmoller: Straßburger Tuchmacherzunft a. a. O. S. 98. Seiffert a. a. O. S. 619 ff. Elkan a. a. O. S. 23 f. — 4) Flemming a. a. O. S. 7. Krumbholtz a. a. O. S. 84. — 5) Flemming a. a. O. S. 8. — 6) ditto a. a. O. S. 11. — 7) Sammlung a. a. O. — 8) Webb: Theorie und Praxis a. a. O. Bd. II, S. 8. — 9) Schönberg Hb. a. a. O. S. 542. Mascher a. a. O. S. 247 f.

behandelt wurde, lernte er Zucht und Sitte, in der Gesellenbrüderschaft wurde er zum Gesellen geschult, und als angehendem Meister wurden ihm in der Zunftstube gutes Betragen und höfliche Sitten anerzogen [1]).

Während die Art und Weise der Aufnahme des Lehrlings in der ersten Zeit dem Meister überlassen blieb und ganz formlos geschah, bildeten sich nach und nach dafür feststehende Normen aus. Die Lehrlingszeit war eine Zeit der Vorbildung, die durch die bestandene Gesellenprüfung beendet wurde, wie die Gesellenzeit als Zeit der Durchbildung durch die Meisterprüfung beendet wurde. Jeder Lehrling wollte und sollte es zum Meister bringen. Der Lehrling wurde deshalb nicht eigentlich vom Meister als solchen, sondern vom ganzen Gewerbe aufgenommen, das sich gegen den Eintritt unfähiger und unwürdiger Elemente schützen wollte, und deshalb auch entsprechende Anforderungen an den Lehrling stellte, wie z. B. eheliche Geburt, welche Forderung aber nach Stahl in seinem unvollendet gebliebenen Werke über das deutsche Handwerk nicht von diesem selbst ausging, sondern ihm von außen dadurch aufgezwungen war, daß ohne eheliche Geburt niemand das Bürgerrecht erlangen konnte. Außerdem wurde noch deutsche und freie Geburt verlangt, neben der Entrichtung gewisser Eintrittsgebühren in Geld, Wachs, Wein oder Bier [2]). „Die Zünfte müssen so rein sein, als wären sie von Tauben gelesen" lautete ein altes deutsches Sprichwort [3]).

Der Lehrling wurde in der Versammlung der Vollgenossen der sogen. Morgen-Sprache [4]) vor offener Lage vom ganzen Handwerk aufgenommen. Dieses übernahm damit die Pflicht, sowohl dafür zu sorgen, daß der Meister den Lehrling im Handwerk tüchtig unterwies, als auch auf seine Erziehung Bedacht zu nehmen. Es war dies eine Gegenleistung für das Privileg der zünftigen Meister, Lehrjungen anzunehmen [5]). Die Klasse der Lehrlinge und Gesellen war keine eigene Klasse von Arbeitern; Lehrlinge sowohl wie Gesellen waren Bestandteile der Zunft, wenn auch nicht als gleichberechtigte Genossen, so doch als Schutzgenossen. Ihre Streitig-

---

1) Schmoller: Straßburger Tuchmacherzunft 1879 S. 179; bei Schönberg Hb. S. 551. — 2) Gierke a. a. O. Bd. I. S. 403. — 3) Funk a. a. O. S. 37. Ortloff a. a. O. S. 158. — 4) Schönberg Hb. S. 543. Mascher a. a. O. S. 276. — 5) Flemming: Das Lehrlingswesen der Dresdener Innungen S. 3.

keiten untereinander und mit ihren Meistern, sowie die Vergehen gegen die Ehre des Handwerks waren Angelegenheiten der Zunft [1]). Die Zunft übte auch Sittenpolizei aus, die das moralische Verhalten der Gesellen und Lehrlinge zu überwachen hatte [2]). Damit der Lehrling seinem Meister nicht entlief und seine Lehrzeit auch aushielt, finden wir im 16. Jahrhundert in Dresden die Forderung, daß er Bürgen stellen mußte. Diese sollten zur Schadloshaltung des Meisters herangezogen werden können, wenn das Lehrgeld nicht bezahlt war oder der Lehrling „etwas veruntraute" oder dem „Handwerk einen Schimpf antäte" [3]). Auch enthalten die Zunfturkunden vielfach Strafbestimmungen für den Fall, daß ein Lehrling seinem Meister entlief [4]). Wollte er wieder in die Zunft aufgenommen werden, so konnte dies nur mit Einwilligung der Aelterleute, beim zweiten Male nur mit Genehmigung des ganzen Amtes geschehen. Bei den Pantoffelmachern in Lübeck konnte ein entlaufener Lehrling niemals das Meisterrecht gewinnen [5]), oder aber er durfte von keinem Meister angenommen werden, bis er sich mit seinem ersten Meister wieder vertragen hatte [6]). Nach mehreren Zunftgesetzen mußten die Lehrlinge teils bei der Aufnahme, teils nach jedem Lehrjahre eine Prüfung ablegen, um zu sehen, was sie gelernt hatten [7]).

Diese Bestimmungen, die zu jener Zeit wohl berechtigt gewesen sein mögen, zur Erzielung einer hohen technischen Ausbildung der Gewerbegenossen und zur Erfüllung der Verpflichtungen, welche die einzelne Korporation in Bezug auf die ordentliche Befriedigung der Konsumenten hatte [8]), trugen mit dazu bei, den Verfall der Zünfte zu beschleunigen, denn im 17. Jahrhundert finden wir eine Verschärfung dieser Vorschriften, zum Zwecke der Abschließung der Zünfte nach außen. Es ist klar, daß hierdurch die Berührung mit dem Volksleben, die immerwährende Einsicht in die Bedürfnisse des Volkes vernachlässigt wurde und dabei das öffentliche Interesse zu sehr in den Hintergrund trat. Wie man bei Aufnahme von Mei-

---

1) Schönberg: Wirtschaftliche Bedeutung, S. 115, Hb. S. 544. — 2) Schönberg Hb. S. 549. — 3) Flemming a. a. O. S. 3 ff. — 4) Schönberg: Zur wirtschaftlichen Bed. S. 116. — 5) Wehrmann a. a. O. S. 115. — 6) Elkan a. a. O. S. 108. Neuburg: Zunftsgerichtsbarkeit a. a. O. S. 34. Schmoller: Tuchmacherzunft S. 98. — 7) Ortloff a. a. O. S. 193 f. — 8) Schönberg Hb. S. 547

stern in die Zunft die Antragsteller durch hohes Aufnahmegeld, Meisteressen usw. ausbeutete, die Söhne und Schwiegersöhne der Meister bevorzugte, so suchte man selbst die als Lehrling Unterkommen Suchende in jeder Weise abzuschrecken [1]).

Man verlangte außer wie bisher eheliche Geburt und redliches Herkommen auch ehrliche Geburt. Als unehrlich galten die Kinder, oft sogar die Enkel und Urenkel der Nachtwächter, Straßenfeger, Stadtknechte, Gerichtsdiener, Feldhüter, Schäfer, Zöllner, Müller, Leineweber, Barbiere, Musikanten u. a. m. [2]) [3]). Konnte der Neuaufzunehmende seine ehrliche Geburt nachweisen, so mußte er noch eine hohe Aufnahmegebühr zahlen. Außer Verlängerung der Lehrzeit, Erschwerung der Gesellenprüfung, verlangte man eine lange Wanderzeit der Gesellen, um diese schließlich doch an einem kostspieligen Meisterstück usw. scheitern zu lassen. Der Geselle, der früher stets als „Gehilfe" des Meisters im eigentlichen Sinne des Wortes betrachtet wurde, der den „Helfer", den „Kumpan" darstellte, dessen Arbeit nicht in erster Linie zu Nutz und Frommen des Meisters erfolgte, sondern zum Heil und Besten des Knechtes, er wurde jetzt als der werdende Konkurrent des Meisters von diesem und der Zunft in jeder Weise in seinem Fortkommen gehindert [4]).

Die Heranbildung eines tüchtigen Nachwuchses wurde auf jede mögliche Art und Weise verhindert, die Lehrlinge vielmehr ausgenützt und zu anderen als Handwerksarbeiten verwendet [5]). Es ist selbstverständlich, daß die Zünfte sich so selbst Pfuscher oder Bönhasen erzogen, die, da sie geringere Ansprüche an das Leben stellten, zu einem geringeren Lohn arbeiteten und in manchen Gegenden den Bestand ganzer Gewerbe in Frage stellten.

In der nun folgenden Zeit des Merkantilsystems mit dem Bestreben, die heimische Industrie von dem Auslande unabhängig zu machen, ihr den Markt zu sichern und inländische Produkte zu exportieren, um möglichst viel Geld ins Land zu ziehen und darin zu halten, suchte man jene Mißstände im Handwerk verschiedentlich zu bekämpfen. Die Reichstage des 16. und 17. Jahrhunderts machten den Versuch, durch Polizeiverordnungen die Mißbräuche in etwa abzustellen. So verlangte die Reichspolizeiverordnung von 1530

1) Schönberg Hb. a. a. O. S. 554. — 2) Roscher: System der Volkswirtschaft Bd. III, S. 618. — 3) Roscher a. a. O. S. 616. — 4) Sombart a. a O. Bd. I, S. 120. — 5) Roscher a. a. O. S. 329.

unter anderem die Zulassung von Kindern der Leinenweber, Barbiere, Schäfer, Müller, Zöllner, Pfeifer, Trompeter und Bader in die „Zünfte, Gaffeln, Aempter und Gülten" [1]). Das Reichsgutachten vom 3. März 1672, das aber nicht die kaiserliche Approbation erhielt, verbat im § 4 den Zünften, gewisse Klassen der Bevölkerung von den Innungen und Zünften auszuschließen. Im § 9 wurden die lächerlich gewordenen Zeremonien bei der Aufnahme und Lossprechung des Lehrlings verboten [2]). In Brandenburg-Preußen griff der große Kurfürst zuerst durch das Edikt vom 16. Juni 1684 ein, indem er darin die Wander- und Dienstzeit auf 1½ Jahre ermäßigte und das Meistergeld auf 10 Taler festsetzte [3]).

In der ersten Gewerbeordnung Preußens, die wir kennen, der Magdeburgischen, vom 3. Januar 1688 wurde das Lehrlingswesen ausführlicher in den ersten 10 Paragraphen des 26. Kapitels geregelt [4]). Die Lehrjungen sollten nach § 3 ehrlicher Geburt sein, doch mußten die Kinder der als unehrlich geltenden Kategorien der Bevölkerung auch zugelassen werden. Uebermäßige Lehrgelder und Zehrungen waren untersagt (§ 4). Auch unvermögende Jungen hatte die Zunft gegen Verlängerung der Lehrzeit anzunehmen (§ 5) [5]). Aufdingung und Lossprechung hatte ohne alle Possen an einem Werktage zu geschehen und zwar in Gegenwart des Ratsdeputierten [6]).

Als alle diese Maßnahmen des Reiches und der Landesherrn nichts nützten, wurden die Zünfte durch den unter Kaiser Carl VI. am 18. Dezember 1731 erlassenen Reichsschluß [7]) dem Verwaltungsorganismus des Staates eingefügt, so daß die Zünfte ohne Vorwissen der Obrigkeit keine Versammlungen mehr abhalten, und keine Ordnungen und Artikel mehr erlassen durften [8]). Weiter sollten die örtlichen Unterschiede in der Erlernung ein und desselben Gewerbes aufhören (§ 3). § 4 verbot den Ausschluß ganzer Bevölkerungsklassen vom Handwerk außer Schinder und Abdecker bis zur zweiten Generation. Die §§ 7—10 wandten sich gegen die Mißbräuche bei der Aufnahme und Lossprechung des Lehrlings [9]).

1) Schönberg Hdb. S. 557. — 2) Meyer a. a. O. Bd. I, S. 87. — 3) Meyer a. a. O. Bd. I, S. 94. — 4) Meyer a. a. O. Bd. I, S. 94. — 5) Meyer a. a. O. Bd. I, S. 94. — 6) Meyer a. a. O. Bd. I. S. 94. — 7) Meyer a. a. O. Bd. II, S. 68. — 8) Schönberg Hb. a. a. O. S. 558 ff. — 9) Meyer a. a. O. II, S. 70.

Da die Durchführung dieser Bestimmungen sich als außerordentlich schwierig erwies, erließ Friedr. Wilhelm I. von Preußen in den Jahren 1734—1736 die sogen. Generalprivilegien, die in materieller Hinsicht weit über dem Reichsschluß stehen. Als Aufnahmebedingung sollte die Forderung genügen, daß der Lehrling schreiben und lesen konnte und in den 5 Hauptstücken des Katechismus Bescheid wußte [1]). Auch wurde der übermäßigen Hausarbeit nachdrücklich entgegengetreten und die Meister der Oberaufsicht des Magistrats unterstellt [2]). Neben diesen Generalprivilegien verlieh der König eine inhaltlich mit dem Reichsschluß übereinstimmende Handwerksordnung für Ostpreußen vom 10. Juni 1733, die wegen ihrer logischen Anordnung des Stoffes und schärferen Fassung der Bestimmungen als die vorzüglichste Quelle des preußischen Gewerberechts im 18. Jahrhundert angesehen werden kann [3]). Im Jahre 1783 erließ Friedrich der Große ein Edikt gegen die Beschränkung der Lehrlingszahl, in dem es u. a. heißt: „Da auch ferner dem gemeinen Wesen nicht zuträglich ist, daß einem Handwerksmeister nicht mehr als einen Lehrjungen zu halten erlaubet seyn soll, so wollen wir, daß den Meistern die Haltung von mehr als einem Lehrjungen erstattet und nachgelassen seyn soll“ [4]).

In Bayern suchte Maximilian Joseph durch eine Verordnung von 1731 die Handwerksmißbräuche abzustellen und gestattete unter anderem auch, daß jeder Meister mehr als einen Lehrling halten durfte. Er schaffte ferner das „Stillestehen“ ab, wonach der Meister, der einen Lehrling ausgebildet hatte, eine Reihe von Jahren zu warten hatte, ehe er einen neuen Lehrling einstellen durfte, wenn er sich diese Erlaubnis nicht erkaufen wollte [5]).

Diese Zeit des Polizeistaates mit seiner Bevormundungspolitik, seinen zahlreichen Reglements und Gesetzen, worin alles bis ins Einzelne geregelt wurde, bildete einen Uebergang von der alten zünftlerischen Abschließungspolitik zu der nun folgenden Gewerbefreiheit. Denn infolge von Erfindungen und Entdeckungen, Verbesserung der Transport- und Verkehrsverhältnisse und vor allem des größeren Einflusses des Kapitals auf die Produktion wurde das Gewerbe in ganz andere Bahnen geleitet, wenn es sich auch bis zur

---

1) Ortloff a. a. O. S. 161. — 2) Meyer a. a. O. II, S. 94. — 3) Meyer a. a. O. Bd. II, S. 97. — 4) Bobertag a. a. O. S. 84. — 5) Seiffert a. a. O. S. 627.

Einführung der Gewerbefreiheit in einer gewissen Stagnation befand. Die sogen. naturalistische Aufklärungsphilosophie und naturrechtliche Staatslehre, die von ihren Vertretern Hobbes, Diderot, d'Alembert, Voltaire, Montesquieu, Rousseau u. a. als Angriffswaffe gegen die bestehende Gesellschaftsordnung mit Erfolg benutzt wurde, hatte in der Volkswirtschaft die Lehre der Physiokraten zur Folge. Diese sprachen der Regierung jedes Recht der Einmischung in persönliche Verhältnisse der Bürger ab. An Stelle der obrigkeitlichen Bevormundungspolitik wollte man den Rechtsstaat, dessen Aufgaben sich in der Sorge für eine allgemeine Schulbildung, in der Durchführung des Rechtsschutzes für die Person und das Eigentum auf Grund der individuellen Freiheit und Rechtsgleichheit und in der Aufrechterhaltung der öffentlichen Ordnung erschöpfen sollte. Daher Freiheit des Güteraustausches, unbeschränkter Wettbewerb, weder Monopole noch Vorrechte. Der Höhepunkt in der Entwicklung dieser freiheitlichen Bewegung wurde in dem 1776 erschienenen Werke Adam Smiths erreicht: „Untersuchung über die Natur und die Ursachen des Nationalreichtums". Da Adam Smith sich in diesem Werke auch mit dem gewerblichen Lehrlingswesen befaßt, sei im folgenden etwas näher darauf eingegangen [1]):

Seinen für jene Zeit charakteristischen Standpunkt skizziert Smith wie folgt: „Das Recht, welches jeder Mensch hat, die Früchte seiner eigenen Arbeit zu genießen, so wie es das älteste und ursprünglichste aller Eigentumsrechte ist, sollte billig auch das heiligste und unverletzlichste sein. Der einzige Schatz eines armen Mannes besteht in der Geschicklichkeit und Stärke seiner Hände; und ihn verhindern, diese Stärke und diese Geschicklichkeit auf die ihm wohlgefälligste Weise, ohne Beeinträchtigung irgend eines Menschen zu gebrauchen, heißt das heiligste Eigentum derselben verletzen. Es ist ein Eingriff sowohl in die natürliche Freiheit, nicht nur des arbeitenden Mannes selbst, sondern auch der Personen, die sich seiner Geschicklichkeit bedienen wollen. So wie der eine gehindert wird, zu arbeiten, was ihm gutdünkt: so werden die andern gehindert, den für sich arbeiten zu lassen, welcher ihnen gefällt. — Ob ein Mensch zu der Verrichtung, welcher er sich unterzieht, tüchtig sei,

1) Smith a. a. O. Bd. I. S. 228 ff.

kann sicher der Beurteilung derer überlassen werden, welche seine Arbeit gebrauchen, da es ihr Interesse so unmittelbar und nahe angeht. Die Besorgnisse des Gesetzgebers, daß sie einen unrechten treffen möchten, sind ebenso unnötig als die Anstalten, durch welche er dies zu verhüten sucht, drückend sind“[1]). Smith wendet sich dann gegen die europäische Polizei, die nirgends die Freiheit ungestört lasse und dadurch wichtige Ungleichheiten hervorrufe, indem sie die Konkurrenz in gewissen Gewerben auf eine geringere Anzahl von Mitbewerbern einschränkt, als sich sonst mit demselben abgeben würden[2]). Er denkt hierbei an die Zünfte.

Er geht dann näher auf das Lehrlingswesen ein und bekämpft vor allem die Lehrlingsakte der Königin Elisabeth von 1562[3]), in denen verordnet wurde, daß von allen „zu damaliger Zeit in England getriebenen Gewerben, Handwerken und Künsten, die Ausübung niemand erlaubt sein solle, als dem, der zuvor wenigstens 7 Jahre als Lehrbursche, bei einem Meister des Handwerks oder der Kunst, gestanden hätte. Hierdurch wurde das, was bis dahin nur eine Privatanordnung einzelner Innungen gewesen war, in England ein allgemeines Landesgesetz für sämtliche in Marktstädten betriebenen Gewerbe“[4]). Das Gesetz erstreckte sich zwar auf alle Orte des Königreichs, wurde aber durch die Auslegungen des Richters auf die Marktstädte eingeschränkt, da die Landbewohner bei meist dünner Bevölkerung mehrere Handwerke ausübten, und man nicht von ihnen verlangen konnte, für jedes Handwerk 7 Jahre zu lernen[5]).

Gegen diese lange Lehrzeit führte Smith an, daß sie „kein sicheres Mittel sei, zu verhindern, daß schlechte Arbeit zu Markte komme. Wenn dies geschieht: so ist die Ursache weit öfter Betrügerei, als Ungeschicklichkeit. Gegen Betrug aber kann die längste Lehrzeit keine Sicherheit geben“. Ganz andere Anordnungen seien zur Verhütung solcher Mißbräuche erforderlich. Wenn z. B. Silbergeschirre auf ihren Silbergehalt geprüft und die leinenen und wollenen Tücher gestempelt seien, so sei der Käufer mehr gegen Betrug geschützt, als durch ein Gesetz, das die Lehrzeit bestimme.

„Auch das ist nicht richtig, daß eine lange Lehrzeit die jungen Leute zum Fleiße gewöhnt. Von einem Lohnarbeiter, oder einem, nach dem Stücke arbeitenden Gesellen, läßt sich viel eher vermuten,

1) Smith a. a. O. Bd. I, S. 228. — 2) ditto S. 222. — 3) ditto S. 223. — 4) Smith a. a. O. S. 225. — 5) ditto S. 226.

daß er sehr fleißig sein werde, weil er nach dem Grade seines Fleißes mehr oder weniger erwirbt. Aus der entgegengesetzten Ursache ist zu erwarten, daß ein Lehrbursche ein fauler Arbeiter sein werde, weil er keinen unmittelbaren Vorteil davon hat, fleißig zu sein. In den gemeinen Hantierungen hat die Arbeit nichts angenehmes, als den Verdienst, zu welchem sie verhilft. Die, welche am geschwindesten in den Stand kommen, wo sie diese Annehmlichkeit der Arbeit genießen können, sind auch wahrscheinlich die ersten, welche einen Geschmack darin gewinnen, und sich daher zum Fleiße am zeitigsten gewöhnen. Natürlicherweise bekommt ein junger Mann eine Abneigung vor der Arbeit, wenn er lange ohne allen Lohn arbeiten muß. Waisenknaben müssen, wenn sie auf ein Handwerk gebracht werden, gemeiniglich einige Jahre länger, als andere, in der Lehre bleiben; und gerade aus ihnen sieht man die meisten Faulenzer und Taugenichtse entstehen.

Eine lange Lehrzeit ist in allen Fällen etwas unnötiges. Selbst solche Gewerbe, die schon weit kunstreicher als gemeine Handwerke sind, wie z. B. die Gewerbe der Groß- und Kleinuhrmacher; enthalten doch keine so großen Geheimnisse, die einen langen Unterricht notwendig machen. Nachdem solche Maschinen usw. erfunden und durchgängig bekannt sind, reicht der Unterricht weniger Wochen und vielleicht Tage hin, einem jungen Menschen auf die vollständigste Art zu erklären, wie jene Maschine erbaut und wie diese Werkzeuge angewandt werden müssen. Aber zu dieser Uebung würde ein junger Mensch weit mehr Fleiß und Aufmerksamkeit mitbringen, wenn er vom Anfange an, um Lohn d. h. als Geselle, arbeitete, so nämlich, daß er nach Verhältnis der wenigen Arbeit, die er verfertigte, bezahlt würde, — und dafür hinwiederum die Materialien bezahlte, die er aus Ungeschicklichkeit verdirbt. Gewiß würde seine Erziehung, auf diese Weise veranstaltet, in den meisten Fällen ihren Endzweck besser erreichen, in allen aber weniger kostbar und unangenehm für ihn sein. — Die Meister würden freilich dabei verlieren (so viel nämlich, als der Arbeitslohn beträgt, welchen sie, sieben Jahre durch, für ihre Arbeit geben müßten, die der Lehrbursche umsonst tut). Am Ende würden vielleicht auch die Lehrburschen verlieren. In einem Gewerbe, dessen Erlernung so leicht gemacht worden wäre, würden sie mehrere Mitarbeiter bekommen, und nachdem sie ausgelernt hätten, einen geringeren Lohn, als jetzt, zu erwarten haben.

Durch eben diese Vermehrung der Mitbewerber würden die Meister ihren Gewinn, so wie die Gesellen ihren Lohn vermindert sehen. Alle Handwerker würden verlieren, aber das Publikum würde gewinnen, da die Produkte von jenen wohlfeiler wie bisher zu Markte kämen" [1]).

Um dies zu verhindern, glaubt Smith, sind die Innungen eingeführt worden; er bekämpft [2]) sie und kommt zu dem Resultat, daß „ein Gesetz, welches eine bestimmte Lehrzeit für unentbehrlich hält, den arbeitsamen Mann hindert, wenn er, ohne seinen Wohnort zu verändern, von einer Beschäftigung zur anderen übergehen will; auch die ausschließlichen Zunftprivilegien hindern ihn, wenn er mit Beibehaltung derselben einen Ort mit dem anderen vertauschen will" [3]).

Diese Angriffe Smiths, die gewiß viel richtiges enthielten und gerechtfertigt waren, wie z. B. der gegen die lange Dauer der Lehrzeit, beruhten doch auf einer Verkennung der tatsächlichen Verhältnisse und der Konsequenzen seiner Vorschläge.

Da die Großindustrie erst im Entstehen begriffen war, konnten die Angriffe nur gegen das Kleingewerbe gerichtet sein, das mit seiner veralteten gewerblichen Ordnung seine Rechte zum Nachteil des Arbeiters und des Publikums mißbrauchte [4]).

Unter dem Einflusse der Smithianistischen Angriffe wurden die Lehrlingsgesetze der Elisabeth durch den Act 50 George III. c, 96 vom 18. Juli 1814 aufgehoben.

Nach Smiths Deduktion mußten jetzt nach Aufhebung der Gesetze mehr selbständige Gewerbetreibende sich niederlassen. Statt dessen aber gingen viele kleine Betriebe ein, die der nunmehr frei waltenden Konkurrenz der Großbetriebe nicht mehr Stand zu halten vermochten. Weiter drückte das Angebot ungelernter Arbeiter den Lohn so stark, daß die englischen Gewerkvereine, um eine Besserung der Lage herbeizuführen, das Lehrlingsgesetz der Elisabeth modifiziert wieder bei sich einführten. Sie verlangten zum Nachweis der Tüchtigkeit eine richtig zurückgelegte Lehrzeit, deren Dauer sich nach dem betreffenden Gewerbe richtete und beförderten nach Möglichkeit die Schriftlichkeit der Lehrverträge [5]). (Wenn Bren-

1) Smith a. a. O. S. 229 ff. — 2) ditto S. 232 ff. — 3) ditto S. 254. — 4) Brentano a. a. O. S. 51. — 5) Brentano: Arbeitergilden der Gegenwart Bd. II, S. 164 ff.

tano „Arbeitergilden der Gegenwart" mit verschiedenen anderen Nationalökonomen nun aber angenommen haben, daß die Politik, die Zahl der Angehörigen eines Gewerbes zu beschränken, einen wesentlichen Bestandteil des heutigen Gewerkvereinswesens ausmachen, so beruht dies auf einem Irrtum. S. und B. Webb haben in dem Werke „Theorie und Praxis der englischen Gewerkvereine" nachgewiesen, daß es heute nur noch wenige Gewerkvereine gibt, die Lehrlingsregeln aufgestellt haben; und von diesen wieder bestehen nur einige wie die Kesselschmiede, die Messerschmiede von Sheffield usw. auf einer strengen Durchführung derselben [1]). Bei den meisten ist in neuerer Zeit der Versuch, die Gesamtzahl der Personen, welche in das Gewerbe eintreten, zu beschränken, gänzlich aufgegeben.)

Neben Smith wendet sich eine Reihe anderer Schriftsteller gegen die lange Lehrzeit. Selbst J. A. Weiß, der Verfechter der Zünfte schreibt in seiner Schrift „Ueber das Zunftwesen" [2]): Daß „ein gut vorbereiteter vom Meister gewissenhaft geleiteter Junge, der pünktlich zu Fleiß und Arbeit angehalten wird, auch das schwerste Handwerk binnen zwei Jahren vollständig erlernen kann. Schon im zweiten halben Jahre kann er den Meister für den Verlust des ersten halben Jahres schadlos halten und das zweite Jahr ganz zum Vorteil desselben arbeiten". Was darüber wäre, gereichte augenscheinlich nur zum überspannten Vorteil des Meisters und Schaden des Lehrlings. Wolle man die Lehrzeit je auf 3 Jahre setzen, so müßte es nur in dem Falle geschehen, wenn der Junge gar kein Lehrgeld zu zahlen imstande sei, um auf diese Art den Meister zu entschädigen und den fähigen Armen den Zutritt zu den Gewerben nicht zu erschweren. Noch weiter geht Justi in seinem Werke „Grundsätze der Polizeiwissenschaft" [3]), wo er in § 183 eine Verkürzung der Lehrzeit bis auf 1 Jahr verlangt.

Auch Hoffmann [4]) erklärt, daß das betreffende Gewerbe vielfach in ebensoviel Monaten und Wochen, als bei den Zünften Jahre verlangt werden, gelernt werden könne. Er weist aber andrerseits darauf hin, daß der Lehrling dem Meister auch zur Vollendung seiner Erziehung übergeben sei und auch Kost und Wohnung, zu

1) S. u. B. Webb: Theorie und Praxis a. a. O. S. 12 ff. — 2) Weiß a. a. O. S. 311 f. — 3) Justi: Grundsätze der Polizeiwissenschaft, Göttingen 1784. — 4) Hoffmann: die Befugnis a. a. O. S. 92.

welcher das Lehrgeld meist nicht ausreiche, abdienen müsse.

Wie in England, so kam die Gewerbefreiheit, zum Teil sogar früher als dort (in Frankreich 1791) [1]), auch auf dem Kontinente unter dem Einfluß der oben erwähnten laissez faire, laissez passer Politik zur Geltung.

Innerhalb Deutschlands führte zuerst Preußen nach dem unglücklichen Friedensschlusse von Tilsit 1807 durch Edikt vom 2. November 1810 die Gewerbefreiheit ein. Der preußische Minister Hardenberg erkannte als seine erste Aufgabe zur Wiederaufrichtung Preußens die wirtschaftliche Hebung des Volkes durch Beseitigung der bisherigen Unfreiheit und Bevormundung auf allen Gebieten [2]). Wie die ganze damalige Zeit, stand auch Hardenberg unter dem Einflusse der Lehren von Adam Smith und seiner Vertreter in Deutschland, vornehmlich des Philosophen Kant und des Prof. der praktischen Philosophie, später der Sozial- und Kameralwissenschaften Christian Jakob Kraus, beide in Königsberg. Besonders letzterer hat in dem V. Bande seines Hauptwerkes die „Staatswirtschaft" die praktischen Vorschläge für Preußen niedergelegt, die in den Jahren 1807 ff. auch zur Ausführung gelangten.

Von 1740—1806 war in Preußen auf dem Gebiete des Handwerksrechts nichts grundlegend Neues geschaffen worden, außer der Kodifikation des allgemein Geltenden im preußischen Landrecht von 1794. Danach konnte jeder ein unzünftiges Gewerbe betreiben, wenn er es der Obrigkeit anzeigte [3]). Zur Bildung der Zunft gehören mindestens 3 in der Stadt wohnende Meister. Die Zünfte waren dem Magistrat unterstellt, der auch ihren Sitzungen beiwohnte. Die zünftigen Gewerbe unterstanden dem Schutze des Zunftzwanges d. h. „des Rechtes, Unzünftigen, abgesehen von den staatlich privilegierten, die Treibung eines zünftigen Handwerks innerhalb des Zunftdistrikts zu untersagen" [4]). Zum Meisterrecht war vor allem das Bürgerrecht notwendig neben einer regelrechten Lehrzeit. Als Lehrlinge mußten auch unehelich Geborene, wenn sie vom Landesherrn legitimiert waren, zugelassen werden. Die Lehrzeit sollte in der Regel 3 Jahre betragen, bei einigen schwerer zu erlernenden

1) Schönberg Hb. a. a. O. S. 594. — 2) Schönberg Hb. a. a. O. S. 567. — 3) Roehl a. a. O. S. 28. — 4) Roehl a. a. O. S. 30.

Gewerben wie Goldschmieden, Leineweberei, Schornsteinfeger, Wollenfärbern auch 4—6 Jahre [1]).

Nach der Einführung der Gewerbefreiheit sollte nun die Ausübung eines Gewerbes nur mehr abhängig sein von der Lösung eines Gewerbescheins, der jedem gewährt werden mußte, wenn nicht dessen Lebenswandel oder polizeiliche Gründe entgegenstanden. Ausgenommen waren nur diejenigen Gewerbe, deren Betrieb ein öffentliches Interesse beansprucht, wenn z. B. bei schlechter Ausübung des Gewerbes eine öffentliche Gefahr vorhanden war [2]). Wenn auch die Zünfte ausdrücklich weiter existieren durften, so brauchte doch niemand ihnen anzugehören und jeder konnte Lehrlinge nach Belieben halten. Nach dem Gewerbepolizeigesetz vom 7. September 1811, das in den §§ 7—13 und 18 die Lehrlingsverhältnisse regelt, konnte jeder Lehrlinge annehmen, soweit deren „Unverdächtigkeit und Befugnis, sich dergestalt zu verpflichten", nach den allgemeinen Polizeigrundsätzen erwiesen war. Wer also bei einem Unzünftigen in die Lehre trat, brauchte einen Geburtsbrief oder im Falle der unehelichen Geburt einen Geburtsschein nicht mehr beizubringen. Durch Kabinettsordre vom 3. Februar 1812 wurde auch den zünftigen Lehrlingen dieses Erfordernis erlassen. Alle sonstigen Bestimmungen blieben dem freien Vertrag vorbehalten oder richteten sich nach Gewohnheitsrecht [3]) [4]).

Wie der Innungszwang, so waren auch die Rechte der Meister und Gesellen verschwunden, und wenn die Zünfte als freie Innungen auch noch vielfach weiter bestanden, so gingen sie doch immer mehr zurück und hatten ihre Berechtigung verloren.

Wenn auch bei der vorliegenden Bearbeitung die Verhältnisse in der Zunft, sowie das Verhältnis derselben zu Staat und Volkswirtschaft nur insoweit berührt werden kann, als das Lehrlingswesen hierbei eine Rolle spielt, so ist an dieser Stelle nicht zu vergessen, daß der Verfall der Zünfte und die ganze weitere wirtschaftliche Entwickelung nicht ihre alleinige Ursache in den Mißständen der Zunft haben, daß vielmehr die veränderte Produktionsweise veränderte Preisbestimmungsgründe der Handwerkerwaren auf seiten des Angebots und der Nachfrage eine vielleicht noch größere Ursache der Umwälzung sind, daß dies zum Teil überhaupt die Ursachen der im 16. und

1) Roehl a. a. O. S. 32. — 2) Schönberg Hb. a. a. O. S. 569.
3) Rüffer a. a. O. S. 310 ff. — 4) Roehl a. a. O. S. 130.

17. Jahrhundert auftretenden Mißstände in den Zünften waren. Sombart ist in seinem „Modernen Kapitalismus" ausführlicher hierauf eingegangen und sucht darzulegen, daß Zunftorganisation und Zunftgesetzgebung nur „Hilfskonstruktionen" sind, den Bestand des Handwerks zu sichern, daß obigen Momenten des Angebots und der Nachfrage weit wichtigere Funktionen zuzuschreiben waren [1]).

Da Preußen in jeder neu erworbenen Provinz das zur Zeit geltende Gewerberecht bestehen ließ, finden wir nach 1815 schrankenlose Gewerbefreiheit z. B. in Westfalen und im Großherzogtum Berg neben alter Zunftverfassung im Herzogtum Sachsen, in der Ober- und Niederlausitz, Neuvorpommern usw. [2]). Ein wandernder Geselle konnte, mit dem Zeugnis seiner Ortspolizei versehen, fast überall Arbeit finden, ohne daß sich jemand um seine zünftige oder unzünftige Eigenschaft bekümmerte, so durchlöchert war die Zunftverfassung in ganz Deutschland [3]).

Eine Abkehr von der Gewerbefreiheit wurde in Preußen von den Städten beim Staatskanzler fortgesetzt beantragt [4]) [5]). In dem 1818 von dem Berliner Stadtrat Dracke dem König eingereichten Aufsatze gegen die Gewerbefreiheit (das Drack e'sche Prememoria), beklagt sich dieser u. a. darüber, daß diejenigen Lehrlinge, die weder etwas Tüchtiges gelernt noch die Ordnung einer Meisterlehre kennen gelernt hätten, allzuleicht ein Gewerbe anfangen und einen Hausstand etablieren könnten. Nach der alten Gewerbeverfassung seien die Lehrlinge durch das Beispiel der Alten zum fleißigen Besuch der Kirche, zu Treue, Fleiß, Sittlichkeit und Sparsamkeit erzogen worden.

Welche Aenderung zur Hebung des Lehrlingswesens man nach den bisher gemachten Erfahrungen verlangte, zeigt ein vom Berliner Magistrat den Ministern für Handel und Gewerbe und des Innern eingereichter Bericht, wonach der Magistrat forderte [6]):

1. „daß allen Lehrlingsverhältnissen ein schriftlicher, mit amtlicher Bestätigung versehener Vertrag zu Grunde liege [7]);

2. daß eine Ermittelung voranzugehen habe, ob der Lehrherr ein unbescholtener Mann und sein Gewerbe selbständig treibender Bürger sei;

---

1) Sombart a. a. O. Bd. I. S. 140 ff. — 2) Schönberg Hb. a. a. O. S. 570. — 3) Rohrscheidt: Vor- und Rückblicke a. a. O. S. 481. — 4) ditto S. 35. — 5) Roehl a. a. O. S. 167. — 6) Rohrscheidt: Vor- und Rückblicke a. a. O. S. 40 ff. — 7) ditto S. 53.

3. daß der Lehrling eine Prüfung zu bestehen habe, ehe er zum Gesellen gesprochen werde;

4. daß kein Lehrling angenommen werden dürfe, der nicht Fertigkeit im Lesen, Rechnen und Schreiben besitze" [1]) [2]).

Während das Gesellenwesen nach Einführung der Gewerbefreiheit durch zahlreiche Reglements und Entscheidungen soviel wie möglich reformiert wurde, befaßte sich die Verwaltungstätigkeit mit dem Lehrlingswesen sehr wenig, trotz der vielen Wünsche und Anträge bei der Regierung [3]).

Erst die preußische Gewerbeordnung vom 17. Januar 1845, die das Gewerberecht für ganz Preußen einheitlich regelte, schuf eine Besserung des Lehrlingswesens.

Sie hielt im wesentlichen an den Edikten von 1810 und 1811 fest. Die Gewerbefreiheit wurde als Grundlage alles gewerblichen Fortschrittes und der gedeihlichen Entwicklung beibehalten, jedoch glaubte man für einzelne Gewerbe, deren Ausübung mit Gefahren oder Nachteilen für andere Personen verbunden waren, oder für welche im Interesse des Publikums der Befähigungsnachweis notwendig erschien, Beschränkung in der Ausübung des Gewerbes eintreten lassen zu müssen. Wenn auch der Grundsatz bestehen blieb, daß die Befugnis zum Gewerbebetrieb auch das Recht der Lehrlingshaltung in sich schließe, so wurde dieses Recht doch in einer namentlich aufgeführten Anzahl von 42 Gewerben von einem Befähigungsnachweis und der Zugehörigkeit zu einer Innung abhängig gemacht [3]) (§§ 108, 118 und 131 f. GO.) Die Aufnahme der Lehrlinge erfolgte bei Innungsmitgliedern vor der Innung, bei Nichtinnungsmitgliedern in den Städten vor der Kameralbehörde, auf dem Lande vor der Ortsobrigkeit, wo auch die Verabredungen über Lehrzeit, Lehrgeld usw. aufgenommen wurden [4]).

In Württemberg wurde das Gewerbewesen durch die GO. von 1828 und 1836 geregelt, die alle Gewerbe in zünftige und unzünftige schied und die Ausübung des unzünftigen Gewerbes jedem gestattete, soweit das Gesetz keine Ausnahme machte. Bei den 44 zünftigen Gewerben mußte die persönliche Fähigkeit durch eine Prü-

1) Rohrscheidt: Vor- und Rückblicke a. a. O. S. 53.

2) Böttger: Geschichte a. a. O. S. 26.

3) Schönberg Hb. a. a. O. S. 572. Stieda: Befähigungsnachweis a. a. O. S. 13. Roehl a. a. O. S. 259. — 4) Roehl a. a. O. S. 259.

fung nachgewiesen werden, der eine wenigstens siebenjährige Lehrlings- und Gesellenzeit vorauszugehen hatte [1]).

Auch in Baden schied man ähnlich nach dem Konstitutionsedikt vom 4. Juni 1808 wie in Württemberg zünftige und unzünftige Gewerbe, während in Sachsen durch ein Mandat von 1810 nur einige Innungsgebrechen abgestellt wurden.

Die Handwerker, in Verkennung der Tatsache, daß die Gewerbefreiheit durch die veränderten wirtschaftlichen Verhältnisse herbeigeführt worden war, und nicht die veränderte wirtschaftliche Lage durch die Gewerbefreiheit, verlangten auf dem vom 15. Juli bis 18. August 1848 in Frankfurt a. M. tagenden Handwerkerparlament vor allem die obligatorische Innung [2]), praktische Prüfung für jeden Gesellen, der Meister werden wollte [3]), Einschränkung der Gewerbefreiheit und Erlaß von Vorschriften, welche ein entschiedenes Zurückgehen auf die alten Zunftvorschriften vorstellten. Diese Bestrebungen wurden aber selbst in Handwerkerzeitungen lebhaft bekämpft, sodaß die ebenfalls im Jahre 1848 in Frankfurt tagende Nationalversammlung, die einen Ausschuß zur Ausarbeitung einer Gewerbeordnung eingesetzt hatte, der Beseitigung aller Gewerbebeschränkungen, andererseits aber den Befähigungsnachweis empfahl, gar nicht Stellung zu diesem Entwurf nahm, sondern das ganze Material der später erwarteten Reichsgesetzgebung überwies [4]).

Kam so für ganz Deutschland nichts zustande, so suchten die Einzelregierungen den Handwerkern möglichst entgegenzukommen.

In Preußen wurden durch Königliche Verordnung vom 9. Februar 1849 den Handwerkern weitgehende Konzessionen gemacht. Zur Begründung dieser Verordnung wurde in dem an den König gerichteten Bericht angeführt, daß, nach den im Handwerkerstande erhobenen Klagen, Personen, welche weder Befähigung noch gesicherte Existenz besitzen, ein Handwerk ausüben könnten und hierdurch sich selbst sowie den soliden Handwerkerstand ruinierten. Man verlangte deshalb das Erfordernis einer genügenden Vorbereitung und Befähigung zum Handwerksbetriebe, ferner sollte Zucht und

---

1) Kohler a. a. O. S. 113.

2) Stieda Art. Handwerk im Hb. Bd. IV. S. 1099.

3) ders., Befähigungsnachweis a. a. O. S. 2.

4) Stieda im Hb. S. 1102. Waentig: Die gewerbepolitischen Anschauungen a. a. O. S. 19 ff.

Sitte unter Meistern, Gesellen und Lehrlingen, die Stellung der verschiedenen Gewerbe zueinander und namentlich auch zu den Magazinen geordnet und die verderblich wirkenden häufigen Versteigerungen von Handwerkerwaren sowie der Wochenmarktsverkehr geregelt werden [1]).

Nach dieser Verordnung von 1849 wurde der Betrieb eines Handwerks in 66 Gewerben von der Zugehörigkeit zu einer Innung oder dem Befähigungsnachweis abhängig gemacht (§ 23).

Der Meister hatte darzutun, daß er das betreffende Handwerk bei einem Meister als Lehrling gelernt und die Gesellenprüfung bestanden hatte. Zwischen dieser und der Meisterprüfung sollten wenigstens 3 Jahre liegen, und der Geselle, der sich zur Meisterprüfung meldete, in der Regel mindestens 24 Jahre alt sein. Von großer Bedeutung war die Bestimmung, daß Lehrlinge bei nicht zur Innung gehörenden Meistern durch Ortsstatut der Mitaufsicht der Innung unterworfen werden konnten (§ 45). Ein Meister durfte nur Gesellen und Lehrlinge in seinem speziellen Gewerbe beschäftigen. Zur Ueberwachung der neuen Bestimmungen konnten mit Genehmigung des Ministeriums Gewerbe- und Generalräte ernannt werden, denen weitgehende Befugnisse eingeräumt wurden [2]). Wenn diese auch nur vereinzelt in die Erscheinung traten und nach 10 Jahren fast wieder ganz verschwunden waren, so erwachte doch neues Leben in den Handwerkerkreisen.

In Bayern wurden den Handwerkern durch die Vollzugsordnung vom 17. Dezember 1853 weitgehende Konzessionen gemacht. Soweit das Lehrlingswesen in Betracht kam, bestimmte die Polizei, wieviel Lehrlinge jeder halten durfte. Es richtete sich dies nach der Tüchtigkeit des Meisters und Größe seines Betriebes. Die Lehrzeit durfte von den Gewerbevereinen festgesetzt werden (2—5 Jahre). Am Schlusse der Lehrzeit mußte der Lehrling eine Prüfung vor zwei Handwerkern, einem Lehrer und einem Vertreter der Polizeibehörde ablegen [3]).

Die Gärung zugunsten der Gewerbefreiheit, die in anderen Staaten sich Bahn brach, drang aber auch hier durch.

---

1) Schönberg Hb. a. a. O. S. 53. Nelken: Gewerbebericht a. a. O. S. 619. Rönne a. a. O. Bd. I. S. 29 ff.

2) Schönberg Hb. a. a. O. S. 574.

3) Stieda in der Bayr. Handelszeitung 1893 S. 181 ff.

Der Vertreter der Stadt Nürnberg (Brater) brachte in der Landtagssession 1859/61 einen Antrag auf Einführung der Gewerbefreiheit ein. Nach vielen Für und Gegen verschaffte der Erlaß einer neuen Instruktion vom 21. April 1862 auch auf gewerblichem Gebiete den freien Grundsätzen überall Eingang.

Eine Beschränkung in der Anleitung von Lehrlingen gab es nicht mehr. Jeder konnte Geselle werden, ohne Lehrling gewesen zu sein. Eine Gesellenprüfung wurde nur dann verlangt, wenn dies im Vertrage vorgesehen war. War aber ein Lehrvertrag abgeschlossen, so mußte dieser streng gehalten werden; entlaufene Lehrlinge konnten auf Ansuchen der Lehrherrn zwangsweise zurückgebracht werden [1]).

Das Gewerbegesetz von 1868 bewegte sich in derselben Bahn. Mit ihm trat Bayern in die Reihe der gewerbefreien Staaten ein.

In den übrigen deutschen Staaten bestand bis zum Jahre 1860 „fast überall noch ein System der Gewerbeunfreiheit, jedoch mit Beseitigung vieler Mißstände des früheren Rechtszustandes und mit mannigfachen Modifikationen im Sinne der Gewerbefreiheit“ [2]). Vom Jahre 1860 an wurde jedoch die Gewerbefreiheit auch hier fast überall eingeführt [3]), sodaß nach Gründung des Norddeutschen Bundes der Wunsch nach einer einheitlichen Regelung des Gewerbewesens in den Staaten, die dem Norddeutschen Bund angehörten, rege wurde.

Am 21. Oktober 1867 richtete deshalb der Reichstag an den Bundeskanzler die Aufforderung, dem „nächsten Reichstage eine allgemeine auf dem Prinzip der Gewerbefreiheit beruhende Gewerbeordnung vorzulegen“. Schon am 7. April 1868 wurde dem Reichstage eine entsprechende Vorlage eingereicht, nachdem inzwischen am 1. November 1867 das Gesetz über die Freizügigkeit ergangen war. Da der Entwurf im Jahre 1868 nicht erledigt werden konnte, nahm der Reichstag am 17. Juni 1868 ein Notgewerbegesetz an [4]), das am 8. Juli 1868 erlassen wurde [5]), und das die Gewerbefreiheit im ganzen Norddeutschen Bunde einführte.

Im folgenden Jahre (4. März 1869) ging dem Reichstag der

1) Stieda in der Bayr. Handelszeitung 1893 S. 181 ff. — 2) Schönberg Hb. a. a. O. S. 575. — 3) Derselbe S. 575. — 4) Stenogr. Berichte ü. d. Verhandl. d. Nord. R. I. 1867 Bd. I. S. 566. — 5) Dieselben 1868 S. 525 ff.

Entwurf zu einer Gewerbeordnung zu, der sich in der Anordnung des Stoffes an die preußische Gewerbeordnung von 1845 anschloß und von dieser auch eine Reihe von Paragraphen wörtlich übernommen hatte. Der Entwurf wurde nach einer umfassenden Aenderung vom Reichstage am 4. März 1869 angenommen und trat als Gewerbeordnung für den Norddeutschen Bund am 21. Juni 1869 in Kraft [1]). Nach Gründung des Deutschen Reiches wurde diese auch in den süddeutschen Staaten eingeführt, in Hessen 1871, Württemberg und Baden 1872, Bayern 1873, Elsaß-Lothringen 1888 [2]).

Die durch die GO. von 1869 geschaffene Gewerbefreiheit war keine absolute, sondern nur eine beschränkte, da man schon 1869 Einschränkungen für notwendig hielt.

Für das Lehrlingswesen ist besonders wichtig, daß jeder Handwerker Lehrlinge in beliebiger Anzahl annehmen durfte. Die Festsetzung des Verhältnisses zwischen Meister und Lehrling wurde dem freien Ermessen überlassen und Streitigkeiten zwischen beiden den bürgerlichen Gerichten überwiesen. (Die wichtigeren Bestimmungen sind bei Besprechung des II. Teils hervorgehoben.)

Die GO. von 1869 war jedoch in der Beseitigung der Schranken zu weit gegangen. Man hatte unter dem Drucke der Manchesterlehre „die Bedeutung der Freiheit überschätzt, die notwendigen Schranken derselben nicht richtig erkannt, die positive Aufgabe der Staatsgewalt zur Pflege und Förderung des Gewerbewesens und zur Sicherung guter gewerblicher Zustände unterschätzt und die sozialpolitischen Aufgaben der Gewerbegesetzgebung fast völlig ignoriert“ [3]). Diese Gewerbeordnung erschütterte die Fundamente des Kleingewerbes und was hier besonders in Betracht kommt, sie gestattete jedem die Haltung von Lehrlingen, setzte so der Ausbeutung der jugendlichen Arbeitskraft keine Grenzen und machte die Lehrlingsprüfungen illusorisch. Die meisten Lehrlinge wuchsen so ohne Zucht und Lehre auf, vermehrten ein bildungs- und ideallose Proletariat, um sich dann aus Erbitterung der Sozialdemokratie in die Arme zu werfen. Das früher fast unbekannte Lehrelaufen trieb die schönsten Blüten. Man verlockte Lehrlinge, die schon einige Zeit in der Lehre waren und von denen man eine gewisse Fertigkeit vermutete, durch Anerbieten höheren Lohnes und sonstigen Vorteilen, ihren Lehrvertrag zu brechen

1) Bundesgesetzblatt 1869 S. 245. — 2) Schönberg Hb. a. a. O. S. 576. — 3) Derselbe S. 577.

und als Arbeiter zu einem anderen Arbeitgeber zu gehen [1]). Die Rechtsnachteile, wie z. B. Einziehung des noch schuldigen Lehrgeldes hatten keinen praktischen Wert, da, wie bei diesem Beispiele, die Voraussetzung des Lehrgeldzahlens nicht gegeben war.

Infolge der oben geschilderten ungeregelten Lehrlingsverhältnisse nahmen tüchtige Meister keine Lehrlinge mehr, die nunmehr von gewissenlosen umso leichter ausgenützt werden konnten. Eine Reaktion blieb naturgemäß nicht aus, und in den 70er Jahren wurde die Notwendigkeit einer maßvollen Staatsintervention allenthalben anerkannt, insbesondere von dem 1872 in Eisenach gegründeten Verein für Sozialpolitik, der sich in einem bewußten Gegensatz zu der deutschen Freihandelsschule betätigte [2]) und auf seiner Tagung 1875 näher auf das Lehrlingswesen einging, worauf bei Besprechung des geltenden Gewerberechts näher einzugehen sein wird.

Veranlaßt durch Hunderte von Petitionen an den Reichstag und Anträgen aus diesem selbst, die bei Besprechung des geltenden Gewerberechts zu besprechen sein werden [3]), legte die Regierung dem Reichstag im Jahre 1878 einen Gesetzentwurf vor, der eine strengere Ordnung des Lehrverhältnisses und eine Regelung der Beschäftigung jugendlicher Arbeiter in den verschiedenen Industriezweigen vorsah. Zur Erledigung von Streitigkeiten zwischen Meister, Gesellen und Lehrlingen wurden Gewerbegerichte in Vorschlag gebracht, über deren Zusammensetzung man sich indessen nicht einigen konnte, und die erst 1891 gesetzlich eingeführt wurden. Um dem Kontraktbruch und besonders dem Entlaufen der Lehrlinge entgegenzutreten, wurden für alle unter 21 Jahre alten Personen Arbeitsbücher obligatorisch (§ 107), worin der Tag des Ein- und Austritts (§ 111) aus dem Dienste, die Art der Beschäftigung, der jeweilige Verdienst und bei vorzeitiger Auflösung des Lehrverhältnisses auch der Grund der Auflösung (§ 131) einzutragen sind. Der Arbeitgeber hatte auf Gesundheit und Sittlichkeit der unter 18 Jahre stehenden Personen besondere Rücksicht zu nehmen, und ihnen Zeit

---

1) Schulze a. a. O. S. 36.

2) Waentig: Die gewerbepolitischen Anschauungen a. a. O. S. 36 f.

3) Antrag v. Seydelwitz und Genossen 1877 (Stenogr. Ber. 1877 Aktenstück 23); Antrag Rickert, Wehrenpfennig und Genossen 1877 (Aktenstück 77); Antrag Frietzsche, Bebel und Genossen 1877 (Aktenstück 92); Resolution Hirsch und Genossen 1877 (Aktenstück 10).

zu lassen zum Besuche des Gottesdienstes an Sonn- und Festtagen und der Fortbildungsschule, deren Besuch durch Ortsstatut obligatorisch gemacht werden konnte. Die Schriftlichkeit des Lehrvertrages wurde begünstigt, indem einzelne Ansprüche aus dem Lehrverhältnis z. B. auf Rückkehr des Entlaufenen und Entschädigung (§ 130 und 132) nur bei Schriftlichkeit des Lehrvertrages geltend gemacht werden konnten. Die Rechte und Pflichten des Lehrherrn und des Lehrlings wurden genau festgestellt und diesen eine strengere strafrechtliche Verantwortlichkeit des Lehrherrn und schnelles Eingreifen bei Uebertretung der Pflichten durch den Lehrling zur Seite gestellt. Der § 129 machte die Ausstellung von Lehrzeugnissen nach beendigter Lehre obligatorisch.

Hatte auch diese Novelle vom 17. Juli 1878 die Vorbedingung zu strengerer Zucht der jugendlichen Arbeiterwelt, zur Wiederherstellung der Autorität und Verantwortlichkeit des Lehrherrn dem Lehrling gegenüber gegeben, so blieben die Bestimmungen doch fast wirkungslos wegen Nichtvorhandenseins gewerblicher Organisationen zur Ueberwachung dieser Bestimmungen. Nach der Gewerbeordnung von 1869 war den Innungen der öffentlich-rechtliche Charakter genommen, und sie waren Korporationen des Privatrechts geworden, deren Auflösung sichtlich begünstigt wurde. Der im Jahre 1873 in Leipzig gegründete Verein „selbständiger Handwerker und Fabrikanten Deutschlands", der Führer einer auf Besserung hinzielenden Bewegung, hielt in jedem Jahre Handwerkertage ab, die in zahlreichen Petitionen an den Reichstag den öffentlich-rechtlichen Charakter der Innungen wieder verlangten, wenn sie auch äußerlich an der Gewerbefreiheit festhielten [1]). Durch das Innungsgesetz, Novelle zur Gewerbeordnung vom 18. Juli 1881, wurde den Innungen wieder der Charakter einer öffentlich-rechtlichen Korporation verliehen und als eine der Hauptaufgaben wurde ihnen die Regelung des Lehrlingswesens und die technische, gewerbliche und sittliche Ausbildung derselben zur Pflicht gemacht (§ 97,3). Zur Entscheidung von Streitigkeiten zwischen Innungsmeister und deren Gesellen und Lehrlingen wurden Innungsgerichte errichtet, die an Stelle der sonst zuständigen Behörde traten und von mindestens einem Vorsitzenden und zwei Beisitzern besetzt sein mußten. Den Vorsitzenden be-

1) Waentig: Die gewerbepolitischen Anschauungen a. a. O. S. 46.

stimmte die Aufsichtsbehörde, die Beisitzer wurden zur Hälfte von den Arbeitgebern, zur Hälfte von den Arbeitnehmern gewählt (§ 100 d 1). Durch Innungsstatut sollten die Formen und Voraussetzungen der Aufnahme von Lehrlingen, die Dauer der Lehrzeit, die Ueberwachung der von den Meistern gegen die Lehrlinge zu erfüllenden Verpflichtungen, der Besuch von Fortbildungs- und Fachschulen, die Beendigung der Lehrzeit, die Ausschreibung der Lehrlinge vor der Innung und die Erteilung des Lehrbriefes geregelt werden (§ 97 a. 2 a—d). Ihnen konnte auch die Entscheidung von Streitigkeiten zwischen Nichtinnungsmitgliedern und deren Lehrlingen übertragen werden. Ebenso der Erlaß von Innungsvorschriften über die Regelung des Lehrlingswesens, sowie über die Ausbildung und Prüfung der Lehrlinge, auch für die Nichtinnungsmeister (§ 100 e 1 und 2). Unter den fakultativen Aufgaben finden wir u. a. die Errichtung und Leitung von Fachschulen für Lehrlinge, Veranstaltung von Gesellenprüfungen und Ausstellung diesbezüglicher Zeugnisse (§ 97 a 1—5).

Diese Novelle von 1881 kann nach Waentig mit Recht als der Ausgangspunkt einer neuen Handwerkerbewegung bezeichnet werden, die sich dabei des Schutzes einer einflußreichen Gruppe Abgeordneter aus den Kreisen des Zentrums und der Konservativen erfreuen durfte. Eine große Anzahl von Broschüren und Studien stammen aus jener Zeit, zu denen die zahlreichen neugegründeten Handwerkerverbände hinzutraten [1]).

Im Reichstage stellte 1883 der Abg. Ackermann den Antrag, daß Nichtinnungsmeister überhaupt keine Lehrlinge mehr halten dürften. Wenn sich für diesen Antrag im Reichstag am 31. Januar 1883 auch keine Mehrheit fand, so wurde etwas ähnliches doch verwirklicht in der Novelle vom 8. Dezember 1884. Nach § 100 e konnte von der höheren Verwaltungsbehörde einem nicht zur Innung gehörenden Meister für den Bezirk der betreffenden Innung untersagt werden, Lehrlinge zu halten, wenn die betreffende Innung sich auf dem Gebiete der Lehrlingsausbildung bewährt hatte. Der § 100 f der Zusatznovelle vom 6. Juli 1887 ging sogar noch weiter und gestattete den Innungen, außerhalb derselben stehende Arbeitgeber und Gesellen zu den Kosten der von Innungen eingerichteten

1) Vergl. hierüber Waentig: Die gewerbepol. Anschauungen a. a. O. S. 50 f.

Institutionen für Herbergswesen, Förderung der Ausbildung der Meister, Gesellen und Lehrlinge und der Schiedsgerichte heranzuziehen.

Wenn trotz dieser Bestimmungen eine Reorganisation des ganzen Handwerks und mit ihr eine einheitliche Regelung des Lehrlingswesens nicht Platz griff, so lag die Schuld meines Dafürhaltens an den Handwerkern, an den Innungen selbst. Hatten doch bis 1892 von 7925 Innungen nur 1220 Rechte aus § 100 e und nur 68 Rechte aus § 100 f erworben, sodaß ein sehr großer Teil der Arbeitgeber Lehrlinge halten und beschäftigen konnte, ohne daß die Innung irgend welchen Einfluß auf ihn ausüben konnte, der beizutreten er sich scheute, wegen der Kosten und der Ordnung, der er sich dann zu unterwerfen haben würde. Mußte er z. B. als Innungsmeister seinen Lehrling zur Fortbildungsschule schicken, so konnte er, wenn dem kein Ortsstatut auf Zwangsbesuch entgegenstand, den Lehrling in derselben Zeit anderweitig beschäftigen. Um Schriftlichkeit des Lehrvertrages, in dem die Rechte und Pflichten beider Kontrahenten feststanden, um Lehrlingsprüfungen, wie sie in den Innungen obligatorisch gemacht worden waren, und die dartun sollten, was der Meister den Lehrling gelehrt und dieser gelernt hatte, um alles dieses brauchte sich der außerhalb der Innung stehende Meister nicht zu kümmern. Die schon berührte Literatur in den 80er Jahren befaßte sich mit diesen Fragen ebenfalls, stellte eine Menge von Forderungen und machte alle möglichen Vorschläge.. Auch die Handwerker selbst ließen nicht nach in der Forderung der Zwangsinnung und des Befähigungsnachweises, sodaß der damalige preußische Minister für Handel und Gewerbe, Freiherr von Berlepsch, am 15. August 1893 an die preußischen Oberpräsidenten ein Schreiben richtete, worin er diesen

A) Vorschläge für die Organisation des Handwerks,

B) Vorschläge für die Regelung des Lehrlingswesens im Handwerk zur Begutachtung unterbreitete. Der Minister, der die Vorschläge selbst nur das unverbindliche Ergebnis vorläufiger Erwägungen nannte, wünschte eine möglichst vielseitige Kritik seiner Vorschläge [1]). Da es sich bei diesen Vorschlägen um einen Entwurf zu einem Reichsgesetz handelte, so hätte die Anfrage sich auch auf die

1) Dr. Thilo Hampke: Die Organisation des Handwerks und die Regelung des Lehrlingswesens, Jahrb. für St. und N. III. Flg. Bd. VII. 1891.

übrigen Bundesstaaten erstrecken müssen, denn nur so konnte sich ein vollständiges Bild der Lage unseres deutschen Handwerkerstandes ergeben und eine schnellere Erledigung des Gesetzes wäre die Folge gewesen. Da der Berlep'sche Entwurf zwar 1893 nicht zur Aenderung der GO. führte, in dem das Lehrlingswesen entsprechenden Teil aber zur Hauptsache in der Novelle von 1897 berücksichtigt ist, so wenden wir uns im folgenden dieser Novelle vom 26. Juli 1897 zu.

II. Teil.

Die geltende rechtl. Ordnung des Lehrlingswesens, nach der Gewerbeordnung, mit Berücksichtigung der von den Handwerkskammern erlassenen Vorschriften, kritisch dargestellt.

1. Begriff des Lehrlingswesens.

Als eine Hauptaufgabe der Handwerkskammern, und als solche ist sie auch von allen Kammern bisher aufgefaßt worden, dürfte die Regelung des Lehrlingswesens zu betrachten sein.

Das Lehrlingswesen, bis zur Handwerkernovelle von 1897 im I. Teile dieser Arbeit dargestellt, ist seit der Gewerbeordnung von 1869 sowohl in der öffentlichen Meinung, als im Reichstage zum Gegenstand eingehender Erörterungen gemacht worden. Denn die GO. von 1869 hatte nicht das erfüllt, was man von dem Gesetz erhofft hatte, einen fördernden Einfluß auf die Entwicklung der Industrie und Gewerbe; schon nach wenigen Jahren befand man sich in einem Notstand, der allseitig anerkannt wurde und besonders in zahlreichen Petitionen an den Reichstag zum Ausdruck kam. Im Jahre 1873 liefen beim Reichstage nicht weniger als 211 mit Tausenden von Unterschriften bedeckte Petitionen ein zur Besserung des Lehrlingswesens, besonders durch Wiedereinführung der Prüfungspflicht, obligatorischen Fortbildungsschulunterrichts und obligatorischer Schiedsgerichte [1]). Die Petitionen blieben aber, wie die im folgenden Jahre eingereichten, im Reichstage unerledigt. Erst im Jahre 1876 befaßte sich der Reichstag mit der Materie, nachdem die eingelaufenen Petitionen im Jahre 1875 von 43 000 und im Jahre 1876 von 14 000 Petenten unterzeichnet worden waren [2]). Er erledigte die Petitionen aber durch Uebergang zur

1) Stenogr. Ber. ü. d. Verhdl. d. RT. 1874/75, S. 629.

2) Stenogr. Ber. ü. d. Verhdl. d. RT., 1875/76, S. 919.

Tagesordnung, weil die Reichsregierung in eingehender Weise mit den berührten Punkten beschäftigt sei [1]). Trotz dieses Reichstagsbeschlusses liefen auch im folgenden Jahre wiederum mehrere hundert Petitionen ein; alle Parteien nahmen sich jetzt der Sache an und stellten diesbezügliche Anträge auf Abänderung der Gewerbeordnung. Die Abgeordneten von Seydewitz und Gen., Graf Galen und Gen., Rickert, Dr. Wehrenpfennig und Gen., Frietzsche, Bebel und Gen. legten fertig ausgearbeitete Gesetzentwürfe und Anträge vor [2]), auf die später zurückzukommen sein wird. Alle Anträge wurden einer Kommission von 21 Mitgliedern überwiesen [3]), welche dem Reichstag Ueberweisung derselben an den Reichskanzler als Material zu der in Aussicht gestellten Gewerbeordnungsnovelle empfahl [4]); jedoch kam man wegen Schluß des Reichstags in diesem nicht mehr zur Beratung.

Am 23. II. 1878 legte die Regierung dem Reichstag einen Gesetzentwurf zur Abänderung der GO. vor, der im wesentlichen den im Jahre 1877 gestellten Anforderungen genügte. In dem Entwurf, auf den bei Besprechung des geltenden Reichsgewerberechts näher einzugehen sein wird, war man bestrebt, eine tiefere Auffassung des Lehrverhältnisses zur Geltung zu bringen, indem gegenüber den ökonomischen Gesichtspunkten auf die sittliche und moralische Ausbildung der Lehrlinge mehr Gewicht gelegt wurde. Auch die Novellen zur GO. von 1881, 1884 und 1891 führten einige Verbesserungen hinsichtlich des Lehrlingswesens ein, doch wurde eine Neuregelung desselben erst im Jahre 1897 mit einer Neuorganisation des Handwerks vollzogen. Der Inhalt und der Zweck der neuen Bestimmungen über die Lehrlingsverhältnisse können kurz dahin zusammengefaßt werden:

Das Halten und Anleiten von Lehrlingen ist künftig Personen, die dafür nicht geeignet sind, nicht mehr gestattet.

2. Für den Lehrvertrag ist eine besondere Form vorgesehen.

3. Die Rechte und Pflichten des Lehrherrn gegenüber dem Lehrling sind genau begrenzt.

4. Der Lehrlingszüchterei wird nachdrücklich entgegengetreten.

5. An die Gesellenprüfungen werden allgemeine Anforderungen gestellt, die vielfach höher als die bisherigen sind.

---

1) Stenogr. Ber. ü. d. Verhdl. d. RT. 1875/76, S. 919. — 2) Dieselben, 1877, Bd. III, Aktenstück 23, 77, 92. — 3) Dieselben, 1877, S. 578. — 4) Dieselben, 1877, Aktenstück 208.

2. Begriff des Lehrlings.

Eine ausreichende Definition zu geben, wer als Lehrling zu betrachten ist, dürfte nach den heutigen Verhältnissen insbesondere in der Industrie äußerst schwierig sein; auch eine gesetzliche Fixierung des Begriffs würde unzählige Streitigkeiten und Prozesse im Gefolge haben.

Wenn in der preuß. GO. vom 17. I. 1845 im § 146 und der GO. des Norddeutschen Bundes vom 17. I. 1869 im § 115 eine Begriffsbestimmung gegeben war, so lagen die wirtschaftlichen Verhältnisse, die eine solche gesetzliche Definition zuließen, anders wie heute.

Die preuß. GO. von 1845 betrachtete als Lehrlinge alle diejenigen Personen, welche in der durch einen Lehrvertrag ausgesprochenen Absicht bei einem Lehrherrn eintraten, um gegen Lehrgeld ein Gewerbe bis zu der Fertigkeit zu erlernen, welche sie zum Gesellen befähigt. Für den Charakter als Lehrling war nach § 147 weiterhin maßgebend, daß die Aufnahme vor einer Innung erfolgt sein mußte [1]).

Bis zur GO. von 1869 hatten sich die Verhältnisse so geändert, daß „als Lehrling jeder betrachtet wurde, welcher bei einem Lehrherrn zur Erlernung eines Gewerbes in Arbeit tritt, ohne Unterschied, ob die Erlernung gegen Lehrgeld oder unentgeltliche Hilfsleistung stattfindet, oder ob für die Arbeit Lohn gezahlt wird".

Diese Definition weicht von derjenigen der GO. von 1845 insofern ab, als nicht gesagt wird, wann das Lehrverhältnis vorüber sein soll; es ist auch schon darauf Rücksicht genommen, daß für die Arbeit des Lehrlings Lohn gezahlt wird.

In der Novelle von 1878 fehlt der Lehrlingsbegriff gänzlich, da er, wie in der allgemeinen Begründung der Novelle gesagt ist „den Beteiligten leicht eine Handhabe zur Umgehung des Gesetzes in denjenigen Fällen bieten wird, in welchen das eigensüchtige Interesse des Lehrherrn oder des Lehrlings oder gar beider darauf hinweist, die Anwendung der gesetzlichen Vorschriften über das Lehrverhältnis auszuschließen. Die Bestimmung darf aber auch als entbehrlich bezeichnet werden, da es weder für die Verwaltungsbehörden, noch für die Gerichte besonders schwer sein wird, im einzelnen Streitfall festzustellen, ob ein bestimmtes Arbeitsverhältnis ein Lehrverhältnis darstellt oder nicht" [2]).

---

1) Funk a. a. O. S. 131. — 2) Stenogr. Ber. ü. d. Verhdl. d. RT. 1878, Bd. III, S. 506, Aktenstück 41.

Man hatte zwecks Entscheidung der Frage, ob Lehrverhältnis vorliegt oder nicht, wohl an die damals vorgesehenen Gewerbegerichte gedacht, die aber erst im Jahre 1889 eingeführt wurden.

Wie vorauszusehen, sind die Gerichte bei Beurteilung der Frage, ob jemand als Lehrling zu betrachten sei, verschieden vorgegangen. Nach der Begründung der Novelle von 1897 ist es mehrfach vorgekommen, daß die Gerichte ein Lehrverhältnis nicht angenommen haben, trotzdem nach den tatsächlichen Verhältnissen ein Zweifel über das Bestehen eines solchen nicht vorliegen konnte, nur, weil im Vertrage vereinbart worden war, daß der jugendliche Arbeiter als solcher beschäftigt werden sollte. Die Gewerbetreibenden wollten hierdurch nur die Vorschriften der GO. über Lehrlingswesen illusorisch machen [1]).

Wenn auch der Entwurf zur Novelle von 1897 aus den in der Begründung zur Novelle von 1878 angeführten Gründen von einer Definition für den Lehrling absah, so stellte er im § 126 allgemein die Vermutung auf, daß alle Personen unter 17 Jahren, welche mit technischen Hilfeleistungen beschäftigt würden, als Lehrlinge gelten sollten, sofern die Beschäftigung nicht lediglich ausnahmsweise oder vorübergehend stattfände [2]). Bei Bestimmung der Altersgrenze von 17 Jahren war man davon ausgegangen, daß die Lehre im allgemeinen mit dem 14. Lebensjahr beginnt und da die Lehrzeit in der Regel drei Jahre betragen sollte, mit 17 Jahren beendigt sein würde. „Hiernach wird die Frage, ob ein Lehrverhältnis vorliegt, nach den Umständen des einzelnen Falles, ohne Rücksicht darauf, ob ein Lehrvertrag geschlossen ist, ob Lehrgeld gezahlt ist oder ob die Arbeitsleistung gegen Lohn erfolgt, zu beurteilen sein und ein Lehrverhältnis auch dann als vorliegend angenommen werden können, wenn vereinbart ist, daß ein solches nicht geschehen soll.“ Diese „Vermutung“ war schon in Berlepschs Entwurf von 1893 [3]) und dem preuß. von 1896 [4]) enthalten. Jedoch ist hier noch ausdrücklich gesagt, daß ein Lehrverhältnis auch dann angenommen werden kann, wenn ein schriftlicher Lehrvertrag nicht abgeschlossen, oder im Arbeitsvertrag vereinbart worden ist, daß das Verhältnis als Lehrverhältnis nicht gelten soll.

---

1) Stenogr. Ber. ü. d. Verhdl. d. RT. 1895/97, Anl. Bd. VI, S. 3800, Aktenstück 713. — 2) Dieselben, Anl. Bd. VI, S. 3776. — 3) Hampke a. a. O. S. 588. — 4) Reichsanzeiger vom 3. Aug. 1896.

Ein gesetzlich fixierter Lehrlingsbegriff besteht heute nur für das Bäckerei- und Konditoreigewerbe (wenn im letzteren auch Bäckereiwaren hergestellt werden) und für das Getreidemüllereigewerbe (wenn hier Windmühlen zur Verwendung kommen). In diesen Gewerben gelten Personen unter 16 Jahren, welche die Ausbildung zum Gesellen nicht erreicht haben, als Lehrlinge auch dann, wenn ein Lehrvertrag nicht abgeschlossen worden ist [1] [2]. In Ermangelung einer gesetzlichen Definition für die anderen Gewerbe hat sich die Rechtsprechung schon oft mit der Frage, ob ein Lehrverhältnis vorliegt oder nicht, beschäftigen müssen und bei dieser Gelegenheit auch verschiedene Merkmale aufgestellt, bei deren Vorhandensein ein Lehrverhältnis angenommen wird. Entscheidend muß natürlich in erster Linie der Wille des Betreffenden (seines Vaters oder Vormundes) sein, ein gelernter Arbeiter zu werden, sowie andererseits der Wille des Lehrherrn, ihm dazu in geeigneter Weise zu verhelfen.

Nach einem Urteil des Kammergerichts vom 4. III. 1897 [3]) ist unter einem Lehrling ein solcher jugendlicher Arbeiter zu verstehen, welcher auf Grund eines Vertragsverhältnisses in einem Gewerbebetrieb tätig ist, um das Gewerbe zu erlernen.

Genauer ist die vom preuß. Oberverwaltungsgerichtshof in einem Urteil vom 5. März 1898 aufgestellte Begriffsbestimmung: „Immer aber ist noch als ein wesentliches Merkmal für die Eigenschaft als Lehrling anzusehen, daß die Beschäftigung ausschließlich oder wenigstens hauptsächlich zum Zwecke der Ausbildung in dem betreffenden Gewerbe oder Gewerbszweige erfolgt. Es kann nun zwar an sich auch jemand als Lehrling, dessen Ausbildung in dem betreffenden Gewerbe von der dafür am meisten maßgebenden Stelle aus, d. i. von der Innung selbst, für abgeschlossen erklärt worden ist, noch zur weiteren Ausbildung in dem Gewerbe beschäftigt werden, also Lehrling bleiben. Indessen ist dies doch nur unter besonderen Verhältnissen der Fall“ [4]).

---

1) Bekanntmachung des Bundesrates betr. den Betrieb von Bäckereien und Konditoreien vom 4. III. 1896, RGBl. S. 57.

2) Bekanntmachung des Bundesrates betr. die Arbeitszeit in Getreidemühlen v. 26. IV. 1899, RGBl. 1899, S. 273.

3) Bei Reger: Entscheidungen a. a. O. Bd. 18, S. 35.

4) Bei Reger a. a. O. Bd. 18, S. 449.

Die Landmannsche Definition entspricht dem ersten Satze der vom preuß. Oberverwaltungsgericht festgesetzten Begriffsbestimmung [1]).

Es ist darnach gleichgültig, ob ein Lehrvertrag vorliegt oder nicht, ein Lehrverhältnis kann deshalb doch bestehen, selbst jetzt, wo nach § 126 b GO. Schriftlichkeit des Lehrvertrages vorgeschrieben ist; Ein schriftlicher Vertragsabschluß ist also kein wesentliches Erfordernis für das Vorhandensein eines Lehrverhältnisses. (Nicht richtig dürfte deshalb die Ansicht eines Gewerbeaufsichtsbeamten für Hessen sein, der in seinem Jahresbericht 1902 davon ausgeht, daß kein Lehrverhältnis vorliegt, wenn kein Lehrvertrag abgeschlossen ist; er folgert daraus, daß wenn in einem solchen Falle der Arbeitgeber von seinem Züchtigungsrecht Gebrauch macht, und der Lehrling sich widersetzt, ersterer im Klagewege Unrecht bekommen würde. Diese Deduktion ist eine völlige Verkennung des Lehrverhältnisses.)

Der Lehrling untersteht als solcher dem Titel VII. GO., der von „Gewerblichen Arbeitern (Gesellen, Gehilfen, Lehrlingen und Fabrikarbeitern)" handelt. Durch diese Fassung ist schon angedeutet, daß die Lehrlinge unter den gewerblichen Arbeitern miteinbegriffen sind [2]). Als gewerblicher Arbeiter ist „diejenige Gewerbsperson zu bezeichnen, welche auf Grund eines Vertrages einem selbständigen Gewerbetreibenden gegenüber, nach dessen Weisung und Anordnung zur Leistung von Arbeiten des Gewerbebetriebes verpflichtet ist, ohne daß sie ihm gerade ihre ganze Arbeitskraft zu Gebote zu stellen hätte" [3]) [4]). Aehnlich lautet ein Urteil des RG. i. Str. vom 5. I. 1886 [5]); dasselbe sagt Landmann [6]). Der Lehrling steht also auch in einem Arbeitsverhältnis, gleichgültig ob Lohn gezahlt wird oder nicht. Nur ist der in die Augen springende Zweck dieses Verhältnisses nicht die Leistung von Diensten für den Arbeitgeber, sondern die Erlernung des von dem Arbeitgeber betriebenen Gewerbes [7]). Aus diesem Grunde wird das zwischen dem Lehrherrn und dem Lehrling bestehende Verhältnis

---

1) Landmann a. a. O. Bd. II, S. 211. — 2) Stenogr. Ber. ü. d. Verhdl. d. RT. 1878, Bd. IV, S. 1164, Aktenstück 1177. — 3) Landmann a. a. O. Bd. II, S. 4 und Schicker a. a. O. Bd. I, S. 579 f. — 4) Nelken: Gewerberecht a. a. O. S. 207. — 5) Reger a. a. O. Bd. XI, S. 145. — 6) Landmann a. a. O. Bd. II, S. 4. — 7) Bitzer a. a. O. S. 237 ff.

nicht als Arbeits-, sondern als Lehrverhältnis bezeichnet. Ein Arbeitsverhältnis bleibt es trotzdem, da der Lehrling für den Lehrherrn auch Arbeiten zu verrichten hat [1] [2]).

Die rechtlichen Bestimmungen sind eingeteilt in solche für alle gewerblichen Lehrlinge „allgemeine Bestimmungen" (§§ 126 bis 128 GO.) und „besondere Bestimmungen für Handwerker" (§§ 129—132 a). Für Handwerkslehrlinge gelten alle Bestimmungen der §§ 126—132 a GO.). Für die Fabriklehrlinge kommen außer den §§ 126—128 GO., da sie als Fabrikarbeiter zu betrachten sind, die für diese geltenden Vorschriften zur Anwendung [3]), denn der § 134 GO. „scheidet dieselben nicht aus der Kategorie der Fabrikarbeiter aus, sondern bezeichnet sie vielmehr ausdrücklich als solche" [4]). Dies erhellt auch aus den Motiven zur Novelle von 1878, wonach ein Lehrling unter 16 Jahren, der in einer Fabrik beschäftigt ist, zu den jugendlichen Arbeitern gehört, obwohl er Lehrling ist [5]). Auch in der Reichstagskommission ist dies nochmals besonders betont worden, indem bei Beratung des § 132 darauf hingewiesen wurde, daß es „außer Zweifel sei, daß die Schutzbestimmung des Kapitels auch auf Fabriklehrlinge Anwendung finde [6]).

Die §§ 126—132 a sind gemäß der kaiserlichen Verordnung vom 12. III. 00 [7]) am 1. IV. 01 in Kraft getreten. Durch die Novelle v. 30. V. 08 haben die §§ 129 ff GO. eine Umänderung erfahren und sind mit dieser Umänderung am 1. X. 08 in Kraft getreten.

3. Die Lehrlingshaltung und Anleitung.

Wie die Ueberschrift dieses Abschnitts zum Ausdruck bringt, besteht ein Unterschied zwischen dem Halten und dem Anleiten der Lehrlinge, der auch in der GO. durchgeführt ist. Unter Lehrlingsanleitung ist die Beaufsichtigung und Unterweisung des Lehrlings

1) Neuken: Gewerberecht a. a. O. S. 209. — 2) Schicker a. a. O. S. 696 f. — 3) Urteil des Reichsger. in Str. v. 19. X, 82 (Reger Bd. III, S. 145). Schicker a. a. O. Bd. II, S. 228. Landmann a. a. O. Bd. II, S. 228. Rohrscheidt a. a. O. S. 596. — 4) Verfügung des Reichskanzlers vom 4. II. 84 (Reger Bd. IV, S. 281. — 5) Stenogr. Ber. ü. d. Verhdl. d. RT. 1878 Bd. III, S. 510, Aktenstück 41. — 6) Dieselben, Bd. IV, S. 1149, Aktenstück 1777. Urt. d. RG. in Strafsachen v. 3. XI. 1890 (Reger Bd. XI, S. 25). Urt. d. RG. v. 26. V. 87 (Reger Bd. VIII, S. 198). — 7) RGBl. 1900, S. 127.

zu verstehen [1]). Während ein „Halten“ des Lehrlings schon vorliegt, wenn der Lehrling in dem betreffenden Gewerbebetrieb beschäftigt ist.

Während es zur Zeit der Gewerbeunfreiheit an einer Veranlassung fehlte, einzelnen Meistern das Recht der Annahme von Lehrlingen gesetzlich zu untersagen, da in der Regel nur Innungsgenossen Meister waren und Lehrlinge halten konnten, führte die Gewerbefreiheit zu Beginn des vorigen Jahrhunderts zu Einschränkungen in dieser Hinsicht. So schließt die preuß. GO. v. 1845 in den § 127—132 alle diejenigen aus, die mangels technischer und moralischer Qualifikation durch Gesetz, Kommunalbehörde oder Regierung für unfähig erachtet worden waren [2]). Der Entwurf der GO. des Nordd. Bundes von 1869 schloß sich an die preuß. GO. 1845 an und gestattete im § 110 jedem, Lehrlinge zu halten, wenn ihm nicht wegen anderer als politischer Verbrechen oder Vergehen der Vollgenuß der bürgerlichen Rechte entzogen, oder er wegen Diebstahls oder Betrugs rechtskräftig verurteilt worden war; der Reichstag fügte hinzu „für die Zeit der Entziehung, sofern sie nicht in diese Rechte eingesetzt worden waren“ (§ 110).

Die Novelle von 1878 wollte diesen Schutz auf alle Jugendlichen unter 18 Jahre ausdehnen und führte gegenüber dem § 110 der G.O. von 1869 insofern eine einschneidende Aenderung ein, als Gewerbetreibende, denen die bürgerlichen Ehrenrechte entzogen waren, für die Dauer der Entziehung sich mit der Anleitung von Arbeitern unter 18 Jahren nicht befassen durften. Die Schutzbestimmung der Lehrlinge in der GO. von 69 ist also hier auf alle jugendlichen Arbeiter unter 18 Jahren ausgedehnt. „Wenn das Strafgesetz einen Arbeitgeber für unfähig erklärt, Vormund zu sein, soll das Gewerberecht ihn auch nicht für fähig halten, mit den jugendlichen Arbeitern behufs technischer Ausbildung in täglichen Verkehr zu treten. Ein Unterschied zwischen politischen und anderen Verbrechen und Vergehen ist daher nicht notwendig“ [3]).

Dieser § 106 der Novelle von 1878 ist im wesentlichen in dem § 126 der Novelle von 1897 enthalten, geht aber weiter als dieser auch heute noch geltende § 106 der Novelle von 1878, indem er hier

1) Stenogr. Ber. ü. d. Verhdl. d. RT. 1895/97, Anl. Bd. II, S. 19, Aktenstück 41. — 2) Funk a. a. O. S. 130 ff. — 3) Stenogr. Ber. ü. d. Verhdl. d. RT. 1878, Bd. III, S. 502, Aktenstück 41.

zwar nur für Lehrlinge, aber ohne Unterschied des Alters gilt. „Die Befugnis zum Halten oder zur Anleitung von Lehrlingen steht Personen, welche sich nicht im Besitze der bürgerlichen Ehrenrechte befinden, nicht zu“ (§ 126 GO.). Es ist also wegen der Wichtigkeit der Lehrlingsausbildung denjenigen Personen, welche sich nicht im Besitz der bürgerlichen Ehrenrechte befinden, nicht nur die Anleitung von Lehrlingen, sondern auch das Halten derselben verboten. Um auch die im § 100 f. bezeichneten Handwerker, die Werkmeister[1]) und andere mit der Unterweisung von Lehrlingen beauftragte Personen zu treffen, hat die Vorlage anstatt „Gewerbetreibenden“ (1878) „Personen“ gesetzt[2]). Ein weiterer Unterschied gegen den § 106 der Novelle von 1878 besteht darin, daß Zuwiderhandlungen gegen den § 106 außer der erzwingbaren Entlassung der Arbeiter (§ 106 Abs. 2) mit Geldstrafen bis zu 20 M. resp. 3 Tagen Haft bestraft werden (§ 150 Abs. 1 Ziff. 1 GO.), während bei Zuwiderhandlungen gegen § 126 außer auf zwangsweise Entlassung (§ 144) auf Geldstrafe bis zu 150 M. resp. 4 Wochen Haft erkannt werden kann (§ 148 Abs. 1 Ziff. 9 a).

Während diese Vorschriften für alle Lehrlinge gelten, hat das Gesetz für Handwerker noch weitere Bedingungen für das Anleiten von Lehrlingen festgesetzt, davon ausgehend, „daß für die Erhaltung eines kräftigen Handwerkerstandes die möglichst sorgfältige Ausbildung der Lehrlinge von besonderer Bedeutung ist. Hier ist die individuelle Leistungsfähigkeit die unerläßliche Voraussetzung für das Bestehen zahlreicher Betriebe“[3]). Nach § 129 steht dieses Recht der Anleitung grundsätzlich nur Personen zu, die das 24. Lebensjahr vollendet, also ein gereifteres Alter erreicht haben.

---

1) Das Gesetz hat von einer Definition des Begriffes Werkmeister Abstand genommen, weil die Abstufung von dem gewöhnlichen Arbeiter bis zu dem höheren technisch gebildeten Betriebsbeamten eine sehr allmähliche ist. Er ist als gewerblicher Gehilfe zu betrachten, welcher, gewöhnlich im Besitze einer verhältnismäßig höheren Ausbildung, wenn diese auch lediglich durch praktische Uebung als Arbeiter erworben ist, mit einer Leitungs- oder Beaufsichtigungstätigkeit betraut ist, die sich entweder auf den ganzen Betrieb oder auf eine Abteilung desselben erstrecken muß. Nelken: Gewerberecht a. a. O. S. 211. Kaehler a. a. O. S. 17.

2) Stenogr. Ber. ü. d. Verhdl. d. RT. 1895/97, Anl. Bd. VI, S. 3800, Aktenstück 713.

3) Stenogr. Berichte des Reichstages 95/97. Anl. Bd. VI, S. 3786.

Das Anleiten von Lehrlingen wird weiterhin vom Bestehen der Meisterprüfung abhängig gemacht. Dieses Erfordernis ist neu und erst durch die Novelle v. 30. Mai 1908 in die G.O. aufgenommen worden. Bis dahin wurde verlangt, daß der Betreffende das 24. Lebensjahr vollendet hatte und in dem betreffenden Handwerk entweder nach einer gewissen Lehrzeit die Gesellenprüfung abgelegt oder fünf Jahre lang das Handwerk persönlich und selbständig ausgeübt hatte oder als Werkmeister oder in ähnlicher Stellung tätig gewesen war.

Mit dem Erfordernis der Ablegung der Meisterprüfung ist ein alter Wunsch des Handwerks erfüllt. Als bei Beratung der Novelle von 1897 diesbezügliche Anträge gestellt wurden, warnte der Staatssekretär von Bötticher vor der Annahme, da hierdurch das ganze Gesetz in Frage gestellt würde [1]). Die Freunde des Befähigungsnachweises ließen jedoch von der Forderung nicht ab und der III. Handwerks- und Gewerbekammertag in Leipzig 1902, sowie der VI. Kammertag in Köln 1906 reichten dem Bundesrat entsprechende Anträge ein, die auch im Reichstage von der konservativen und der Zentrumspartei tatkräftige Unterstützung fanden [2]). Bei der zweiten Beratung des Gesetzes über Sicherung der Bauausführungen 1906 kam der Abgeordnete Trimborn darauf zurück und der Staatssekretär des Innern stellte dann auch einen entsprechenden Gesetzentwurf in Aussicht, der dem Reichstag 1906 zuging, wegen Auflösung des Reichstages aber im Jahre 1907 nicht mehr zum Abschluß gebracht werden konnte.

Als Meisterprüfung kommt hierbei nur die Prüfung in Betracht, die gemäß § 133 GO. vor der von der höheren Verwaltungsbehörde errichteten Prüfungskommission abgelegt ist; rechtlich belanglos sind die vor der Innung gemäß § 81 b Ziff. 2 abgelegten Meisterprüfungen, die nur als eine Aufnahmeprüfung in die Innung anzusehen sind.

Diejenigen Handwerker, welche 24 Jahre alt sind, und in einem anderen Gewerbe Lehrlinge anleiten wollen, als in dem sie die Meisterprüfung abgelegt haben, sind hierzu befugt, wenn sie in dem Gewerbe

1. eine mindestens dreijährige Lehre zurückgelegt und die Ge-

---

1) Stenogr. Berichte des Reichstages 1895/97, Anl. Bd. VII, S. 4304.

2) Dieselben 05/06, Anl. Bd. II, S. 1784.

sellenprüfung bestanden oder

2. fünf Jahre das Handwerk persönlich selbständig ausgeübt haben oder während einer gleich langen Zeit als Werkmeister [1]) oder in ähnlicher Stellung tätig gewesen sind.

Zur Begründung dieser Ausnahmen heißt es im Entwurf: „Es darf nicht vergessen werden, daß bei der Frage nach der Befähigung des Lehrherrn im Handwerke nicht nur die Rücksicht auf die Fachausbildung des Lehrlings, sondern auch diejenige auf seine ganze weitere Erziehung für das Leben und für den Beruf in Betracht kommen." „Hat jemand mal in einem Handwerke den ordnungsmäßigen Ausbildungsgang von Anfang bis zu Ende durchgemacht, so braucht seine Anleitungsbefugnis nicht notwendig auf Lehrlinge nur gerade dieses Handwerks beschränkt zu bleiben. Denn die einmal erworbene allgemeine Befähigung als Erzieher im Handwerke geht ihm durch den Uebertritt zu einem anderen Handwerke nicht verloren. Es ist deshalb nicht erforderlich, daß er auch in dem letzteren den ganzen Erziehungsgang noch einmal zurückgelegt."

Die unter 2 fallenden Personen brauchen also weder Meisterprüfung, noch Gesellenprüfung noch überhaupt eine ordnungsmäßige Lehre abgelegt zu haben. Man nimmt an, daß es bei Personen in gereifterem Lebensalter möglich ist, durch eine fünfjährige Tätigkeit diejenigen Kenntnisse und Fertigkeiten zu erlangen, die zur Anleitung des Lehrlings in dem betreffenden Gewerbe notwendig sind [2]).

Die Anleitung von Lehrlingen steht nach § 129 Abs. 2 weiterhin solchen Personen zu, denen die höhere Verwaltungsbehörde das Recht zur Anleitung widerruflich verliehen hat. Dieses Recht stand der höheren Verwaltungsbehörde schon nach der Novelle von 1897 zu. Vor der Entscheidung über die Erteilung der Befugnis oder den Widerruf ist die Handwerkskammer und, wenn die Person einer Innung angehört oder an ihrem Wohnort für ihren Gewerbszweig eine Innung besteht, außerdem die Innung zu hören. Die Verwaltungsbehörde ist aber an deren Aeußerung nicht gebunden und kann, wo Innungen nicht bestehen, auch andere Interessenvertretungen hören [3]). Entgegen Landmann dürften Ge-

1) Siehe Anmerkung Nr. 1, S. 35. — 2) Landmann a. a. O. Bd. II, S. 243. — 3) Landmann a. a. O. Bd. II, S. 242; Schicker a. a. O. Bd. I, S. 730.

werbevereine nur dann in Betracht kommen, wenn sie hauptsächlich aus Handwerkern bestehen, so daß die Interessen des Handwerks überwiegen. Dies muß auch analog dem § 103 a Abs. 2 Ziff. 2 angenommen werden.

Stirbt ein Handwerker, der die Befugnis zur Anleitung von Lehrlingen besaß und wird das Gewerbe für Rechnung der Witwe oder der minderjährigen Kinder fortgeführt, so sind als Vertreter zur Anleitung auch solche Personen befugt, die eine Meisterprüfung nicht bestanden haben, wenn sie nur eine ordnungsmäßige Lehrzeit zurückgelegt und die Gesellenprüfung bestanden haben, oder 5 Jahre das Gewerbe persönlich selbständig ausgeübt haben oder während dieser Zeit als Werkmeister oder in ähnlicher Stellung tätig gewesen sind. Diese Ausnahmestellung soll nur bis zu einem Jahre nach dem Tode des Lehrherrn dauern, kann jedoch von der unteren Verwaltungsbehörde nach Anhörung der Handwerkskammer entsprechend dem Bedürfnisse des einzelnen Falles verlängert werden (§ 129 Abs. 3).

Dieser Absatz ist erst durch die Novelle von 1908 in das Gesetz hereingekommen. Er war bisher auch nicht erforderlich, da nach dem Tode des Lehrherrn durch jeden Gesellen, der die Gesellenprüfung bestanden hatte, leicht Ersatz beschafft werden konnte, während es jetzt schwer halten dürfte, hierfür zur Führung des Meistertitels befugte Personen zu finden.

Dasselbe Verhältnis wie beim Tode des Lehrherrn ist auch „in anderen Fällen“ zulässig (§ 129 Abs. 3 Satz 2). Gemeint ist hier nach der Begründung eine Behinderung des Lehrherrn durch längere Abwesenheit oder Krankheit.

Die Befugnis zum Anleiten von Lehrlingen kann ferner in einem dem Gewerbe angehörenden Großbetriebe [1]) erworben werden und steht auch solchen Personen zu, die den bisherigen Erfordernissen nicht genügt haben, aber eine staatliche, staatlich unterstützte oder vom Staate anerkannte Lehrwerkstätte oder sonstige gewerbliche Unterrichtsanstalt besucht haben, deren Zeugnisse durch Verfügung

---

1) Der Unterschied zwischen Groß- und Kleinbetrieb ist vornehmlich wirtschaftlicher Natur, wenn er auch auf das Gebiet des Zivil- und öffentlichen Rechts hinüberspielt. Der Unterschied, der bei der GO. in Betracht kommt, liegt in den verschiedenen Betriebsformen ein und desselben Gewerbes und die Grenze zwischen beiden ist außerordentlich schwer zu finden wie bei Handwerk und Fabrik. Nelken: Gewerberecht a. a. O. S. 137.

der Landeszentralbehörden die Wirkung der Verleihung der Berechtigung zum Anhalten von Lehrlingen beigelegt ist. Vor der Anerkennung einer solchen Anstalt ist der zuständigen Handwerkskammer Gelegenheit zu geben, sich gutachtlich zu äußern. Der Eintritt dieser Wirkung ist davon abhängig zu machen, daß der Besitzer des Prüfungszeugnisses in dem Gewerbe oder in dem Zweige des Gewerbes, in welchem die Anleitung der Lehrlinge erfolgen soll, eine bestimmte, auf nicht mehr als drei Jahre festzusetzende Zeit hindurch persönlich tätig gewesen ist (§ 129 Abs. 5 u. 6).

Dieses Recht ist den Landeszentralbehörden mit Rücksicht darauf gegeben worden, „daß durch die Ablegung der Prüfungen, welche im Anschluß an den Besuch dieser gewerblichen Lehranstalten abgelegt zu werden pflegen, eine ausreichende Gewähr für die Befähigung zur gehörigen Ausbildung von Lehrlingen gegeben sein kann" [1]). Zu diesen Anstalten gehören die noch zu besprechenden Lehrlingswerkstätten in Baden und Württemberg (§ 37 der bad. Verordn. v. 4. IV. 1898 [2]) und Bekanntm. der württ. Zentrale für Gewerbe und Handel v. 5. III. 1898 [3])); in Preußen nach Min.-Erl. v. 13. VI. 02 [4]) kommen hier die Zeugnisse der Lehrlinge der Reichsdruckerei und nach einem Min.-Erl. v. 19. VII. 02 [5]) die Prüfungszeugnisse der bei den Haupt- und Nebenwerkstätten der königl. preuß. Eisenbahnverwaltung für das Schlossergewerbe bestellten Prüfungsausschüsse in Betracht. Bayern hat dieses Recht den von Vereinen unterhaltenen Holzschnitzschulen eingeräumt.

Wer das Recht zum Anleiten von Lehrlingen in einem bestimmten Gewerbe besitzt, hat dieses Recht in gewissen Fällen auch bei Ausübung anderer Gewerbe.

Nach § 129 a Abs. 1 kann derjenige, der für einen gesondert betriebenen Zweig eines Gewerbes den Voraussetzungen des § 129 entspricht, auch in den übrigen Zweigen dieses Gewerbes Lehrlinge halten. Es handelt sich hierbei um die Spezialitätenbetriebe.

Fernerhin kann nach § 129 a Abs. 3 dem Unternehmer eines Betriebes, in welchem mehrere Gewerbe vereinigt sind, die untere Verwaltungsbehörde nach Anhörung der Handwerkskammer die

---

1) Stenogr. Berichte über die Verhdl. des Reichstages 1893/97, Anl. Bd. II, S. 3802. — 2) Bad. GVBl. 1898 S. 237. — 3) GewBl. aus Württ. 1898 S. 74, 1899 S. 201 ff. — 4) Preuß. MinBl. 1902 S. 247. — 5) Dasselbe 1902 S. 433.

Befugnis erteilen, in allen zu dem Betriebe vereinigten Gewerben oder in mehreren dieser Gewerbe Lehrlinge anzuleiten, wenn er für eines der Gewerbe den Voraussetzungen des § 129 entspricht. Zu Arbeiten in denjenigen Gewerben seines Betriebes, für welche er zur Anleitung von Lehrlingen nicht befugt ist, darf er die Lehrlinge nur insoweit heranziehen, als es dem Zwecke der Ausbildung in ihrem Gewerbe nicht widerspricht. Dieser Absatz 3, der von den kombinierten Gewerben handelt, die zwar in einem Betriebe vereinigt sind, untereinander aber nicht oder nur zum Teil als verwandte gelten können z. B. das Bäcker- und Schlächtergewerbe, verdankt der Novelle von 1908 seine Entstehung. Ihm entspricht der frühere Abs. 1 des § 129 a; jedoch war hier der Unternehmer eines kombinierten Betriebes ohne weiteres befugt, in allen in Betracht kommenden Gewerben Lehrlinge auszubilden, wenn er für eines derselben den Anforderungen des § 129 entsprach.

Schließlich darf nach § 129 a Abs. 2 derjenige, der für ein Gewerbe den Voraussetzungen des § 129 entspricht, auch in den diesem verwandten Gewerbe Lehrlinge anleiten. Welche Gewerbe als verwandte Gewerbe im Sinne dieser Bestimmung anzusehen sind, bestimmt die Handwerkskammer. Man hat von einer gesetzlichen Festlegung der „verwandten Gewerbe" wohl abgesehen, weil eine solche Festlegung außerordentlichen Schwierigkeiten begegnen würde. Die Motive sagen bei einer anderen Stelle, die vom Zusammenschluß der verwandten Gewerbe zu Zwangsinnungen handelt, daß „als verwandte Handwerke solche angesehen sind, welche nach örtlichem Brauche vielfach gemeinsam betrieben werden und in ihrer Technik einander so nahe stehen, daß der Betrieb des einen zugleich ein ausreichendes Verständnis für die technischen Fertigkeiten, den geschäftlichen Betrieb und die wichtigsten Interessen des anderen gewährleistet" [1]). Aehnlich lautet ein Erlaß des preuß. Handelsministers an die Regierungspräsidenten, worin diesen die Entscheidung der Frage überlassen ist, solange die Handwerkskammern keine entsprechenden Vorschriften erlassen haben und zwar soll die Frage „besonders eingehend und sorgfältig geprüft werden" [1]).

Nach dieser Motivierung und nach allgemeinen Gesichtspunk-

1) Stenogr. Ber. ü. d. Verhdl. d. RT. 1895/97, Anl. Bd. VI, S. 3783, Aktenstück 713.

ten wird man als verwandte Gewerbe alle diejenigen anzusehen haben, die entweder Aehnlichkeit in der Technik haben (Textilgewerbe) oder Aehnlichkeit des Rohmaterials (Metallindustrie, Holzindustrie) oder Abhängigkeit eines Gewerbes vom anderen bezüglich seines Rohstoffes, Zusammenarbeit mehrerer Gewerbe an einem gleichen Produkte (Baugewerbe) oder endlich Verwandtschaft der Produkte bezüglich ihres Gebrauches (Nahrungsmittel-, Bekleidungsgewerbe). Welche von diesen Beziehungen maßgebend für die Verwandtschaft ist, hängt von den Umständen ab, so daß eine Festsetzung durch die Handwerkskammern sehr wohl gerechtfertigt ist.

Da nunmehr die Handwerkskammern dort, wo das Bedürfnis vorlag, festgestellt haben, welche Gewerbe als verwandte anzusehen sind, diese Bestimmungen aber, wie alle Bestimmungen über die Regelung des Lehrlingswesens, der Genehmigung der Landeszentralbehörde bedürfen (§ 103 g Abs. 4 GO.), so war anzunehmen, daß die Vorschriften für das ganze Reich oder wenigstens für die einzelnen Bundesstaaten und für die hauptsächlich in Betracht kommenden Gewerbe nach einheitlichen Gesichtspunkten erlassen würden. Daß dies nicht der Fall ist, wir vielmehr eine außerordentliche Mannigfaltigkeit der Bestimmungen finden, ist wohl auf die verschiedenartige historische Entwicklung der Gewerbe in den einzelnen Landesteilen zurückzuführen, kann aber zu unerträglichen Verhältnissen führen.

Auf die Anfrage des Verfassers bei den 71 Handwerks- resp. Gewerbekammern bezüglich dieser Vorschriften über verwandte Gewerbe haben demselben 61 Kammern geantwortet [1]). Davon haben 18 Kammern keine Bestimmungen erlassen wegen mangelnden

---

1) Auf die Anfrage, ob Bestimmungen über verwandte Gewerbe erlassen sind, haben 61 Kammern geantwortet:

Aachen, Altona, Arnsberg, Arnstadt, Augsburg, Berlin, Bielefeld, Bremen, Braunschweig, Breslau, Bromberg, Cassel, Chemnitz, Coblenz, Cöln, Danzig, Darmstadt, Detmold, Dessau, Dortmund, Düsseldorf, Dresden, Erfurt, Flensburg, Frankfurt a. O., Freiburg, Gera, Gotha, Greiz, Hamburg, Heilbronn, Kaiserslautern, Karlsruhe, Königsberg, Konstanz, Leipzig, Magdeburg, Mannheim, Meiningen, München, Münster, Oldenburg, Oppeln, Osnabrück, Passau, Plauen, Posen, Regensburg, Reutlingen, Saarbrücken, Sigmaringen, Schwerin, Stralsund, Straßburg, Stuttgart, Ulm, Weimar, Wiesbaden, Würzburg, Zittau.

Bedürfnisses [1]). In Bremen und Zittau hat sich nur das Bedürfnis für 1 resp. 2 Gewerbe herausgestellt, indem bei beiden Kammern die Maurer und Zimmerer, und bei Zittau außerdem die Bäcker und Konditoren als verwandte Gewerbe angesehen werden. Die Gewerbekammer zu Dresden führt die in der Begründung der Novelle von 1897 (s. oben S. 41) angegebene Begriffsbestimmung an und muß infolgedessen von Fall zu Fall entscheiden. Bei den übrigen Kammern tritt eine solche Mannigfaltigkeit der als „verwandte" bezeichneten Gewerbe zu Tage, daß eine Nebeneinanderstellung derselben zu weit führen würde. Es seien deshalb in folgendem die Hauptunterschiede hervorgehoben.

In Bayern, Württemberg und Baden haben die Kammern dieser Staaten Fühlung genommen und die Vorschriften annähernd gleichmäßig erlassen. Trotzdem finden sich auch hier Gewerbe, die in einem Handwerkskammerbezirke als verwandte bezeichnet, im andern Bezirke gerade gegenüber gestellt sind, z. B. Maurer, Zimmerer, Steinmetze, Dach-, Schiefer-, Ziegeldecker und Zementeure sind im Handwerkskammerbezirk Augsburg „verwandt", dagegen in den Bezirken der Handwerkskammern München, Passau, Regensburg und Würzburg sind weder Maurer, Zimmerer, Steinmetze als „verwandt" angesehen, noch sind denselben die Dach-, Schiefer- und Ziegeldecker zugezählt. Auch die Bäcker und Konditoren sind entgegen der Augsburger Kammer den übrigen nicht als „verwandt" angesehen. Ebenso steht es mit den Malern und Lackierern, die nach den Augsburger Vorschriften mit den Tünchern, Faßmalern und Vergoldern verwandt sein sollen.

In Württemberg sind ähnliche Unterschiede zu finden. Während die Handwerkskammer Heilbronn Edelmetallarbeiter, Goldschmiede, Graveure, Uhrmacher, Feinmechaniker und Optiker als „verwandt" bezeichnet, sind die drei erstgenannten Gewerbe bei der Stuttgarter Kammer von den letzteren geschieden und gesondert aufgeführt. Die Stuttgarter Kammer hat sogar Bandagisten, Kürschner, Orthopäden, Mützenmacher, Säckler, Hutmacher und

---

1) Keine Bestimmungen über verwandte Gewerbe haben 18 Kammern erlassen:

Braunschweig, Breslau, Cassel, Cöln, Chemnitz, Darmstadt, Detmold, Dortmund, Erfurt, Hamburg, Karlsruhe, Leipzig, Mannheim, Meiningen, Münster, Plauen, Reutlingen, Schwerin, Sigmaringen.

Handschuhmacher zu einer Klasse vereinigt, während doch die Bandagisten und Orthopädisten bei allen Kammern mit den chirurgischen Instrumentenmachern zusammen aufgeführt werden. Ebenso sind in Stuttgart wie in Augsburg die Maurer, Zimmerer, Steinhauer, Pflästerer, Brunnenmacher, Dach- und Schieferdecker als „verwandt“ angesehen, während die Heilbronner Kammer die letztgenannten 3 Gewerbe ausscheidet.

Weniger erheblich sind die Unterschiede innerhalb der badischen Kammern. Hier ist hervorzuheben, daß die HK. Freiburg entgegen der HK. Konstanz die Müller mit den Bäckern, Konditoren, Lebküchlern und Köchen, die Gerber mit den Schuhmachern, Schäftemachern und Leistschneidern als „verwandt“ betrachtet.

Diese Unterschiede sind naturgemäß umso größer, je weniger die einzelnen Kammern mit einander Fühlung genommen haben, wie es bei den übrigen Bundesstaaten der Fall ist.

Im allgemeinen ist hervorzuheben, daß z. B. im Baugewerbe das Maurer-, Zimmerer- und Steinmetzgewerbe entweder jedes für sich (Aachen, Koblenz, Danzig, Konstanz, München, Freiburg, Oldenburg, Passau, Regensburg und Würzburg), zwei dieser Gewerbe, Maurer und Zimmerer (Bremen, Osnabrück, Greiz und Zittau), Steinhauer und Maurer (Düsseldorf und Straßburg), oder diese drei Gewerbe als „verwandte“ angeführt sind (Berlin, Frankfurt a. d. O., Gotha, Heilbronn, Königsberg und Weimar); bei anderen Kammern sind zu diesen 3 Gewerben noch andere als „verwandt“ hinzugefügt. Die größten Unterschiede bestehen wohl hinsichtlich der metallverarbeitenden Gewerbe, hauptsächlich zwischen den Schlossern und Schmieden. Während eine Anzahl Kammern diese beiden Gewerbe streng scheidet oder garnicht bei den verwandten Gewerben erwähnt (Aachen, Augsburg, Koblenz, Düsseldorf, Gotha, Greiz, Königsberg, München, Passau, Posen, Regensburg, Weimar, Würzburg), verbinden andere nicht allein diese beiden Gewerbe (Altona, Berlin, Osnabrück) mit ihren vielen Spezialitäten- und Nebengewerben Bau- und Kunstschlosser, Maschinenbauer, Huf-, Nagel-, Waffen-, Zeug-, Messer-, Schwarzblechschmiede, Feilenhauer, Windenmacher (Danzig, Dessau, Heilbronn, Frankfurt a. d. O., Konstanz, Oldenburg und Stuttgart), sondern fügen noch Gewerbe zu, die bei anderen HK. als selbständige Handwerke angeführt sind, z. B. Mechaniker (Freiburg) oder Mechaniker, Stellmacher und Wagenbauer (Gera, Flensburg), Klempner, Installateure und Kupferschmiede (Arnstadt, Straßburg), Kupferschmiede, Gelbgießer (Posen). Aehnlich liegen die Verhältnisse zwischen Buchbinder-, Buchdrucker- und zahlreichen anderen Gewerben. Insbesondere ist das Dachdeckergewerbe mit den verschiedensten Handwerken zusammengebracht worden, mit Tünchern und Malern (Gotha), mit Maurern (Frankfurt a. d. O.), mit Klempnern und Mechanikern (Altona), endlich sogar mit Bauklempnern und Schornsteinfegern (Aachen und Flensburg).

Es sind dies augenscheinlich Mißstände, die wohl aus historischen Gründen erklärlich, aber mit einer einheitlichen Organisation des Handwerks nicht vereinbar sind. Zieht z. B. ein Handwerker von einem HK.-Bezirk in den andern, so können ihm und seinen Lehrlingen diese verschiedenen Vorschriften über verwandte Gewerbe den größten Schaden zufügen. Zu einer großen Verwirrung würde eine solche Einteilung bei Einführung des Befähigungsnachweises führen, umsomehr, als eine scharfe Grenze zwischen zwei augenscheinlich verwandten Gewerben außerordentlich schwer zu ziehen ist, wie die überaus zahlreichen Streitigkeiten über diesen Punkt in Oesterreich beweisen. Für den allgemeinen Befähigungsnachweis, der ja in absehbarer Zeit in Deutschland nicht eingeführt werden dürfte, auch von der offiziellen Vertretung des Handwerks, dem deutschen Handwerks- und Gewerbekammertag am 10. Aug. 1905 in Köln mit 47 gegen 24 Stimmen abgelehnt worden ist, kommt dies nicht in Betracht, wohl aber für den Befähigungsnachweis für das Baugewerbe. Es wäre deshalb Sache des Handwerks- und Gewerbekammertages, nach dieser Richtung möglichst einheitliche Bestimmungen für die einzelnen Kammern festzusetzen.

Sind dies die grundsätzlichen Bestimmungen, die (für die Zukunft) für die Anleitung von Lehrlingen allein in Betracht kommen werden, so hat der Gesetzgeber um Härten zu vermeiden, um insbesondere den älteren Handwerkern, die keine Meisterprüfung abgelegt haben, entgegenzukommen, diese Vorschriften in den Uebergangsbestimmungen zur Novelle von 1908 stark gemildert. Hiernach dürfen alle bei Inkrafttreten der Novelle von 1908 am 1. Okt. 1908 in der Lehre befindlichen Lehrlinge ausgelehrt werden, wenn der Lehrherr nach den bisherigen Bestimmungen der Novelle von 1897 zum Anleiten von Lehrlingen befugt war. Weiterhin muß diesen Lehrherrn auch nach dem Auslernen der Lehrlinge die weitere Befugnis von der unteren Verwaltungsbehörde erteilt werden, wenn sie am 1. Okt. 1908 mindestens 5 Jahre hindurch mit der Befugnis zur Anleitung von Lehrlingen in ihrem Gewerbe tätig gewesen sind (Art. II Abs. 1). In der Begründung geht das Gesetz davon aus, daß diejenigen sehr wohl die Meisterprüfung ablegen können, die noch nicht 5 Jahre mit der Anleitung von Lehrlingen oder noch nicht 5 Jahre selbständig waren. Es erscheint gerechtfertigt, daß die in der Lehre befindlichen jungen Leute ausgelehrt werden können, weil der Uebertritt in eine andere Lehre immer gewisse Nachteile haben muß. Mag es als eine Härte erscheinen, daß Handwerksmeister, die jahrelang die Befugnis besessen haben, zur weiteren Ausbildung von Lehrlingen die Genehmigung der unteren Verwaltungsbehörde nachsuchen müssen, so war diese Maßnahme deshalb notwendig, um den Handwerkskammern ein einwandfreies Material in die Hand zu geben, die ihnen die spätere Kontrolle wesentlich erleichtert, da es bisher sehr schwierig war festzustellen, ob ein Handwerker die Befugnis besaß oder nicht.

Anspruch auf die Genehmigung der unteren Verwaltungsbehörde haben alle diejenigen, die, wie bereits erwähnt, 5 Jahre hindurch die Befugnis zur Anleitung von Lehrlingen ausgeübt haben, also alle diejenigen, die am 1. Okt. 1903 das 24. Lebensjahr vollendet hatten und

1. eine mindestens zweijährige Lehre zurückgelegt oder

2. fünf Jahre, also mindestens seit dem 30. Sept. 1898 das Gewerbe persönlich und selbständig d. h. auf eigene Rechnung und Verantwortung ausgeübt haben, oder

3. fünf Jahre als Werkmeister oder in ähnlicher Stellung tätig gewesen sind oder

4. die Befugnis zur Anleitung von Lehrlingen vor dem 1. Okt. 1903 von der höheren Verwaltungsbehörde erhalten und seit dieser Zeit in ihrem Gewerbe tätig gewesen sind.

Denjenigen Handwerkern, die beim Inkrafttreten der Novelle die Anleitungsbefugnis erworben haben, aber noch nicht fünf Jahre hindurch besitzen, k a n n nach Art. II Abs. 1 Satz 3 diese Befugnis von der unteren Verwaltungsbehörde verliehen werden.

Vor Erlaß der Novelle von 1897 konnte Personen, die zum Halten oder Anleiten von Lehrlingen befugt aber nicht geeignet waren, diese Befugnis nicht entzogen werden, es sei denn, daß ihnen die bürgerlichen Ehrenrechte entzogen wurden; sie konnten vielmehr, wenn sie ihre gesetzlichen Pflichten den Lehrlingen gegenüber verletzten, nur nach § 148 Abs. 1 Ziff. 9 bestraft werden. Es hat sich deshalb die Notwendigkeit eines wirksamen Schutzes der Lehrlinge herausgestellt [1]). Im § 126 a sind 3 Fälle aufgeführt, in welchen Gewerbetreibenden die Befugnis zum Halten und zur Anleitung oder nur die Befugnis zur Anleitung entzogen werden kann.

1. „Die Befugnis zum Halten und zur Anleitung von Lehrlingen kann solchen Personen ganz oder auf Zeit entzogen werden, welche sich wiederholt grober Pflichtverletzung gegen die ihnen anvertrauten Lehrlinge schuldig gemacht haben" (§ 126 a Abs. 1). Eine einmalige Pflichtverletzung würde also jene Folgen nicht haben, vielmehr kann hierbei nur eine Bestrafung auf Grund des § 148 Ziff. 9 GO. stattfinden [2]). Ist die Befugnis nur zum „Anleiten" entzogen, so können Lehrlinge gehalten werden, wenn ein zum Anleiten befähigter Vertreter angestellt wird [3]). Wer dagegen die Befugnis zum Halten verloren hat, muß seine Lehrlinge entlassen [4]).

2. „Die Befugnis zum Halten und zur Anleitung kann solchen Personen ganz oder auf Zeit entzogen werden, gegen welche Tatsachen vorliegen, die sie in sittlicher Beziehung zum Halten oder zur Anleitung von Lehrlingen ungeeignet erscheinen lassen" (§ 126 a Abs. 1). Hierbei kommen namentlich in Betracht unzüchtige Handlungen, aber auch Tatsachen, welche eine besondere Roheit der Gesinnung, oder Mangel an Ehrgefühl und Redlichkeit bekunden, gleichviel, ob solche Handlungen gegen den Lehrling begangen worden sind oder nicht [5]).

Die Befugnis zur Anleitung, aber auch nur diese, kann

3. „solchen Personen entzogen werden, welche wegen geistiger oder körperlicher Gebrechen zur sachgemäßen Anleitung nicht geeignet sind" (§ 126 a Abs. 2).

„Die Entziehung erfolgt durch Verfügung der unteren Verwaltungsbehörde; gegen die Verfügung findet der Rekurs statt.

1) Stenogr. Ber. ü. d. Verhdl. d. RT. 1895/97, Anl. Bd. VI, S. 3800, Aktenstück 713. — 2) Rohrscheidt a. a. O. S. 564. Hoffmann a. a. O. S. 131. Nelken: Handwerkergesetz a. a. O. S. 643. — 3) Derselbe S. 642. — 4) Landmann a. a. O. Bd. II, S. 214. — 5) Schicker a. a. O. Bd. I, S. 699.

Wegen des Verfahrens und der Behörden gelten die Vorschriften der §§ 20 und 21, GO. soweit nicht landesgesetzlich das Verfahren in streitigen Verwaltungssachen Platz greift" (§ 126 a Abs. 3).

Die Verfügung kann beantragt sein durch irgend eine Interessenvertretung des Gewerbes, den Staatsanwalt usw.[1]). Der Rekurs ist an ein bestimmtes Verfahren und eine Ausschlußfrist von 14 Tagen geknüpft, welche Frist gemäß § 187 Abs. 1 BGB. auf den der Zustellung folgenden Tag beginnt[2]).

Die untere Verwaltungsbehörde hat nicht das Recht, ihre Verfügung auf Entziehung der Befugnis zur Lehrlingshaltung und Anleitung zurückzunehmen[3]). Nur die höhere Verwaltungsbehörde kann, wenn die Befugnis auf mehr als ein Jahr oder auf unbestimmte Zeit entzogen ist, nach Ablauf eines Jahres die Befugnis wieder einräumen (§ 126 a Abs. 4).

4. Der Lehrvertrag.

a) Wesen des Lehrvertrages.

Die eigentliche Basis, auf welcher erst eine gründliche und sachgemäße Ausbildung des jungen Mannes aufgebaut und gewährleistet werden kann, ist der Lehrvertrag.

Der Lehrvertrag ist nach der GO. ein unkündbarer, auf bestimmte Zeit abgeschlossener Arbeits- und Unterrichtsvertrag[4]). Als solcher ist er zu den Dienstverträgen zu rechnen. Diese Ansicht ist allerdings bestritten. Lotmar[5]) erkennt den Lehrvertrag nicht als ein Arbeitsverhältnis an, da es nur der Lehrer sei, der Arbeit im Rechtssinne leistet, während die „rezeptive, nachahmende und nachschaffende Tätigkeit des Schülers nicht selbst Arbeit im Rechtssinne, sondern Voraussetzung und Erzeugnis der Arbeit des Lehrers" sei. Auch Planck[6]), Cosack[7]), Kayser-Steiniger[8]) fassen

---

1) Landmann-Rohmer a. a. O. Bd. II, S. 214.

2) Nelken: Gewerberecht a. a. S. O. 776 ff. Ausführungsanw. zur GO. f. d. Deutsche R. v. 1. Mai 1904, MinBl. f. Handel u. Gewerbe S. 118.

3) Landmann-Rohmer a. a. O. Bd. II, S. 215.

4) Bitzer a. a. O. S. 257 f. Schmoller: Arbeitsvertrag a. a. O. S. 458. Landmann-Rohmer a. a. O. Bd. II, S. 212.

5) Lotmar: Der Arbeitsvertrag Bd. I, Leipzig 02.

6) Planck: Kommentar zum BGB. Bd. II, S. 349.

7) Cosack: Lehrbuch a. a. O. S. 499 f.

8) Kayser-Steiniger HGB. a. a. O. S. 383.

den Lehrvertrag als einen Vertrag besonderer Art auf, weil ihm weder das Versprechen der Leistungen von Diensten, noch die Uebernahme einer Vergütung wesentlich sei. Dem gegenüber ist darauf hinzuweisen, daß der Lehrling nach § 127 a dem Lehrherrn zur Folgsamkeit verpflichtet ist, damit also zur Dienstleistung. Weiterhin empfängt der Lehrling in den meisten Fällen eine Vergütung entweder in Kost und Wohnung oder in Geld. Eine Vergütung kann auch dadurch gegeben sein, daß der Lehrherr den Lehrling erzieht, unterweist usw.[1]). Ein Urteil des Oberlandesgerichts Dresden vom 24. Mai 1900 skizziert den Lehrvertrag ebenfalls als Dienstvertrag. In den hier in Betracht kommenden Punkten heißt es: „Nur ist die Heranziehung des Lehrlings zu häuslichen Diensten durch § 127 GO. ausgeschlossen, wenn der Lehrling im Hause des Lehrherrn weder Kost noch Wohnung erhält." Gerade aus dieser gesetzlichen Einschränkung der Rechte des Lehrherrn ist zu entnehmen, daß das Arbeitsverhältnis, in welchem der Lehrling als solcher steht, seine ganze Arbeitskraft dem Lehrherrn dienstbar macht und sich in den Arbeiten, welche zum Zwecke der Ausbildung im Gewerbe dienen, keineswegs vollständig erschöpft, wenngleich immer festgehalten werden muß, daß das Lehrverhältnis hauptsächlich zur gewerblichen Ausbildung bestimmt ist[2]).

b) Die Schriftlichkeit des Lehrvertrages.

Die GO. von 1869, die im allgemeinen eine Einmischung der öffentlichen Gewalt in die Verhältnisse zwischen Arbeitgebern und Arbeitnehmern nicht zuließ, erkannte eine solche Berechtigung gegenüber dem Lehrlinge doch an. So enthält der Entwurf der GO. für den Norddeutschen Bund vom Jahre 1868 in den §§ 117—132 Vorschriften über das Lehrlingsverhältnis, die eine Sicherung der Lehrlinge gegen den Mißbrauch der Gewalt des Lehrherrn bezwecken, stießen aber bei der Beratung im Reichstage auf Widerstand[3]). Trotzdem der Bundeskommissar Dr. Michaelis für die Vorlage eintrat, zur Vermeidung häufig eintretender Streitigkeiten[4]), wurden die Paragraphen mit großer Majorität abgelehnt[5]).

1) Landmann-Rohmer a. a. O. Bd. II, S. 212.
2) Reger: Entscheidungen a. a. O. Bd. 21, S. 347.
3) Stenogr. Ber. ü. d. Verhdl. d. RT. 1868, Bd. II, S. 126.
4) Stenogr. Ber. ü. d. Verhdl. d. RT. 1868, Bd. II, S. 623.
5) Dieselben S. 625.

Die Folgen, die daraus erwuchsen, zeigen sich in den in den 70er Jahren zu Tage tretenden Unbotmäßigkeiten und Kontraktbrüchen der Lehrlinge (vgl. S. 22). Auf welchen Standpunkt sich die Wissenschaft stellte, zeigte die Tagung des Vereins für Sozialpolitik im Jahre 1875. Auf die Frage des Vereins für Sozialpolitik: „Welche Veränderungen haben sich seit Auflösung der alten Gewerbeverfassung in der Lage der Lehrlinge in Deutschland in der Groß- und Kleinindustrie vollzogen?", wird in den Gutachten allgemein der Rückgang der gewerblichen Leistungsfähigkeit anerkannt. Die Gutachter sind weiter darin einig, daß ein wesentlicher Grund dieses Rückganges in „dem Verfalle des Lehrlingswesens, in der moralischen und gewerblichen Verwahrlosung der Lehrlinge" begründet ist [1]).

Nur über die Gründe dieses Verfalles, über die anzustrebenden Verbesserungen gingen die Meinungen zum Teil weit auseinander [2]). In Bezug auf den Lehrvertrag wurde wohl die Schriftlichkeit allgemein als wünschenswert anerkannt, wenn auch Gegner einer gesetzlichen Forderung schriftlicher Lehrverträge auftraten [3]). Der Referent Brinkmann und der Korreferent Professor Schönberg führten für die gesetzliche Forderung der Schriftlichkeit an, daß die schriftliche Abfassung und Registrierung nicht nur dazu diene, den Lehrherrn gegen die Folgen des Vertragsbruches zu schützen, sondern daß dadurch der „Degradierung des Lehrlings zum jugendlichen Arbeiter", der Ausbeutung des Unmündigen durch seine Eltern eine Schranke gesetzt werden soll [4]). Die schriftliche Abfassung der Lehrverträge soll weiterhin die Bedingungen des Lehrvertrages besser und sicherer feststellen, und die Kontrolle der Verträge erleichtern. Es handelt sich hierbei nicht um Privatverträge, sondern um „Verträge, von deren Gestaltung und Innehaltung die wirtschaftliche und soziale Lage ganzer Volksklassen bedingt wird" [5]). Auch der zweite Korreferent Liebau empfahl die schriftliche Abfassung, und in der folgenden Diskussion stellten sich fast alle Redner auf diesen Standpunkt, so daß man unter 3. der Beschlüsse zu der Forderung kam „der obligatorischen schriftlichen

1) Brinkmann: Referat über Lehrlingswesen, i. d. Schr. d. V. f. S. Bd. XI, S. 95. — 2) Derselbe S. 95. — 3) Derselbe S. 113. — 4) Derselbe S. 113. — 5) Schönberg: Korreferat über Lehrlingswesen i. d. Schr. d. V. f. S. Bd. XI, 1875, S. 134.

Abfassung und Registrierung der Lehrverträge und der Aufstellung von Normativbestimmungen, welche für den Fall, daß die schriftliche Abfassung der Lehrverträge nur in unzureichender Form stattgefunden hat, subsidiär in Kraft treten" [1]).

Dasselbe Ergebnis hatten die auf Veranlassung des Bundesrats im Jahre 1875 veranstalteten Erhebungen über die Verhältnisse der Lehrlinge, Gesellen und Fabrikarbeiter [2]). Die Erhebungen erstreckten sich über ganz Deutschland, mit Ausnahme von Elsaß-Lothringen (da es sich nur um Beschwerden gegen die GO. handelte, die dort erst 1888 eingeführt wurde). Die Art der Erhebung war dergestalt, daß Beamte Sachverständige des Gewerbewesens über die in Betracht kommenden Fragen zu vernehmen hatten. Für die Lehrlingsverhältnisse handelte es sich um 8 Fragen. Für hier kommt die erste Frage in Betracht: „Ist es üblich, den Lehrvertrag schriftlich zu schließen, oder erfolgt der Regel nach nur eine mündliche Vereinbarung im Anhalt an gewohnheitsmäßige, den Inhalt bestimmende Grundsätze und sind mit letzterer Uebung besondere Nachteile verknüpft?" Ueber die das Lehrlingswesen betreffenden Fragen sind 4422 Arbeitgeber und 2386 Arbeitnehmer zu Wort gekommen [3]). Als Ergebnis der Erhebung ist hier von Bedeutung, daß der schriftliche Lehrvertrag in vielen Gegenden die Regel bildete, aber auch dort, wo dies nicht der Fall war, die Schriftlichkeit den Vorzug verdiente [4]).

In allen Berichten wurde jedoch die schriftliche Form verlangt. Die Gründe stimmten vielfach überein; es wurde vor allem darauf hingewiesen, daß hierdurch eine Menge von Zweifeln und Zwistigkeiten beseitigt würden und die Lehrlinge sich mehr gebunden fühlten (Preußen, Pommern, Schlesien, Weimar, Arnstadt). Die Schriftlichkeit steuere der jetzigen Ungebundenheit der Lehrlinge und eine bessere Ausbildung der Lehrlinge werde gesichert [5]). In mehreren Berichten wurde der Abschluß oder die Beglaubigung der Verträge vor der Orts- oder Gewerbepolizei-Behörde befürwortet

1) Schr. d. V. f. S. Bd. XI, S. 185.

2) Ergebnisse der über die Verhältnisse der Lehrlinge, Gesellen und Fabrikarbeiter auf Beschluß des Bundesrats angestellten Erhebungen, zusammengestellt im Reichskanzleramt Berlin 1876, S. 3. — 3) Dieselben S. 141. — 4) Ergebnisse a. a. O. S. 5. — 5) Ergebnisse a. a. O. S. 6.

(Pommern, Preußen [1]), Hessen [2]), Westfalen [3]), Meiningen [4])). Gegenüber diesem allgemeinen Verlangen nach schriftlicher Abfassung der Lehrverträge fallen die gegenteiligen Ansichten garnicht ins Gewicht. Die Einwendungen gehen dahin, daß auf dem Lande eine Abneigung gegen schriftliche Vereinbarungen vorherrsche (Preußen, Pommern) [5]) oder die Zurückführung der Lehrlinge dadurch nicht erleichtert sei und ein Schadensersatzanspruch meist zu nichts führe (Berlin, Brandenburg, Sachsen) [6]). Andere Arbeitgeber waren der Meinung, daß die Lehrlinge auch geschriebene Verträge nicht beachten würden (Hessen-Nassau) [7]).

Infolge dieser allgemeinen Forderung auf Schriftlichkeit der Lehrverträge legte der Abg. v. Seydewitz im Jahre 1877 in Form eines Antrages dem Reichstage einen Gesetzentwurf vor, nach welchem außer anderen Forderungen zur Besserung des Lehrverhältnisses im § 15 a Schriftlichkeit des Lehrvertrages neben gewissen Normativbestimmungen für dessen Inhalt verlangt wurde [8]). Gleichzeitig wurde von Rickert, Dr. Wehrenpfennig und Gen. dem Reichstag eine Resolution vorgelegt, die u. a. ebenfalls Ergänzung der GO. durch Schriftlichkeit des Lehrvertrages verlangte [9]). Selbst die Sozialdemokraten legten einen Antrag auf Abänderung der GO. vor, der in dem § 131 ebenfalls Schriftlichkeit des Lehrvertrages und Normativbestimmungen für den Inhalt forderte [10]).

In den Verhandlungen über diese Anträge wurde die Bedeutung der Schriftlichkeit wiederholt hervorgehoben, ohne daß jedoch neue Momente vorgebracht worden wären.

Trotz des Verlangens der Wissenschaft, der öffentlichen Meinung und des Reichstages war in dem Entwurfe, der dem Reichstage im Februar 1878 vorgelegt wurde, die Schriftlichkeit des Lehrvertrages nicht vorgeschrieben, sondern nur begünstigt. In der Begründung darüber heißt es: „allerdings sind in den Erhebungen über die Arbeiterverhältnisse vielfache Wünsche für die schriftliche Vertrags-

1) Ergebnisse a. a. O. S. 3. — 2) Ergebnisse a. a. O. S. 4. — 3) Ergebnisse a. a. O. S. 3. — 4) Ergebnisse a. a. O. S. 7. — 5) Ergebnisse a. a. O. S. 5. — 6) Ergebnisse a. a. O. S. 7. — 7) Ergebnisse a. a. O. S. 3. — 8) Stenogr. Ber. ü. d. Verhdl. d. RT. 1877, Bd. III, S. 175, Aktenstück 23. — 9) Dieselben S. 276, Aktenstück 77. — 10) Dieselben S. 319, Aktenstück 92.

form laut geworden. Doch drückt sich darin mehr das Bedürfnis nach Maßnahmen aus, welche dem Lehrverhältnisse wieder größere Festigung verleihen, als ihnen eine klare Erkenntnis von der tatsächlichen und rechtlichen Bedeutung der schriftlichen Form zu Grunde legen. Man darf wohl sagen, daß der Einfluß dieser Form sehr überschätzt wird. Denn es ist noch jetzt, wie die Erhebungen ergeben, die schriftliche Form des Lehrvertrages in weiten Kreisen üblich, aber es ist nicht konstatiert, daß diese Uebung einen besonders günstigen Einfluß auf das Lehrlingswesen geübt hätte. Im Gegenteil ist von den Arbeitgebern mehrfach bekundet, daß sie vergeblich versucht haben, durch die Wahl der schriftlichen Vertragsform der Lockerung des Lehrverhältnisses entgegenzuwirken" [1]).

In der Kommission wurde zwar von einigen Mitgliedern die schriftliche Form und einige Normativbestimmungen für den Inhalt des Lehrvertrages gefordert, jedoch unter Hinweis auf die Begründung des Gesetzentwurfes der Regierung mit großer Mehrheit abgelehnt [2]), ebenso der erneute Antrag bei der 2. Beratung im Reichstage [3]).

Erst in dem sog. Berlepsch'schen Entwurfe von 1893 war unter V. schriftliche Form vorgeschrieben und die Nichtbefolgung unter Strafe gestellt. Da nach dieser Formulierung die Möglichkeit vorlag, durch Nichtabschließung eines Vertrages die Bestimmungen über das Lehrlingswesen zu umgehen, und das Lehrverhältnis zu verschleiern, sollte dies im Entwurf der Novelle von 1897 der § 126 unmöglich machen; hier sollte die Vermutung dafür sein, daß alle Personen unter 17 Jahren, welche nicht nur ausnahmsweise mit technischen Hilfsleistungen beschäftigt würden, als in einem Lehrverhältnis stehend betrachtet werden müßten. Infolgedessen liege „kein Grund mehr vor, von der Forderung des schriftlichen Vertrages abzusehen, zumal allseitig anerkannt wird, daß die Schriftlichkeit des Lehrvertrages für die Klarstellung der Rechtsverhältnisse zwischen Lehrherr und Lehrling bei Streitigkeiten von wesentlicher Bedeutung ist und für eine wirksame Kontrolle des Lehrlings-

1) Stenogr. Ber. ü. d. Verhdl. d. RT. 1878, Bd. III, S. 506, Aktenstück 41.

2) Stenogr. Ber. ü. d. Verhdl. d. RT. 1878, S. 507, Aktenstück 41.

3) Dieselben Anl. Bd. IV, S. 1177, Aktenstück 177. Dieselben S. 1306, Aktenstück 184.

wesens eine erwünschte Handhabe bietet" [1]). Dieser § 126 wurde zwar in der 3. Lesung im Reichstage gestrichen, gegen die Schriftlichkeit dagegen Bedenken nicht erhoben, sodaß die 1875 vom Verein für Sozialpolitik verlangte Forderung nach 22 Jahren in Erfüllung gegangen ist.

c) Normativbestimmungen über den Inhalt des Lehrvertrages.

Im § 126 b GO. stellt das Gesetz 4 Normativbestimmungen für den Inhalt des Lehrvertrages auf: „Der Lehrvertrag ist binnen 4 Wochen nach Beginn der Lehre schriftlich abzuschließen. Derselbe muß enthalten:

1. Die Bezeichnung des Gewerbes oder des Zweiges der gewerblichen Tätigkeit, in welchem die Ausbildung erfolgen soll;

2. die Angabe der Dauer der Lehrzeit;

3. die Angabe der gegenseitigen Leistungen;

4. die gesetzlichen und sonstigen Voraussetzungen, unter welchen die einseitige Auflösung des Vertrages zulässig ist" (§ 126 b Abs. 1).

Die Bestimmung, daß der Lehrvertrag innerhalb 4 Wochen abzuschließen ist, wird wohl mit Rücksicht auf die Probezeit (§ 127 f.) eingefügt sein [2]). Wird binnen dieser Frist von 4 Wochen das Lehrverhältnis gelöst, so braucht kein Lehrvertrag abgeschlossen zu werden [3]). Dies ist nicht so aufzufassen, daß ein Lehrvertrag nicht mehr abgeschlossen zu werden braucht, wenn dies nicht innerhalb 4 Wochen geschieht. Der Nichtabschluß eines Lehrvertrages ist vielmehr „ein Dauerdelikt, das erst mit dem Tage der Beendigung des Lehrverhältnisses abschließt" [4]) [5]), also auch bis dahin gemäß § 150 Ziff. 4 a GO. bestraft werden kann.

Sind die im § 126 b vorgesehenen Normativbestimmungen im Lehrvertrag nicht enthalten, so ist dieser damit nicht ungültig [6]) [7]), sondern nur nicht ordnungsmäßig, und der Lehrherr „soll nach Art. 4 Ziff. 4 (§ 150 Ziff. 4 a) bestraft werden" [8]) [9]).

---

1) Stenogr. Ber. ü. d. Verhdl. d. RT. 1895/97, Bd. VI, S. 3800. — 2) Landmann-Rohmer a. a. O. Bd. II, S. 216. — 3) Schicker a. a. O. Bd. 1, S. 701. — 4) Schicker a. a. O. Bd. I, S. 701. — 5) Urteil d. Oberlandesgerichts Celle vom 7. VI. 1902. Reger Bd. 26, S. 58. — 6) Landmann-Rohmer a. a. O. Bd. II, S. 216. — 7) Schicker a. a. O. Bd. I, S. 701. — 8) Stenogr. Ber. ü. d. Verhdl. d. RT. 1895/97, S. 3800. — 9) Hoffmann a. a. O. S. 132.

1. Die Novelle von 1897 verlangt als erste Normativbestimmung für den Inhalt des Lehrvertrages im § 126 b Abs. 1 „die Bezeichnung des Gewerbes oder des Zweiges der gewerblichen Tätigkeit, in welchem die Ausbildung erfolgen soll". Diese Bestimmung wird zur Klarstellung des Rechtsverhältnisses bei Streitigkeiten von großem Werte sein.

2. Zweites Erfordernis eines ordnungsmäßigen Lehrvertrages ist die Angabe der Dauer der Lehrzeit (§ 126 b Abs. 1 Ziff. 2). Diese Vorschrift ist der preußischen GO. von 1845 entnommen [1]), wonach in dem Aufnahmeverzeichnis die Dauer der Lehrzeit verzeichnet sein mußte, war jedoch in der GO. des Norddeutschen Bundes von 1869 verschwunden. Trotz dem oben bereits berührten Verlangen des Reichstages nach Aufnahme einer Bestimmung über den Lehrvertrag enthält auch die Novelle von 1878 darüber nichts. Erst Freiherr von Berlepsch nahm diese Bestimmung, wenn auch nicht als notwendigen Bestandteil des Lehrvertrages in seinen Entwurf auf, wonach die Lehrzeit nicht unter 3 und nicht über 5 Jahre dauern sollte. Die Novelle von 1897 verlangt nur die generelle Bestimmung, daß die Dauer der Lehrzeit im Lehrvertrage anzugeben ist und überläßt die Fixierung derselben den Kontrahenten.

Für Handwerksbetriebe sollte die Lehrzeit nach dem Entwurfe der Novelle von 1897 „in der Regel 3 Jahre dauern, sie darf den Zeitraum von 5 Jahren nicht übersteigen" (§ 130 a Abs. 1). Die Begründung bemerkt hierzu: „die Regelung der Dauer der Lehrzeit ist für die Erziehung des Lehrlings von besonderer Bedeutung; sie muß unter Berücksichtigung der Art des Gewerbes so bemessen sein, daß sie ausreicht, um den Lehrlingen unter normalen Verhältnissen die gründliche Erlernung des Gewerbes zu ermöglichen, andererseits darf dem Bestreben, die Arbeitskraft des bereits genügend ausgebildeten Lehrlings lange auszunutzen, nicht Vorschub geleistet werden" [2]).

Die Minimaldauer von 3 Jahren ist mit Rücksicht darauf gewählt worden, weil dieselbe in vielen Gewerben üblich ist. Die Maximaldauer „erscheint nach den bisherigen Erfahrungen zur Erlernung einzelner Gewerbe, deren Ausübung entweder eine besondere Vielseitigung oder ein hohes Maß technischer Kenntnisse

1) Funk a. a. O. S. 150.

2) Stenogr. Ber. ü. d. Verhdl. d. RT. 1895/97 S. 3802, Aktenstück 713.

und Fertigkeiten voraussetzt, notwendig" [1]).

Bei der 2. Beratung des Gesetzes im Reichstage stellten die Abg. Auer und Gen. den Antrag, anstatt 5 Jahre 4 Jahre zu setzen. Sie wiesen nach, daß selbst eine Lehrzeit von 5 Jahren weder im Uhrmacher- noch Graveurgewerbe üblich sei. Eine Maximaldauer von 5 Jahren würde nur das Bestreben der Handwerker, die Lehrlinge länger ausnutzen zu können, begünstigen und vor allem würden die ärmsten Lehrlinge davon betroffen, die kein Lehrgeld zahlen könnten, denn wenn die Eltern in der angenehmen Lage seien, Lehrgeld zu bezahlen, oder auf das sogen. Kostgeld verzichten könnten, hätten die Lehrlinge schon nach 3 Jahren ausgelernt, wo sie im anderen Falle 4 Jahre und länger lernen müßten [2]). Der Antrag wurde auch angenommen und statt einer Maximaldauer von 5 Jahren eine solche von 4 Jahren festgesetzt [3]).

„Von der Handwerkskammer kann mit Genehmigung der höheren Verwaltungsbehörde die Dauer der Lehrzeit für die einzelnen Gewerbe oder Gewerbszweige nach Anhörung der beteiligten Innungen und der im § 103 a Abs. 3 Ziff. 2 bezeichneten Vereinigungen festgesetzt werden."

Die Handwerkskammer ist befugt, Lehrlinge in Einzelfällen von der Innehaltung der festgesetzten Lehrzeit zu entbinden (§ 130 a Abs. 2 und 3).

Die Lehrzeit kann also, solange die Handwerkskammer keine Vorschriften erlassen hat, von der Innung oder den Kontrahenten bis zur Maximalgrenze von 4 Jahren, also auch auf weniger als 3 Jahre festgesetzt werden, jedoch hat eine solche Fixierung auf weniger als 3 Jahre für den Lehrling den Nachteil, daß er erst nach fünfjähriger selbständiger Ausübung des Handwerks Lehrlinge anleiten darf (§ 129 Abs. 1), wenn er nicht diese Befugnis auf andere Weise erhält (§ 129 Abs. 2 ff.).

Ist die Dauer der Lehrzeit im Lehrvertrag auf länger als 4 Jahre festgesetzt, so ist eine Bestrafung auf Grund des § 150 Ziff. 4 a nur dann möglich, wenn die Handwerkskammer Vorschriften über die Dauer der Lehrzeit erlassen und darin ausdrücklich bestimmt hat, daß die Dauer der Lehrzeit 4 Jahre nicht übersteigen darf. Denn in diesem Falle handelt es sich, da die Festsetzung der Dauer der

1) Stenogr. Ber. ü. d. Verhdl. d. RT. 1895/97, S. 3803. — 2) Dieselben S. 6112. — 3) Dieselben S. 6112.

Lehrzeit zu der „näheren Regelung des Lehrlingswesens" gehört (§ 103 a e Abs. 1 Ziff. 1) [1]), um eine Verletzung dieser „Regelung" und kann nach § 150 a Ziff. 4 bestraft werden [2]). Eine längere Festsetzung der Dauer der Lehrzeit hat die Wirkung, daß eine solche Vereinbarung ungültig ist, soweit sie die zulässige Dauer übersteigt [3]) [4]).

Insoweit die Handwerkskammer Vorschriften über die Dauer der Lehrzeit erläßt, hat sie, wie die Motive sagen, „innerhalb der Maximalgrenze von 5 Jahren (jetzt 4 Jahren) freie Hand". Sie kann nicht nur für einzelne Gewerbe, sondern auch innerhalb eines solchen die Lehrzeit verschieden bestimmen und hierbei die längere oder kürzere Dauer insbesondere auch von dem Besuche einer Fach- oder Fortbildungsschule oder von den Leistungen des Lehrlings in solchen Schulen abhängig machen [5]). Der Handwerkskammer steht es also vollständig frei, die Minimalgrenze festzusetzen, welche ihr gutdünkt und ist auch daran, daß die Lehrzeit „in der Regel" 3 Jahre dauern soll, nicht gebunden [6]) [7]).

Ein großer Teil der Handwerkskammern hat von dieser Befugnis Gebrauch gemacht. Die Erwartung, daß die Vorschriften für das ganze Reich einheitlich sein würden, da dieselben der Genehmigung der höheren Verwaltungsbehörde und nach § 103 g Abs. 4 der Genehmigung der Landeszentralbehörde bedürfen, hat sich nicht erfüllt.

Auf eine Anfrage des Verfassers haben von 71 Handwerkskammern resp. Gewerbekammern 68 geantwortet [8]). Von diesen 68 Kammern

1) Landmann-Rohmer a. a. O. Bd. II, S. 249.

2) A. M. Schicker Bd. I, S. 741.

3) Landmann-Rohmer a. a. O. Bd. II, S. 248.

4) Schicker a. a. O. Bd. I, S. 741.

5) Stenogr. Ber. ü. d. Verhdl. des RT. 1895/97, S. 3803, Aktenstück 713.

6) Schicker a. a. O. Bd. I, S. 740.

7) A. M. Landmann a. a. O. Bd. II, S. 249.

8) Auf die Anfrage, ob Bestimmungen über die Dauer der Lehrzeit erlassen sind, haben 68 Kammern geantwortet:

Aachen, Altona, Arnsberg, Arnstadt, Augsburg, Bayreuth, Berlin, Bielefeld, Braunschweig, Bremen, Breslau, Bromberg, Cassel, Chemnitz, Coblenz, Cöln, Danzig, Darmstadt, Dessau, Detmold, Dortmund, Dresden, Düsseldorf, Erfurt, Flensburg, Frankfurt a. O., Gotha, Greiz, Halle, Hamburg, Heilbronn, Insterburg, Kaiserslautern, Karlsruhe, Konstanz, Königsberg, Leipzig, Liegnitz, Magdeburg, Mannheim, Meiningen, München, Mün-

haben 9 bisher noch keine Vorschriften über die Dauer der Lehrzeit erlassen, wegen „mangelnden Bedürfnisses“ [1]). 37 haben die Mindestdauer der Lehrzeit auf 3 Jahre und die Maximaldauer auf 4 Jahre festgesetzt [2]). Für einzelne Handwerke sind hier Ausnahmen geschaffen, z. B. in Liegnitz für die Maurer und Zimmerer 3½jährige Lehrzeit. Eine 3jährige Lehrzeit für alle Gewerbe haben 15 Kammern eingeführt [3]), davon jedoch auch wieder 9 Ausnahmen für einzelne Gewerbe zugelassen. Umgekehrt ist hier auch eine geringere als die allgemeine 3jährige Lehrzeit festgesetzt.

Eine 4jährige Lehrzeit hat die HK. Oldenburg mit geringen Ausnahmen festgesetzt. Die bayrischen Kammern, die früher eine geringere als 3jährige Lehrzeit festgesetzt hatten, haben sich auf einer Konferenz vom 16. Januar 1905 dahin geeinigt, daß heute die Lehrzeit mindestens 3 und nicht mehr als 4 Jahre betragen darf [4]). Die Kammer Danzig hat die Lehrzeit für alle einzelnen Gewerbe besonders festgesetzt und beträgt dieselbe zwischen 2 und 4 Jahren.

Diese Mannigfaltigkeit der Bestimmungen lassen die Frage auftauchen, welche davon am zweckmäßigsten sein dürften. Eine gesetzliche Festsetzung der Dauer der Lehrzeit oder eine diesbezügliche Festsetzung der HK. oder der Innung ist nicht unmöglich, dürfte aber doch sehr unzweckmäßig sein und dem Gewerbe mehr schaden

ster, Nürnberg, Oldenburg, Oppeln, Osnabrück, Passau, Regensburg, Schwerin, Sigmaringen, Stadthagen, Stettin, Stralsund, Straßburg, Stuttgart, Ulm, Weimar, Wiesbaden, Würzburg, Zittau.

1) Keine Vorschriften über die Dauer der Lehrzeit haben 9 Kammern erlassen:

Bremen, Breslau, Erfurt, Greiz, Halle, Hamburg, Münster, Oppeln, Stralsund.

2) 37 Kammern haben die Mindestdauer der Lehrzeit auf 3 Jahre, die Maximaldauer auf 4 Jahre festgesetzt:

Altona, Arnstadt, Augsburg, Bayreuth, Bielefeld, Cassel, Coblenz, Cöln, Detmold, Dortmund, Dresden, Flensburg, Frankfurt a. O., Gotha, Heilbronn, Insterburg, Kaiserslautern, Karlsruhe, Konstanz, Leipzig, Liegnitz, Magdeburg, Mannheim, Meiningen, München, Nürnberg, Osnabrück, Passau, Reutlingen, Regensburg, Stadthagen, Stuttgart, Schwerin, Ulm, Weimar, Wiesbaden, Würzburg.

3) Eine dreijährige Lehrzeit haben 15 Kammern festgesetzt:

Aachen, Arnsberg, Berlin, Chemnitz, Darmstadt, Dessau, Düsseldorf, Dresden, Freiburg, Plauen, Saarbrücken, Sigmaringen, Stettin, Straßburg, Wiesbaden.

4) Jahresbericht der HK. Passau, 1906, S. 35.

als nützen, besonders wenn die Dauer der Lehrzeit für alle Gewerbe gleichmäßig auf eine bestimmte Dauer festgesetzt wird. Den individuellen Verhältnissen des Lehrlings kann hierbei viel zu wenig Rechnung getragen werden. Da es z. B. heute nicht zur Seltenheit gehört, daß die dem Handwerk sich zuwendenden jungen Leute von den 8 Volksschulklassen nur 6 oder noch weniger besucht haben, so muß es denjenigen, die alle Klassen der Volksschule besucht haben, als eine Härte erscheinen, ebensolange lernen zu müssen, wie jene. Der Unterschied wird krasser, wenn, wie es vom Handwerk gewünscht wird, sich demselben auch solche junge Leute zuwenden, die eine Mittelschule besucht haben. Augenscheinlich wird diese Kategorie, kraft ihrer besseren Bildung, ihrer schnelleren Auffassung in kürzerer Zeit in der Lage sein, das Lehrziel zu erreichen, als jene. Diesem Uebelstand vermag die HK. zwar abzuhelfen, da sie nach § 130 a Abs. 2 Lehrlinge im Einzelfalle von der Innehaltung der festgesetzten Lehrzeit entbinden kann. Diese Befugnis hat aber nur dann eine größere Bedeutung, wenn der junge Mann v o r dem Eintritt in die Lehre weiß, wie lange für ihn die Lehrzeit dauern soll. M. W. prüfen aber nur wenige HK. diese Frage auf Verlangen des Lehrlings v o r B e g i n n der Lehrzeit. Die Handwerkskammer Danzig hat diesen Fall berücksichtigt, indem Lehrlinge, die beim Lehrantritt mindestens 16 Jahre alt und vermöge ihrer allgemeinen wissenschaftlichen Kenntnisse zum einjährigen freiwilligen Militärdienst berechtigt sind, nur zwei Jahre zu lernen haben (im übrigen 3—4 Jahre)[1]. HK. Arnsberg schreibt ausdrücklich vor, daß in den Fällen, wo eine kürzere Lehrzeit geboten erscheine, vor Abschluß des Lehrvertrages die Genehmigung einzuholen sei[2]. Aehnlich wie die Handwerkskammer Danzig hat die HK. Kaiserslautern bestimmt, daß die Genehmigung zu einer kürzeren Lehrzeit nicht versagt werden kann, wenn der Lehrling sich schon in vorgerücktem Alter befindet oder eine höhere Ausbildung erhalten hat[3]. Bei den übrigen Kammern wird die Frage so gehandhabt, daß nach Ablauf einer gewissen Zeit der Lehrherr ein Gesuch einreicht, wobei Fleiß und Betragen des Lehrlings zu berücksichtigen sind. Die Fälle, daß der Lehrherr ein solches Gesuch einreicht, werden aber äußerst selten sein, beginnt doch der Lehrling erst gegen das Ende der Lehr-

1) Vorschriften zur Regelung d. Lehrlingswesens der HK. Danzig, § 22. — 2) Dieselben Arnsberg, § 9. — 3) Dieselben Kaiserslautern, § 10.

zeit das zurückzuerstatten, was er diesem im Laufe der Lehre gekostet hat. Rechtlich liegt nichts im Wege, daß der Lehrling selbst unter Darlegung seiner Verhältnisse ein solches Gesuch einreicht. Die HK. könnte ihn daraufhin von der Innehaltung der festgesetzten Lehrzeit entbinden, mit der öffentlich-rechtlichen Bedeutung, daß die Lehre eine ordnungsmäßige, im Sinne der §§ 129 und 131 c Abs. 1 ist. Entläßt der Lehrherr den Lehrling in diesem Falle aber nicht, so könnte ersterer auf der Erfüllung des Vertrages nicht bestehen, also, wenn der Lehrling die Lehre verlassen hat, könnte der Lehrherr nicht die Rückkehr desselben verlangen (§ 127 d), nicht das Lehrverhältnis auflösen und Entschädigungsansprüche geltend machen [1] [2]). Den Handwerkskammern würden in solchen Fällen naturgemäß zahlreiche Gegner entstehen, so daß dieselben, um Zwistigkeiten vorzubeugen, in ihren „Vorschriften zur Regelung des Lehrlingswesens" verlangen, daß das Gesuch um Entbindung von der festgesetzten Lehrzeit vom Lehrherrn einzureichen ist.

Außer diesen Uebelständen ist bei der Festsetzung einer Lehrzeit von gleicher Dauer für alle Gewerbe garnicht darauf Rücksicht genommen, daß ein Handwerk leichter zu erlernen ist als das andere. Besser sind deshalb schon die von 32 Kammern erlassenen Vorschriften, wonach die Minimaldauer der Lehrzeit auf 3 Jahre festgesetzt ist, so daß die Kontrahenten zwischen dieser und der gesetzlichen Maximaldauer von 4 Jahren wählen können. Bei den HK., die keine diesbezüglichen Vorschriften erlassen haben, werden die Parteien nicht unter 3 Jahre heruntergehen können, wenn der Lehrling gemäß § 129 Abs. 1 nicht geschädigt werden soll, da derselbe, wenn er die Befugnis zum Anleiten von Lehrlingen nicht auf eine andere Weise erlangt hat, nur dann Lehrlinge anleiten darf, wenn er 24 Jahre alt ist und die Meisterprüfung gemäß § 133 GO. bestanden hat.

Unter den heutigen Verhältnissen erscheint aber eine Lehrzeit zu hoch, die, wie das Gesetz sagt, „in der Regel" 3 Jahre dauern soll und durch die Vorschriften der Handwerkskammer vielfach 4 Jahre dauert. Selbst Oesterreich mit seiner zünftlerischen Gew.-O. hat keine Minimaldauer der Lehre festgesetzt und dies dem freien Ermessen der Vertragschließenden überlassen [3]). Dabei erscheint die-

1) Landmann-Rohmer a. a. O. Bd. II, S. 250. — 2) Schicker a. a. O. Bd. I, S. 741. — 3) Waentig: Gewerbl. Mittelstandspolitik a. a. O. S. 256 ff.

len Handwerkern diese Maximaldauer noch als zu niedrig, besonders jenen, die ihre Lehrlinge aus den Erziehungsanstalten entnehmen und sich zu ihrer vollständigen Erhaltung verpflichten müssen. Einzelne Handwerksmeister haben deshalb versucht, eine Verlängerung der Lehrzeit dadurch herbeizuführen, daß sie mit Einwilligung des Lehrlings und seines gesetzlichen Vertreters eine Klausel in den Lehrvertrag aufnehmen ließen, nach welcher der Lehrling, wenn er die Lehrzeit beendigt hat, noch einige Zeit, 6 Monate bis 1 Jahr im Betriebe des Lehrmeisters weiter arbeiten muß. Da solche Abmachungen gegen die guten Sitten verstoßen, der § 120 GO. auch für beide Teile gleiche Kündigungsfristen verlangt, hat das Oberlandesgericht Zweibrücken in einer Entscheidung vom 17. Februar 1903 derartige Vereinbarungen für ungültig erklärt [1]).

Außer bei Buchdruckern und Lithographen, Kleinmechanikern, Uhrmachern, Gold- und Silberschmieden, wo eine 3—4jährige Lehrzeit gerechtfertigt ist, bedarf es zu einer Zeit, wo die meisten Gewerbe sich spezialisieren, wo die Arbeit durch Maschinen auch innerhalb des Handwerks mehr und mehr vereinfacht wird, bei den meisten Gewerben einer 3—4jährigen Lehrzeit keineswegs. Für den jungen Menschen ist es besser, wenn er nach beendigter Lehre bei andern Meistern, in anderen Werkstätten oder in einer Lehrwerkstätte sich weiter ausbilden kann, um so nach und nach einen Ueberblick über sein Gewerbe zu erhalten. In dem Jahresbericht der Handwerkskammer Reutlingen von 1901 wird von zahlreichen gewerblichen Vereinigungen eine zweijährige Lehre für Bäcker, Metzger, Friseure, Brauer und Müller verlangt, wodurch ein Einwand, die Meister müßten sich im dritten Jahre schadlos halten, hinfällig wird, da diese gewerblichen Vereinigungen diesen Punkt sicherlich auch erwogen haben. Auch der an sich berechtigte Einwand, daß man junge Leute in ihrem eigenen und im allgemeinen Interesse möglichst lange unter Aufsicht halten sollte, und den Meistern mit zu jungen Gehilfen nicht gedient sei, ist nicht von besonderer Bedeutung; denn daß der 17jährige dem 16jährigen in der Regel geistig oder gar sittlich beträchtlich überlegen sei, wird niemand im Ernste behaupten wollen, für den Lehrling macht aber dieser Unterschied von einem Jahre in finanzieller Hinsicht sehr viel aus und

---

1) Deutsche Seilerzeitung v. 20. V. 1906, S. 1.

gerade dieser Umstand dürfte viele Lehrlinge abhalten, sich anstatt dem Handwerk, der Fabrik zuzuwenden. Muß es doch überraschen, wenn die HK. Danzig, die im allgemeinen eine dreijährige Lehrzeit festgesetzt hat, für Schneider, Schornsteinfeger, Schuhmacher, Böttcher, Korbmacher, Bäcker, Fleischer und Barbiere 4 Jahre verlangt [1]), wogegen die HK. Straßburg [2]) und Sigmaringen [3]) für das Bäcker- und Fleischergewerbe nur eine zweijährige Lehrzeit fordern. Auch die HK. Regensburg verlangte vor der oben erwähnten Einigung der bayrischen Kammern, für Bäcker und Schornsteinfeger nur 2½—3 Jahre, für Schweinemetzger 2 und für Metzger 2—3 Jahre [4]).

Um allen Anforderungen zu genügen, dürfte es sich deshalb empfehlen, bei den schwer zu erlernenden Gewerben eine Lehrzeit von 3—4 Jahren und bei den anderen eine solche von 2—4 Jahren festzusetzen. Es kann dann berücksichtigt werden, ob der Lehrling Lehrgeld zahlt oder nicht, ob er sich eine bessere Bildung angeeignet hat, ob er schon in vorgerücktem Alter ist usw.

Verletzt ein Lehrherr die von der HK. festgesetzten Vorschriften über die Dauer der Lehrzeit, so kann er auf deren Antrag gemäß § 103 n Abs. 2 GO. von der unteren Verwaltungsbehörde mit Geldstrafe bis zu 20 Mark belegt werden.

Solange die HK. Vorschriften über die Dauer der Lehrzeit nicht erlassen hat, sind die freien und Zwangsinnungen hierzu befugt (§ 81 a Ziffer 3 und § 100 e) [5]). Die Innungen dürfen jedoch bei der Festsetzung der Dauer der Lehrzeit nicht unter 3 Jahre heruntergehen (§ 81 a Ziff. 3). Ist die Innung eine Zwangsinnung, so müssen die Vorschriften nach § 100 p GO. von der höheren Verwaltungsbehörde genehmigt werden.

3. Als eine weitere Normativbestimmung zum Abschluß eines ordnungsmäßigen Lehrvertrages wird „die Angabe der gegenseitigen Leistungen" verlangt (§ 127 b Ziff. 37). Hierhin gehören die Bestimmungen über Lehrgeld, Lohn, Wohnung, Kost, über Lieferung der Werkzeuge, der Wäsche usw. Das Lehrgeld gilt, wenn

1) Vorschriften zur Regelung d. Lehrlingsw. d. HK. Danzig v. 30. IV. 01, § 22. — 2) Mitt. d. HK. Sigmaringen v. 5. II. 07 an den Verfasser. — 3) Bekanntm. d. HK. Straßburg v. 21. X. 01. (Jahresber. 02 S. 20). — 4) Jahresber. d. HK. Regensburg 1901, S. 49 ff. — 5) Stenogr. Ber. ü. d. Verhdl. d. RT. 1895/97 S. 3803, Aktenstück 713.

nichts besonderes vereinbart ist, auch als Entschädigung für Kost und Wohnung [1]). Wird für die Auflösung der Probezeit oder für Auflösung der Lehre durch den Tod eines der Kontrahenten eine Entschädigung festgesetzt, so muß die Art und Höhe der Entschädigung im Lehrvertrag schriftlich normiert sein [2]).

4. Als viertes Erfordernis eines ordnungsmäßigen Lehrvertrags sollen „die gesetzlichen und sonstigen Voraussetzungen, unter welchen die einseitige Auflösung des Vertrages zulässig ist, in denselben aufgenommen werden (§ 126 b Ziff. 4).

In dem Entwurfe der Novelle von 1897 hieß es „die Voraussetzungen, unter welchen die einseitige Auflösung des Vertrages zulässig ist“ [3]). Nach der Begründung sollten „die in dem § 127 b Abs. 2 und 3 bezeichneten Gründe für die einseitige Aufhebung des Lehrvertrages verstanden werden, die im Lehrvertrage Aufnahme finden sollen, um dem Lehrling oder seinem gesetzlichen Vertreter an der Hand des Lehrvertrages jederzeit einen Einblick in die rechtlichen Verhältnisse des Lehrvertrages zu ermöglichen. Eine Vereinbarung weiterer Aufhebungsgründe soll dagegen unzulässig sein“ [4]). Um diese klare Motivierung im Gesetzestext auch zur Geltung kommen zu lassen, um zu verhindern, daß „die bei Beratung des bürgerlichen Gesetzbuchs behandelte Frage, inwieweit einseitige Kündigungsgründe geändert werden könnten, anders entschieden würde“ [5]), beantragte der Abg. Stadthagen bei der zweiten Beratung im Reichstage die redaktionelle Aenderung einzufügen unter „gesetzlichen“ Voraussetzungen. Der Antrag wurde angenommen [6]). Bei der 3. Beratung wurde ohne Debatte ein Antrag des Abg. Dr. Hitze und Gen., hinter dem Wort „gesetzlichen“ einzufügen „und sonstigen“ angenommen [7]). Daraus, daß keine Debatte entstand, schließt Landmann [8]), daß es sich um eine redaktionelle Aenderung handle, „die eine inhaltliche Aenderung der Ziff. 4 nicht beabsichtigte, und insbesondere nicht in dem Sinn zu verstehen ist, als wollte das Gesetz die Vereinbarung von weite-

1) Schicker a. a. O. Bd. I, S. 702. — 2) Landmann a. a. O. Bd. I, S. 217. Schicker a. a. O. Bd. I, S. 702. — 3) Stenogr. Ber. ü. d. Verhdl. d. RT. 1895/97 S. 3776. — 4) Dieselben S. 3800 (Aktenstück 713). — 5) Stadthagen in der 322. Sitzung des Reichstags v. 25. V. 1897. — 6) Stenogr. Ber. ü. d. Verhdl. d. RT. 1895/97 S. 6096. — 7) Stenogr. Ber. ü. d. Verhdl. d. RT. 1895/97, S. 6201. — 8) Landmann-Rohmer a. a. O. Bd. II, S. 217.

ren als den im Gesetz ausdrücklich genannten Aufhebungsgründen zulassen" [1]) [2]). Diese Ansicht dürfte wohl nicht richtig sein; vielmehr muß angenommen werden, daß die Absicht des Entwurfs (keine andere als die in § 127 b Abs. 2 und 3 angeführten Bestimmungen für die einseitige Auflösung des Lehrverhältnisses zuzulassen), durch die Einfügung der Worte „und sonstigen" bei der 3. Beratung illusorisch gemacht worden ist.

Die Voraussetzungen, unter denen eine Auflösung des Lehrvertrags zulässig ist, können also von den Kontrahenten nach Belieben festgesetzt werden [3]). Dieselbe Ansicht vertreten auch die HK., da sie Bestimmungen über den vorzeitigen Rücktritt vom Lehrvertrage in dem von ihnen aufgestellten Lehrvertrage aufgenommen haben, die über jene oben erwähnten „gesetzlichen" Voraussetzungen hinausgehen und doch die Genehmigung der Aufsichtsbehörde gefunden haben. Allerdings ist es sowohl auf Seiten des Lehrlings wie des Lehrherrn nicht zulässig, auf die gesetzlichen Rücktrittsrechte in den §§ 127 b Abs. 2 und 3 und 127 e wegen der öffentlich-rechtlichen Bedeutung ihrer Festsetzung zu verzichten [4]).

d) Vorschriften über den Abschluß des Lehrvertrages.

α) Unterschrift desselben.

Neben der Schriftlichkeit und den Normativbestimmungen für den Inhalt des Lehrvertrages verlangt die GO. § 127 Abs. 2 als weitere Formvorschrift, daß der Lehrvertrag von dem Gewerbetreibenden oder seinem Stellvertreter [5]), dem Lehrling und seinem gesetzlichen Stellvertreter [5]) zu unterschreiben und in einem Exemplar

1) Nelken: Handwerkergesetz a. a. O. S. 651 f.

2) Landmann-Rohmer a. a. O. Bd. II. S. 217.

3) Schicker a. a. O. Bd. I, S. 702.

4) Urt. d. RG. i. C.S. v. 5. XII, 82, Reger Bd. III, S. 375. Urt. d. RG. v. 16. X. 96, Reger Bd. XVII, S. 388.

5) Die GO. enthält keine Definition des Begriffs gewerblicher Stellvertreter. Im allgemeinen Rechtsleben ist als Stellvertreter derjenige zu betrachten, welcher Geschäfte, die einen Dritten angehen sollen, für diesen abzuschließen hat, der also befugt ist im Namen und für Rechnung des Dritten Rechtsgeschäfte einzugehen. Nelken: Gewerberecht a. a. O. S. 191. Die Stellvertretung im Gewerbebetrieb unterscheidet sich juristisch von anderen Vertretungsarten nur dadurch, daß sie in der Gewerbeordnung eine positivrechtliche Regelung gefunden hat. Kaehler a. a. O. S. 3 (§§ 45, 46, 47, 87 a, 151 GO.). Nach Kaehler ist Stellvertreter im Gewerbe der

dem gesetzlichen Vertreter des Lehrlings auszuhändigen ist, um dem Kontrahenten jederzeit die im Lehrvertrag eingegangenen Verpflichtungen vor Augen zu führen. Fehlt eine dieser Unterschriften, so entspricht der Vertrag nicht den gesetzlichen Anforderungen, und Ansprüche aus demselben können nicht geltend gemacht werden [1] [2]). Dies ist auch die Ansicht des preußischen OVG. in einem Urteil vom 2. Juni 1902 [3]), wonach ein entlaufener Lehrling nicht zur Rückkehr in die Lehre angehalten werden konnte, weil, mangels Unterschrift des Lehrlings, ein schriftlicher Lehrvertrag im Sinne des § 127 d nicht vorlag [4]).

Der gesetzliche Vertreter, sei es der Vater, die Mutter (§ 1684 BGB.) oder Vormund, sollen durch ihre Unterschrift nicht ohne weiteres für dessen Erfüllung haften, sondern sie sollen, wenn aus dem Lehrvertrag ihre Haftung nicht hervorgeht, nur kraft ihrer Autorität den Lehrling anhalten, die übernommenen Pflichten zu erfüllen [5]) [6]).

β) Einreichen des Lehrvertrags an die Ortspolizeibehörde bezw. Innung.

Als weitere Formvorschrift ist der 2. Satz des § 126 b Abs. 2 zu betrachten, wonach der Lehrherr verpflichtet ist, den Lehrvertrag der Ortspolizeibehörde auf Erfordern einzureichen (er erhält ihn also zurück). Die Vorschrift dient als Kontrolle, die die schriftliche Abfassung des Lehrvertrages sicherstellen soll, wenn dieselbe bisher unterlassen sein sollte.

In Handwerksbetrieben treten an Stelle der Ortspolizeibehörde die Innungen, wenn der Lehrherr einer Innung angehört [7]);

---

jenige „welcher an Stelle des selbständigen Gewerbetreibenden in dessen Namen und auf dessen Rechnung, jedoch unter eigener strafrechtlicher Verantwortlichkeit dessen Gewerbebetrieb oder einen selbständigen Teil desselben ausübt". Kaehler a. a. O. S. 15. Die Tätigkeit ist also von derjenigen des Gehilfen rechtlich grundverschieden und der Stellvertreter ersetzt die Tätigkeit des Unternehmers. Die Besorgung des technischen Betriebes, die Anordnung der inneren Regelung und Verteilung der gewerblichen Arbeit insbesondere auch die Befugnis Arbeiter zu entlassen gehört noch nicht zum Begriff des Stellvertreters. Derselbe a. a. O. S. 16. — 1) Landmann-Rohmer a. a. O. Bd. II, S. 217 f. — 2) A. M. Nelken Handwerkergesetz a. a. O. S. 652. — 3) Reger Bd. XXIII, S. 51. — 4) Vergl. Entsch. d. OLG. Breslau v. 7. III. 01 in Gewerbegericht, VII. Jahrgang, Sp. 14 und in Rohrscheidts Gewerbearchiv Bd. I, S. 550. — 5) Landmann-Rohmer a. a. O. Bd. II, S. 218. — 6) Nelken: Handwerkergesetz a. a. O. S. 653. — 7) Neukamp a. a. O. S. 229.

jedoch mit dem Unterschiede, daß derselbe verpflichtet ist, eine Abschrift des Lehrvertrages binnen 14 Tagen einzureichen, wozu er erforderlichenfalls durch Ungehorsamsstrafen von der Ortspolizeibehörde angehalten werden kann (§ 129 b Abs. 1). Landmann[1]) und Schicker[2]) sind der Ansicht, daß der Lehrherr den Lehrvertrag auf Erfordern auch noch der Ortspolizeibehörde einzureichen habe. Dieser Ansicht dürften jedoch die Motive entgegenstehen. Nach der Begründung des § 126 c des Entwurfs soll der Polizeibehörde das Recht, die Einreichung des Lehrvertrages zu verlangen, eingeräumt werden, „um die Kontrolle des Lehrverhältnisses zu erleichtern" [3]). Die Begründung des § 129 b sagt nun ganz deutlich: „Da bei denjenigen Gewerbetreibenden, welche einer Innung angehören, nach § 83 Abs. 2 Ziff. 10 die Aufsicht über das Lehrlingswesen den Innungen zufällt, so wird diesen an Stelle der Ortspolizeibehörde (§ 126 c Abs. 2) der Lehrvertrag einzureichen sein" [4]). Hieraus geht hervor, daß das Kontrollrecht der Innungen „an Stelle" der Ortspolizeibehörde verliehen ist.

Da es „bei den jetzigen Innungen vielfach Brauch ist, den Lehrvertrag vor der Innung abzuschließen, und sich dies durchaus bewährt hat" [5]), so ist im § 129 b Abs. 1 vorgesehen, daß die Innungen bestimmen können, daß der Abschluß des Lehrvertrages vor der Innung erfolgen soll. In diesem Falle ist dem Lehrherrn und dem Vater oder Vormunde des Lehrlings eine Abschrift des Lehrvertrages einzuhändigen". Diese Bestimmung findet sich schon als obligatorische Vorschrift in den Entwürfen zur GO. von 1868 und 1869 (§ 129), wurde aber vom Reichstag als überflüssig abgelehnt, da die Innungsstatuten diesen Fall selbst regeln würden [6]). Die Innungen haben sich aber, wenn die HK. andere Vorschriften über Form und Inhalt des Lehrvertrages erlassen haben, nach § 103 f. GO. den Anordnungen der HK. zu fügen und sich den besonderen Normen der HK. zu unterwerfen.

Von dem ihnen nach § 103 e Abs. 1 Ziff. 1 zustehenden Recht der näheren Regelung des Lehrlingswesens haben alle HK. Ge-

---

1) Landmann-Rohmer a. a. O. Bd. II, S. 246. — 2) Schicker a. a. O. Bd. I, S. 738. — 3) Stenogr. Ber. ü. d. Verhdl. d. RT. 1895/97, S. 3800, Aktenstück 713. — 4) Dieselben S. 3802. — 5) Dieselben S. 3802. — 6) Dieselben 1869, Bd. I, S. 623.

brauch gemacht, worauf an entsprechender Stelle zurückzukommen sein wird.

γ) Gebühren beim Abschluß des Lehrvertrages.

Ist der Lehrvertrag auch stempel- und kostenfrei (§ 126 b Abs. 4), so dürfen für die Aufnahme und Entlassung der Lehrlinge Gebühren erhoben werden. Diese Möglichkeit hat erst die Novelle von 1878 geschaffen, nachdem der § 125 GO. von 1869 ausdrücklich vorschrieb, daß für die Aufnahme und Entlassung der Lehrlinge Gebühren nicht erhoben werden dürften. Man ging bei der Aenderung dieser Bestimmung im Jahre 1878 davon aus, daß, wenn eine Korporation oder ein Verein Einrichtungen trifft, wonach die Lehrlinge der Mitglieder unter besonderen Formen und Bezeugungen in das Lehrverhältnis eingeführt werden, es im öffentlichen Interesse keine Bedenken erregen könne, wenn für die Kosten einer solchen, nicht auf gesetzlicher sondern auf Parteiübereinkunft beruhenden Einrichtungen Beiträge erhoben werden [1]). Man hat infolgedessen den Innungen im § 88 Abs. 3 und den HK. im § 103 n Abs. 1 in Verbindung mit § 88 Abs. 3 GO. das Recht verliehen, für die Benutzung der von ihnen getroffenen Einrichtungen Gebühren zu erheben. Tatsächlich werden diese Gebühren auch erhoben für das Ein- und Ausschreiben der Lehrlinge in die Lehrlingsrolle der Kammer. Eine Lehrlingsrolle bezweckt, eine Uebersicht über die Verteilung sämtlicher Handwerkslehrlinge und eine Kontrolle über ordnungsmäßiges Abschließen der Lehrverträge, sowie Einhalten der vorgeschriebenen Lehrzeit zu haben.

Es ist nun die Frage, ob unter Benutzung von Einrichtungen auch das Einschreiben in die Lehrlingsrolle zu verstehen ist, ob die HK. also Gebühren erheben dürfen oder nicht. Zweifellos gehören hierhin Fachschulen, Herbergen, Arbeitsnachweise usw.; hier sind Gebühren auch gerechtfertigt, da dem Betreffenden eine Gegenleistung prästiert wird. Dies ist jedoch bei dem Ein- und Ausschreiben des Lehrlings, wodurch derselbe keine Gegenleistung erhält, sondern nur besser kontrolliert werden kann, nicht der Fall und gesetzlich nicht zulässig. Da aber die Aufsichtsbehörde diesbezüglichen Maßnahmen der HK. ihre Genehmigung erteilt hat, sei kurz darauf eingegangen.

Unter Berücksichtigung, daß dem Verfasser von 71 Kammern

1) Stenogr. Ber. ü. d. Verhdl. d. RT. 1878 Bd. III, S. 507, Aktenstück 41.

59 [1]) auf eine diesbezügliche Anfrage geantwortet haben, sind es nur 19 Kammern [2]), die von der Befugnis keinen Gebrauch gemacht haben. In der ersten Zeit des Bestehens der HK. war diese Gebühr eine unverhältnismäßig hohe, so daß sich der preußische Handelsminister in einem Erlaß vom 26. Januar 1902 [3]) veranlaßt sah, zu bestimmen, daß dieselbe von 5 Mark auf 1,50 Mark zu ermäßigen sei und mit der Ausschreibegebühr zusammen nicht mehr als 3 Mk. betragen dürfe. Dies hat zur Folge, daß bei den preußischen Kammern entweder gar keine Gebühr oder nur eine solche von 3 Mk. [4]) erhoben wird. Eine niedrigere Gebühr dagegen erheben Meiningen (1 Mk.), Danzig (1,50 Mk.), Kaiserslautern, Münster, Regensburg (2 Mk.). Eine höhere Braunschweig (4 Mk.), Greiz, Detmold (5 Mk.) und Schwerin (10 Mk.). 3—5 oder gar 10 Mk. für das Ausschreiben der Lehrlinge dürfte als eine Ausbeutung der Lehrlinge, die in den meisten Fällen diese Gebühr bezahlen müssen, betrachtet werden; dieselbe steht nicht im Einklang mit der Gegenleistung und den verursachten Kosten, handelt es sich doch nur um Formulare und Schreibutensilien.

1) Auf die Anfrage, ob Einschreibgebühren erhoben werden, haben geantwortet:

Aachen, Altona, Arnsberg, Arnstadt, Augsburg, Berlin, Bielefeld, Bremen, Breslau, Braunschweig, Bromberg, Cassel, Chemnitz, Coblenz, Cöln, Danzig, Darmstadt, Dessau, Detmold, Dortmund, Dresden, Düsseldorf, Erfurt, Flensburg, Frankfurt a. O., Freiburg, Gotha, Greiz, Hamburg, Heilbronn, Insterburg, Kaiserslautern, Karlsruhe, Königsberg, Konstanz, Leipzig, Liegnitz, Magdeburg, Mannheim, Meiningen, München, Münster, Oldenburg, Osnabrück, Oppeln, Plauen, Posen, Regensburg, Reutlingen, Saarbrücken, Schwerin, Sigmaringen, Stralsund, Stuttgart, Ulm, Weimar, Wiesbaden, Würzburg, Zittau.

2) Keine Einschreibegebühr erheben die Handwerkskammern:

Augsburg, Bremen, Darmstadt, Dessau, Freiburg, Hamburg, Heilbronn, Konstanz, Leipzig, Mannheim, München, Reutlingen, Saarbrücken, Sigmaringen, Stuttgart, Ulm, Wiesbaden, Würzburg.

3) Preuß. Min.Bl. 1902.

4) Eine Einschreibegebühr von 3 Mark erheben die Handwerkskammern:

Aachen, Altona, Arnsberg, Arnstadt, Bielefeld, Berlin, Breslau, Bromberg, Cassel, Chemnitz, Coblenz, Cöln, Dortmund, Dresden, Düsseldorf, Erfurt, Flensburg, Frankfurt a. O., Gotha, Insterburg, Karlsruhe, Königsberg, Liegnitz, Magdeburg, Oldenburg, Oppeln, Osnabrück, Plauen, Posen, Stralsund, Weimar, Zittau.

e) Ausnahme-Vorschriften.

α) Bei staatlich anerkannten Lehrwerkstätten.

Alle diese vorerwähnten Bestimmungen über den Lehrvertrag (§ 126 b GO.) sollen auf die Lehrlinge in staatlich anerkannten Lehrwerkstätten keine Anwendung finden (§ 126 b Abs. 3), „weil solche Anstalten mehr oder weniger den Charakter der Fachschule tragen und die dadurch bedingte Veränderung des Lehrverhältnisses berücksichtigt werden muß. Darunter sind sowohl die vom Staate eingerichteten und unterstützten Lehrwerkstätten zu verstehen, bei denen die staatliche Anerkennung in der Einrichtung oder Zuwendung von Geldmitteln zum Ausdruck kommt, als auch die von Personen, Vereinen und Körperschaften eingerichteten Werkstätten, hinsichtlich derer die Landeszentralbehörden diese Anerkennung ausdrücklich aussprechen" [1]). Nach Abs. 3 soll aber diese Ausnahme nur für die staatlich anerkannten Lehrwerkstätten gelten.

Soweit es sich um Institute zum Ersatz der Werkstattlehre beim Meister handelt, ist diese Bestimmung wohl zu rechtfertigen, dagegen wohl keineswegs bei den sogen. Lehrlingswerkstätten in Baden und Württemberg, die nach § 37 der bad. Anw. vom 4. April 1898 [2]) bezw. nach der Bekanntm. der Zentralstelle für Gewerbe und Handel vom 5. März 1898 [3]) ebenfalls zu den staatlich anerkannten Lehrwerkstätten gehören. Hierbei läßt sich diese Ausnahme nicht rechtfertigen, da es sich nicht um fachschulähnliche Institute, sondern um Handwerksbetriebe handelt, die nur der Aufsicht und Kontrolle des Staates unterstellt sind.

β) Bei Lehrverhältnis zwischen Vater und Sohn.

Das Gleiche wie für die Lehrwerkstätten gilt für Lehrverhältnisse zwischen Eltern und Kinder, falls der Handwerkskammer das Bestehen des Lehrverhältnisses, der Tag seines Beginns, das Gewerbe oder der Zweig der gewerblichen Tätigkeit, in welchem die Ausbildung erfolgen soll, und die Dauer der Lehrzeit schriftlich angezeigt wird (§ 126 b Abs. 3).

Dieser Satz verdankt der Novelle von 1908 seine Entstehung. Wenn er auch noch nicht befriedigt, so bedeutet er doch einen gro-

---

1) Stenogr. Ber. ü. d. Verhdl. d. RT. 1895/97. Anl. Bd. VI, S. 3800 f. Aktenstück 713. — 2) Bad. Ges.Verordn.Bl. 1898 S. 237. — 3) Gewerbeblatt aus Württemberg 1898 S. 74, 1899 S. 201 ff.

ßen Fortschritt gegen früher, wo verschiedene Handwerkskammern schriftliche Lehrverträge zwischen Vater und Sohn verlangten und sich hierbei auf ein Urteil des OLG. Naumburg vom 15. Novbr. 1902 [1]) stützten, während doch bei der Stellung zwischen Vater und Sohn das auf der väterlichen Autorität beruhende Verhältnis ein Vertragsverhältnis mit gegenseitigen Rechten und Pflichten wie das Lehrverhältnis nicht aufkommen läßt. Der Entwurf der Novelle von 1908 zog auch die Konsequenzen hieraus und entzog diesen Fall ganz der GO. Der Reichstag nahm jedoch eine vermittelnde Stellung ein und fügte obigen Satz dem § 126 b Abs. 3 an. Maßgebend war hierbei der Umstand, daß bei dem Herausheben des Haussohnes aus der Sphäre der GO. dieser sehr geschädigt sein könne, wenn er einen Nachweis über die Dauer seiner Lehrzeit, beispielsweise bei der Gesellenprüfung nach dem Tode des Vaters beibringen müsse; aus diesem Grunde hielt man eine Anzeige bei der Handwerkskammer für genügend. Man übersah aber hierbei, daß der § 126 b auch für Nichthandwerker gilt, die also hier der Aufsicht der Handwerkskammer unterstehen und gemäß § 150 Abs. 1 Ziff. 4 a bestraft werden können, wenn sie die Anzeige unterlassen.

5. Die Pflichten des Lehrherrn und des Lehrlings.

a) Allgemeines.

Eine Regelung der Rechte und Pflichten des Lehrherrn und des Lehrlings, wie sie heute in der GO. festgesetzt sind, war schon, wenn auch nicht so ausgedehnt, in der GO. von 1869 vorhanden. Der § 127 der Novelle von 1897 ist aus dem § 118, der § 127 a aus dem § 119 und der § 127 c aus dem § 124 der GO. von 1869 hervorgegangen. Die Rechte und Pflichten des Lehrherrn und des Lehrlings ergeben sich eigentlich von selbst aus dem Wesen des Lehrverhältnisses, der wirtschaftlichen Form des Arbeitsvertrages, verbunden mit einem pädagogisch-sittlichen Verhältnisse. Wenn das Gesetz diese Pflichten noch besonders festzusetzen für wichtig und notwendig gehalten hat, so ist dies auf die Wichtigkeit des Lehrverhältnisses als Grundlage für die körperliche, sittliche und geistige Ausbildung eines großen Teils späterer Staatsbürger und auf die außerordentlich große Bedeutung dieses Verhältnisses für die zu-

1) Reger Bd. XXIII, S. 413. Deutsche Juristenzeitung 1903 S. 60.

künftige Produktionskraft und Entwicklungsfähigkeit des Volkes zurückzuführen. Es handelt sich hier um ein öffentlich-rechtliches Interesse. Aus dem Grunde läßt sich neben dem Schutz des wirtschaftlich Schwächeren die, wenn auch minimale Fürsorge der GO. von 1869 für die Lehrlinge erklären.

b) Die Pflichten des Lehrherrn.

„Lehrherr ist der Gewerbetreibende, welcher einen gewerblichen Arbeiter in die Lehre nimmt, um ihn in den Arbeiten seines Gewerbes zu unterweisen oder unterweisen zu lassen“ [1]).

Der gewerbliche Stellvertreter [2]) (§§ 45, 151 GO.), dem zugleich die Ueberwachung, Beschäftigung und Unterweisung des Geschäftslehrlings obliegt, hat alle gesetzlichen Pflichten und Befugnisse des Lehrherrn. So auch das Recht der väterlichen Zucht [3]).

Die Stellung des Lehrherrn gegenüber dem Lehrling muß als die eines Lehrers zum Schüler gekennzeichnet werden [4]), da es sich bei dem Lehrverhältnis „nicht bloß um eine gelegentliche, vorübergehende Unterweisung handelt, sondern ein Verhältnis ins Leben tritt, welches vermöge des dabei angestrebten Zieles und der dadurch bedingten Dauer, sowie nach dem Gegenstande des Unterrichts geeignet ist, eine geistige und sittliche Unterordnung des letzteren unter den ersteren zu begründen“ [5]). Als Erzieher ist der Lehrherr nur dann zu betrachten, wenn er die gesamte Tätigkeit und Lebensführung des Lehrlings zu überwachen hat. Es genügt nicht, wenn der Lehrling in die Hausgemeinschaft des Lehrherrn aufgenommen ist, da sie auch aus anderen wirtschaftlichen Rücksichten erfolgen kann, „die beim Gesinde und vielfach auch bei gewerblichen Gehilfen die gleiche Einrichtung hervorgerufen haben“ [6]).

Der § 118 der GO. von 1869 schrieb dem Lehrherrn nur vor, sich „angelegen“ sein zu lassen, den Lehrling durch Beschäftigung und Anweisung zum tüchtigen Gesellen auszubilden.

---

1) Landmann-Rohmer a. a. O. Bd. II, S. 220. — 2) Siehe Anmerkung Nr. 5, S. 64. — 3) Erk. d. preuß. OTr. v. 15. XII. 75. (Oppenhoff Rechtspr. Bd. 16, S. 799. Goldammer Bd. XXIII, S. 568.) — 4) Urt. d. RG. i. StrS. vom 2. III. 99, (Reger Bd. 19, S. 405). — 5) Urt. d. RG. i. StrS. v. 29. III. 95. In Entsch. d. RG. i. StrS. Bd. XXVII, S. 133; v. 21. III. 99, Bd, XXXII, S. 60. — 6) Urteil d. RG. i. StrS. v. 2. III. 1899 in Entsch. d. RG. in StrS. Bd. 32, S. 60; auch bei Reger Bd. XIX, S. 405.

In den 70er Jahren machte sich aber ein Bedürfnis nach einer näheren Bezeichnung der Pflichten des Lehrherrn bemerkbar und die im Jahre 1877 dem Reichstage eingereichten Anträge auf Abänderung der GO. verlangten alle gesetzliche Bestimmungen über die gewerblichen Verrichtungen, in welchen der Lehrling zu unterweisen sei[1]). Unter Berücksichtigung dieser Anträge wurde dem Lehrherrn im § 126 der Novelle von 78 die Pflicht auferlegt: den Lehrling mit den in seinem Betriebe vorkommenden Arbeiten des Gewerbes in der durch den Zweck der Ausbildung gebotenen Reihenfolge und Ausdehnung zu unterweisen. Er mußte entweder selbst oder durch einen geeigneten ausdrücklich dazu bestimmten Vertreter die Ausbildung des Lehrlings leiten[2]). Diese Erweiterung schien geboten wegen „der geringen Sorgfalt, welche erfahrungsgemäß die Arbeitgeber bei Erfüllung ihrer Aufgaben den Lehrlingen gegenüber in neuerer Zeit vielfach gezeigt haben".

Dieser § 126 der Novelle von 1878 entspricht dem § 127 der Novelle von 1897. Der § 127 weist insofern eine Aenderung auf, als er die Pflichten des Lehrherrn erweitert, indem derselbe den Lehrling zum Besuche der Fortbildungs- oder Fachschule anzuhalten, den Besuch zu überwachen und ihn vor Mißhandlungen der Arbeits- und Hausgenossen zu schützen hat. Als Absatz 2 Satz 2 ist weiterhin die Bestimmung aufgenommen, daß Lehrlinge, welche im Hause des Lehrherrn weder Kost noch Wohnung erhalten, zu Dienstleistungen nicht herangezogen werden dürfen, sodaß der § 127 nunmehr lautet: „Der Lehrherr ist verpflichtet, den Lehrling in den bei seinem Betriebe vorkommenden Arbeiten des Gewerbes dem Zwecke der Ausbildung entsprechend zu unterweisen, ihn zum Besuche der Fortbildungs- oder Fachschule anzuhalten und den Schulbesuch zu überwachen. Er muß entweder selbst oder durch einen geeigneten, ausdrücklich dazu bestimmten Vertreter die Ausbildung des Lehrlings leiten, den Lehrling zur Arbeitsamkeit und zu guten Sitten anhalten und vor Ausschweifungen bewahren, er hat ihn gegen Mißhandlungen seitens der Arbeits- und Hausgenossen zu schützen und dafür Sorge zu tragen, daß dem Lehrling nicht Ar-

1) Antrag von Seydewitz u. Gen.; Frietzsche, Bebel u. Gen.; Resolution Hirsch u. Gen. in den Stenogr. Ber. ü. d. Verhdl. RT, 1877, Aktenstück 23, 92, 107. — 2) Stenogr. Ber. ü. d. Verhdl. d. RT. 1878, Bd. III, S. 498, Aktenstück 41.

beitsverrichtungen zugewiesen werden, welche seinen körperlichen Kräften nicht angemessen sind."

„Er darf dem Lehrlinge die zu seiner Ausbildung und zum Besuche des Gottesdienstes an Sonn- und Festtagen erforderliche Zeit nicht entziehen. Zu häuslichen Dienstleistungen dürfen Lehrlinge, welche im Hause des Lehrherrn weder Kost noch Wohnung erhalten, nicht herangezogen werden."

1. Die erste Pflicht, die der Unterweisung in allen Arbeiten des Betriebes, entsprechend dem Gange der Ausbildung, braucht nur eine praktische, keine theoretische zu sein [1]).

2. Der Lehrherr hat die Pflicht, den Lehrling zum Besuche der Fortbildungsschule anzuhalten, um den Schulbesuch zu überwachen. Diese Vorschrift geht weiter, als der bisher in Betracht kommende § 120 GO., wonach die Gewerbetreibenden lediglich verpflichtet sind, „ihren Arbeitern unter 18 Jahren, welche eine von der Gemeindebehörde oder vom Staate als Fortbildungsschule anerkannte Unterrichtsanstalt besuchen, hierzu die erforderlichenfalls von der zuständigen Behörde festzusetzende Zeit zu gewähren", wenn sie nicht auf Grund des § 150 Abs. 4 Ziffer 4 GO. bestraft werden wollen. Es ist bei der Pflicht des Lehrherrn, den Lehrling „anzuhalten", gleichgültig, ob der Besuch der Fortbildungsschule obligatorisch ist oder nicht [2]). Hält der Lehrherr den Lehrling zum Besuche der Fortbildungs- oder Fachschule an und der Lehrling besucht die Schule doch nicht, so kann der Lehrherr nach § 127 b Abs. 2 das Lehrverhältnis auflösen. Für die den Handwerkskammern unterstehenden Lehrherrn ist bei vielen Kammern denselben die Auflösung des Lehrvertrages in diesem Falle zur Pflicht gemacht. Darüber, ob der Lehrherr einen ausreichenden Grund hat, den Lehrling vom Schulbesuche zurückzuhalten, entscheidet der Schulvorstand [3]); kommt die Entscheidung aber vor den Strafrichter, so hat dieser darüber zu befinden.

In einem Urteil des OLG. Rostock vom 22. Februar 1901 wird anerkannt, daß der Lehrherr den Lehrling vom Schulbesuche

---

1) Schicker a. a. O. Bd. I, S. 704. Nelken: Handwerkergesetz a. a. O. S. 656.

2) Erkenntnis d. OLG. Posen v. 22. III. 1880 (Reger Bd. XI, S. 21). Wilhelmi a. a. O. S. 136.

3) Urt. d. OLG. Rostock v. 22. II. 01. (Reger Bd. XXII, S. 37.)

zurückhalten darf, wenn ihm bei einer einzelnen, besonders eiligen Arbeit die Hilfe des Lehrlings während der Schulstunden unentbehrlich war (dieselbe Ansicht in einem Urteil des Kammergerichts vom 3. Oktober 1889) [1]), trotzdem im Eingang des Urteils darauf hingewiesen ist, daß der Lehrherr in erster Linie im Interesse des Lehrlings für dessen Ausbildung zu sorgen hat.

3. Der Lehrherr hat selbst den Lehrling auszubilden. Will der Meister die Ausbildung des Lehrlings nicht selbst leiten, so muß er diese einem geeigneten ausdrücklich hierzu bestimmten Vertreter übertragen. „Der Meister muß daher, wenn er allgemein oder in einzelnen Fällen die Anweisung des Lehrlings einem geeigneten Gesellen überlassen will, diesen ausdrücklich hierzu bestimmen und ausdrücklich beauftragen, den Lehrling, soweit erforderlich, anzuweisen. Die Vorschrift lautet allgemein. Man darf daher weder für einfache Arbeiten noch für den Fall, daß der Meister nur einen Gesellen hält, hiervon eine Ausnahme machen" [2]). Nach dem Urteil des Reichsgerichts vom 12. Juli 1894 [3]) genügt es nicht, wenn der Lehrling einem Gesellen einfach für alle vorkommenden Arbeiten zugewiesen wird ohne ausdrücklichen Auftrag zur Unterweisung und Anweisung des Lehrlings. Der Vertreter muß außerdem die Befugnis zum Anleiten von Lehrlingen besitzen, gemäß § 126 und 126 a und, wenn es sich um die Ausbildung eines Handwerkslehrlings handelt, außerdem den Erfordernissen der §§ 129 oder 129 a genügen [4]).

4. Weiter hat der Lehrherr den Lehrling zur Arbeitsamkeit und zu guten Sitten anzuhalten und vor Ausschweifungen zu bewahren.

Diese Pflicht „greift über das eigentliche Arbeitsverhältnis hinaus" [5]), und der Lehrherr muß sich auch um das Verhalten des Lehrlings außerhalb des Betriebes kümmern [6]). Diese Pflicht begreift die Erziehungspflicht oder das Erziehungsrecht in sich und darf noch besonders aus dem § 127 a, wo der Lehrling der väterlichen Zucht unterworfen ist, gefolgert werden. In einem Erlaß

---

1) Reger Bd. XI, S. 282. — 2) Urt. d. RG. v. 12. VII. 1894 (Reger Bd. XV, S. 385). — 3) Reger Bd. XV, S. 386. — 4) Landmann-Rohmer a. a. O. Bd. II, S. 221. Schicker a. a. O. Bd. I, S. 705. Rohrscheidt a. a. O. S. 567. Nelken: Handwerkergesetz a. a. O. S. 657 f. — 5) Landmann-Rohmer a. a. O. Bd. II, S. 223. — 6) Urteil d. RG. v. 23. VI. 1902 (Reger Bd. XXIII, S. 413).

des preußischen Handelsministers vom 19. Juli 1897 [1]) ist dies besonders hervorgehoben. Die Veranlassung zu diesem Erlasse war eine Bitte der Barbier- und Friseurinnungen, den freien Wochennachmittag der in ihrem Gewerbe beschäftigten Lehrlinge wieder aufzuheben, da die jungen Leute Gefahr liefen, auf Abwege zu geraten. Die Bitte wurde unter dem Hinweis darauf abgeschlagen, daß die jungen Leute den Nachmittag nicht nach Belieben verbringen können, sondern „die Meister das Recht und die Pflicht haben, den Lehrling auch während seiner freien Zeit zu überwachen und zu einer angemessenen Verwendung seiner Mußestunden anzuhalten" [2]). Diese Pflicht des Lehrherrn, den Lehrling zu guten Sitten anzuhalten und vor Ausschweifung zu bewahren, dürfte von denjenigen Lehrherrn, die Lehrlinge nicht in ihre Hausgemeinschaft aufgenommen haben, nur schwerlich durchgeführt werden können, da es in einem Fabrikbetriebe oder auch größeren Handwerksbetriebe eine Unmöglichkeit sein kann, das Verhalten der Lehrlinge außerhalb des Betriebes so zu kontrollieren, daß man den Anforderungen des § 127 gerecht wird. Dies wird auch durch die Berichte der Gewerbeaufsichtsbeamten bestätigt; Fabrikherrn geben sich deshalb in vielen Fällen nicht mehr mit der Ausbildung von Lehrlingen ab [3]).

Bemerkt der Lehrherr „einen liederlichen Lebenswandel" des Lehrlings, so kann er, wenn sein ihm nach § 127 a zustehendes Züchtigungsrecht nicht nützt, den Lehrling nach § 127 b Abs. 2 in Verbindung mit § 123 Abs. 1 Ziffer 2 GO. entlassen [4]).

5. Der Lehrherr hat den Lehrling „gegen Mißhandlungen seitens der Arbeits- und Hausgenossen zu schützen und dafür Sorge zu tragen, daß dem Lehrlinge nicht Arbeitsverrichtungen zugewiesen werden, welche seinen körperlichen Kräften nicht angemessen sind" (§ 127 Abs. 1).

Kommen Mißhandlungen durch Gesellen vor und werden dieselben trotz der Warnung des Meisters fortgesetzt, so sind diese zu entlassen. Ist der Lehrling noch keine 18 Jahre alt, so kommen für ihn ferner die Bestimmungen des § 120 c GO. zur Anwendung, wonach der Gewerbeunternehmer „bei Einrichtung der Betriebsstätte nur bei der Regelung des Betriebes diejenigen besonderen

1) Reger Bd. XVIII, S. 35. — 2) Reger Bd. XVIII, S. 36. — 3) Jahresberichte der preuß. Gewerbeaufsichtsbeamten 1903, S. 385. — 4) Schicker a. a. O. S. 705.

Rücksichten auf Gesundheit und Sittlichkeit zu nehmen hat, welche durch das Alter dieser Arbeiter geboten ist".

Beachtet der Lehrherr diese Vorschriften nicht, so kann er nach § 148 Ziffer 9 bestraft werden und ihm evtl. die Befugnis zum Halten und Anleiten von Lehrlingen entzogen werden. Hierdurch wird jedoch die zivilrechtliche Haftung aus einer „lehrvertragswidrigen Verwendung" [1]) nicht ausgeschlossen, wie ein Urteil des bayrischen Obersten Landesgerichtes II. Zivilsenat vom 2. Januar 1901 zeigt [2]). Danach war der Lehrling eines Schlossermeisters zum Abfeuern von Böllern beauftragt und hatte infolge Zerspringens eines Böllers den Tod gefunden. Die Mutter des Lehrlings strengte hierauf eine Schadensersatzklage gegen den Lehrmeister an und das obige Gericht stellte fest, daß eine solche Verwendung des Lehrlings auf Grund des abgeschlossenen Lehrvertrages nicht zulässig sei, wenn es auch dahingestellt bleiben möge, „ob nach dem Gesetze § 127 GO. es dem Lehrherrn gestattet ist, seinen Lehrling auch zu andern als den gewerblichen Arbeiten zu verwenden". Die Vorinstanz hatte nämlich entschieden, daß die Verwendung des Lehrlings zu einer anderen als der gewerblichen Tätigkeit dem Lehrherrn nicht schlechthin verboten sei.

6. Der Lehrherr hat dem Lehrlinge die zu seiner Ausbildung und zum Besuche des Gottesdienstes an Sonn- und Festtagen erforderliche Zeit und Gelegenheit zu gewähren (§ 127 Abs. 2 Satz 1).

Das Gesetz hat auf diesen Punkt scheinbar einen größeren Wert gelegt, als auf den Besuch der Fortbildungsschule, da im § 120 Abs. 1 GO. bestimmt ist, daß der Unterricht an Sonntagen nur stattfinden darf, wenn die Unterrichtsstunden so gelegt werden, daß die Schüler nicht gehindert werden, den Hauptgottesdienst oder einen mit Genehmigung der kirchlichen Behörden für sie eingerichteten besonderen Gottesdienst ihrer Konfession zu besuchen. Welche Konsequenzen hieraus entstehen, zeigt die Tatsache, daß an vielen religiös gemischten Orten der Sonntagmorgen von 8 Uhr ab für den Fortbildungsschulunterricht verloren ist, weil z. B. der katholische Hauptgottesdienst zwischen 8 und 10 Uhr, der protestantische zwischen 10 und 12 Uhr stattfindet. Andererseits muß der Fortbildungsschulunterricht bei einer Verlegung des Hauptgottesdienstes auch verlegt werden, ge-

1) Landmann-Rohmer a. a. O. Bd. II, S. 222.

2) Reger Bd. 21, S. 236.

mäß obiger Bestimmung des § 120 Abs. 1, was einer Unterordnung der Schulbehörden unter die kirchlichen Behörden gleichkommt und sicherlich nicht in der Absicht des Gesetzgebers gelegen hat [1]). Da der Lehrling auch dem § 120 untersteht, wenn er noch nicht 18 Jahre alt ist und die Fortbildungsschule besucht, so gilt das auch für ihn, und nur wenn er über 18 Jahre alt ist, kann der Lehrherr ihm eine andere Zeit zum Besuche des Gottesdienstes als die zum Hauptgottesdienste gewähren [2]).

Die Pflicht des Lehrherrn, Lehrlinge, welche im Hause des Lehrherrn weder Kost noch Wohnung erhalten, nicht zur häuslichen Dienstleistung heranzuziehen (§ 127 Abs. 2), ist in dieser Fassung neu. Vor 1897 bestimmte das Gesetz nur, daß der Lehrherr „dem Lehrling die zu seiner Ausbildung und zum Besuche des Gottesdienstes an Sonn- und Festtagen erforderliche Zeit und Gelegenheit durch Verwendung zu anderen Dienstleistungen“ nicht entziehen darf (§ 126 GO. in der Fassung von 1883).

Während also früher eine Beschäftigung der Lehrlinge mit häuslichen Arbeiten möglich war, die Motive zur Novelle von 1878 sogar ausdrücklich bemerken, daß eine solche Beschäftigung „keinen Gegenstand zur Beunruhigung bilden könne“, sondern wo sie überhaupt noch vorkomme „für die gesamte Erziehung des Lehrlings nicht ohne Wert“ sei [3]), ist dies jetzt für nicht beim Meister wohnende Lehrlinge ausgeschlossen. Die beim Meister wohnenden Lehrlinge können zu häuslicher Arbeit noch herangezogen werden unter dem Hinweis darauf, „daß eine solche Verwendung von Lehrlingen, die im Hause des Lehrherrn Kost oder Wohnung empfangen und dadurch zu Gliedern der Familie des Meisters gehören, sich insofern rechtfertigen lasse, als dadurch nicht, was übrigens schon nach der jetzigen Fassung des Gesetzes verboten ist, die Ausbildung des Lehrlings gefährdet wird. Darüber hinaus fehlt es an einem ausreichenden Grunde, den Lehrling auch zur Besorgung häuslicher Geschäfte dem Lehrherrn zur Verfügung zu stellen. Sollte die vorgeschlagene Bestimmung den Erfolg haben, daß die frühere Sitte, den Lehrling in das Haus des Lehrherrn aufzunehmen, wieder zur Regel würde, so wäre dies im Interesse des Lehrlingswesens nur mit Freuden zu begrüßen [4]).

1) Landmann-Rohmer a. a. O. Bd. II. S. 146. — 2) Schicker Bd. I, S. 705. — 3) Stenogr. Ber. ü. d. Verhdl. d. RT. 1878, S. 507. — 4) Dieselben 1895/97, Anl. Bd. VI. S. 3801.

Da der § 127 Abs. 2 nur von „häuslichen" Dienstleistungen spricht, muß angenommen werden, daß der Lehrherr den Lehrling mit mechanischen Arbeiten und Diensten beauftragen kann, die nicht unmittelbar in den zu erlernenden Gewerbebetrieb fallen, denn „das Arbeitsverhältnis, in welchem der Lehrling als solcher steht, macht seine ganze Arbeitskraft dem Lehrherrn dienstbar und erschöpft sich keineswegs vollständig in den Arbeiten, welche zum Zwecke der Ausbildung im Gewerbe dienen, wenn schon immer festgehalten werden muß, daß das Lehrverhältnis hauptsächlich zur gewerblichen Ausbildung bestimmt ist" [1]). Man wird dies keineswegs verurteilen können, da es für den Lehrling gesundheitlich von großem Nutzen sein kann, hin und wieder mit anderen Dienstleistungen beschäftigt zu werden. Für einen Lehrling, der z. B. den ganzen Tag sitzt oder in einer Werkstätte arbeitet, wo sich Rauch und Dünste bilden, wird es eine Erholung sein, ab und zu Geschäftsbesorgungen machen zu müssen.

7. Der § 127 c verlangt ferner, daß bei Beendigung des Lehrverhältnisses der Lehrherr dem Lehrling unter Angabe des Gewerbes, in welchem der Lehrling unterwiesen worden ist, über die Dauer der Lehrzeit und die während derselben erworbenen Kenntnisse und Fertigkeiten, sowie über sein Betragen ein Zeugnis auszustellen hat, welches von der Gemeindebehörde kosten- und stempelfrei zu beglaubigen ist. Dieser Abs. 1 des § 127 c ist aus dem § 129 der Novelle von 1878 und dieser aus dem § 128 der GO. 1869 hervorgegangen. Dieser § 128 der GO. von 1869 sah auch schon ein Lehrzeugnis nach der Auflösung des Lehrverhältnisses vor. Jedoch brauchte der Lehrherr dasselbe nur auf Verlangen des Lehrlings auszustellen.

Um dem Lehrzeugnis jedoch eine größere Bedeutung beizulegen, beantragten mehrere Mitglieder des Reichstages, daß jeder Arbeitgeber, der einen jugendlichen Arbeiter unter 18 Jahren beschäftigen wolle, sich von diesem, falls er bereits in einem Lehr- oder Arbeitsverhältnis gestanden habe, das obrigkeitlich beglaubigte Lehr- bezw. Arbeitszeugnis vorlegen zu lassen, und dasselbe bis zur Beendigung des Lehr- und Arbeitsverhältnisses

---

1) Erkenntnis des Reichsgerichts vom 11. II. 81. Reger Bd. II, S. 23. Erkenntnis des Oberlandesgerichts Dresden vom 21. V. 1900. Reger Bd. XXI, S. 346.

in Verwahrung zu nehmen habe. Durch diesen Antrag hofften sie dem Vertragsbruch der Lehrlinge und jugendlichen Arbeiter überhaupt steuern zu können [1]).

Auch der Verein für Sozialpolitik beschäftigte sich in seiner Generalversammlung im Jahre 1875 mit dieser Frage und nahm einen Antrag Fehlisch-Blödner an, wonach es der Vorschrift bedarf, „daß nach Erfüllung der Lehre dem Lehrling ein Lehrzeugnis (Lehrbrief) gegeben wird, in welchem demselben die Fähigkeit, als Geselle zu arbeiten, bezeugt und beglaubigt wird" [2]). Im Namen der Antragsteller wies Fehlisch darauf hin, daß durch einen solchen Lehrbrief das Ehrgefühl und der Ehrgeiz des Lehrlings angespornt werde [3]).

In den „Erhebungen" 1875 spielte das Lehrzeugnis ebenfalls eine große Rolle. Während bei den Innungen der Brauch, Lehrbriefe auszustellen, fast noch überall anzutreffen war, fand sich diese Sitte außerhalb der Innungen fast nirgends. In Ost- und Westpreußen, Pommern, Westfalen, Bayern, Sachsen, Württemberg, Anhalt, Braunschweig, Schwerin, Hansestädte dagegen war das Lehrzeugnis auch bei den nicht zur Innung gehörenden Meistern sehr häufig.

Fast einstimmig trat jedoch der Wunsch nach der allgemeinen gesetzlichen Einführung von Lehrzeugnissen zu Tage. Vielfach in Verbindung mit der Lehrlingsprüfung (Württemberg und mitteldeutsche Staatengruppe) [4]).

Doch fehlte es auch nicht an Gegnern des Lehrzeugnisses (Meiningen, Weimar, Braunschweig, Hansestädte), welche die Durchführbarkeit gesetzlicher Bestimmungen bezweifelten und die Zeugnisse wegen Unzuverlässigkeit für wertlos hielten [5]).

Infolge dieses fast einstimmigen Verlangens war die Forderung des obligatorischen Lehrzeugnisses auch in die mehrfach erwähnten Anträge von Seydewitz und Gen. [6]) und Rickert, Dr. Wehrenpfennig und Gen. aufgenommen [7]). Trotz alledem waren in dem Entwurfe der Novelle von 1878 Bestimmungen über das Lehrzeugnis nicht vorgesehen. Die Kommission fügte

1) Hirths Annalen a. a. O. 1875 S. 790. — 2) Verhdl. d. Vereins f. S. Bd. XI, S. 185. — 3) Dieselben Bd. XI, S. 151. — 4) Erhebungen 1875 a. a. O. S. 43. — 5) Dieselben S. 43 f. — 6) Stenogr. Ber. ü. d. Verhdl. d. RT. 1877, S. 185, Aktenstück 23. — 7) Dieselben S. 277, Aktenstück 77.

jedoch einen § 127 a ein, der in seinem ersten Abs. dem § 127 c der Novelle von 1897 entspricht [1]) und auch vom Reichstag angenommen wurde [2]).

Der Lehrherr ist also abweichend vom § 129 GO. 1869 verpflichtet, dem Lehrling ein Zeugnis auszustellen, auch wenn dieser dasselbe nicht verlangt, da die Kommission bei Beratung der Novelle von 1878 davon ausging, daß es zweckmäßiger sei, es nicht in die Willkür des Lehrlings, der noch ein unreifes Urteil habe, zu stellen, ob er ein Lehrzeugnis haben wolle oder nicht [3]); der Lehrling hat heute einen zivilrechtlichen Anspruch auf Ausstellung des Zeugnisses [4]). Das Lehrzeugnis kann auch von dem Stellvertreter des Lehrherrn, nicht aber von dem Werkmeister oder Gesellen, dem die Anleitung des Lehrlings übertragen ist, ausgestellt werden [5]).

Die Beglaubigung des Zeugnisses, die von der Gemeindebehörde kosten- und stempelfrei zu geschehen hat, kann sich natürlich nur auf eine Beglaubigung der Unterschrift erstrecken, da der Inhalt namentlich in großen Städten von der Behörde nicht geprüft werden kann. Nur wenn die Angaben zweifellos unrichtig sind, wird sie die Beglaubigung verweigern können.

Darüber, ob das Zeugnis bei jeder Beendigung oder nur bei rechtmäßiger Beendigung auszustellen ist, sind die Ansichten geteilt. Während Landmann [6]), Hoffmann [7]), Schicker [8]), Wilhelmi [9]), Schenkel [10]) und Nelken [11]) nur bei einer rechtmäßigen Beendigung des Lehrvertrages eine Pflicht des Lehrherrn zur Ausstellung des Lehrzeugnisses anerkennen wollen, stellt sich Neukamp [12]) auf den Standpunkt, daß eine Pflicht des Lehrherrn bei jeder Beendigung des Lehrverhältnisses vorhanden sei.

Dieser letzteren Auffassung von Neukamp kann man sich anschließen. Jener Paragraph, der erst durch die Kommissionsberatung der Novelle von 1878 eingefügt wurde und im Reichstag

1) Stenogr. Ber. ü. d. Verhdl. d. RT. 1877, S. 1177, Aktenstück 177. — 2) Stenogr. Ber. ü. d. Verhdl. d. RT. 1878, Bd. II, S. 1419. — 3) Dieselben S. 128. — 4) Landmann-Rohmer a. a. O. Bd. II, S. 228. — 5) Derselbe S. 228. Schicker a. a. O. Bd. I, S. 711. Wilhelmi a. a. O. S. 142. — 6) Landmann-Rohmer a. a. O. Bd. II, S. 109. — 7) Hoffmann a. a. O. S. 139. — 8) Schicker a. a. O. Bd. I, S. 711. — 9) Wilhelmi a. a. O. S. 142. — 10) Schenkel a. a. O. Bd. II, S. 398. — 11) Nelken: Handwerkergesetz a. a. O. S. 670. — 12) Neukamp a. a. O. S. 302.

keinen Anlaß zu weiteren Erörterungen gab, läßt dem Wortlaut nach keine andere Deutung zu, als daß nach jeder Beendigung des Lehrverhältnisses ein Zeugnis ausgestellt werden muß, umsomehr als der Lehrling gewerblicher Arbeiter im Sinne der GO. ist, für ihn der ganze Titel VII (was schon aus der Fassung des § 154 Abs. 1 hervorgeht), also auch der § 113 in Betracht kommen würde, wonach der Arbeiter beim Abgange ein Zeugnis über die Dauer und Art der Beschäftigung fordern kann, das auf Verlangen auch auf seine Führung und seine Leistungen auszudehnen ist (§ 113 Abs. 1 und 2), wenn der § 127 c nicht bestände. Der Beweggrund aber, den § 129 (jetzt 127 e) einzufügen, war der, das Verlangen eines Lehrzeugnisses nicht in das Belieben eines Lehrlings zu setzen, sondern die Ausstellung desselben dem Lehrherrn zur Pflicht zu machen. Ist der § 127 c also somit dem § 113 gleichsam nachgebildet, wo das Lehrzeugnis beim Abgange auszustellen ist, so dürfte diese Annahme für das Lehrzeugnis auch zutreffen.

Unangenehme Folgen für den Lehrling kann der durch den Tod des Lehrherrn verursachte Mangel eines Lehrzeugnisses haben. Wird das Gewerbe von den Erben weitergeführt und bleibt der Lehrling bei diesen, so werden sie das Lehrzeugnis auch für die beim verstorbenen Lehrherrn verbrachte Zeit ausfertigen können. Führen die Erben dagegen das Geschäft nicht weiter oder löst der Lehrling kraft des ihm gesetzlich zustehenden Rechtes das Lehrverhältnis auf, so entsteht die Frage, wer zur rechtsgültigen Ausstellung des Lehrzeugnisses befugt sein soll. Nelken[1]) und Hoffmann[2]) halten in diesem Falle die Gemeinde für berechtigt, ein solches Zeugnis auszustellen. Die Gemeinde dürfte jedoch hierzu ganz außerstande sein, da sie für die gesetzlichen Erfordernisse dieser Zeugnisse, über die Dauer der Lehrzeit, erworbene Kenntnisse und Fertigkeiten, sowie über das Betragen des Lehrlings keinerlei Kenntnisse und Anhaltspunkte besitzt, sodaß, wenn der Lehrling keiner HK. untersteht und die Erben ein Lehrzeugnis auszustellen nicht in der Lage sind, der Lehrling sich ohne Lehrzeugnis abfinden muß. Die Gemeinde kann höchstens auf Grund des vorzulegenden Lehrvertrages, der wegen der Strafbestimmung des § 150 Ziff. 4 a in Zukunft meist schriftlich abgeschlossen sein wird, eine Bescheinigung

1) Nelken: Handwerkergesetz a. a. O. S. 671.

2) Hoffmann a. a. O. S. 140.

ausstellen über Anfang, zu erlernendes Gewerbe, Ende und Grund der Beendigung des Lehrverhältnisses. Untersteht der Lehrling einer Handwerkskammer oder Innung, so dürften diese in der Lage sein, ein sachgemäßes Zeugnis auszustellen. Diese haben in der oben besprochenen Lehrlingsrolle den Eintritt des Lehrlings in die Lehre verzeichnet und können auf Grund einer Prüfung auch die anderen gesetzlichen Erfordernisse außer dem Betragen feststellen.

„An Stelle dieser Lehrzeugnisse treten, wo Innungen oder andere Vertretungen der Gewerbetreibenden bestehen, die von diesen ausgestellten Lehrbriefe" (§ 127 c Abs. 2).

Stellt also die Innung oder eine andere Vertretung der Gewerbetreibenden Lehrbriefe aus, so braucht der Lehrherr ein Zeugnis nicht auszustellen [1]). A. M. Schicker, wonach niemand gezwungen ist, sich einen Lehrbrief der Innung zu erwirken [2]). Kann der Lehrling aber aus irgend einem Grunde ein Zeugnis usw. von der Innung nicht erlangen, so hat er gegen dieselbe aus der oben angeführten Begründung kein Klagerecht, sondern muß sich jetzt an den Lehrherrn wenden [3]).

Die letzte gesetzliche Pflicht des Lehrherrn ist in dem Abs. 1 des § 131 c enthalten, wonach der Lehrherr den Lehrling anzuhalten hat, sich nach Ablauf der Lehrzeit der Gesellenprüfung zu unterziehen (über die Entstehung und Bedeutung dieses § 131 Abs. 1 siehe unter Lehrlingsprüfung).

Wegen der öffentlich-rechtlichen Bedeutung der Pflichten des Lehrherrn können dieselben nicht im Vertragswege übertragen werden, und bleibt derselbe für ihre Erfüllung verantwortlich, auch dann, wenn er einen ausdrücklich bestellten Stellvertreter anstellt [4]). — Verletzt der Lehrherr die ihm durch Gesetz auferlegten Pflichten gegen seine Lehrlinge, so kann er nicht im Wege des administrativen Zwanges zur Erfüllung dieser Pflichten angehalten werden, jedoch nach § 148 Ziff. 9 mit Geldstrafe bis zu 150 Mk., im Unvermögensfalle mit Haft bis zu 4 Wochen bestraft werden. Macht er sich wiederholt grober Pflichtverletzung gegen dieselben schuldig, so kann ihm nach § 126 a die Befugnis zum Halten und zur Anleitung von Lehrlingen

---

1) Landmann-Rohmer a. a. O. Bd. II, S. 229. Wilhelmi a. a. O. S. 143. Nelken: Handw.Ges. a. a. O. S. 673. — 2) Schicker a. a. O. Bd. I, S. 712. — 3) Landmann-Rohmer a. a. O. Bd II, S. 229. — 4) Schenkel a. a. O. S. 393.

ganz oder auf Zeit entzogen werden, wozu dann noch die zivilrechtlichen Ansprüche nach §§ 127 b Abs. 3 Ziff. 2 und 127 f kommen [1]); Klagen auf Erfüllung der Pflichten sind auch zulässig [2]).

Außer diesen dem Lehrherrn von der GO. auferlegten Pflichten sind für die den Handwerkskammern unterstehenden Lehrherrn in den Normallehrverträgen und in den „Vorschriften zur Regelung des Lehrlingswesens" noch besondere Pflichten statuiert. Die Lehrverträge der preußischen Kammern sind fast alle gleich, da dieselben dem vom Handelsminister erlassenen Normallehrvertrage nachgebildet sind. Diejenigen der Kammern anderer Bundesstaaten weichen mehr oder weniger von diesem ab. Nach dem preußischen Lehrvertrage hat der Lehrherr außer den gesetzlichen Pflichten den Lehrling sofort nach Einstellung bei der zuständigen Krankenkasse anzumelden. Die Verteilung der zu zahlenden Beiträge wird der Vereinbarung der Parteien überlassen. Es ist dem Lehrherrn gestattet, die vom Lehrling zu zahlenden Beiträge zur Krankenkasse sowie zur Invalidenversicherung vom Kostgeld bezw. Lohn abzuziehen, jedoch auf einmal nicht mehr als für 2 aufeinanderfolgende Zahlungsperioden. Er soll sich ferner verpflichten, dem Lehrling die zur Anfertigung der Prüfungsarbeiten erforderliche Zeit zu gewähren. Der Vereinbarung der Parteien bleibt es überlassen, ob der Lehrherr die zur Anfertigung der Prüfungsarbeiten erforderlichen Materialien liefern soll und ob ihm das Eigentum an dem gefertigten Stücke zusteht oder nicht. Weitergehende Pflichten kennen auch die außerpreußischen Kammern im Lehrvertrage nicht.

Jedoch haben die HK. in den „Vorschriften zur Regelung des Lehrlingswesens", die bei den preußischen und den meisten außerpreußischen Kammern fast übereinstimmen, dem Lehrherrn die Verpflichtung auferlegt, nur solche Personen als Lehrlinge anzunehmen, welche die erforderlichen Schulkenntnisse besitzen und nicht an körperlichen und geistigen Gebrechen leiden, die sie zur Erlernung des betreffenden Gewerbes untüchtig machen. Wann und ob solche Fälle vorliegen, entscheidet die HK., und der Lehrherr hat gegebenenfalls auf Anordnung des Vorstandes der HK. das Lehrverhältnis aufzulösen (§ 6 der preußischen, ähnlich § 7 und 8 der bayerischen, § 6 der württembergischen, § 8 der sächsischen, § 7 und 8 der badischen „Vor-

1) Landmann-Rohmer a. a. O Bd. II, S. 223.
2) Schicker a. a. O. Bd. I, S. 704.

schriften"). Dem Lehrherrn wird weiterhin die Pflicht auferlegt, das dritte Exemplar des Lehrvertrages dem Vorstande der Kammer binnen 14 Tagen nach Abschluß des Lehrvertrages portofrei zuzusenden (§ 8 der preußischen, § 7 der sächsischen, § 9 der württembergischen, § 8 der badischen „Vorschriften". In den bayerischen Vorschriften ist diese Pflicht nicht vorgesehen). Die preußischen und badischen HK. machen es entgegen den bayerischen, sächsischen und württembergischen Kammern den Lehrherrn in den §§ 13 Abs. 2 bezw. § 16 Abs. 2 der Vorschriften zur Pflicht, den Lehrling, der trotz aller Bemühungen den Schulbesuch vernachlässigt, zu entlassen. Sie gehen also damit weiter als der § 127 b Abs. 2 GO., der es dem Lehrherrn anheimstellt, ob er in diesem Falle den Lehrling entlassen will oder nicht. Eine für die Praxis sehr wichtige Bestimmung enthält der § 18 Abs. 2 der preußischen, § 20 Abs. 2 der württembergischen, § 19 Abs. 5 der bayerischen Vorschriften, wonach der Lehrherr verpflichtet ist, für die Unterbringung des Lehrlings in einem anderen Handwerksbetriebe Sorge zu tragen, wenn bei der Lehrlingsprüfung der Prüfungsausschuß zu der Ueberzeugung gelangt, daß die mangelhafte Ausbildung des Lehrlings durch den Lehrherrn verschuldet ist. Wird hierdurch die vertragsmäßige Lehrzeit überschritten, so hat der Lehrherr dem Lehrling den ihm entstehenden Schaden zu ersetzen. Unter dem entstehenden Schaden wird in erster Linie der dem Lehrling entgangene Gesellenlohn in Betracht kommen, sodaß derselbe, da die Zeit des Nachlernens sich meist wenigstens auf ein halbes Jahr erstreckt, bei einem Gesellenlohn von 3—4 Mark pro Tag einen Schadenersatzanspruch von 5—600 Mk. würde geltend machen können. Hierbei wäre allerdings der etwa von dem zweiten Lehrherrn zu zahlende Lohn oder das Kostgeld in Abzug zu bringen. Da die Prüfungsausschüsse infolge der Beteiligung des Gesellenausschusses als unparteiisch gelten können in Bezug auf die Beurteilung einer Schuld des Lehrherrn bei der Lehrlingsausbildung, so ist von ihnen zu erwarten, daß sie durch strenge Durchführung obiger Bestimmung den unfähigen Lehrherrn verhindern, den Lehrling als Arbeitsjungen zu betrachten. Es ist hierdurch also eine sorgfältige Ausbildung der Lehrlinge zu erhoffen, da der Lehrherr nicht nur finanziell geschädigt, sondern auch an Ansehen einbüßen würde.

Verletzt der Lehrherr die ihm durch die Vorschriften der HK.

auferlegten Pflichten, so kann die untere Verwaltungsbehörde ihm auf Antrag der HK. eine Geldstrafe bis zu 20 Mk. auferlegen.

e) Die Pflichten des Lehrlings.

Diesen gesetzlichen Pflichten des Lehrherrn gegenüber sind im § 127 a GO. die Pflichten des Lehrlings näher bezeichnet. „Der Lehrling ist der väterlichen Zucht des Lehrherrn unterworfen und dem Lehrherrn sowie demjenigen, welcher an Stelle des Lehrherrn die Ausbildung zu leiten hat, zur Folgsamkeit und Treue, zu Fleiß und anständigem Betragen verpflichtet.

Uebermäßige und unanständige Züchtigungen, sowie jede die Gesundheit des Lehrlings gefährdende Behandlung sind verboten."

Schon nach § 119 der GO. von 1869 war der Lehrling der väterlichen Zucht unterworfen und auch dem denselben vertretenden Gesellen oder Gehilfen zur Folgsamkeit verpflichtet. Nach der Begründung des § 127 a der Novelle von 1878 hielt man jedoch die im § 127 a erfolgte besondere Aufzählung der Pflichten für notwendig, um den früheren § 127 zu vervollständigen und die Pflichten des Lehrlings gegenüber dem Lehrherrn in entsprechender Weise zu verschärfen [1]).

Außer dieser Erweiterung der Pflichten des Lehrlings ist durch die Novelle von 1897 der eigentlich selbstverständliche Abs. 2 des § 127 b bei der 2. Lesung im Reichstage beschlossen worden, wonach übermäßige und unanständige Züchtigungen sowie jede die Gesundheit des Lehrlings gefährdende Behandlung verboten sind. Dieser Abs. 2 ist eine Modifikation eines Antrages des Abg. Stadthagen, der dem Lehrherrn das väterliche Züchtigungsrecht entzogen und auch die Worte „und Treue" sowie „und anständiges Betragen" gestrichen wissen wollte. Er wies darauf hin, daß sich die Treue und anständiges Betragen und derartige Fragen, auch soweit Zucht nötig sei, nach dem Grundsatz über Treue und Glauben ergeben würde. Weiterhin sei das väterliche Züchtigungsrecht in einer Reihe von Schulgesetzen beseitigt und insbesondere für die Handlungslehrlinge, die doch nichts mehr seien, ausdrücklich verneint worden. Diese Anträge wurden jedoch unter Hinweis darauf, daß, wenn der Lehrling beim Meister wohne und so zur Familie gehöre,

1) Stenogr. Ber. ü. d. Verhdl. d. RT. 1895/97, Anl. Bd. VI, S. 3801.

auf das väterliche Züchtigungsrecht nicht verzichtet werden könne [1]), abgelehnt [2]).

Außer dem Lehrherrn hat auch dessen Stellvertreter das väterliche Züchtigungsrecht [3]), jedoch nicht der zur Ausbildung bestellte Vertreter [4]).

Uebermäßige Züchtigungen sind als Körperverletzung und zwar, „da die Pflicht des Lehrherrn zur Erhaltung der Integrität des Körpers einer seiner Lehrlinge eine besondere Berufs- oder Gewerbspflicht ist" [5]), nach § 230 StrGB. strafbar. Dies auch schon dann, wenn der Lehrherr bei der Züchtigung nicht die nötige Sorgfalt anwendet, wenn er fahrlässig ist. Nach dem Urteil des Reichsgerichts vom 24. Oktober 1893 [6]) ist ein Meister, der gegen den Kopf des Lehrlings einen kräftigen Schlag mit seiner fleischigen Hand geführt hat, welche eine Trommelfellverletzung zur Folge hatte, wegen Außerachtlassung der nötigen Sorgfalt und Fahrlässigkeit bestraft worden auf Grund des § 223 StrGB.

Verletzt der Lehrling die ihm im § 127 a auferlegten Pflichten wiederholt, ohne daß das väterliche Züchtigungsrecht nützt, so kann der Lehrherr gemäß § 127 b Abs. 2 das Lehrverhältnis auflösen.

Neben diesen gesetzlichen Pflichten sind dem Lehrling, wie auch den Lehrherrn, welche einer HK. unterstehen, in den von diesen vorgeschriebenen Lehrverträgen und den Vorschriften zur Regelung des Lehrlingswesens weitere Pflichten auferlegt worden. Besonders hervorzuheben ist der zur Ergänzung des § 127 a der GO. sich bei allen Kammern findende § 6 des preußischen Lehrvertrages, der, wenn auch bei den Kammern in verschiedener Fassung, den Lehrling verpflichtet, alle Obliegenheiten, welche ihm der Vertrag und das Lehrverhältnis überhaupt auferlegen, zu erfüllen, sowie allen berechtigten Anforderungen, die der Lehrherr oder sein gesetzlicher Vertreter an ihn stellen, nachzukommen. Er hat sich den Bestimmungen der für den Betrieb des Lehrherrn geltenden Werkstattordnung zu unterwerfen, sofern im Lehrvertrag selbst oder durch besondere Abmachungen nichts anderes bestimmt ist.

---

1) Stenogr. Ber. ü. d. Verhdl. d. RT. 1895/97, S. 6102. — 2) Dieselben S. 6103. — 3) A. M. Nelken: Handwerkergesetz a. a. O. S. 366. — 4) Schicker a. a. O. Bd. I, S. 706. Wilhelmi a. a. O. S 138. — 5) Urteil d. RG. v. 13. XI. 1896 (Reger Bd. XVII, S. 262 f.) — 6) Reger Bd. XIV, S. 354.

Zur Ergänzung sei zu diesem Punkte mitgeteilt, daß alle Kammern dem Vater oder gesetzlichen Stellvertreter des Lehrlings die Verpflichtung auferlegen, den Lehrling anzuhalten, daß er während der Lehrzeit allen Fleiß auf Erlernung des Gewerbes verwende, dabei dem Geschäftsinteresse des Lehrherrn diene, diesem und seinem Stellvertreter mit Gehorsam und Achtung begegne und sich ihnen sowie den Geschäftskunden gegenüber stets eines anständigen und bescheidenen Verhaltens befleißige. Der Vater resp. gesetzliche Stellvertreter sollen sich ferner verpflichten, den Lehrling zum regelmäßigen und pünktlichen Besuche der Fortbildungsschule anzuhalten.

Alle diese Verpflichtungen des Lehrlings, seines Vaters oder gesetzlichen Stellvertreters haben aber nur dann praktischen Wert, wenn der Vater oder gesetzliche Stellvertreter sich im Vertrage auch verpflichtet haben, den durch Verletzung dieser übernommenen Pflichten entstehenden Schaden dem Lehrherrn zu ersetzen. Erst dann werden Vater oder gesetzlicher Stellvertreter für eine möglichst genaue Befolgung der im Lehrvertrage geltenden Verpflichtungen Sorge tragen, die sonst wertlos sind.

Ferner ist zu erwähnen die Verpflichtung des Lehrlings, das ihm anvertraute Material und Gerät des Lehrherrn nur zu den ihm aufgetragenen Arbeiten zu verwenden und mit denselben sorgsam umzugehen, nach beendigter Arbeitszeit die Werkstatt aufzuräumen usw.

Als juristisch nicht durchführbar erscheint die Bestimmung, die von den preußischen Kammern sogar als von den Parteien nicht abänderlich gekennzeichnet ist, daß der Lehrling bei Beendigung seiner Lehrzeit die Gesellenprüfung abzulegen hat. Es wird dem Lehrling hiernach eine Pflicht auferlegt, die er und sein gesetzlicher Vertreter durch ihre Unterschrift anerkennen sollen. Die Handwerkskammern setzen sich offenbar in Widerspruch mit dem Gesetzgeber, der im § 131 GO. ausdrücklich nicht eine Pflicht zur Ablegung der Prüfung normiert haben wollte, indem er, worauf noch zurückzukommen sein wird, nur davon spricht, daß den Lehrlingen zur Ablegung der Prüfung Gelegenheit zu geben sei. Den Handwerkskammern stehen auch keinerlei Zwangsmittel zur Verfügung und hat m. W. noch keine Kammer den Versuch gemacht, den Lehrling zur Erfüllung der von ihm vertraglich eingegangenen Verpflichtung zur Ablegung der Prüfung zu zwingen, weil sie eben nicht kann.

In den Vorschriften zur Regelung des Lehrlingswesens sind

die im Lehrvertrage erwähnten Pflichten des Lehrlings nochmals aufgezählt. Besonders bemerkenswert ist noch der § 10 Abs. 2 der Osnabrücker und § 10 Abs. 3 der Düsseldorfer Vorschriften, wonach alle Lehrlinge im Hause des Lehrherrn wohnen sollen, wenn sie nicht bei ihren Eltern oder gesetzlichen Stellvertretern Wohnung erhalten. Sofern aber die Unterbringung im Hause des Lehrherrn wegen Raummangels oder aus sonstigen triftigen Gründen nicht möglich ist, kann dem Lehrling anderweitig Wohnung angewiesen werden. Hierbei soll der Lehrherr sowohl für die geeignete Unterbringung als auch für das Verhalten des Lehrlings überhaupt haften. Diese Vorschrift dürfte nicht ganz ernst zu nehmen sein, da deren strenge Durchführung in der Praxis unmöglich werden kann. Es läßt sich heute eben nicht mehr erreichen, daß alle Lehrlinge beim Meister wohnen. Teure Wohnungs- und Lebensmittelpreise hindern die kleinen, Abneigung gegen ein Zusammenleben mit dem Lehrling, nicht zuletzt auch die Betriebsverhältnisse überhaupt, hindern die großen Meister daran. Will die HK. ihre Bestimmung durchführen und demjenigen, wie sie im § 10 Abs. 3 in Verbindung ihrer Vorschriften androht, bei Nichtbefolgung die Befugnis zum Anleiten von Lehrlingen entziehen, so werden wohl hauptsächlich die größeren zur Lehrlingsausbildung am besten geeigneten Betriebe davon betroffen werden.

6. Die Auflösung des Lehrverhältnisses.

Das Rücktrittsrecht.

I. Das Lehrverhältnis, das seinem Wesen nach unkündbar ist, kann außer durch vertragliche Abrede der Kontrahenten auch unter gewissen gesetzlichen Voraussetzungen durch einseitigen Rücktritt aufgelöst werden.

Solche Voraussetzungen können begründen:

ein beiden Kontrahenten zustehendes Rücktrittsrecht während der Probezeit,

ein einseitiges Rücktrittsrecht des Lehrherrn,

ein einseitiges Rücktrittsrecht des Lehrlings,

a) Das Rücktrittsrecht vom Lehrvertrage während der Probezeit.

Eine Probezeit hat den Zweck, daß Meister und Lehrling sich in der ersten Zeit ihres Zusammenarbeitens prüfen sollen, ob es ihnen möglich erscheint, während der jahrelangen Dauer eines Lehrvertrages dieses Verhältnis zu einem beiderseitig befriedigenden Ende zu führen, und ob das Gewerbe den geistigen und körperlichen Kräften des Lehrlings entspricht. Eine Probezeit ist um so gerechtfertigter, als das Lehrverhältnis unkündbar ist und beiden Teilen deshalb, wie die Motive zur Novelle von 1878 bemerken „in gewissen, allerdings eng zu schließenden Grenzen die Möglichkeit gegeben sein soll, ein Verhältnis aufzugeben, welches bereits nach kurzer Zeit für den einen oder andern Teil zu der Ueberzeugung führt, daß es auf die Dauer nicht haltbar sein werde" [1]).

Eine Probezeit vor dem endgültigen Abschluß des Lehrvertrages war der GO. von 1869 fremd, die öffentliche Meinung beschäftigte sich aber in den 70er Jahren mit dieser Frage ebensosehr wie mit den anderen zur Besserung des Lehrlingswesens gemachten Vorschlägen. In den hunderten dem Reichstage jährlich zugehenden Petitionen zur Besserung des Lehrlingswesens wurde auch die Einführung einer Probezeit verlangt, so daß auch in den Erhebungen des Reichskanzleramtes über die Verhältnisse der Lehrlinge usw. 1875 die Frage aufgenommen wurde, ob sich Bestimmungen empfehlen, um dem unüberlegten Eingehen und Auflösen von Lehrverträgen entgegenzuwirken, insbesondere durch Einführung einer Probezeit, von deren Ablauf die bindende Kraft des Lehrvertrages bedingt ist, oder durch Einführung bestimmter Kündigungsfristen [2]).

Die Erhebungen ergaben, daß Kündigungsfristen nur vereinzelt vorkamen (Aachen, Darmstadt, Bentheim, Kaiserslautern) und gewünscht wurden (von den Webern in Sachsen, um die in der Aufregung gemachten Austrittserklärungen rückgängig machen zu können) [3]); vereinzelt wurde der Wunsch auch in Sachsen und Bayern geäußert, damit die Lehrlinge wegen des Todes oder des Fortziehens der Eltern oder des Vormundes, oder wegen zu großer Anforderungen des Lehrherrn aus der Lehre ausscheiden könnten [4]).

Dagegen wurde die Einführung einer Probezeit fast überall verlangt und eine strengere Beobachtung derselben fast einstimmig empfohlen.

---

1) Stenogr. Ber. ü. d. Verhdl. d. RT. 1878, S. 508, Aktenstück 41. — 2) Erhebungen 1875 a. a. O. S. 8. — 3) Dieselben S. 9 ff. — 4) Dieselben S. 10.

So einig man in der Forderung der gesetzlichen Einführung einer Probezeit auch war, so uneinig über die Dauer derselben und die Art der gesetzlichen Festsetzung. Wenn auch im allgemeinen eine Dauer von 2—4 oder 6 Wochen als genügend erachtet wurde, verlangten doch mehrere Berichte eine solche von 3—6 Monaten (Bromberg [1]), Bautzen [2]), vereinzelt in Baden und Hessen) [3]), ja selbst bis zu einem Jahre (Dömitz) [4]). Andere wollten nur eine Maximalgrenze der Dauer festgesetzt wissen.

Einmütigkeit in der Forderung einer gesetzlichen Probezeit trat auch in dem zur Zeit der Erhebungen i. J. 1875 tagenden Verein für Sozialpolitik in die Erscheinung. Der Korreferent über das Lehrlingswesen Prof. Dr. Schönberg, der die vom Referenten Dr. Brinkmann als „unbestritten geltende Forderung" einer Probezeit unterstützte, wies darauf hin, daß es sich nur darum handle, eine Maßregel, die sich in vielen Fällen bereits bewährt habe, zu einer allgemeinen und obligatorischen zu machen, damit die Lehrverträge weniger leicht gebrochen würden [5]).

Veranlaßt durch diesen allgemeinen Wunsch nach einer Einführung der Probezeit ist diese auch in den mehrfach erwähnten Anträgen v. Seydewitz und Gen. [6]), Rickert, Wehrenpfennig und Gen. [7]), und Frietzsche, Bebel und Gen. [8]) an den Reichstag im Jahre 1877 und in der ersten Beratung dieser Anträge verfochten [9]) und infolgedessen auch in dem Entwurfe von 1878 aufgenommen worden. In der Begründung des § 127 wurde auf die Erhebungen von 1875 mehrfach Bezug genommen. Von einer gesetzlichen Fixierung der Dauer der Probezeit wurde abgesehen, um auf die besonderen Verhältnisse der verschiedenen Orte und Gewerbe Rücksicht zu nehmen.

Die Novelle von 1897 übernahm den ersten Absatz des § 127 ohne Aenderung, als § 127 b:

„Das Lehrverhältnis kann, wenn eine längere Frist nicht vereinbart ist, während der ersten vier Wochen nach Beginn der Lehr-

---

1) Erhebungen 1875 a. a. O. S. 8. — 2) Dieselben S. 9. — 3) Dieselben S. 12. — 4) Dieselben S. 13. — 5) Schönberg: Korreferent über Lehrlingswesen im Verein für Sozialpolitik 1875 (in den Schr. d. V. f. S. Bd. XI, S. 134). — 6) Stenogr. Ber. ü. d. Verhdl. d. RT. 1877 Aktenstück 23 S. 157. — 7) Dieselben Aktenstück 77 S. 277. — 8) Dieselben Aktenstück 92, S. 319. — 9) Stenogr. Ber. ü. d. Verhdl. d. RT. 1877, S. 499.

zeit durch einseitigen Rücktritt aufgelöst werden. Eine Vereinbarung, wonach diese Probezeit mehr als drei Monate betragen soll, ist nichtig." Die Notwendigkeit dieser gesetzlichen Fixierung erhellt daraus, daß in Oesterreich Probezeiten von 6—8 Monaten, ja selbst über 1 Jahr nicht zu den Seltenheiten gehören [1]).

Auf die Probezeit, die gesetzlich vorgeschrieben ist, kann weder verzichtet werden, noch kann der Rücktritt von derselben durch eine Vertragsstrafe behindert werden. Ebenso ist eine Abkürzung der Probezeit unter 4 Wochen oder eine Verlängerung derselben über 3 Monate, sowie die Vereinbarung einer einseitigen Kündigung nichtig und unstatthaft [2]). Eine Entschädigung wegen des Rücktritts ist dagegen möglich, wenn die Art und Höhe derselben nach § 127 im Lehrvertrage schriftlich vereinbart ist [3]).

Neben dem beiden Teilen zustehenden Rücktrittsrecht während der Probezeit hat die GO. unter den Voraussetzungen des § 127 b Abs. 2 dem Lehrherrn und unter den Voraussetzungen des § 127 b Abs. 3 dem Lehrling ein Rücktrittsrecht am Lehrvertrage gegeben.

b) Das Rücktrittsrecht des Lehrherrn.

Die GO. von 1869 gab dem Lehrherrn dieses Rücktrittsrecht in dem § 120, wo auf die im § 111 aufgeführten, für Gesellen und Gehilfen geltenden Fälle Bezug genommen wurde.

In der Novelle von 1878 haben „die Voraussetzungen, unter welchen ohne Beachtung vertragsmäßiger Abmachungen oder der gesetzlichen Frist die einseitige Lösung des Arbeitsverhältnisses zulässig sein soll, einige Veränderungen erfahren. Es ist versucht, dieselben in einer der Absicht des Gesetzes und den Interessen der Berechtigten mehr entsprechenden Weise zu fassen". Da die Fassung des § 123 der Novelle von 1878 mit Ausnahme der Ziffer 7 derjenigen von 1897 wörtlich entspricht, seien die gegen 1869 um 2 Voraussetzungen vermehrten Auflösungsgründe im folgenden aufgeführt:

1) Waenting: Gewerbl. Mittelstandspolitik a. a. O. S 258 ff.

2) Landmann-Rohmer a. a. O. Bd. II, S. 225. Schicker Bd. I, a. a. O. S. 708 f. Rohrscheidt a. a. O. S. 569.

3) Schicker a. a. O. Bd. II, S. 708. Landmann-Rohmer a. a. O. Bd. II, S. 226. Rohrscheidt a. a. O. S. 569. Nelken: Handw.Ges. a. a. O. S. 667.

Der Lehrherr kann vom Vertrage zurücktreten,. 1. wenn der Lehrling beim Abschluß des Lehrvertrages den Lehrherrn durch Vorzeigung falscher oder verfälschter Zeugnisse hintergangen oder ihn über das Bestehen eines anderen, den Lehrling verpflichtenden Arbeitsverhältnisses in einen Irrtum versetzt hat;

2) wenn der Lehrling eines Diebstahls, einer Entwendung, einer Unterschlagung, eines Betruges oder eines liederlichen Lebenswandels sich schuldig macht;

3. wenn der Lehrling die Lehre unbefugt verlassen hat oder sonst den nach dem Arbeitsvertrage ihm obliegenden Verpflichtungen nachzukommen beharrlich verweigert;

4. wenn der Lehrling der Verwarnung ungeachtet mit Feuer und Licht unvorsichtig umgeht;

5. wenn der Lehrling sich Tätlichkeiten oder grobe Beleidigungen gegen den Arbeitgeber oder seine Vertreter oder gegen die Familienangehörigen des Lehrherrn oder seiner Vertreter zu Schulden kommen läßt;

6. wenn der Lehrling einer vorsätzlichen oder rechtswidrigen Sachbeschädigung zum Nachteil des Lehrherrn oder seines Mitarbeiters sich schuldig macht;

7. wenn der Lehrling Familienangehörige des Lehrherrn oder seiner Vertreter oder Mitarbeiter zu Handlungen verleitet, oder mit Familienangehörigen des Lehrherrn oder seiner Vertreter Handlungen begeht, welche wider die Gesetze oder die guten Sitten verstoßen;

8. wenn der Lehrling zur Fortsetzung der Arbeit unfähig oder mit einer abschreckenden Krankheit behaftet ist. Selbstverständlich ist das Lehrverhältnis durch den Tod des Lehrlings aufgehoben (§ 127 b Abs. 4).

Gegenüber der GO. von 1869 sind die unter Ziffer 1 und 6 angeführten Voraussetzungen neu. Ziffer 1 ist aufgenommen, weil man „die Möglichkeit einer raschen Auflösung des neuen Arbeitsverhältnisses in derartigen Fällen einerseits durch die den Arbeitsbüchern beigelegte erhöhte Bedeutung angezeigt" hielt und hierdurch „andererseits eine Warnung mehr vor dem unbesonnenen Bruche bestehender Verträge" gebildet werden sollte [1]).

---

1) Stenogr. Ber. ü. d. Verhdl. d. RT. 1878, Bd. III, S. 505, Aktenstück 41.

Ziffer 6 ist eingefügt worden, weil „bei derartigen Beschädigungen z. B. an Werkzeugen oder Maschinen des Arbeitgebers, an Kleidungsstücken oder Werkzeugen des Mitarbeiters, die schleunige Entfernung des Schuldigen nicht nur zum Schutze des Eigentums vor weiteren Beschädigungen, sondern oft auch zur Erhaltung guter Beziehungen unter den Arbeitern selbst geboten sei"[1]).

Bei der zweiten Lesung wurde die Ziffer 7 des § 123 der Novelle von 1891 in der Kommission dahin erweitert, daß auch der Versuch sittlicher Verführung als Entlassungsgrund anerkannt, analog einem in erster Lesung angenommenen Antrage zu § 124 mit entsprechendem Zusatze in Ziffer 7 aufgenommen und auch vom Reichstage gutgeheißen wurde[2]).

Ein weiteres Rücktrittsrecht vom Vertrage wurde dem Lehrherrn durch die Novelle von 1897 eingeräumt, wenn der Lehrling wiederholt die Pflichten gegen den Lehrherrn verletzt oder den Schulbesuch vernachlässigt (§ 127 b Abs. 2). „Letztere Bestimmung erscheint im Interesse des Lehrherrn erforderlich, damit dieser sich der ihm in § 127 auferlegten Verpflichtung, den Lehrling zum Schulbesuch anzuhalten, im Falle der Erfolglosigkeit seiner Bemühungen durch Entlassung des Lehrlings entledigen kann"[3]).

Zu den einzelnen Voraussetzungen sei hervorgehoben, daß es bei Ziffer 2 zweifelhaft ist, ob diese Vergehen gegen den Arbeitgeber gerichtet sein müssen oder auch dann einen Entlassungsgrund bilden, wenn sie gegen Dritte verübt werden. Während bei der zweiten Lesung der Novelle von 1878 im Reichstag der Abg. Hasenclever[4]) dies so auslegte, als wenn die Verübung gegen Dritte genügte, betonte der Abg. Dr. Hammacher, daß diese Vergehen nur in Frage kommen könnten, wenn sie gegen das Interesse des Arbeitgebers verübt worden seien[5]). Nach dem Wortlaut des Gesetzes dürfte wohl die Ansicht des Abg. Hasenclever die richtige sein. So auch Landmann[6]), Schicker[7]), ähnlich Rohrscheidt[8]). Unter liederlichem Lebenswandel ist

1) Stenogr. Ber. ü. d. Verhdl. d. RT. 1878, Bd. III, S. 505. — 2) Stenogr. Ber. ü. d. Verhdl. des RT. 1891, S. 1454, S. 2189 und 2785. — 3) Dieselben 1897 S. 3801, Aktenstück 713. — 4) Dieselben 1878, S. 1106. — 5) Dieselben 1878, S. 1107. — 6) Landmann-Rohmer a. a. O. Bd. II, S. 194. — 7) Schicker a. a. O. Bd. I, S. 682. — 8) Rohrscheidt a. a. O. S. 558.

insbesondere die Trunkenheit [1]) oder ärgernisgebende Unsittlichkeit [2]) zu verstehen. Hat der Lehrling sich diese Verfehlungen vor Eintritt in das Lehrverhältnis zu Schulden kommen lassen, so bilden sie keinen Entlassungsgrund [3]). Verweigert der Lehrling die Erfüllung der ihm obliegenden Dienste (Ziffer 3), so kann der Lehrherr nicht auf unmittelbare Fortsetzung des Vertrages durch den Lehrling bestehen [4]).

Zu Ziffer 5 ist zu bemerken, daß es dem richterlichen Ermessen überlassen bleiben muß, festzustellen, ob eine Beleidigung im gegebenen Falle so schwer ist, daß das Lehrverhältnis aufgehoben werden muß.

Bei der Unfähigkeit in Ziffer 8 des § 127 GO. handelt es sich um eine plötzlich eintretende Unfähigkeit infolge Unfall, Erkrankung, Einziehung zum Militärdienst, Antritt einer Freiheitsstrafe usw. [5]). Jedoch wird man bei Erkrankung nicht ohne weiteres den Lehrling entlassen können. Man wird vielmehr am zweckmäßigsten im Lehrvertrage eine Zeit festsetzen, etwa 3—4 Monate, wie es auch viele Handwerkskammern getan haben, nach welcher dann, wenn der Lehrling zur Arbeit immer noch unfähig ist, der Lehrvertrag als aufgelöst zu betrachten ist. Anders wird diese Bestimmung bei Arbeitern zu handhaben sein, für welche sie, da § 123 von Gesellen und Gehilfen spricht, in erster Linie gilt. Da der Arbeitgeber bei Erkrankungsfällen hier auf neue Hilfskräfte angewiesen ist, würde es eine Härte sein, wenn er bei eintretender Krankheit usw. seines Gehilfen diesen nicht sofort entlassen könnte (§ 123 Ziffer 8). Hierher gehört auch der Fall, daß der Lehrling bei Eingehung des Lehrvertrages absolut unfähig war, das Gewerbe zu erlernen. Der Lehrvertrag ist in einem solchen Falle nach einem Urteil des Reichsgerichts vom 2. Dez. 1879 [6]) ungültig, da über unmögliche Leistungen Verträge mit verbindlicher Kraft nicht geschlossen werden können. Die HK. haben in ihre Lehrverträge alle die Bestimmung mit aufgenommen, daß der Lehrherr in dem unter Ziffer 8 erwähnten

---

1) Stenogr. Ber. ü. d. Verhdl. d. RT. 1878, S. 1109. Landmann-Rohmer a. a. O. Bd. II, S. 194. — 2) Schicker a. a. O. Bd. I, S. 682. — 3) Landmann-Rohmer a. a. O. Bd. II, S. 194. Schicker a. a. O. Bd. I, S. 682. — 4) Marcinowsky a. a. O. S. 352. — 5) Landmann-Rohmer a. a. O. Bd. II, S. 196. — 6) Reger a. a. O. Bd. I, S. 246 f.

Falle den Lehrling entlassen kann ohne Entschädigung an den Lehrling zu zahlen. Die Anwendung des § 616 BGB. soll hierdurch ausgeschlossen werden. Ob auch die Bestimmung des § 123 Abs. 2 GO., daß die Entlassung in den Fällen 1—7 nicht mehr möglich sein soll, wenn die Tatsachen dem Arbeitgeber länger als eine Woche bekannt sind, auf Lehrlinge Anwendung finden, ist nicht ausdrücklich gesagt; es ist aber anzunehmen, da in dieser Hinsicht der Lehrling nicht schlechter gestellt werden soll, wie der Arbeiter.

Wenn es auch wegen des Zwecks und der öffentlich-rechtlichen Bedeutung der gesetzlichen Entlassungsgründe unzulässig ist, auf dieselben zu verzichten [1]), so dürfte es entgegen Nelken [2]), Rohrscheidt [3]) und Landmann [4]) doch zulässig sein, wenn die Parteien weitere als die im Gesetz vereinbarten Entlassungsgründe vereinbaren [5]). Wenn Landmann hier auf die Begründung des § 126 b Ziffer 4 hinweist, wo es sich um die gesetzlichen und „sonstigen" Voraussetzungen handelt, so glaubt Verfasser bei Besprechung des Lehrvertrages nachgewiesen zu haben, daß unter „sonstigen" Voraussetzungen auch andere als gesetzliche anzusehen sind.

So kann der Lehrling nach dem von den HK. aufgestellten Lehrvertrage vor Ablauf der vertragsmäßigen Zeit und ohne Aufkündigung entlassen werden, „wenn der Vorstand (der Handwerkskammer) die Auflösung des Lehrverhältnisses auf Grund des § 6 der Vorschriften zur Regelung des Lehrlingswesens verlangt" (§ 9 Ziffer 9 des preuß. Lehrvertrages). In dem § 6 der erwähnten „Vorschriften" handelt es sich um Personen, welche nicht die erforderlichen Schulkenntnisse besitzen und an Krankheit oder an körperlichen und geistigen Gebrechen leiden, die sie zur Erlernung des betreffenden Gewerbes untüchtig machen. Diese Bestimmung, die außer bei den preußischen Kammern auch bei einigen außerpreuß. (Dessau, Braunschweig) zu finden ist, fehlt bei allen bayr., sächs., württ. und bad. Kammern. So sehr eine solche Vorschrift zu be-

1) Landmann-Rohmer a. a. O. Bd. II, S. 226.

2) Nelken: Handw.Ges. a. a. O. S. 666.

3) Rohrscheidt a. a. O. S. 569.

4) Landmann-Rohmer a. a. O. Bd. II, S. 226.

5) Schicker a. a. O. Bd. I, S. 706. Lotmar a. a. O. Bd. I, S. 620. Hoffmann a. a. O. S. 137. Wilhelmi a. a. O. S. 140. Schenkel a. a. O. S. 396.

grüßen ist, soll sie doch das Handwerk vor untüchtigen Elementen bewahren, wird sie nur wenig praktisch werden können, da die HK. außer Stande sind, jeden neu aufgenommenen Lehrling auf seine körperlichen und geistigen Fähigkeiten zu prüfen. Diese Aufgabe ließe sich vielleicht mit Erfolg den später zu besprechenden „Beauftragten" der HK. übertragen.

Selbstverständlich gibt der Tod des Lehrlings dem Lehrherrn das Rücktrittsrecht (§ 127 b Abs. 4).

c) Das Rücktrittsrecht des Lehrlings.

Analog dem Rücktrittsrecht des Lehrherrn hat die GO. im § 127 Abs. 3 die Voraussetzungen für das Rücktrittsrecht des Lehrlings festgesetzt.

Die GO. von 1869 gab dem Lehrling ein Rücktrittsrecht vom Vertrage vor Ablauf der Lehrzeit, „wenn der Lehrherr die ihm nach § 118 obliegenden Verpflichtungen gröblich vernachlässigt oder das Recht der väterlichen Zucht mißbraucht hatte" (§ 121) oder „wenn der Lehrling zu einem anderen Gewerbe oder zu einem anderen Berufe übergeht". Da die Rücktrittsrechte des Lehrlings nicht so ausgedehnt waren wie die des Lehrherrn, so wollte man in der Novelle von 1878 eine möglichste Gleichheit der Rechte beider Kontrahenten erwirken und erweiterte die Voraussetzungen, unter denen der Lehrling das Lehrverhältnis auflösen konnte.

Die erweiterten Voraussetzungen, unter denen der Lehrling vom Vertrage zurücktreten konnte, waren in dem § 128 Abs. 2 der Novelle von 1878 festgesetzt. Dieser Abs. 2 ist wörtlich als § 127 b Abs. 3 in die Novelle von 1897 übernommen worden. Danach kann der Lehrling vom Vertrage zurücktreten:

1. „wenn er zur Fortsetzung der Arbeit unfähig wird". Dieses Recht entspricht dem gleichen unter 8 besprochenen Recht des Lehrherrn und kommen deshalb auch die dort gemachten Erörterungen hier zur Geltung (§ 124 Z. 1).

2. „Wenn der Lehrherr oder seine Vertreter oder Familienangehörige derselben die Lehrlinge oder deren Familienangehörige zu Handlungen verleiten oder zu verleiten versuchen oder mit den Familienangehörigen des Lehrlings Handlungen begehen, welche wider die Gesetze oder die guten Sitten laufen" (§ 124 Z. 3). Die Bestimmung ist die analoge der oben unter 7 besprochenen des

§ 123 Ziff. 7. Auch hier sind die Worte „oder zu verleiten suchen“ erst durch die Kommissionsberatung der Novelle von 1891 eingefügt worden, „da die bisherige Rechtsprechung der Gerichte erwiesen habe, daß solcher Schutz bei der jetzigen Gesetzesfassung nicht immer gegeben sei“ [1]).

3. „Wenn der Lehrherr dem Lehrling den schuldigen Lohn nicht in der bedungenen Weise auszahlt, bei Stücklohn nicht für ausreichende Beschäftigung sorgt, oder wenn er sich widerrechtlicher Uebervorteilungen gegen ihn schuldig macht“ (§ 124 Z. 4).

Der zweite Teil erscheint als zu weitgehend und im Sinne des Gesetzgebers als für das Lehrlingswesen nicht anwendbar. Denn da es nicht im Wesen des Lehrlingsverhältnisses liegt, Geld zu verdienen, und noch weniger durch Stücklohn Geld zu verdienen, so wird in den übrigens äußerst wenigen Fällen, wo der Lehrling nach dem zweiten oder dritten Jahre auf Stücklohn beschäftigt wird, dieser kein Rücktrittsrecht vom Vertrage haben dürfen, wenn der Lehrherr nicht für ausreichende Beschäftigung sorgt. Die beim gewöhnlichen Arbeiter geltende Vermutung, daß derselbe nur unter der Voraussetzung in ein Arbeitsverhältnis eingetreten ist, Lohn zu erhalten, gilt für den Lehrling nicht [2]). Wo ein solches Arbeiten der Lehrlinge vorkommt, wird dies zumeist der Fall sein, um das Interesse des Lehrlings an der Arbeit zu heben und seinen Fleiß anzuspornen.

4. „Wenn bei Fortsetzung der Arbeit das Leben oder die Gesundheit des Lehrlings einer erweislichen Gefahr ausgesetzt sein würde, welche bei Eingehung des Lehrvertrages nicht zu erkennen war“ (§ 124 Z. 5).

Bei der Kommissionsberatung der Novelle von 1891 wurde ein Antrag, die Worte „welcher bei Eingehung des Arbeitsvertrages nicht zu erkennen war“ zu streichen, mit Recht abgelehnt unter dem Hinweis, daß dann jeder, der in einem gefährlichen Gewerbe arbeite (Maurer, Dachdecker usw.), nach Belieben austreten könne [3]). Dagegen begründen, wenn der Lehrling beim Lehrherr wohnt, auch ungesunde Schlafräume ein einseitiges Rücktrittsrecht desselben vom Vertrage [4]).

1) Stenogr. Ber. ü. d. Verhdl. d. RT. 1891, S. 1455 (Aktenstück 190). — 2) Schenkel a. a. O. S. 398. — 3) Stenogr. Ber. ü. d. Verhdl. d. RT. 1891 S. 1455 Aktenstück 190. — 4) Landmann-Rohmer a. a. O. Bd. II, S. 200.

5. „Wenn der Lehrherr seine gesetzlichen Verpflichtungen gegen den Lehrling in einer die Gesundheit, die Sittlichkeit oder die Ausbildung des Lehrlings gefährdenden Weise vernachlässigt" (§ 127 b Abs. 3 Ziff. 2). Diese Bestimmung hat durch die Novelle von 1897 insoweit eine größere Bedeutung erlangt, als die Pflichten des Lehrherrn im § 127 vermehrt und genauer bezeichnet sind [1]). Es muß sich um Verletzung der Pflichten in „gefährdender Weise" handeln, wegen einer einzelnen Verletzung wird man diese Bestimmung nicht zur Anwendung bringen können [2]).

6. Wenn der Lehrherr das ihm nach § 127 a zustehende „Recht der väterlichen Zucht mißbraucht" (§ 127 b Abs. 3 Ziffer 2).

Dieser und der unter 5 angeführte Auflösungsgrund sind durch die Novelle von 1878 in die GO. eingeführt worden, weil es sich bei beiden um „eine grobe Verletzung von Rücksichten handelt, welche der Lehrherr, sein Vertreter und deren Familienangehörige dem Lehrling schulden" [3]).

Grobe Beleidigungen des Lehrherrn geben dem Lehrling dagegen kein Rücktrittsrecht vom Vertrage. Der Abg. Stadthagen hatte bei der zweiten und dritten Beratung des Gesetzes im Reichstage allerdings ohne Erfolg den Antrag gestellt, anstatt im Abs. 3 Ziff. 1 des § 127 b „1, 3—5" „1—5" zu setzen [4]). Dadurch würde für den einseitigen Rücktritt des Lehrlings der in § 124 Ziff. 2 aufgeführte Grund hinzugekommen sein:

„wenn der Arbeitgeber oder seine Vertreter sich Tätlichkeiten oder grobe Beleidigungen gegen die Arbeiter oder gegen ihre Familienangehörigen zu schulden kommen lassen" (§ 124 Ziff. 2).

7. Wenn der Lehrherr „zur Erfüllung der ihm vertragsmäßig obliegenden Verpflichtungen unfähig wird" (§ 127 b Abs. 3 Ziffer 2).

Diese Unfähigkeit kann sein

a) Auftreten körperlicher oder geistiger Gebrechen, wodurch eine sachgemäße Ausbildung des Lehrlings verhindert wird (§ 126 a Abs. 2).

b) Verlust der bürgerlichen Ehrenrechte und der damit verbundene Verlust zum Halten oder Anleiten von Lehrlingen (§ 126).

1) Landmann-Rohmer a. a. O. Bd. II, S. 225.

2) Schicker a. a. O. Bd. I, S. 710.

3) Stenogr. Ber. ü. d. Verhdl. d. RT. 1878, Bd. III, S. 508. Aktenstück 41.

4) Stenogr. Ber. ü. d. Verhdl. d. RT. 1895/97, S. 6104 u. 6202.

c) Entziehung der Befugnis zum Halten und zur Anleitung von Lehrlingen wegen wiederholter Pflichtverletzung gegenüber dem Lehrling (§ 126 a Abs. 1).

d) Entziehung der Befugnis zum Halten und zur Anleitung von Lehrlingen, weil Tatsachen vorliegen, die den Lehrherrn in sittlicher Beziehung zum Halten oder zur Anleitung von Lehrlingen ungeeignet erscheinen lassen (§ 126 a Abs. 1).

e) Untersagung des Haltens oder Anleitens von Lehrlingen über eine bestimmte Zahl hinaus (§ 128, § 130).

Bei der zweiten und dritten Lesung des Gesetzes im Reichstag stellte der Abg. Stadthagen den Antrag, der Lehrling solle auch dann ein Rücktrittsrecht haben, wenn der Lehrherr in Konkurs gerate. Wenn dies auch aus der bestehenden Gesetzgebung hervorgehen könne, sei es doch notwendig, dies in der GO. nochmals zu sagen und den Lehrling nicht auf die Konkursordnung zu verweisen. Der Antrag wurde jedoch abgelehnt [1]). Es wird also durch Eröffnung des Konkursverfahrens nicht unter allen Umständen die Fähigkeit zur Erfüllung des Lehrvertrags aufgehoben [2]).

8. Wenn der Lehrherr stirbt und der Lehrling sein Rücktrittsrecht innerhalb 4 Wochen geltend macht (§ 127 b Abs. 4).

Nach dem Entwurf der Novelle von 1878 sollte der Tod des Lehrherrn als Auflösungsgrund des Vertrages genügen [3]).

In der Reichstagskommission wurde jedoch die noch heute geltende Fassung dieses § 127 b Abs. 4 beantragt, „da Fälle vorkämen, in denen die Aufhebung des Lehrvertrages durch den Tod des Lehrherrn keineswegs der Willensmeinung der Beteiligten entsprechen würde“ [4]).

Der Lehrvertrag geht also auf den Nachfolger des Lehrherrn über, wenn dieser die Berechtigung zum Halten und zur Anleitung von Lehrlingen besitzt und wenn innerhalb 4 Wochen der Lehrling nicht zurückgetreten ist. Nach Schicker soll wohl der Erbe des Lehrherrn in das Vertragsverhältnis eintreten können, nicht aber ohne weiteres ein anderer Erwerber des Geschäftes [5]). Eine

1) Stenogr. Ber. ü. d. Verhdl. d. RT. 1895/97, S. 6104 und 6903. — 2) Schicker a. a. O. Bd. I, S. 710. Landmann-Rohmer Bd. II, S. 227. — 3) Stenogr. Ber. ü. d. Verhdl. d. RT. 1878, Bd. III, S. 498, Aktenst. 41. — 4) Stenogr. Ber. ü. d. Verhdl. d. RT. 1878, Bd. IV, S. 1176 f. Aktenstück 177. — 5) Schicker a. a. O. Bd. I, S. 710.

Berechtigung zu dieser Annahme dürfte wohl nirgends zu finden, vielmehr die Ansicht richtig sein, daß der Nachfolger in den Lehrvertrag eintritt, von dem erwartet werden kann, daß er das Gewerbe und damit die Lehrlingsausbildung im Sinne seines Vorgängers fortführen wird.

9. Wenn „von dem gesetzlichen Vertreter für den Lehrling, oder, sofern der letztere volljährig ist, von ihm selbst, dem Lehrherrn die schriftliche Erklärung abgegeben wird, daß der Lehrling zu einem anderen Gewerbe oder anderen Beruf übergehen werde" (§ 127 e Abs. 1).

Der Lehrling kann zwar nicht wie bei den bisherigen Fällen sofort vom Lehrvertrage zurücktreten, sondern erst nach 4 Wochen, wenn er nicht eher entlassen wird (§ 127 e Abs. 1). „Den Grund der Auflösung hat der Lehrherr in dem Arbeitsbuche zu vermerken". (§ 127 e Abs. 1). „Binnen neun Monaten nach der Auflösung darf der Lehrling in demselben Gewerbe von einem anderen Arbeitgeber ohne Zustimmung des früheren Lehrherrn nicht beschäftigt werden" (§ 127 e Abs. 2).

Dieser § 127 e gleicht inhaltlich dem § 131 der Novelle von 1878; gegenüber dem § 122 GO. von 1869 enthält er eine wesentliche Erschwerung des Berufswechsels. Danach konnte das Lehrverhältnis „wider den Willen des Lehrherrn vor Ablauf der Lehrzeit aufgehoben werden, wenn der Lehrling zu einem anderen Gewerbe oder zu einem anderen Berufe übergeht" (§ 122 GO. 1869).

Da die Lehrlinge unter dem Vorwande, den Beruf wechseln zu wollen, einfach austraten, so wurde eine Aenderung des § 122 GO. verlangt und dieser Wunsch trat in den Erhebungen über Verhältnisse der Lehrlinge usw. im Jahre 1875 deutlich zu Tage. Wenn auch die überwiegende Mehrheit der Vernommenen den oben erwähnten Uebelstand bestätigt (außer in Bayern und Sachsen), gehen die Vorschläge zu einer Besserung auseinander. Während in einigen Staaten darauf hingewiesen wird, daß dem Lehrherrn im Lehrvertrage ausreichende Möglichkeit gewährt sei, sich gegen den Mißbrauch des Rechts der Lehrlinge, den Beruf zu wechseln, zu sichern, ein Verbleiben des Lehrlings in einem ihm unliebsamen Gewerbe auch unerwünscht sei und deshalb eine Aenderung des § 122 keinen Zweck habe (Bayern, Sachsen, Baden, Hessen, zum

Teil in Württemberg, Posen, Schlesien, Schleswig-Holstein [1]), wird aus anderen Gebietsteilen des Reiches eine gesetzliche Verpflichtung einer Kündigung (z. T. in Württemberg 6 Wochen, in Preußen und Pommern 1—4 Wochen, Schleswig-Holstein 14 Tage bis 3 Monate, Hessen-Nassau 14 Tage, Bayern 14 Tage bis 6 Monate, Hamburg, Bremen) oder dazu noch Reugeld verlangt (Preußen, Pommern, Rheinprovinz, Hessen-Nassau). Aufhebung des § 122 und damit Verbot des Berufswechsels wird mehrfach gewünscht in Preußen, Pommern, Breslau, Liegnitz, Neustadt, Hannover und im Rheinland [1]).

Bezugnehmend auf diese Erhebungen hat die Novelle von 1878 den Berufwechsel erschwert, indem darauf hingewiesen wird, daß die Vorschriften des bisherigen § 122 dem Bedürfnisse nicht entsprechen. „Um Uebereilungen vorzubeugen, wird eine schriftliche Erklärung des Lehrlings oder seines gesetzlichen Vertreters über den beabsichtigten Wechsel des Berufs verlangt und auch nach Abgabe dieser Erklärung dem Lehrherrn gestattet, die Entlassung des Lehrlings noch einige Zeit hinauszuschieben, indem eine solche Zeit der Ueberlegung nicht selten wieder zu einer Umstimmung der Beteiligten führt. Einer Umgehung des Gesetzes soll dadurch vorgebeugt werden, daß dem Lehrling für eine gewisse Zeit nach dem Austritt aus der Lehre es erschwert wird, anderweitig Beschäftigung in demselben Gewerbe zu finden. Die Beachtung dieser Vorschrift durch den Arbeitgeber wird Schwierigkeiten nicht bieten, da alle Lehrlinge bis zu ihrem 18. Jahre ein Arbeitsbuch zu führen haben. Insoweit als diese Verpflichtung besteht, soll in dem Arbeitsbuche die Tatsache des Berufswechsels vermerkt werden. Lehrlinge, welche bereits älter sind und demzufolge ein Arbeitsbuch nicht mehr zu führen brauchen, pflegen vor dem Ende der Lehrzeit zu stehen und nicht leicht noch den Vorwand eines Berufswechsels zu gebrauchen, um sich der Arbeitsstelle zu entziehen. Die Zulässigkeit des Berufswechsels von der Erlaubnis der Behörden abhängig zu machen, wie unter anderem auch in der letzten Session des Reichstages angeregt wurde, empfiehlt sich nicht. In großen Städten und in hoch entwickelten Industriebezirken würde schon die äußerliche Durchführung einer derartigen Vorschrift schwierig sein“ [2]).

1) Erhebungen 1875, S. 14 ff. — 2) Stenogr. Ber. ü. d. Verhdl. d. RT. 1878 Bd. III, S. 508. Aktenstück 41.

Eine weitere Sicherung gegen den Mißbrauch des Berufswechsels auch bei über 18 Jahre alten Lehrlingen ist durch die Annahme des Amendement Stumm bei der zweiten und dritten Lesung des Gesetzes im Reichstage 1878 erreicht worden, wonach die Altersgrenze der ein Arbeitsbuch zu haltenden Personen auf 21 Jahre erhöht[1]) wurde. Durch die Novelle von 1891 trat an Stelle der „21 Jahre" „Minderjährige Personen"[2]).

Die im Entwurfe zur Novelle von 1878 festgesetzte Frist von 6 Monaten wurde in der Kommission auf 9 Monate erhöht mit Rücksicht darauf, „daß insbesondere in den Baugewerben eine Unterbrechung von 6 Monaten schon aus klimatischen Gründen ohne wirksame Bedeutung sei"[3]).

War die schriftliche Erklärung nach der Novelle von 1878 „von dem Vater oder Vormund" abzugeben, so setzte das Einführungsgesetz zum Bürgerlichen Gesetzbuch in dem zweiten Abschnitt Art. 36 VI an deren Stelle „von dem gesetzlichen Vertreter"[4]). Der Lehrling ist zur selbständigen Abgabe einer solchen Erklärung erst berechtigt, wenn er volljährig ist, das heißt im allgemeinen, wenn er das 21. Lebensjahr vollendet hat (§ 2, 3 BGB.).

Da ein Lehrling, der den Beruf wechselt, innerhalb 9 Monaten nicht mehr beschäftigt werden darf in demselben Gewerbe, so ist jede gewerbliche Tätigkeit auch als jugendlicher Arbeiter verboten und nach § 148 Z. 10 strafbar[5]).

d) Folgen des widerrechtlichen Austritts des Lehrlings.

Als eines der schwersten Bedenken gegen die GO. von 1869 darf wohl geltend gemacht werden, daß dem Kontraktbruch der Lehrlinge und damit einer Unbeständigkeit des Lehrverhältnisses Tor und Tür geöffnet war. Paßte es dem Lehrling bei dem Meister nicht mehr, so konnte er ungestraft die Lehre verlassen; denn die GO. von 1869 sah eine Bestrafung für diesen Fall nicht vor; wenn auch der Lehrherr das weiterlaufende Lehrgeld bis zu einem halb-

1) Stenogr Ber. ü. d. Verhdl. d. RT. 1878, Bd. II, S. 1136 und S. 1419. — 2) Dieselben 1891, Anl. Bd. I, S. 16, Aktenstück 4. — 3) Dieselben 1878, Bd. III, S. 1778, Aktenstück 177. — 4) Reichs-Gesetzbl. 1896, S. 613. — 5) Landmann-Rohmer a. a. O. Bd. II, S. 233 f. Schicker a. a. O. Bd. I, S. 716. Rohrscheidt a. a. O. S. 571. Nelken: Handw.Ges. a. a. O. S. 683.

jährigen Betrage verlangen konnte, so wurde diese Bestimmung illusorisch, da man in den meisten Fällen kein Lehrgeld bezahlte. So waren denn auch, wie bereits bei der Geschichte des Reichsgewerberechts nachgewiesen, Kontraktbrüche der Lehrlinge im Anfange der 70er Jahre an der Tagesordnung, fanden dieselben doch, besonders wenn sie im 2. oder 3. Lehrjahre waren, sofort überall als Gesellen lohnende Beschäftigung, sodaß strenge Strafen gegen den Kontraktbruch in Hunderten von Petitionen an den Reichstag verlangt wurden [1]).

Der Verein für Sozialpolitik beschäftigte sich 1875 auch mit dieser Frage in sehr eingehender Weise und es wurde hervorgehoben, daß die schlechte Ausbildung des Handwerkernachwuchses darauf zurückzuführen sei, daß gewissenhafte tüchtige Lehrherrn entweder keine Lehrlinge mehr nähmen, oder dieselben nicht genügend ausbildeten, weil sie wegen der Gefahr des Kontraktbruches seitens des Lehrlings bedacht sein müssen, möglichst frühzeitig durch Ausnutzung derselben eine Gegenleistung für die Ausbildung zu erreichen [2]). Die Eltern der Lehrlinge seien zum Teile schuld an dem Kontraktbruch ihrer Söhne, da sie mehr auf Bezahlung als Ausbildung sähen, und so dieselben bei einem Arbeitgeber, der mehr zahlte, unterzubringen suchten [3]).

Infolge der allgemeinen Forderung nach einer Bestrafung wurden die gemeinsamen Anträge des Referenten Brinkmann und des Korreferenten Prof. Dr. Schönberg, denen sich der zweite Korreferent Liebau nicht angeschlossen hatte, angenommen, wonach die Einführung von Strafen bei widerrechtlichem Lehrvertragsbruch gefordert wurde gegen „Täter, Anstifter, Teilnehmer und Begünstiger, insbesondere auch gegen denjenigen, welcher einen Lehrling wissend, daß er entlaufen ist, in Lehre oder Arbeit nimmt, oder behält" [4]).

Die Enquete von 1875, die sich ebenfalls mit dem Kontraktbruch des Lehrlings befaßte, nahm bei den Vernehmungen der Arbeitgeber und -nehmer die Fragen auf: 1. „Wird der eigenmächtige Austritt der Lehrlinge aus ihrem Lehrverhältnis vorzugsweise im Anfang oder in dem späteren Teile der Lehrzeit wahrgenommen?

---

1) Stenogr. Ber. ü. d. Verhdl. d. RT. 1871. — 2) Korreferat Schönberg im Verein für Sozialpolitik 1875. Schriften des V. f. S. Bd. XI, S. 123. — 3) Derselbe S. 127. — 4) Verhdl. d. V. f. S. 1875, Schr. d. V. f. S. 183.

2. „Welche Versuche sind von Arbeitgebern gemacht, um dem eigenmächtigen Austritt der Lehrlinge durch kontraktliche Regelung der Lehrverhältnisse vorzubeugen und wie haben sich dieselben bewährt?" 3. „Welche Mittel empfehlen sich, um dem eigenmächtigen Austritt im Wege der Gesetzgebung entgegenzutreten?" [1]).

ad 1. Als Resultat der ersten Frage ist ermittelt worden, daß, während die Lehrlinge vor der GO. von 1869 nur eigenmächtig ausschieden, wenn ihnen das Gewerbe oder der Lehrherr nicht gefiel und zwar bei Beginn der Lehrzeit, die Lehrlinge in den 70er Jahren vorwiegend im späteren Teile, namentlich im letzten Jahre der Lehre entliefen.

ad 2. Bei der Beantwortung der zweiten Frage hat sich ergeben, daß die Arbeitgeber verschiedene Wege zur Festigung des Lehrverhältnisses eingeschlagen haben, die mehr oder weniger von Erfolg begleitet waren. In den meisten Fällen suchte man im Lehrvertrage durch Festsetzung eines Reugeldes, das beim Entlaufen des Lehrlings zu zahlen war, dem Uebelstande zu steuern. Dies führte naturgemäß nicht zum Ziel, da der Lehrling meist nichts hatte, und der Lehrherr auch Weiterungen scheute. Andere ließen sich das Lehrgeld zum Teil oder ganz im voraus bezahlen und glaubten so gesichert zu sein. Wenn dies auch bei den vermögenderen Lehrlingen half, so nützte es gar nichts bei denjenigen Lehrlingen, die kein Lehrgeld bezahlten. Den größten Erfolg hatten die Arbeitgeber, die Lohn oder Taschengeld zahlten und hiervon wöchentlich ein Teil zurücklegten, und den Lehrlingen erst bei Beendigung der Lehrzeit die aufgesparte Summe übergaben. Einige suchten durch Versprechen einer am Schluß der Lehrzeit auszuzahlenden Belohnung, oder eines mit der Zeit steigenden Lohnes die Lehrlinge zu halten; jedoch auch mit wenig Erfolg [1]).

ad 3. Allgemein trat bei Beantwortung der dritten Frage der Wunsch nach einer gesetzlichen Regelung hervor, wenn auch die Art und Weise derselben verschieden verlangt wurde. Die meisten der vernommenen Arbeitgeber und -nehmer verlangten eine zwangsweise Zurückführung des entlaufenen Lehrlings in das verlassene Lehrverhältnis.

Auch die Gegner einer zwangsweisen Zurückführung wünsch-

---

1) Erhebungen 1875 a. a. O. S. 44 ff.

ten doch fast ausnahmslos einen Entschädigungsanspruch für den Lehrherrn, den man von vielen Seiten neben der zwangsweisen Zurückführung des Lehrlings verlangte. Die Entschädigung sollte von dem Lehrling, oder wenn derselbe hierzu außerstande, von dem Vormund oder demjenigen Arbeitgeber bezahlt werden, der den Lehrling einstellte, obwohl er wußte, daß derselbe kontraktbrüchig war. Nicht wenige Stimmen verlangten auch die gerichtliche Bestrafung des Lehrlings, des Anstifters, oder desjenigen Arbeitgebers, der den Lehrling trotz Kontraktbruch annahm [1]), so auch der von den Abg. v. Seydewitz und Gen. dem Reichstage im Jahre 1877 vorgelegte Gesetzentwurf [2]).

Die Bestrafung des Kontraktbruches hatte auch seine Gegner. Außer den Sozialdemokraten, die wie schon erwähnt, in den „Erhebungen" keine Strafe für die kontraktbrüchigen Lehrlinge forderten und auch in ihrem 1877 dem Reichstage eingereichten Antrage nichts davon erwähnten [3]), trat auch G. Hirth [4]) in einem Aufsatze „Die Lebensbedingungen der deutschen Industrie" einer solchen Bestrafung entgegen, da die Meister, die die Lehrlinge als Laufburschen brauchten, die Schuld am Kontraktbruche hätten. Man könne deshalb keinen zwingen, in einer Stellung zu bleiben, in der ihm nicht das gegeben werden könne, was er erwartet hätte, nämlich eine allseitige Ausbildung in dem gewählten Berufe. Gewerbetreibende im idealen Sinne des Wortes „Handwerk" gebe es nur noch selten [5]).

Auf einen andern Standpunkt stellte sich indessen die Regierung.

Die Frage fand erst durch die Novelle von 1878 eine endgültige Regelung, indem der § 130 bestimmte: „Verläßt der Lehrling in einem durch dies Gesetz nicht vorgesehenen Falle ohne Zustimmung des Lehrherrn die Lehre, so kann letzterer den Anspruch auf Rückkehr des Lehrlings nur geltend machen, wenn der Lehrvertrag schriftlich geschlossen ist. Die Polizeibehörde kann in diesem Fall auf Antrag des Lehrherrn den Lehrling anhalten, so lange in der Lehre zu verbleiben, als durch gerichtliches Urteil das Lehrverhältnis nicht für aufgelöst erklärt ist. Der Antrag ist nur zulässig, wenn

1) Erhebungen 1875 a. a. O. S. 50 ff. — 2) Stenogr. Ber. ü. d. Verhdl. d. RT. 1877, Aktenstück 23. — 3) Stenogr. Ber. ü. d. Verhdl. d. RT. 1877, Aktenstück 92. — 4) Hirth a. a. O. Zeitschr. f. d. ges. St. 1877. — 5) Hirth's Annalen 1877, S. 790 ff.

er binnen einer Woche nach dem Austritte des Lehrlings gestellt ist. Im Falle der Weigerung kann die Polizeibehörde den Lehrling zwangsweise zurückführen lassen, oder durch Androhung von Geldstrafe bis zu 50 M. oder Haft bis zu fünf Tagen zur Rückkehr anhalten" (§ 130 Novelle von 1878). Die zwangsweise Zurückführung wird außer durch das allgemeine Verlangen dadurch gerechtfertigt, „daß das Verhältnis zwischen einem Arbeitgeber und einem jungen Menschen, welcher oft dem Knabenalter kaum entwachsen ist und zu seinem Arbeitgeber in einem den letzteren zur Ausübung väterlicher Zucht berechtigenden Verhältnisse steht, keinen richtigen Ausdruck erhält, wenn der Lehrherr, um den Lehrling zur Anerkennung der ihm durch seine Stellung auferlegten Pflichten zu zwingen, sich lediglich auf den Weg eines, unter Umständen weitläufigen prozessualischen Verfahrens angewiesen sieht. Auch knüpfen sich an die strenge Achtung seitens der gewerblichen Jugend, auf deren Schulung die Zukunft unserer Gewerbe großenteils beruht, so wichtige wirtschaftliche Interessen, daß sich die Wahrung derselben nicht wohl ausschließlich in das Gebiet privater Rechtsstreitigkeiten verweisen läßt" [1]). Das polizeiliche Einschreiten soll „eine Art disziplinarer Ahndung sein, wie solche der Stellung eines noch in der Erziehung und Ausbildung begriffenen Menschen angemessen ist. Allerdings hat der Gesetzgeber auch die Verpflichtung, der Gefahr einer mißbräuchlichen Anwendung der gestatteten polizeilichen Exekution vorzubeugen. Der Entwurf hat in diesem Sinne mehrfache Bestimmungen aufgenommen. Er gestattet ein polizeiliches Eingreifen nur in solchen Lehrverhältnissen, in welchen die schriftliche Form des Lehrvertrages eine gewisse Gewähr dafür bietet, daß auf beiden Seiten die Zwecke des eingegangenen Lehrverhältnisses und die darauf beruhenden Pflichten wohl erwogen sind. Er gestattet es ferner nur innerhalb einer kurzen Frist nach der Verletzung des Vertrages, weil in allen Fällen, in welchen der Lehrherr selbst die Sache verschleppt, das öffentliche Interesse an der Erhaltung des Lehrvertrages zurücktritt. Er stellt es endlich in das freie Ermessen der Behörde, inwieweit sie es nach Lage des einzelnen Falles für gut befindet, dem Antrag des Lehrherrn entsprechend, gegen den Lehrling polizeilichen Zwang zu üben" [1]).

1) Stenogr. Ber. 1878 S. 508, Aktenstück 41.

Dieser § 130 der Novelle von 1878 wurde in die Novelle von 1897 als § 127 d mit der Aenderung aufgenommen, daß im Falle unbegründeter Weigerung der Rückkehr die Polizeibehörde dem Lehrling zurückzuführen hat.

Bei der zweiten Lesung des Gesetzes im Reichstag erhielt der zweite Satz des § 127 d auf Antrag des Abg. Stadthagen noch den Zusatz „oder dem Lehrling durch einstweilige Verfügung eines Gerichtes gestattet ist, der Lehre fern zu bleiben“ [1]).

Dieser Antrag wurde mit Rücksicht daraufhin angenommen, daß Fälle vorgekommen sind, wo ein Lehrling zu seinem wegen Mißhandlung bestraften Lehrherrn zurückgeführt worden ist, weil das Gericht eine einstweilige Verfügung auf Grund dieses § 130 nicht erlassen wollte [2]).

Die Polizeibehörde kann wie früher wählen, welchen Weg sie einschlagen will, „zurückführen“, oder Androhung von Strafen [3]). Sie wird allerdings zu prüfen haben, ob das Verlassen der Lehre seitens des Lehrlings gerechtfertigt war oder nicht, ob also

1. der Lehrvertrag schriftlich abgeschlossen ist;

2. der Antrag binnen einer Woche nach Austritt des Lehrlings gestellt ist;

3. keiner der Gründe des einseitigen Rücktritts gemäß der §§ 127 b und 127 c vorliegt;

4. nicht schon durch gerichtliches Urteil das Lehrverhältnis für aufgelöst erklärt oder dem Lehrlinge durch einstweilige Verfügung des Gerichts gestattet ist, der Lehre fern zu bleiben [4]): nicht etwa nach Lage der Verhältnisse besondere Tatsachen gegeben sind, welche die Zurückführung als eine unbillige Härte oder als zweckwidrig erscheinen lassen [5]). Doch ist diese Prüfung keine richterliche, sondern nur eine vorläufige und für das Gericht in keiner Weise bindend und maßgebend [6]). Zuständig zur Entscheidung dieser Streitigkeiten über die Fortsetzung des Lehrverhältnisses oder zum Erlaß einstweiliger Verfügungen sind nach § 3 resp. § 56 Abs. 4 des GewGG. die Gewerbegerichte.

---

1) Stenogr. Ber. 1895/97 Bd. IV, S. 1177. — 2) Dieselben S. 6105, Bd. VIII. — 3) Rohrscheidt a. a. O. S. 571. — 4) Landmann-Rohmer a. a. O. Bd. 11, S. 231. Nelken: Handw.Ges. a. a. O. S. 676. — 5) Schenkel a. a. O. S. 402. — 6) Vergl. Seydel: Das Gewerbepolizeirecht nach der RGO. (Hirth's Annalen 1881, S. 717).

e. Entschädigungsansprüche bei Auflösung des Lehrverhältnisses.

Wenn das Lehrverhältnis vor Ablauf der festgesetzten Zeit sein Ende erreicht, so kann hierdurch sowohl der Lehrherr wie der Lehrling in empfindlicher Weise geschädigt werden. Sei es, daß dem Lehrherrn das versprochene Lehrgeld entgeht, oder, ein Fall, der praktischer ist, daß das Lehrverhältnis nach der zweiten Hälfte der Lehrzeit beendet wird, wo der Lehrling anfängt, die vom Meister aufgewandte Mühe und Kosten zu seiner Ausbildung durch seine Arbeit abzuzahlen. Andererseits ist es möglich, daß der Lehrling bei einem anderen Meister nach Auflösung des Lehrverhältnisses mehr Lehrgeld zahlen muß oder weniger Kostgeld, Taschengeld oder Lohn erhält [1]). Schon die GO. von 1869 erkannte deshalb Entschädigungsansprüche der geschädigten Partei an in den §§ 120—123. Danach war das Lehrgeld, wenn keine besonderen Verabredungen getroffen waren, nicht nur für die bereits abgelaufene Zeit, sondern auch noch das weiterlaufende Lehrgeld bis zu dem halbjährigen Betrage desselben zu entrichten, wenn der Lehrling in den Fällen des § 111 Nr. 1—5 (entspricht jetzt § 123 Ziff. 2, 3, 4, 5, 7) zu seiner Entlassung Veranlassung gegeben hat (§ 120 GO. v. 1869), oder wenn er zu einem anderen Gewerbe oder Berufe überging (§ 122 GO. v. 1869); der Lehrherr dagegen war zur Erstattung der durch die anderweitige Unterbringung des Lehrlings entstehenden Mehrkosten verpflichtet, wenn er die ihm nach § 118 (entspricht dem jetzigen § 127) obliegenden Verpflichtungen gröblich vernachlässigte, das Recht der väterlichen Zucht mißbrauchte, oder wenn ihm die Befugnis zum Halten von Lehrlingen entzogen wurde (§ 121 GO. v. 1869). Bei Auflösung durch den Tod oder Unfähigkeit zur Erfüllung der eingegangenen Pflichten bei Lehrherr oder Lehrling mußte, wenn nichts anderes vereinbart war, die Auseinandersetzung hinsichtlich des Lehrgeldes nach dem Verhältnis des bereits abgelaufenen Teiles der Lehrzeit zur ganzen Dauer derselben erfolgen (§ 123 GO. v. 1869).

Diese Entschädigungsansprüche mögen wohl zu jener Zeit in vielen Fällen noch einen Zweck gehabt haben, wo der Lehrling ein nicht unbedeutendes Lehrgeld zahlte. Dies änderte sich aber im

1) Landmann-Rohmer a. a. O. Bd. II, S. 233.

Laufe der 70er Jahre. Lehrgeld wurde immer seltener gezahlt und die Verhältnisse in den einzelnen Gewerben waren auch zu mannigfaltig, als daß sie durch Gesetz einzeln hätten geregelt werden können.

Auch in den „Erhebungen" 1875 war, wie bereits hervorgehoben, eine solche Fülle von verschiedenen Meinungen zutage getreten (Entschädigung, die Lehrling, Vater, Vormund, neuer Arbeitgeber usw. zahlen sollte, Fixierung derselben nach der bereits zurückgelegten Lehrzeit in überaus verschiedener Höhe [1]), daß der Entwurf zur Novelle von 1878 einen anderen Weg vorschlug. „Er will die Regelung der Entschädigungsfrage im allgemeinen der Vereinbarung der vertragschließenden Teile überlassen und nur für diejenigen Fälle, an welche sich ein besonderes öffentliches Interesse knüpft, die Höhe der Entschädigung durch das Gesetz bestimmen. Er geht davon aus, daß Streitigkeiten über die Entschädigungsfrage zwischen Lehrherrn und Lehrling möglichst zu beschränken und zu dem Behufe möglichst zu vereinfachen sind. Daher soll jeder Entschädigungsanspruch erlöschen, welcher nicht innerhalb einer bestimmten kurzen Frist geltend gemacht wird. Ein Entschädigungsanspruch soll ferner überhaupt nur dann geltend gemacht werden können, wenn dem Lehrverhältnis ein schriftlicher Vertrag zu Grunde liegt, welcher voraussichtlich auch für die Beurteilung der Entschädigungsfrage den wünschenswerten Anhalt bieten wird. Endlich soll selbst bei dem Vorhandensein eines schriftlichen Lehrvertrages ein Anspruch auf Entschädigung nur bedingt gegeben sein in allen denjenigen Fällen, in welchen die Vertragslösung ihren Grund nicht in dem schuldhaften Verhalten des Lehrlings oder des Lehrherrn findet (Auflösung innerhalb der Probezeit, Beendigung durch Tod, Auflösung durch Berufswechsel). Für diese Fälle verlangt der Entwurf, als Vorbedingnng für das Entstehen eines Entschädigungsanspruchs, daß in dem schriftlichen Vertrag nicht nur eine Entschädigungsleistung überhaupt, sondern auch deren Art und Höhe vereinbart sei" [2]). Der Entwurf hat ferner die Entschädigungsansprüche des Lehrherrn bei unbefugtem Verlassen der Lehre durch den Lehrling, wenn nicht anderes vereinbart ist, an gewisse Normalsätze geknüpft, davon ausgehend, daß „die Leistungsfähigkeit des Lehrlings durchschnittlich der halben Leistungsfähig-

1) Erhebungen 1875, S. 52 ff. — 2) Stenogr. Ber. ü. d. Verhdl. d. RT. 1878 Bd. III, S. 509, Aktenstück 41.

keit eines Gesellen gleichkomme" und diese Festsetzung eine der am wenigsten willkürliche sei [1]).

Da die hierauf bezüglichen §§ der Novelle von 1878 (§§ 132, 133) im wesentlichen den §§ 127 f und 127 g der Novelle von 1897 entsprechen, so seien letztere im Wortlaut angeführt: „Erreicht das Lehrverhältnis vor Ablauf der verabredeten Lehrzeit sein Ende, so kann von dem Lehrherrn oder von dem Lehrling ein Anspruch auf Entschädigung nur geltend gemacht werden, wenn der Lehrvertrag schriftlich geschlossen ist. In den Fällen des § 127 b Abs. 1 und 4 kann der Anspruch nur geltend gemacht werden, wenn dieser in dem Lehrvertrage unter Festsetzung der Art und Höhe der Entschädigung vereinbart ist".

„Der Anspruch auf Entschädigung erlischt, wenn er nicht innerhalb vier Wochen nach Auflösung des Lehrverhältnisses im Wege der Klage oder Einrede geltend gemacht ist" (§ 132). „Ist von dem Lehrherrn das Verhältnis aufgelöst worden, weil der Lehrling die Lehre unbefugt verlassen hat, so ist die von dem Lehrherrn beanspruchte Entschädigung, wenn in dem Lehrvertrage nicht ein geringerer Betrag ausbedungen ist, auf einen Betrag festzusetzen, welcher für jeden auf den Tag des Vertragsbruches folgenden Tag der Lehrzeit, höchstens aber für 6 Monate, bis auf die Hälfte des in dem Gewerbe des Lehrherrn den Gesellen oder Gehilfen ortsüblich gezahlten Lohnes sich belaufen darf.

Für die Zahlung der Entschädigung sind als Selbstschuldner mitverhaftet der Vater des Lehrlings, sofern er die Sorge für die Person des Lehrlings hat, sowie derjenige Arbeitgeber, welcher den Lehrling zum Verlassen der Lehre verleitet oder welcher ihn in Arbeit genommen hat, obwohl er wußte, daß der Lehrling zur Fortsetzung seines Lehrverhältnisses noch verpflichtet war. Hat der Entschädigungsberechtigte erst nach Auflösung des Lehrverhältnisses von der Person des Arbeitgebers, welcher den Lehrling verleitet oder in Arbeit genommen hat, Kenntnis erhalten, so erlischt gegen diese der Entschädigungsanspruch erst, wenn derselbe nicht innerhalb 4 Wochen nach erhaltener Kenntnis geltend gemacht ist" (§ 127 g). Die Fristberechnung richtet sich hier und im § 132 nach § 200 ZPO. [2]).

1) Stenogr. Ber. ü. d. Verhdl. d. RT. 1878 Bd. III, S. 509, Aktenstück 41. — 2) Panier a. a. O. S. 113.

Durch die Novelle von 1897 ist nur eine redaktionelle Aenderung eingetreten, indem statt „§ 128 Abs. 1 und 4“ „§ 127 b Abs. 1 und 4“ gesetzt wurde. Die Aenderung im dritten Wort des 2. Absatz „der“ statt „auf“ darf wohl als ein Versehen bezeichnet werden. Da, wie bereits oben hervorgehoben, der § 127 f nur einzelne Normen für den Entschädigungsanspruch geben wollte, richtet sich die Frage, ob und in welcher Höhe die Ansprüche gehen, nach den §§ 323, 324, 325 und 628 BGB. [2]). § 323 Abs. 1 Satz 2 und Abs. 3 BGB. findet dann Anwendung, wenn einer der beiden Teile ohne ein von ihm zu vertretendes Verschulden zur Fortsetzung des Lehrverhältnisses unfähig wird. § 628 Abs. 2 BGB. kommt für die Fälle des § 127 b Abs. 2 und 3 in Verbindung mit §§ 123 und 124 Ziff. 3—5 GO. zur Anwendung.

Wird der Lehrling entlassen, weil er sich eines liederlichen Lebenswandels schuldig macht (§ 127 b Abs. 1 in Verbindung mit § 123 Ziff. 2), so kann der Lehrherr die im Lehrvertrage zugesicherte Entschädigung nur verlangen, wenn er dem Vater oder dem Vormund des Lehrlings vorher von dessen Lebenswandel Mitteilung gemacht hat, damit diesen die Möglichkeit gegeben war, auf den Lehrling einzuwirken [3]).

Der Art der Festsetzung einer Entschädigung, wie sie im § 127 g Abs. 1 vom Gesetzgeber normiert worden ist, kann eine gewisse Willkür nicht abgesprochen werden, sowohl in der Festsetzung der Frist „höchstens aber 6 Monate“ als auch in der Höhe der Entschädigung, „bis auf die Hälfte des in dem Gewerbe des Lehrherrn den Gesellen oder Gehilfen ortsüblich gezahlten Lohnes“. Die Parteien werden also gut tun, die genaue Festsetzung des Betrages im Lehrvertrage zu vereinbaren, da dieselbe sonst in das freie Ermessen des Richters, allerdings in den Grenzen des § 127 g, gestellt ist. Für Klagen gegen den Vater des Lehrlings oder den neuen Arbeitgeber sind nach § 1 des Reichsgesetzes über die Gewerbegerichte vom 29. Juli 1890 nicht diese, sondern die ordentlichen Gerichte zuständig. Dies ist jedoch nicht der Fall, wenn der

1) Stenogr. Ber. ü. d. Verhdl. d. RT. 1875 Bd. IV, S. 1178, Aktenst. 177.

2) Schicker a. a. O. Bd. I, S. 1717. Landmann-Rohmer a. a. O. Bd. II, S. 232.

3) Urt. des OG. zu Wolfenbüttel v. 10. II. 72 (Seufferts Archiv Bd. 30, S. 121).

Vater als gesetzlicher Vertreter des Lehrlings dem Lehrherrn gegenübersteht. Hier kommt das Gewerbegericht in Betracht[1]).

Die HK. haben in ihren Lehrvertragsformularen die Höhe der Entschädigung für diesen Fall mehrfach in bestimmten Beträgen festgesetzt (die bayrischen Kammern). So z. B. die HK. Regensburg

im ersten Jahre 50 Mk.
im zweiten Jahre 100 Mk.
im dritten Jahre 150 Mk.
im vierten Jahre 200 Mk.

Entschädigung für das betreffende Lehrjahr.

Es ist dies eine sehr geringe Entschädigung, da sie selbst im vierten Jahre weit hinter der Hälfte des ortsüblichen Gesellen- oder Gehilfenlohnes während sechs Monaten zurückbleibt.

Die HK. Bromberg hat den zu zahlenden Entschädigungsanspruch

im 1. Lehrjahr auf 50 Pfg.
im 2. Lehrjahr auf 50 Pfg.
im 3. Lehrjahr auf 75 Pfg.
im 4. Lehrjahr auf 1 Mk. pro Tag

festgesetzt, jedoch begnügen sich die meisten Kammern damit, im Lehrvertrage nur darauf hinzuweisen, daß eine diesbezügliche Festsetzung der Höhe der Entschädigung von den Parteien notwendig ist.

7. Maßregeln gegen Lehrlingszüchterei.

Eine alte Forderung des Handwerks hat der Gesetzgeber in der Novelle von 1897 befriedigt, indem er in den §§ 128 und 130 GO. der Lehrlingszüchterei eine Grenze setzte.

Unter Lehrlingszüchterei versteht man den Mißbrauch, den der Lehrherr mit Lehrlingen treibt in der Absicht, ausschließlich oder vorwiegend Lehrlinge zu halten, deren Zahl in keinem Verhältnis zu dem Umfang seines Geschäftes und der Zahl der beschäftigten Gehilfen steht, um ihre Arbeitskraft auszunutzen, ohne für richtige Berufserlernung Gewähr zu bieten.

Bis zum Innungsgesetz von 1881 gab es eine Beschränkung hinsichtlich des Haltens von Lehrlingen nicht. Jeder konnte nach § 41 GO. soviel Lehrlinge halten, wie er wollte. Durch die Novelle von 1881 konnte Gewerbetreibenden, die keiner Innung angehör-

1) Schenkel a. a. O. S. 409.

ten, um den Innungen „eine größere Anziehungskraft für die Handwerker zu geben“ [1]), unter bestimmten Voraussetzungen das Halten von Lehrlingen überhaupt untersagt werden. Damit war jedoch der Lehrlingszüchterei als solcher keine Grenze gesetzt, und die Novelle von 1897 suchte deshalb dieses Ziel auf andere Weise zu erreichen. „Wenn nun auch, wie die mehrerwähnten Erhebungen über Verhältnisse im Handwerk 1895 ergeben haben (2. Heft Tabellenwerk, Tabelle 1) ungeachtet dieser Freiheit die Zahl der Lehrlinge sowohl im Verhältnis zu der Zahl der selbständigen Meister, als auch zu der Zahl der Gesellen im allgemeinen keineswegs übermäßig erscheint (61 199 Meister, 40 189 Gesellen, 21 366 Lehrlinge), so läßt doch die Erhebung (Heft 3, Uebersicht 42) erkennen, daß in einzelnen Gewerben manche Betriebe vorhanden sind, in denen die Zahl der Lehrlinge nicht nur an sich, sondern auch im Verhältnis zu den Gesellen auffallend groß ist. Diesem Mißbrauche, der sogenannten Lehrlingszüchterei, wird im Interesse der Ausbildung der Lehrlinge und zur Vermeidung einer mißbräuchlichen Benutzung ihrer Arbeitskraft entgegengetreten werden müssen. Es soll daher zunächst die untere Verwaltungsbehörde ermächtigt werden, Lehrherrn, welche eine zu dem Umfange und der Art des Gewerbebetriebes im Mißverhältnis stehende Zahl von Lehrlingen halten, die Verpflichtung zur Entlassung eines entsprechenden Teiles aufzuerlegen und die Annahme von Lehrlingen über eine bestimmte Höchstzahl hinaus zu untersagen. Selbstverständlich wird die untere Verwaltungsbehörde, deren Verfügung auf dem im § 126 b bezeichneten Wege angefochten werden kann, jederzeit befugt sein, ihre Verfügung zurückzuziehen oder zu ändern, wenn oder insoweit dies bei einer entsprechenden Aenderung der in Frage kommenden Verhältnisse angängig erscheint“ [2]).

Diese Befugnis soll auch dem Bundesrat übertragen werden, und „um für den Fall Vorsorge zu treffen, daß der Erlaß allgemeiner Bestimmungen nicht für das ganze Reichsgebiet, sondern auch für einzelne Bezirke als erforderlich oder zweckmäßig anerkannt werden sollte, wird der Landes-Zentralbehörde das Recht zum Erlaß solcher Vorschriften vorzubehalten sein“ [3]).

---

1) Stenogr. Ber. ü. d. Verhdl. d. RT. 1881. Bd. II, Aktenstück 49.

2) Stenogr. Ber. ü. d. Verhdl. d. RT. 1895/97 S. 3801, Aktenstück 713.

3) Ebenda, S. 3801.

Die im Reichstage ohne Debatten angenommenen §§ 128 und 130 lauten: „Wenn der Lehrherr eine im Mißverhältnisse zu dem Umfang oder der Art seines Gewerbebetriebes stehende Zahl von Lehrlingen hält und dadurch die Ausbildung der Lehrlinge gefährdet erscheint, so kann dem Lehrherrn von der unteren Verwaltungsbehörde die Entlassung eines entsprechenden Teiles der Lehrlinge auferlegt und die Annahme von Lehrlingen über eine bestimmte Zahl hinaus untersagt werden. Die Bestimmungen des § 126a Abs. 3 finden hierbei entsprechende Anwendung".

„Unbeschadet der vorstehenden Bestimmung können durch Beschluß des Bundesrats für einzelne Gewerbszweige Vorschriften über die höchste Zahl der Lehrlinge erlassen werden, welche in Betrieben dieser Gewerbszweige gehalten werden darf. Soweit solche Vorschriften nicht erlassen sind, können sie durch Anordnung der Landes-Zentralbehörde erlassen werden" (§ 128).

„Soweit durch den Bundesrat oder die Landes-Zentralbehörde auf Grund des § 128 Abs. 2 Vorschriften über die zulässige Zahl von Lehrlingen nicht erlassen sind, ist die Handwerkskammer und die Innung zum Erlasse solcher Vorschriften befugt" (§ 130).

Der Bundesrat kann nach den Verhandlungen der Kommission seine Vorschriften auch für Handwerker ohne vorherige Einvernahme mit der HK. treffen. Ein entgegengesetzter Antrag bei der Kommissionsberatung wurde abgelehnt, um es den einzelnen Bundesregierungen zu überlassen, „auf welche Weise sie ihre Informationen über die hier in Betracht kommenden Fragen erhalten". Dem steht aber der § 103c Abs. 2 gegenüber, der vorschreibt, daß die HK. in allen wichtigen, die Gesamtinteressen des Handwerks oder die Interessen einzelner Zweige desselben berührenden Angelegenheiten gehört werden sollen. Da solche Vorschriften über Höchstzahl der Lehrlinge sicherlich wichtig sind, so wird der Bundesrat derartige Vorschriften nur nach Anhörung der HK. erlassen können [1]).

Welche Lehrlinge zu entlassen sind, bestimmt der Lehrherr selbst, die Behörde hat nur die Anzahl der zu entlassenden Lehrlinge anzugeben [2]), die dann gegen den Lehrherrn wegen einer verschul-

1) Stenogr. Ber. ü. d. Verhdl. d. RT. 1895/97 S. 4265, Aktenstück 819.

2) Landmann-Rohmer a. a. O. Bd. II, S. 238. Rohrscheidt a. a. O. S. 373.

deten Unmöglichkeit der Erfüllung des Lehrvertrages nach § 127 f Schadensersatzansprüche geltend machen können[1]).

Die Entlassung der zuviel gehaltenen Lehrlinge erfolgt auf Grund des § 144 Abs. 2 mittels Zwangsstrafen durch die Ortspolizeibehörde. Die von der Entlassung betroffenen Lehrlinge können bei schriftlich abgeschlossenem Lehrvertrag nach §§ 127 e und 127 f GO. Lehrzeugnis und Entschädigung verlangen. Die im Abs. 2 des § 128 stehenden Worte „Unbeschadet der vorstehenden Bestimmung" schließen nicht aus, daß die untere Verwaltungsbehörde gegebenenfalls auch gegen diejenigen Gewerbetreibenden einschreiten kann, die unter den vom Bundesrat oder der Landeszentralbehörde erlassenen Vorschriften stehen[2]).

Zur Entscheidung der Frage, ob eine staatliche Regelung der Höchstzahl der zu haltenden Lehrlinge gerechtfertigt oder erwünscht ist, prüfen wir vorerst,

1. ob durch eine vermehrte Lehrlingshaltung die Gefahr der sogen. Lehrlingszüchterei auftreten kann und hierdurch im öffentlichen Interesse ein staatliches Einschreiten gerechtfertigt erscheint?

2. ob im öffentlichen Interesse ein staatliches Eingreifen aus dem Grunde gerechtfertigt erscheint, die Interessengegensätze zwischen Arbeitgeber und Arbeitnehmer zu mildern, dafür zu sorgen, daß die Zahl der ausgebildeten Lehrlinge den Bedürfnissen des Arbeitsmarktes entspricht?

ad 1. Was die erste Frage betrifft, so wird man ein öffentliches Interesse und damit ein Eingreifen des Staates wohl rechtfertigen können, wenn tatsächlich Lehrlingszüchterei vorliegt, da hierdurch, infolge der damit verbundenen schlechten Ausbildung die größten wirtschaftlichen Nachteile für ein Land entstehen können. Ob aber Lehrlingszüchterei vorliegt, muß für jeden individuellen Fall besonders entschieden werden und generelle Bestimmungen für ein ganzes Gewerbe oder gar für alle Gewerbe, wie die HK. sie vielfach erlassen haben und erlassen wollen, dürften grundfalsch sein.

1) Nelken: Handw.Ges. a. a. O. S. 693, Landmann-Rohmer a. a. O. Bd. II, S. 237.

2) Landmann-Rohmer a. a. O. Bd. II, S. 238. — Schicker a. a. O. Bd. I, S. 721.

Wie wenig die vielverbreitete Ansicht berechtigt ist, daß in Deutschland die Lehrlingszüchterei üblich sei, zeigt die Erhebung über Verhältnisse im Handwerk, veranstaltet im Sommer 1895. In außerordentlich geschickter Weise hat man bei der Auswahl der Erhebungsbezirke, die sich über das ganze Reich erstreckten und die bei 18 700 qkm etwa den 30. Teil der Reichsfläche und mit 2 292 525 Einwohner etwa den 22. Teil der damaligen Einwohnerzahl des Deutschen Reiches ausmachten, große, mittlere und kleine Städte, dicht- und dünnbevölkerte Gegenden, solche mit hoch- und solche mit wenig entwickelter Industrie gewählt. Es finden sich Bezirke mit rein ländlichen und rein städtischen Verhältnissen, so daß man die bei der Erhebung gemachten Erfahrungen ohne zu große Fehler auf das ganze Reichsgebiet übertragen kann.

In diesem Erhebungsgebiet wurden ermittelt 61 199 Handwerksmeister, 40 189 Gesellen und 21 366 Lehrlinge [1]). (Die geringe Anzahl der Lehrlinge ist nach den übereinstimmenden Berichten der Handwerkskammern auf die Unmöglichkeit, Lehrlinge zu erhalten, zurückzuführen.) Bei näherem Zusehen findet man, daß von den 61 199 Meistern nur 26 233 Meister handwerksmäßiges Personal in ihrem Hauptberuf beschäftigten. Von diesen 26 233 Meistern arbeiteten wiederum 11 974 ganz ohne Lehrlinge und nur mit Gesellen, kommen also hier nicht in Betracht. Bei den übrigbleibenden 14 349 Lehrherrn waren im ganzen 21 725 Lehrlinge tätig und zwar beschäftigten 5142 Meister 1 Lehrling und keinen Gesellen, also 5142 Lehrlinge, 3727 Meister gleichviel Gesellen und Lehrlinge, nämlich 4484 Lehrlinge und 4484 Gesellen, 2607 Meister mehr Gesellen als Lehrlinge, nämlich 4982 Lehrlinge und 17 433 Gesellen, 1056 Meister 1 Lehrling mehr als Gesellen, 2310 Lehrlinge und 1254 Gesellen.

Bis hierhin kennzeichnen die Erhebungen die Verhältnisse als mäßige Lehrlingshaltung. Es beschäftigten hiernach also 12 534 Lehrherrn 16 918 Lehrlinge und 23 171 Gesellen, das sind 87,4% aller Lehrherrn, 77,9% aller Lehrlinge und 56,3% aller Gesellen.

Bei allen Betrieben, bei denen die Zahl der Lehrlinge größer ist als die Zahl der handwerksmäßig ausgebildeten Betriebsgenossen (Meister, Werkführer und Gesellen) soll nach Annahme des

---

1) Erhebungen 1895, Heft 2, Tabelle 2, S. 16.

Kaiserlich Statistischen Amtes eine übermäßige Lehrlingshaltung vorliegen. In diese Kategorie fallen die noch übrigbleibenden 1815 Lehrherrn. Davon hatten 1435 Meister keinen Gesellen, aber 2 oder noch mehr Lehrlinge, insgesamt 3920 Lehrlinge, 380 Meister 2 oder noch mehr Lehrlinge mehr als Gesellen, nämlich 1517 Lehrlinge und 521 Gesellen. 1835 Meister mit 4007 Lehrlingen und 521 Gesellen. Bei Feststellung dieser eigentlich ganz willkürlichen Grenze für die Erhebungen sind dieselben davon ausgegangen, daß man nicht darauf verzichten kann, „ein für die Lehrlingsausbildung bedenkliches Maß in einer gewissen Zahl der gehaltenen Lehrlinge zu sehen" [1]). Man stellte sich deshalb auf den Standpunkt, daß bei einer gewissen Uebertreffung der Gesellenzahl durch die Lehrlingszahl die Wahrscheinlichkeit einer ungenügenden Ausbildung vorhanden sei, wobei allerdings zugegeben wird, daß bei Berücksichtigung der Begleitumstände (Lehr- und Organisationstalent des Meisters, Mannigfaltigkeit der Kundenarbeit usw.) eine größere Anzahl von Lehrlingen auch eine tüchtige und gediegene Lehre durchmachten, ohne daß man hierbei von übermäßiger Lehrlingshaltung sprechen könne. Andererseits wird auch zugegeben, daß bei Mangel obiger Begleitumstände eine Handwerkslehre nichts tauge, selbst wenn eine geeignete, mäßige Lehrlingshaltung vorliege [2]). Die Erhebungen glauben aber annehmen zu dürfen, daß diese beiden Fälle gegeneinander aufgerechnet werden könnten [3]).

Als durchaus verfehlt muß die Grenze zwischen „mäßiger" und „übermäßiger Lehrlingshaltung" bezeichnet werden, denn für jeden Praktiker ist es augenscheinlich, daß z. B. ein mittelmäßig begabter Meister sehr wohl in der Lage ist, zwei Lehrlingen eine bessere Ausbildung zu geben, als wenn er dazu noch einen oder zwei Gehilfen beschäftigt, selbst dann, wenn er beide ohne gewerbliche Vorbildung gleichzeitig einstellt. Der Fall, daß ein Lehrherr einen zweiten Lehrling einstellt, wenn der erste die Hälfte oder gar ¾ der Lehrzeit zurückgelegt hat, und der im Handwerk sehr häufig vorkommt, ist bei der Festsetzung der übermäßigen Lehrlingshaltung in den Erhebungen garnicht besonders berücksichtigt. Von den 1435 Meistern, die keinen Gesellen, aber 2 und mehr Lehrlinge beschäftigen, zusammen 3290, dürften, da selbst die HK., soweit sie diesbezügliche

1) Erhebungen 1895, Heft 3, S. 62 f. — 2) Erhebungen 95, Heft 3, S. 63. — 3) Dieselben, Heft 3, S. 78.

Vorschriften erlassen haben, dem Lehrherrn, der ohne Gesellen arbeitet, 2 Lehrlinge zugestehen, 1148 Meister, die 2 Lehrlinge ohne Gesellen beschäftigen, also 2296 Lehrlinge ausscheiden[1]), sodaß nur bei 287 Meistern, die ohne Gesellen mit mehr als 2 zusammen 994 Lehrlingen[2]) arbeiten, evtl. Lehrlingszüchterei vorliegen könnte, was jedoch auch nur in jedem einzelnen Falle zu konstatieren wäre, da selbst die HK. für einzelne Gewerbe z. B. Schlosser, Maurer, Maschinenbauer usw. 3 Lehrlinge einem ohne Gehilfen arbeitenden Meister zugestehen.

Aehnlich liegt die Sache bei den Lehrmeistern, die 2 Lehrlinge mehr als Gesellen beschäftigen. Wenn auf jeden Gesellen ein Lehrling gerechnet wird, so darf es auch hier nicht als übermäßige Lehrlingshaltung bezeichnet werden können, wenn man auf den Meister selbst 2 Lehrlinge rechnet. Ziehen wir die sonach meines Erachtens nicht zu der Kategorie der übermäßigen Lehrlingshaltung zählenden Fälle ab, wo der Meister mit 2 Lehrlingen mehr als Gesellen arbeitet, es sind dies 261 Meister mit 851 Lehrlingen[3]), so bleiben bei dieser Kategorie 119 Meister mit 666 Lehrlingen übrig, bei denen evtl. Lehrlingszüchterei vorliegen könnte, wobei, wie oben angegeben, sich auch nur von Fall zu Fall eine Lehrlingszüchterei feststellen ließe. Im ganzen Erhebungsgebiet wäre demnach von 14 349 Lehrherrn mit 21 725 Lehrlingen bei 406 Lehrherrn mit 1650 Lehrlingen eventuell eine Lehrlingszüchterei nachzuweisen. Es ist dies ein so kleiner Prozentsatz, daß hierbei sehr wohl in jedem einzelnen Falle auf Grund des § 128 GO. eingeschritten werden kann, ohne durch generelle Bestimmungen großen Schaden anzurichten. Dies erscheint umsomehr gerechtfertigt, als sich nach den Erhebungen von 1895 nur einzelne Handwerker durch eine übermäßige Lehrlingszahl auszeichnen, wie z. B. die Maurer, Zimmerer, Buchdrucker, Bauschlosser, Schlosser (nicht Spezialisten), Bandagisten[4]). Auch eine von der HK. Freiburg im Jahre 1904 angestellte Erhebung[5]) zeigt, daß eine Gefahr der Lehrlingszüchterei nur vereinzelt vorliegt. 1831 Lehrlinge (59%) hatten danach Einzellehre, 768 (25%) lernten zu zweien, 291 (9%) zu dreien und der Rest 126 (7%) waren in solchen Betrieben

1) Erhebungen 95, Heft 3, S. 63. — 2) Dieselben Heft 3, S. 38. — 3) Erhebungen a. a. O. Heft 3, S. 45. — 4) Dieselben S. 69. — 5) Jahresber. d. HK. Freiburg 1904/05, S. 17.

in der Lehre, die mehr als 3 Lehrlinge beschäftigten. Weder der Bundesrat noch irgend eine Landeszentralbehörde hat von der Befugnis, Vorschriften über die Höchstzahl der zu haltenden Lehrlinge zu erlassen, bisher Gebrauch gemacht, so daß angenommen werden darf, daß auch sie dieser Ansicht sind, trotz der Erhebungen von 1895, die doch nach ihrer Berechnung eine übermäßige Lehrlingshaltung nachgewiesen und an die Feststellung „volkswirtschaftliche Gesichtspunkte" geknüpft haben, die an dieser Stelle, wo nachgewiesen ist, daß Lehrlingszüchterei in bemerkenswertem Umfange nicht vorliegt, nicht unberücksichtigt bleiben dürfen [1]).

Die Erhebungen versuchen eine ungefähre Schätzung der Schädigung, die die Volkswirtschaft durch übermäßige Lehrlingshaltung erleidet, unter Berücksichtigung der folgenden 4 Punkte:

1. „Wie groß ist die jährliche Schädigung eines Lehrlings während seiner Lehrzeit, wenn er, statt eine angemessene Lehrausbildung zu erhalten, als jugendlicher Arbeiter benützt wird?"

2. „Wie groß ist die Schädigung für den Betroffenen in späteren Jahren, wenn er nun als Geselle oder erwachsener Arbeiter seinem Erwerbe nachgeht?"

3. „Wie groß ist die Zahl der Handwerkslehrlinge im Deutschen Reich, welche als jugendliche Arbeiter verwendet, eine ungenügende Ausbildung in ihrem Handwerk erhalten?"

4. „Wie groß ist die Zahl derjenigen Gesellen und Arbeiter, welche früher eine in dieser Art ungenügende Lehrlingsausbildung genossen haben?"

Zur ersten Frage wird eine Berechnung des Statistischen Amtes der Stadt Berlin aus dem Jahre 1891 angeführt, wonach ein Lehrling im Jahre 205,92 Mk. weniger erhält, als wenn er als Laufbursche, Arbeitsbursche usw. tätig wäre. Für den Reichsdurchschnitt setzen die Erhebungen 100 Mk. für jedes Jahr der Lehrdauer fest. Wird man gegen diese Berechnung nichts einwenden können, als daß die Festsetzung des Reichsdurchschnittsbetrages von 100 Mk. gegenüber der statistischen Berechnung von 205,92 Mk. in Berlin als zu gering erscheint, so wird dieser Einwand durch die Beantwortung der zweiten Frage illusorisch, wo die Schädigung des Betroffenen, wenn er keine gute Ausbildung genossen und mehr als „Arbeiter" denn als „Geselle" sein Brot verdienen muß.

1) Erhebungen a. a. O. Heft 3, S. 77 f.

ad 2. Nach einer Statistik der Stadt Berlin beträgt die Differenz im Jahresverdienst zwischen einem gelernten und ungelernten Arbeiter 269,88 Mk. im Zeitlohn und 330,20 Mk. im Stücklohn zu Ungunsten des ungelernten Arbeiters; die Erhebungen bleiben auch hier wieder unter diesem Betrag und schätzen die durchschnittliche Kürzung des Jahresverdienstes in den auf die Lehrzeit folgenden Lebensjahren auf 150 Mk.

ad 3. Die Zahl der im Erhebungsgebiet durch übermäßige Lehrlingshaltung geschädigten Lehrlinge beläuft sich nach der oben bereits kritisierten Berechnung auf 4807. Wenn auch berücksichtigt ist, daß darunter „eine mehr oder minder große Anzahl von Lehrherrn ist, die durch Lehrtalent, zweckmäßige Verteilung usw. eine gediegene Handwerksausbildung mit auf den Weg geben", so kommt dies nach den Erhebungen jedoch nicht in Betracht, da andererseits bei den Lehrherrn mit mäßiger Lehrlingshaltung noch mancher sei, der als jugendlicher Arbeiter ausgenützt werde, und die nicht gezählten Fälle die zuviel gezählten wohl aufwiegen würden. Die Zahl von 4807 wurde trotzdem auf 4500 abgerundet, und da das deutsche Reich 21,56mal so viel Einwohner als das Erhebungsgebiet hatte, wurde für das deutsche Reich 20 × 4500 = 90 000 Lehrlinge berechnet, die als in einer ungenügenden Lehre befindlich zu betrachten seien [1]). Ohne Abrundung auf 4500 würden es also 20 × 4807 = 98 832 Lehrlinge gewesen sein, gegenüber 20,56 × 1650 = 34 924 Lehrlingen nach den Berechnungen des Verfassers.

ad 4. Um die Zahl derjenigen Gesellen und Arbeiter festzustellen, welche trotz Durchlaufens der Handwerkslehre doch eine ungenügende Ausbildung wegen Lehrlingszüchterei erhalten haben, benutzten die Erhebungen die in der „deutschen Sterbetafel" (Statistisches Jahrbuch für das deutsche Reich 1891 S. 9 ff.) niedergelegten Erfahrungen und kamen für den aus der Lehre eben entlassenen Siebzehnjährigen zu dem Resultat, daß für denselben im Durchschnitt 30 Jahre Erwerbstätigkeit zu rechnen sind. Da nach der Sterbetafel jährlich 60 383 Siebzehnjährige in das 18. Lebensjahr eintreten, ist unter Berücksichtigung der ungünstigeren Sterblichkeit des gewerblichen Teiles der Bevölkerung angenommen worden,

---

1) Erhebungen Heft 3, S. 78.

daß in den 30 Jahren der Erwerbstätigkeit diese 30 Jahresklassen mit 1 500 000 erwerbsfähigen Personen besetzt sind. Hiervon sind, da im deutschen Reiche von 90 000 unter den Folgen einer übermäßigen Lehrlingshaltung leidenden Lehrlinge jährlich 30 000 Gesellen sind, bei 3jähriger Lehrzeit, unter Berücksichtigung der Absterbeordnung 750 000 Erwerbstätige durch einstige mangelhafte Lehre in ihrem Erwerbe herabgedrückt worden [1]).

Als Ergebnis dieser Schätzungen berechnen die Erhebungen den jährlichen Verlust der Volkswirtschaft wie folgt:

ad 1)	90 000 Lehrlinge	à 100 Mk. jährl.	=	9 Mill.
ad 2 u. 4)	750 000 Erwerbstätige	à 150 Mk. jährl.	=	112½ Mill.
			Summa	121½ Mill.

„Da der bei der Herstellung eines Produktes gezahlte Arbeitslohn aus einem „Teil des Wertes des Produktes, in welchem noch Beträge für Zins und Unternehmergewinn stecken, ist, läßt die wegen Minderleistung der Arbeit ausgefallene Lohnsumme auf einen noch weit größeren Warenwert schließen, der aus der Produktion ausgefallen ist [2]).

Für den Einzelnen beträgt die Einbuße:

a) während dreier Lehrjahre jährlich	100 Mk. =	300 Mk.
b) während 30 Jahre ausgeübten Erwerbes jährlich	150 Mk. =	4500 Mk.
Summa		4800 Mk.

Wenn auch die Schädigung der Volkswirtschaft nach den vom Verfasser angestellten Berechnungen sich um ⅓ ermäßigte, so würde die restierende Summe ein staatliches Eingreifen wohl dann rechtfertigen lassen, wenn, wie die von den Erhebungen selbst genannten „grobe Schätzungen“ [3]) insbesondere diejenigen ad 3 und demzufolge auch ad 4 den Tatsachen entsprechen würden. Aber mit Rücksicht auf diesen Umstand und auf die Tatsache, daß nur einige wenige Gewerbe bei der Lehrlingszüchterei in Betracht kommen (siehe S. 118), erscheint ein staatliches Eingreifen im öffentlichen Interesse nicht geboten.

ad 2. Von einem anderen Gesichtspunkte ist die Frage zu be-

1) Erhebungen 95, Heft 2, S. 78.

2) Erhebungen, Heft 3, S. 79.

3) Dieselben, Heft 3, S. 78.

handeln, ob im öffentlichen Interesse ein staatliches Eingreifen aus dem Grunde gerechtfertigt erscheint, die Interessengegensätze zwischen Arbeitgeber und Arbeitnehmer zu mildern, durch Regulierung des Lehrlingsangebots und der Nachfrage nach solchen und damit auch eine Regulierung des Arbeitslohnes. Eine absolut sichere und zuverlässige Untersuchung ist in dieser Hinsicht unmöglich, da hierzu die Unterlagen fehlen: Umfang des Uebertritts von Handwerkerpersonal in die Fabriken, Umfang des Berufswechsels, der Auswanderung und Arbeitslosigkeit, Durchschnittspunkt und Häufigkeit des Eintritts der Invalidität, Berufs-Sterblichkeiten und Berufs-Absterbeordnungen usw.

Die Erhebungen von 1895 machen auch nach dieser Richtung den Versuch, festzustellen, daß die Lehrlingszahl für das Handwerk zu groß sei, indem sie darauf hinweisen, daß 42 043 Gesellen nur 21 725 Lehrlinge gegenüberstehen. Auf 100 Gesellen kommen im Durchschnitt 51,8 Lehrlinge [1]). „Bei einer durchschnittlichen Dauer der Lehrzeit von 3 Jahren sind demnach nur 6 Jahrgänge Lehrlinge in der Zahl der Gesellen enthalten, sodaß, wenn die durchschnittliche Dauer des Erwerbslebens der aus der Lehre Austretenden etwa 30 Jahre beträgt, ca. 24 Jahresklassen fehlen" [2]). Meister sind 3mal soviel vorhanden als Lehrlinge 61 199 : 21 725). Auf 100 Meister kommen durchschnittlich 34,9 Lehrlinge) [3]), also bei 3jähriger Lehrzeit neunmal soviel als ein „Lehrlingsjahrgang". Statt aus neun werden jedoch diese Handwerksmeister unter Berücksichtigung der Sterblichkeit aus 10—11 Lehrlingsjahrgängen sein. Da sich in der Gesellenzahl etwa 6, in der Meisterzahl 11, also zusammen 17 Lehrlingsjahrgänge befinden, fehlen, da dem aus der Lehre Tretenden im allgemeinen noch 30 Erwerbsjahre bevorstehen, 30—17 = 13 Altersklassen, die, wie die Erhebungen schließen, in die Fabriken übergetreten, ausgewandert sind oder den Beruf gewechselt haben [4]).

Die Zahl der in die Fabriken übergetretenen Handwerksgesellen soll die bei den Handwerksmeistern verbliebene Gesellenschaft weit übersteigen [5]).

Man kann sich mit dieser Deduktion wohl einverstanden er-

---

1) Erhebungen 1895, Heft 3, S. 80. — 2) Erhebungen 1895, Heft 3, S. 69. — 3) Erhebungen, Heft 3, S. 69. — 4) Erhebungen 1895, Heft 3, S. 79 f. — 5) Dieselben S. 80.

klären, die nichts Positives sagen will und nur Vermutungen aufstellt, wenn auch im allgemeinen nicht behauptet werden kann, daß die Zahl der Lehrlinge im Handwerk heute zu groß sei. Vielmehr ist nach den Berichten der HK. besonders auf dem Lande und den kleineren Städten bei einzelnen Gewerben ein erheblicher Mangel an Gesellen und Lehrlingen vorhanden [1]). Auch nach den Berichten der Arbeitsvermittlungsämter ist ein Mangel an Lehrlingen zu konstatieren, und war derselbe zur Zeit der Erhebung schon vorhanden. Es geht aus den Erhebungen augenscheinlich hervor, daß ein sehr großer Prozentsatz der Handwerker in die Fabriken übertritt, also dort ein lohnendes Fortkommen findet. Die Erhebungen glauben annehmen zu dürfen, daß auf je 100 beim Handwerk gebliebenen Gesellen über 200 kommen, deren Hauptmasse zu der Arbeiterschaft der Fabrik übergeht [2]). Erscheint auch diese Zahl wohl zu hoch, so steht die volkswirtschaftliche Bedeutung des Handwerks als Hauptversorger der Industrie mit gelernten Arbeitern außer Frage. So lange man nicht nachzuweisen vermag, daß ein übermäßiger Berufswechsel, große Auswanderung und Arbeitslosigkeit usw. aus Mangel an Beschäftigung der handwerksmäßig ausgebildeten Bevölkerung eingetreten ist oder einzutreten tendiert, so lange dürfte ein Eingreifen des Staates zur Regelung des Angebots und der Nachfrage nicht gerechtfertigt erscheinen und auch volkswirtschaftlich nicht zu billigen sein. Bemerkenswert ist in dieser Beziehung ein in der „Theorie und Praxis der englischen Gewerkvereine“ [3]) veröffentlichter Aufsatz der Webbs, die hierin die von vielen englischen Gewerkschaften aufgestellten Lehrlingsregeln über die Zahl der zu haltenden Lehrlinge verurteilen. In diesem Aufsatz heißt es u. a.: „Daher beschränken jene Gewerkvereine durch ihre Lehrlingsregeln nicht die Zahl der Arbeitskandidaten, sie sorgen nur mit beträchtlichen Kosten dafür, daß jugendliche Arbeiter in der wenigst qualifizierten Abteilung ihres Gewerbes unterrichtet, durch die schlechtesten Arbeitgeber und die unfähigsten Arbeiter in ihre industrielle Laufbahn eingeführt, und, so können wir hinzufügen, in den Ansichten und Traditionen der Rauhbeine, anstatt in denen guter Gewerkvereinler erzogen werden. Was für

1) Bericht des II. Handwerks- und Gewerbekammertages Darmstadt 1901, S. 44. — 2) Erhebungen 1895, Heft 3, S. 80. — 3) Sozial. Monatshefte 1904, Heft 12, S. 986.

Vorteile man einer systematischen und erfolgreichen Zahlbeschränkung auch zuschreiben mag, so ist doch die partielle und einseitige Anwendung dieses Hilfsmittels durch die modernen Gewerkvereine unserer Ansicht nach der strategischen Stellung ihrer eigenen Mitglieder in ökonomischer Hinsicht ebenso nachteilig, wie die Interessen der Mitglieder der übrigen Gesellschaft" [1]).

Wie die englischen Gewerkschaften, allerdings mit wenig Erfolg, die durch die übermäßige Lehrlingshaltung verursachte Konkurrenz für die Gehilfen durch ihre Lehrlingsregeln abzustellen versuchen, so haben auch ähnliche Bestimmungen in Deutschland bisher bei den Gesellenvertretungen wenig Berücksichtigung gefunden. Es sind nur einzelne Arbeitgeber- und Arbeitnehmer-Verbände, die sich mit der Höchstzahl der zu haltenden Lehrlinge beschäftigen. So hat die Gewerkschaft der Holzarbeiter das Lehrlingswesen als Sache des Verbandes erklärt, „um eine Uebersetzung der einzelnen Fachgewerbe mit Lehrlingen möglichst zu verhüten". Auch die Organisation der Schiffbauer in Hamburg hat die Zahl der zu haltenden Lehrlinge in ihren Statuten geregelt [2]). Die Buchdrucker haben solche Bestimmungen für die Setzer- und Druckerlehrlinge erlassen. Diese Bestimmungen, die heute noch Geltung haben [3]), kamen zustande 1886 bei Gelegenheit eines neuen Lohntarifs zwischen Arbeitgeber und -nehmer und blieben auch in dem Lohntarif von 1896 bestehen [4]).

Danach dürfen gehalten werden

a) Setzerlehrlinge:

bis zu	3	Gehilfen	1	Lehrling
auf	4—7	„	2	Lehrlinge
„	8—12	„	3	„
„	13—18	„	4	„
„	19—24	„	5	„
„	25—30	„	6	„

auf je weitere 8 Gehilfen 1 Lehrling.

---

1) Sozial. Monatshefte 1904, 12. Heft, S. 986.

2) Brinkmann im Ver. f. S. 1875 a. a. O. S. 103.

3) Derselbe S. 103. Jahresbericht d. HK. Bayreuth 1901, S. 44. Ders. Greiz 1903, S. 6.

4) Jahresberichte d. Gewerbeaufsichtsbeamten 1901 III. 372. Jahresberichte d. HK. Freiburg 1906, S. 35.

b) Druckerlehrlinge:

bis zu	2	Gehilfen	1	Lehrling
auf	3—5	„	2	Lehrlinge
„	6—9	„	3	„
„	10—14	„	4	„
„	15—20	„	5	„

auf je weitere 6 Gehilfen 1 Lehrling.

Wenn ja auch hierdurch der im Buchdruckergewerbe vielfach begegneten Lehrlingszüchterei Schranken gesetzt sind, die Bestimmungen nach den Berichten des Tarifamtes der deutschen Buchdrucker sich bewährt haben und auch viele HK. diese Bestimmungen in ihre Vorschriften über die Höchstzahl der Lehrlinge aufgenommen haben, so ist die Schädigung der kleinen und mittleren Druckereien nicht zu verkennen und eine Anwendung des § 128 Abs. 1 GO. würde auch hier völlig genügen. In diesem Sinne haben sich auch die HK. Insterburg und Halle in einem Gutachten an die Regierung ausgesprochen [1]).

Anläßlich eines Streikes in Stuttgart 1905 haben die Lithographen und Steindrucker durchgesetzt, daß auf 1—3 Gehilfen 1 Lehrling, auf 4—8 Gehilfen 2 Lehrlinge, auf 9—12 3 Lehrlinge usw. gehalten werden dürfen. Nur in den Geschäften, wo ein Lehrling tätig ist, darf nach Ablauf des zweiten Lehrjahres noch ein Lehrling eingestellt werden [2]). Auch die Rauchwarenzurichtervereine haben eine Lehrlingsskala vereinbart, wonach

bis zu	10	Gehilfen	3	Lehrlinge
auf	11—15	„	4	„
„	16—20	„	5	„
„	21—30	„	6	„
„	31—40	„	7	„
über	48	„	8	„

gehalten werden dürfen [3]).

Eine ähnliche Lehrlingsskala hat die deutsche Gesellschaft für Mechanik und Optik festgesetzt, welche einem in der Werkstatt tätigen Werkmeister 2 Lehrlinge zugesteht. Außerdem dürfen

auf 1—2 Gehilfen 1 Lehrling

---

1) „Mitteilungen", des Handwerks- und Gewerbekammertages 1905 No. 2. — 2) Jahresberichte der Gewerbeaufsichtsbeamten 1905 IV. 69. — 3) Dieselben 1901 III. 372.

auf	3—4	Gehilfen	2	Lehrlinge
„	5—7	„	3	„
„	8—10	„	4	„
„	11—14	„	5	„
„	15—20	„	6	„
„	21—27	„	7	„
„	28—35	„	8	„
„	36—44	„	9	„

und auf je weitere 10 Gehilfen 1 Lehrling gehalten werden.

Da der Bundesrat und die Landeszentralbehörde den Erlaß von Vorschriften über die Höchstzahl der zu haltenden Lehrlinge nicht für notwendig gefunden haben, versuchen die HK. solche Vorschriften zu erlassen, die aber vielfach nicht die Genehmigung der höheren Verwaltungsbehörde, die nach §§ 100 p und 103 g Abs. 4 einzuholen ist, erhalten.

Der II. deutsche Handwerks- und Gewerbekammertag im Jahre 1901 zu Darmstadt [1]) hat sich bereits mit der Frage beschäftigt. Der von der HK. Lübeck als Referentin gestellte Antrag, mit Rücksicht auf die Verschiedenartigkeit in den örtlichen Verhältnissen und des vielfach herrschenden Mangels an Handwerkslehrlingen, zur Zeit von dem Erlaß derartiger Vorschriften abzusehen, wurde abgelehnt, da eine Reihe von HK. schon diesbezügliche Vorschriften erlassen hatten, und diese gegen eine Abschaffung derselben auftraten, da sie „bei denjenigen Kreisen, die der Organisation feindselig entgegenstehen, in Verruf kommen, als wenn diese Kammern sich Uebergriffe herausgenommen hätten“ [2]). Trotzdem darauf aufmerksam gemacht wurde, daß derartige Vorschriften, solange eine Scheidung zwischen Fabrik und Handwerk nicht durchgeführt sei, als eine Härte erscheinen könnte, und der Kammer auch der § 128 GO. eine genügende Handhabe biete, wurde eine Resolution der Kammer Kaiserslautern, möglichst frühzeitig und schon jetzt an die Frage der Höchstzahl heranzutreten, angenommen [3]).

Infolge dieses Beschlusses arbeiteten zahlreiche HK. Vor-

1) Protokoll der Verhdl. des II. Handwerks- und Gewerbekammertages zu Darmstadt 1901, S. 44 ff.

2) Protokoll der Verhdl d. II. Handwerks- und Gewerbekammertages zu Darmstadt 1901, S. 46 ff.

3) Dasselbe S. 49.

schriften über die Höchstzahl der in Handwerksgebieten zu haltenden Lehrlinge aus, die aber besonders in Preußen nicht ohne weiteres die Genehmigung der höheren Verwaltungsbehörden fanden. Vielmehr wies der preußische Minister für Handel und Gewerbe in einem Erlaß vom 14. März 1903 [1]) darauf hin, daß die vorzusehenden Einschränkungen nicht weiter gehen dürften, als zur Bekämpfung des Mißstandes erforderlich sei und nicht etwa darauf gehen dürfe, mit Rücksicht auf künftige Wettbewerbsverhältnisse den Nachwuchs in einzelnen Gewerben zu verringern. „Dabei wird, um Schädigungen gerade der tüchtigeren Handwerksmeister und solcher Betriebe, welche auf eigene Heranbildung ihrer Hilfskräfte angewiesen sind, zu vermeiden, als Maßstab für die Bemessung der Höchstzahlen die Leistungsfähigkeit eines unter günstigen Verhältnissen, insbesondere also auch mit tüchtigen Gesellen arbeitenden in der Lehrlingsausbildung geschickten und erfahrenen Meisters des betreffenden Handwerks zu dienen haben. Auch kann bei der Prüfung der Notwendigkeit der Bestimmungen nicht unberücksichtigt bleiben, daß durch § 128 Abs. 1 GO. zur Bekämpfung der sogen. Lehrlingszüchterei bereits eine Handhabe geboten ist, die zudem den Vorteil hat, daß ihre Anwendung den besonderen Verhältnissen des Einzelfalles angepaßt werden kann" [2]) [3]).

Der Inhalt dieses Erlasses, dem nichts mehr zugefügt zu werden braucht, der klar und deutlich zum Ausdruck bringt, daß generelle Vorschriften über die Höchstzahl der zu haltenden Lehrlinge eher schaden als nützen können, und daß solche Vorschriften auf die individuellen Verhältnisse Rücksicht zu nehmen haben, wurde in einem Schreiben des Ministers an den Regierungspräsidenten von Koblenz am 16. September 1903 [4]) nochmals ausdrücklich hervorgehoben. Auf diese Weise wurden die von den HK. Aachen [5]), Koblenz [6]), Düsseldorf [7]) erlassenen Vorschriften von dem Minister nicht genehmigt, weil er ein Bedürfnis für die förmliche Festsetzung einer Höchstzahl von Lehrlingen in Handwerksbetrieben nicht anerkennen könne, wenn nicht Fälle von erheblicher Lehr-

---

1) Reger a. a. O. Bd. XXIII, S. 481. Handels.Min.-Bl. 1903, S. 92. — 2) Reger a. a. O. Bd. XXIII, S. 481. — 3) St.M.Bl. S. 92. — 4) Jahresbericht d. HK. Koblenz von 1903, S. 62 f. — 5) Jahresber. d. HK. Aachen 1904, S. 3. — 6) ditto Koblenz 1903, S. 5. 1904, S. 62. — 7) ditto Düsseldorf 1904, S. 7.

lingszüchterei nachgewiesen werden könnten [1]). Auch die höhere Verwaltungsbehörde der Kammern Gotha [2]) und Dessau [3]) haben deren diesbezügliche Vorschriften nicht genehmigt.

In neuerer Zeit scheint sich dagegen die Ansicht des preußischen Handelsministers geändert zu haben, da nach einer Rundfrage des Verfassers von den 30 preußischen HK., die demselben von den 33 geantwortet haben, nur 13 Kammern keine diesbezüglichen Vorschriften erlassen haben. Im ganzen Reiche haben von den 71 deutschen Kammern 61 [4]) geantwortet und davon haben 23 [5]) Vorschriften über die Höchstzahl der zu haltenden Lehrlinge nicht getroffen. Sei es, weil sie noch nicht genügend Erfahrungen hinsichtlich dieser Frage gesammelt haben (Berlin), oder wegen der noch nicht erfolgten Abgrenzung zwischen Fabrik und Handwerk (Stettin) oder aber, weil sie den § 128 GO. für ausreichend halten. Die HK. Flensburg bemerkt sogar ausdrücklich, daß sich solche tief in das Erwerbsleben eingreifende Vorschriften einheitlich für den ganzen Kammerbezirk ohne Schäden schwer durchführen lassen [6]).

Diejenigen Kammern, die solche Vorschriften erlassen haben, sind zu scheiden:

1. in solche, die für alle Gewerbe ihres Kammerbezirks Vorschriften generell erlassen haben;

---

1) Jahresbericht d. HK. Düsseldorf 1904, S. 7.

2) ditto Gotha 1903 S. 62.

3) Schreiben d. Kammer Dessau v. 4. II. 07.

4) Auf die Anfrage, ob Bestimmungen über die Höchstzahl der zu haltenden Lehrlinge getroffen sind, haben geantwortet:

Aachen, Altona, Arnsberg, Arnstadt, Augsburg, Bayreuth, Berlin, Bielefeld, Bremen, Breslau, Bromberg, Cassel, Coblenz, Cöln, Danzig, Darmstadt, Detmold, Dessau, Dortmund, Dresden, Düsseldorf, Erfurt, Flensburg, Frankfurt a. O., Freiburg, Gera, Gotha, Greiz, Hamburg, Halle, Heilbronn, Insterburg, Kaiserslautern, Karlsruhe, Königsberg, Konstanz, Leipzig, Liegnitz, Magdeburg, Mannheim, Meiningen, München, Münster, Oldenburg, Osnabrück, Oppeln, Passau, Posen, Regensburg, Reutlingen, Saarbrücken, Schwerin, Sigmaringen, Stadthagen, Stettin, Stralsund, Straßburg, Stuttgart, Ulm, Weimar, Wiesbaden, Würzburg.

5) Keine Bestimmungen über Höchstzahl der zu haltenden Lehrlinge haben erlassen:

Altona, Berlin, Bremen, Breslau, Cassel, Cöln, Dessau, Erfurt, Flensburg, Gotha, Halle, Hamburg, Insterburg, Königsberg, Liegnitz, München, Oppeln, Osnabrück, Reutlingen, Sigmaringen, Stadthagen, Stettin, Ulm.

6) Jahresbericht d. HK. Flensburg 1905, S. 20.

2. in solche, die die Vorschriften für einzelne Gruppen der Gewerbe erlassen haben; und

3. in solche, die für jedes einzelne Gewerbe besondere Vorschriften erlassen haben.

ad 1. Die HK. resp. Gewerbekammern Bayreuth, Greiz, Kaiserslautern, Leipzig, Oberfranken und Oldenburg gestehen dem Meister 2 Lehrlinge, und die Handwerks- resp. Gewerbekammern Arnstadt, Dresden, Gera, Freiburg, Karlsruhe, Konstanz, Mannheim sogar 3 Lehrlinge zu, wenn er ohne Gesellen arbeitet. Will der Lehrherr mehr als 3 Lehrlinge einstellen, so muß er nach den Vorschriften der badischen Kammern (Freiburg, Karlsruhe, Konstanz und Mannheim) die Genehmigung der HK. einholen. Nach denjenigen der Kammern Bayreuth, Dresden, Kaiserslautern, Leipzig und Oberfranken darf er auf jeden weiteren Gesellen einen Lehrling einstellen bis zur Höchstzahl von 4 in Kaiserslautern, von 6 in Bayreuth und Oberfranken (außer im Maurer- und Zimmerergewerbe, wo bei Erreichung dieser Zahl auf je 10 Gesellen ein Lehrling eingestellt werden darf). Oldenburg gestattet bei 1—3 Gesellen, Gera und Greiz bei 2—4, 4—6 Gesellen usw. einen weiteren Lehrling.

ad 2. Bei der Verschiedenartigkeit der Bestimmungen ist es nicht möglich, alle Gruppierungen der einzelnen Kammern aufzuführen, weshalb nur die wichtigsten hervorgehoben werden können. Für bestimmte Gewerbegruppen sind die Vorschriften festgesetzt bei den HK. Bielefeld, Darmstadt, Detmold, Düsseldorf, Passau und Straßburg. Im allgemeinen darf in den schwerer zu erlernenden Gewerben, Gerber, Glasätzer, Holzbildhauer, Kaminfeger, Küfer, Schriftgießer, Stereotypeure, Uhrmacher, Xylographen bis zu 1 Gesellen nur 1 Lehrling gehalten werden (Düsseldorf), oder gar bis zu 2 Gesellen nur ein Lehrling (Passau). Steht ein Lehrling im letzten Jahre seiner Lehrzeit, so kann gewöhnlich noch ein Lehrling, oder wenn der Meister auf sich 2 Lehrlinge rechnen darf, dieser zweite eingestellt werden (außer Bielefeld). Bei Darmstadt ist in diesem Falle besondere Genehmigung der Kammer erforderlich.

ad 3. Für diejenigen Kammern, die für jedes Gewerbe gesonderte Vorschriften erlassen haben (Aachen, Arnsberg, Bromberg, Danzig, Dortmund, Frankfurt a. M., Magdeburg, München, Posen, Regensburg, Saarbrücken, Wiesbaden, Würzburg) gilt dasselbe wie für die unter 2 erwähnten Kammern. Doch sind auch hier große Unterschiede. So darf z. B. ein Bäckermeister ohne Gesellen 2 Lehrlinge halten und für jeden weiteren Gesellen 1 Lehrling in Bromberg, Danzig, Saarbrücken, Posen; in Aachen, Arnsberg, Dortmund und Regensburg dagegen bei einem Gesellen nur 1 Lehrling und bei je 2 weiteren Gesellen ein weiterer Lehrling. In Bromberg darf ein Malermeister 3 Lehrlinge halten, wenn er keine Gesellen hat, im Handwerkskammerbezirk Arnsberg dagegen darf er in diesem Falle nur einen Lehrling halten. Schlosser-, Mechaniker-, Schmiedemeister und Maschinenbauer dürfen vielfach (bei den badischen Kammern, ferner bei Arnstadt, Bromberg, Danzig, Dresden, Gera, Magdeburg, Posen, Saarbrücken und Schwerin) 3 Lehrlinge halten, wenn sie ohne Gesellen arbeiten, offenbar wohl aus dem Grunde, daß gerade diese Gewerbe ihren ausgelernten Nachwuchs an die Industrie abgeben müssen.

Aehnliche Unterschiede sind bei den anderen Gewerben zu finden. Bei einigen Kammern hat man scheinbar eine Maximalgrenze festsetzen zu müssen geglaubt, um einem zu starken Nachwuchs zu begegnen.

Ist in den bisher erwähnten Fällen immer eine Skala vorgesehen, wonach mehr Lehrlinge eingestellt werden dürfen, wenn die Zahl der Gesellen vergrößert wird, so ist dies hier ausgeschlossen.

Die HK. Schwerin hat deshalb bestimmt, daß in dem Schornsteinfegergewerbe nicht mehr als 2 Lehrlinge, in München und Regensburg gar nur 1 Lehrling gehalten werden dürfen. Ebenso dürfen in dem Bäcker-, Fleischer- und Schuhmachergewerbe in Würzburg, Barbiergewerbe in Arnsberg in jedem Falle höchstens 2 Lehrlinge, in Aachen für das Barbiergewerbe nur 1 Lehrling gehalten werden.

Wie diese verschiedenartigen Bestimmungen sich in der Praxis bewährt haben, ist noch nicht festzustellen, da dieselben vielfach erst kurze Zeit in Geltung sind.

Verletzt ein Lehrherr die vom Bundesrat (§ 128 Abs. 2 GO.), der Landeszentralbehörde (§ 128 Abs. 2 GO.), der HK. oder Innung (§ 130 GO.) erlassenen Vorschriften, so kann er nach § 148 Ziff. 9 b mit Geldstrafe bis zu 150 Mk. und im Unvermögensfalle mit Haft bis zu 4 Wochen bestraft werden; außerdem kann er von der Ortspolizeibehörde durch Zwangsstrafen zur Entlassung der zuviel eingestellten Lehrlinge angehalten werden (§ 144 a Abs. 2).

8. Beauftragte der Innungen und Handwerkskammern zur Ueberwachung der Bestimmungen über das Lehrlingswesen.

Da die von den HK. resp. Innungen erlassenen Vorschriften über das Lehrlingswesen keine große Bedeutung haben würden, wenn diese Organe die Beachtung ihrer Vorschriften nicht kontrollieren könnten, sind durch die Novelle von 1897 bei den Innungen und HK. sog. „Beauftragte" geschaffen worden, um, wie die Begründung des Entwurfs sagt, „den Innungen die der Absicht des Entwurfs entsprechende Erfüllung ihrer Aufgaben, insbesondere eine wirksame Aufsicht über die Befolgung der für die Beschäftigung der Gesellen (Gehilfen), Lehrlinge und Arbeiter und für das Lehrlingswesen geltenden Bestimmungen zu ermöglichen"; der § 94 c schlägt deshalb vor, „ihnen nach dem Vorgange der Unfallversicherungsgesetze das Recht zur Bestellung von Beauftragten ausdrücklich einzuräumen, denen es insbesondere obliegen soll, in den der Einwirkung der Innungen unterstehenden Betrieben die Befolgung der gesetzlichen und statutarischen Vorschriften zu überwachen und von der Einrichtung der Betriebsräume Kenntnis zu nehmen. Der Entwurf geht hierbei davon aus, daß in der Bestellung solcher Beauftragten eine wertvolle Unterstützung der Gewerbeaufsichtsbeamten zu erblicken ist, zumal die Tätigkeit dieser Beamten, selbst bei einer erheblichen Vermehrung ihrer Zahl im Hinblick auf ihre sonstigen Aufgaben eine solche Ergänzung immer noch wünschenswert erscheinen lassen würde".

„Daß der Vorstand der Innung berechtigt ist, durch Beauftragte sich auch von dem Zustande der von der Innung eingerichteten Herbergen und Arbeitsnachweise Kenntnis zu verschaffen, erscheint selbstverständlich. Hierüber bedarf es daher einer besonderen Bestimmung im Gesetze nicht."

Dieser letzte Absatz ist mit Rücksicht auf den preußischen Entwurf von 1896 eingesetzt worden, der Herbergen und Arbeitsnachweise besonders aufführte.

Der in Betracht kommende § 94 c, der nach § 103 n auch auf HK. entsprechende Anwendung findet, lautet:

„Die Innungen sind befugt, durch Beauftragte die Befolgung

der gesetzlichen und statutarischen Vorschriften in den zur Innung gehörigen Betrieben zu überwachen und von der Einrichtung der Betriebsräume und der für die Unterkunft der Lehrlinge bestimmten Räume Kenntnis zu nehmen."

„Die Verpflichteten haben den als solchen legitimierten Beauftragten der beteiligten Innungen auf Erfordern während der Betriebszeit den Zutritt zu den Werkstätten und Unterkunftsräumen, sowie zu den sonst in Betracht kommenden Räumlichkeiten zu gestatten und ihnen Auskunft über alle Gegenstände zu geben, welche für die Erfüllung ihres Auftrages von Bedeutung sind; sie können hierzu auf Antrag der Beauftragten von der Ortspolizeibehörde angehalten werden."

„Namen und Wohnsitz der Beauftragten sind von der Innung der Aufsichtsbehörde anzuzeigen."

„Die Beauftragten sind verpflichtet, den im § 139 b bezeichneten Beamten auf Erfordern über ihre Ueberwachungstätigkeit und deren Ergebnisse Mitteilung zu machen."

„Befürchtet der Betriebsunternehmer von der Besichtigung des Betriebs durch den Beauftragten der Innung eine Schädigung seiner Geschäftsinteressen, so kann er die Besichtigung durch einen anderen Sachverständigen beanspruchen. In diesem Falle hat er dem Vorstande der Innung, sobald er den Namen des Beauftragten erfährt, eine entsprechende Mitteilung zu machen und einige geeignete Personen zn bezeichnen, welche auf seine Kosten die erforderlichen Besichtigungen vorzunehmen und dem Vorstande die erforderliche Auskunft über die vorgefundenen Verhältnisse zu geben bereit sind. In Ermangelung einer Verständigung zwischen dem Betriebsunternehmer und dem Vorstande entscheidet auf Ansuchen des letzteren die Aufsichtsbehörde."

„Auf Räume, welche Bestandteile landwirtschaftlicher oder fabrikmäßiger Betriebe sind, finden die vorstehenden Bestimmungen keine Anwendung" (§ 94 c).

Das Aufsichtsrecht erstreckt sich also nur auf die der Innung resp. HK. unterstehenden Betriebe; dies ist wichtig, da es sehr wohl möglich sein kann, daß ein Gewerbetreibender einer Innung angehört, während sein Betrieb der Ueberwachung der Beauftragten der Innung nicht untersteht [1]).

1) Wilhelmi a. a. O. S. 42. Landmann-Rohmer a. a. O. Bd. I, S. 633. Nelken: Handw.Ges. a. a. O. S. 139 u. 142.

Die Beauftragten sind von der Innung resp. HK. anzustellen. Sie sind also Beamte derselben, werden jedoch nicht wie die Beauftragten der Berufsgenossenschaften vereidigt [1]), die Beobachtung der Verschwiegenheit wird also von ihnen nicht verlangt.

Die Aufgaben der Beauftragten sind folgende:

1. Die Befolgung der gesetzlichen und statutarischen Vorschriften in den der Innung oder HK. unterstellten Betrieben zu überwachen. Hierhin gehören vor allem die Ueberwachung der gesetzlichen Bestimmungen über die Sonntagsruhe (§§ 105 a—105 b GO.), das Arbeitsbuch usw. (§§ 106—112 GO.), Arbeitszeugnis (§ 113 GO.), Lohnzahlungen (§§ 119 ff. GO.), Arbeiterschutz (§§ 120 bis 120 e GO.), Arbeitsvertrag mit den Gesellen (§§ 121—125 GO.) [2]) und die ganzen Bestimmungen über Lehrlingswesen (§§ 126—132 a GO.).

2. Die Ueberwachung der statutarischen Vorschriften der Handwerkskammern resp. Innung. Es kommen hierbei besonders in Betracht die Vorschriften über das An- und Abmelden der Lehrlinge zur Lehrlingsrolle der Kammer resp. Innung, über Dauer und Höchstzahl der Lehrlinge.

Die Gewerbeordnung hebt dann noch besonders hervor:

3. Von der Einrichtung der Betriebsräume und der für die Unterkunft der Lehrlinge bestimmten Räume Kenntnis zu nehmen. Diese Bestimmung ist eigentlich in den „gesetzlichen Vorschriften" des § 120 a enthalten.

Da die Beauftragten nach den Motiven eine wertvolle Unterstützung der Gewerbeaufsichtsbeamten sein sollen [3]), so ist anzunehmen, daß sie denselben untergeordnet sind, jedoch brauchen sie denselben nur auf Erfordern Mitteilung über ihre Ueberwachungstätigkeit und deren Ergebnisse zu machen. Ein bei der Kommissionsberatung und der zweiten Beratung im Reichstag gestellter Antrag des Abg. Auer und Gen., solche Mitteilungen nicht nur auf Erfordern, sondern auch ohne Erfordern zu verlangen, wurde abgelehnt [4]) [5]), „weil eine solche Berichterstattung über die von ihnen

---

1) Landmann-Rohmer a. a. O. Bd. I, S. 633.

2) Landmann-Rohmer a. a. O. Bd. I, S. 584.

3) Stenogr. Ber. ü. d. Verhdl. d. RT. 1895/97, S. 3790, Aktenstück 713. — 4) Dieselben 1895/97, S. 4253, Aktenstück 819. — 5) Dieselben 1895/97, S. 5985.

gemachten Wahrnehmungen von den Beauftragten der Innungen nicht wohl verlangt werden könnte"[1]).

Ueber den Wert solcher Beauftragten und die Zweckmäßigkeit ihrer Einrichtung kann man ja verschiedener Meinung sein, vor allem da ein abschließendes Urteil über ihre Tätigkeit infolge der kurzen Zeit ihres Bestehens noch nicht gefällt werden kann. Jedoch dürfte die Kritik Böttgers[2]) übertrieben sein, der sein Urteil über diese Beauftragten dahin zusammenfaßt: „Diese Beauftragten der Innung werden fleißig nachschauen, ob die Papiere in Ordnung sind, ob die Unternehmer, welche Lehrlinge beschäftigen, dazu auch berechtigt sind, ob nicht die festgesetzte Zahl der Lehrlinge überschritten wird. Ob jedoch das leibliche und geistige Wohl der Handwerksjugend bei dem einzelnen Handwerker gesichert ist, das kann eine gelegentliche Visitation, selbst wenn sie alle einschlägigen Verhältnisse berücksichtigte, garnicht feststellen. Wie oft aber werden die Beauftragten der Innung ein Auge zudrücken, wo sie bedenklichen Zuständen in sanitärer und sittlicher Beziehung begegnen. Vielleicht, daß die der Innung mißliebigen Unternehmer etwas schärfer aufs Korn genommen werden.

Diese ganze private Gewerbeaufsicht ist nicht nur zwecklos, sondern durchaus schädlich, weil sie wirkliche Mißstände im Handwerk zu verschleiern geeignet ist, weil sie nur zur Aufbauschung inhaltschwerer Formalitäten Gelegenheit gibt, und der unbedingt notwendigen intensiven amtlichen Gewerbeaufsicht den Weg erschwert"[2]).

Gegenüber diesen Einwendungen ist vor allem hervorzuheben, daß der amtlichen Gewerbeaufsicht nicht der Weg erschwert wird oder dieselbe gar ausgeschlossen ist, sondern daß dieselbe lediglich durch die Beauftragten unterstützt werden soll, damit die Handwerksbetriebe eben öfters besucht und kontrolliert werden können, als dies bisher möglich war.

Die Beauftragten von der amtlichen Gewerbeaufsicht zu trennen und nur von der HK. abhängig sein zu lassen, wäre allerdings ein Fehler, der große Nachteile im Gefolge haben könnte.

Diese Forderung wurde jedoch auf dem V. Handwerks- und Gewerbekammertag zu Lübeck im Jahre 1904 gestellt[3]).

---

1) Stenogr. Ber. ü. d. Verhdl. d. RT. 1895/97, S. 4253.

2) Böttger: Geschichte a. a. O. S. 354.

3) Verhdl. d. V. Handwerkskammertages zu Lübeck 1904, S. 81 ff.

Die HK. Koblenz und Münster verlangten, daß den Beauftragten für die der HK. unterstehenden Betriebe die Befugnisse der Gewerbeaufsichtsbeamten übertragen, diese also ausgeschaltet würden. Sie wiesen darauf hin, daß es für die Handwerksbetriebe sehr unangenehm sei, 1. von den Gewerbeaufsichtsbeamten, 2. von den Beauftragten kontrolliert zu werden, bei dem Bäckereigewerbe käme 3. noch die Polizei hinzu. Ferner tendiere die Tätigkeit der Gewerbeaufsichtsbeamten dahin, die Handwerksbetriebe zu Fabriken zu stempeln; die Entscheidungsinstanz habe auch das Gutachten der Gewerbeaufsichtsbeamten denjenigen der HK. sehr häufig vorgezogen. Weiterhin sei mit dieser Umwandlung dem Staate gedient, der viel Geld spare. Entgegen den Gewerbeaufsichtsbeamten, die dem Staate unterstehen, sollen die Beauftragten als Beamte der HK. allein d i e s e r verantwortlich sein und auch von dieser, ganz unabhängig vom Staate, angestellt werden.

Der Antrag wurde jedoch vertagt, nachdem gegen denselben wesentliche Bedenken geltend gemacht worden waren. Mit Recht wurde hervorgehoben, daß die Gewerbeaufsicht eine Aufgabe des Staates ist und besonders, soweit die Durchführung der Unfallverhütungsvorschriften in Betracht kommt, auch Aufgabe des Staates als der objektivsten Behörde, die über allen Interessen steht, bleiben muß [1]). Würde die Beaufsichtigung der Unfallvorschriften der HK. übertragen werden, so würde, abgesehen davon, daß auch andere Interessenvertretungen dieses Recht beanspruchten, bei den Arbeitern der Glaube geweckt, daß nicht zu Gunsten der Arbeitnehmer, sondern zu Gunsten der Arbeitgeber revidiert und der Schutz in mangelhafter Weise durchgeführt werde.

Außerdem wäre dagegen anzuführen, daß die bisherigen Beauftragten der HK. vollständig ungeeignet sind, sowohl in Bezug auf ihre Ausbildung als auch in der Ausübung der ihnen erteilten Befugnisse, die Gewerbeaufsichtsbeamten zu ersetzen. Dann könnte, wie bereits B ö t t g e r darauf hinweist, die private Beaufsichtigung dazu führen, daß wirkliche Mißstände in Handwerksbetrieben nicht aufgedeckt würden. Denn die Beauftragten, selbst Handwerker, die bisher ihre Tätigkeit als eine mit kollegialer Rücksichtnahme, Beratung und Belehrung verbundener Aufsicht ausgeübt haben, wür-

1) Verhdl. d. V. Handwerkskammertages a. a. O. S. 84.

den ihren Kollegen nicht mit dem nötigen Nachdruck entgegenzutreten imstande sein.

Nach den Jahresberichten der HK. zu schließen, haben diese heute alle von der Einrichtung der Beauftragten Gebrauch gemacht, und für dieselben besondere „Dienstanweisungen" erlassen, die in der Hauptsache bei allen Kammern übereinstimmen.

Es wird den Beauftragten darin zur Pflicht gemacht, wenigstens einmal im Jahre jeden Handwerksbetrieb ihres Bezirks zu besuchen. Eine mehr als zweimalige Visitation ist nur mit Genehmigung des Vorstandes der Kammer gestattet (§ 1). Sie sollen insbesondere auf die Befolgung der für die Lehrlinge geltenden Vorschriften ihr Augenmerk richten (§ 1).

Sie haben zu untersuchen, ob der Lehrherr das Recht zum Halten und Anleiten von Lehrlingen besitzt, und wenn nicht, ihn zur Entlassung derselben schriftlich aufzufordern, oder wenn der betr. Meister nur das Recht hat, Lehrlinge zu halten, das Vorhandensein eines geeigneten Vertreters zu prüfen (§ 2). Sie sollen sich überzeugen von der regelrechten Unterweisung des Lehrlings, dessen Schulbesuch usw. (§ 3), ob der Lehrherr keine im Mißverhältnisse zu dem Umfange oder der Art seines Gewerbebetriebes stehende Zahl von Lehrlingen hält und dadurch die Ausbildung derselben gefährdet ist (§ 4). Weiterhin sollen sie sich Kenntnis verschaffen von der Einrichtung der Arbeitshäuser usw. (§ 4), der Logis und Kosthäuser der nicht beim Meister wohnenden Lehrlinge und evtl. für eine anderweitige Unterbringung der Lehrlinge Sorge tragen (§ 5). Es wird ihnen ferner zur Pflicht gemacht, ihre Tätigkeit nicht als eine polizeiliche, sondern als eine „mit kollegialer Rücksichtnahme, Beratung und Belehrung verbundene Aufsicht" aufzufassen (§ 6). Die §§ 7, 8 und 9 sind schon im § 94 e GO. enthalten.

Die Beauftragten unterstehen der Aufsicht der Kammer und werden von dieser angestellt (§ 11). Sie haben ihre Beobachtungen der HK. mitzuteilen, sind aber sonst außer gegen Gewerbeinspektoren und Behörden zu strenger Verschwiegenheit verpflichtet (§ 13). Ihr Amt ist ein Ehrenamt; dagegen erhalten sie Entschädigungen wie die Mitglieder der Kammer (§ 15).

Die Einrichtung der Beauftragten scheint nach den Jahresberichten der HK. sich sehr gut zu bewähren. Sie haben in Bezug auf die bestehenden Vorschriften aufklärend gewirkt und vor allem die

Abstellung erheblicher Mißstände, auf die im III. Teile dieser Arbeit näher einzugehen sein wird, mit Erfolg durchgeführt.

Was die Beauftragten selbst anlangt, so hat sich in der kurzen Zeit ihrer Wirksamkeit doch herausgestellt, daß für ein solches Amt eine besondere Vorbildung und eine fortdauernde Berührung mit den zu kontrollierenden Betrieben bestehen muß. Dies ist bei den im Nebenamte angestellten Beauftragten nicht der Fall. Berichte derselben lassen zumeist die Klarheit ihrer Abfassung vermissen [1]), oder sie besuchen mangels Zeit nicht alle Betriebe. Die HK. Aachen berichtet, daß ein großer Teil der Beauftragten mit den Berichten fortwährend im Rückstande bleibe, oder gar die übernommenen Verpflichtungen nicht ausführe, so daß in manchen Bezirken, wo die Beauftragten das Amt bereits 2 Jahre inne hätten, nicht eine Besichtigung vorgenommen worden sei [2]). Weiterhin scheuen sich auch die im Nebenamte angestellten Beauftragte, gegen ihre Kollegen einen Strafantrag zu stellen [3]), andererseits wollen die Handwerker von Kollegen nicht kontrolliert werden [4]). Zur Beseitigung dieser Mißstände sind einzelne Kammern (Aachen [5]), Frankfurt a. O. [6]), Freiburg [7]), Konstanz [8]), Münster [9]), Osnabrück [10])) dazu übergegangen, Beauftragte im Hauptamte anzustellen. Sie haben damit außerordentlich gute Erfahrungen gemacht, indem auf diese Weise eine regelmäßige Kontrolle ermöglicht und eine bessere unparteiische Verbindung zwischen Kammer, Innungen und den einzelnen Handwerksmeistern hergestellt ist. Die Beamten, die vorerst auf der Geschäftsstelle der HK. vorgebildet werden, sind auf diese Weise auch eher imstande, sachgemäße Auskunft zu geben, sodaß die ausschließliche Anstellung von Berufsbeauftragten, die bisher wegen der Kosten noch nicht überall durchgeführt ist, mit der Zeit zu erwarten und für eine gedeihliche Entwicklung des Handwerks zu begrüßen ist.

---

1) Jahresbericht der HK. Koblenz 1904, S. 38. — 2) Jahresbericht der HK. Aachen 1905, S. 7 — 3) ditto Bayreuth 1903, S. 93. — 4) ditto Düsseldorf 1901, S. 11. — 5) ditto Aachen 1905, S. 7. — 6) Frankfurt a. O. 1903, S. 187 — 7) Freiburg 1905, S. 75. — 8) ditto Konstanz 1905, S. 17. — 9) ditto Münster 1903, S. 71 — 10) ditto Osnabrück 1902, S. 13.

III. Teil.

Maßnahmen zur Erziehung eines berufstüchtigen gewerblichen Nachwuchses.

A) Allgemeines und Folgen der schlechten Ausbildung des gewerblichen Nachwuchses.

Sind im zweiten Teile dieser Arbeit die gesetzgeberischen Maßnahmen, die Grundlagen zu einer guten Ausbildung und Erziehung der Lehrlinge hervorgehoben worden, so werden in diesem Teile die Maßnahmen zur Ausbildung und Erziehung selbst, die praktische und theoretische Ausbildung, die Lehrlingsprüfung und Lehrlingsausstellung, die Wohlfahrtseinrichtungen für die gewerbliche Jugend, Lehrstellenvermittlung und Lehrlingsheim zu behandeln sein.

Wenn auch die Ansichten, wie dem Handwerk aufzuhelfen, sehr verschieden sind, alle dürften darin einig sein, daß durch die technischen Erfindungen, die künstlerischen Anforderungen, die Anwendung der Naturwissenschaften auf die Gewerbe, die kaufmännische Betriebsweise usw. eine bessere Ausbildung der Lehrlinge notwendig ist. Auch machen die Arbeitsteilung und der Maschinenbetrieb, der sich in fast allen Gewerbszweigen Eingang verschafft hat, eine veränderte Ausbildung notwendig.

Bei der richtigen Anwendung obiger für die Lehrlingsausbildung in hohem Maße wichtigen Einrichtungen, bei dem Zusammenwirken des Staates, der Handwerkskammern und vor allem der Gewerbetreibenden selbst, wird sich zeigen, daß die Voraussetzungen für eine tüchtige Ausbildung des Handwerkernachwuchses gegeben sind. Zur Erreichung dieser Ziele ist vor allem notwendig, die Gewerbetreibenden auf die privat- und volkswirtschaftlichen Uebelstände hinzuweisen, die eine schlechte Ausbildung der Lehrlinge zur Folge hat.

Prof. Schönberg machte schon im Jahre 1875 bei der Beratung des Vereins für Sozialpolitik über die Lehrlingsfrage auf die Folgen einer schlechten Lehrlingsausbildung aufmerksam und präzisierte dieselben in folgenden vier Punkten: „Die schlechte Ausbildung der Lehrlinge bewirkt

1. für diese selbst in höherem Grade die Unfähigkeit, später selbständige konkurrenzfähige Gewerbetreibende zu werden, und bewirkt für diejenigen von ihnen, welche Lohnarbeiter bleiben, ein geringeres Einkommen, als bei besserer Ausbildung ihnen zuteil werden würde, denn der Lohn nach seinem Sachwert berechnet, und die Arbeitsleistung müssen auf die Dauer stets in einem äquivalenten Verhältnis bleiben. Es ist bei freier Lohnregulierung geradezu unmöglich, daß auf die Dauer der Sachwert des Lohnes für eine Arbeiterklasse auf der gleichen Höhe bleibt oder steigen kann, wenn die Arbeitsfähigkeit und Arbeitsleistungen dieser Klasse sinken."

2. Sie bewirkt den schnelleren Untergang auch an sich konkurrenzfähiger kleiner Unternehmer. Die großen Unternehmer, welche das ganze Jahr hindurch in der Lage sind, gute Arbeiter zu beschäftigen, ziehen diese an sich und dem kleinen Unternehmer bleibt nur der Auswurf der schlecht ausgebildeten, meist auch liederlichen Arbeiter. Diese können deshalb ihre Arbeiten nicht gut und rechtzeitig liefern; und die Käufer ihrer Produkte ziehen es deshalb vor, sich an größere Unternehmer zu wenden."

„Es ist ferner

3. naturnotwendig, daß die schlechte Ausbildung der Produzenten die Qualität der Produkte verschlechtert und daß deshalb die Klagen der Konsumenten über schlechte Waren zunehmen. Es ist ebenso naturnotwendig, daß die schlechtere Ausbildung der Produzenten für den internationalen Verkehr und den internationalen Markt verringert die Konkurrenzkraft der nationalen Produktion."

„Und endlich

4. läßt sich nicht leugnen, daß diese Arbeiterklasse, je geringer

ihre Arbeitsfähigkeit, ihre Arbeitslust und ihre Moral wird, umsomehr geneigt ist, sich derjenigen sozialistischen Agitation anzuschließen, welche die Gleichheit des Einkommens als das natürliche Recht der Arbeiter und als das durch Agitation erreichbare Ziel hinstellt."

Aufklärung der Gewerbetreibenden, strenge Aufsicht der Handwerkskammer bezw. der wahrscheinlich in den nächsten Jahren ins Leben tretenden Arbeitskammern, werden verhindern, daß eine schlechte Ausbildung und damit die oben berührten Uebelstände bei uns einreißen; durch die heute fast allgemein durchgeführte Gesellenprüfung läßt sich ohnehin mit Leichtigkeit feststellen, ob bei einer schlechten Ausbildung des Lehrlings die Schuld an diesem oder dem Lehrherrn liegt. Ist letzteres der Fall, so muß dem Lehrherrn bei Wiederholung dieser groben Pflichtverletzung unnachsichtlich das Recht der Lehrlingshaltung gemäß § 126 a entzogen werden; es wird dies eine heilsame Warnung für die übrigen Lehrherrn sein, ihre Pflicht zu erfüllen. Die Ausbildung des Lehrlings beginnt heute zumeist mit der praktischen Lehre, die entweder in der Werkstatt des Handwerksmeisters, in der Fabrik, in der sogenannten Lehrlingswerkstätte oder in der Lehrwerkstätte erfolgen kann.

B) Die berufstechnische Ausbildung.

I. Die Werkstatt- und Fabriklehre.

Um das Wesen, die Vorteile und Nachteile der Werkstatt- und Fabriklehre zu verstehen, muß vor allem auf das Wesen des Handwerks und der Fabrik, auf die unterscheidenden Merkmale dieser Betriebsformen eingegangen werden.

Es dürfte allerdings nicht die Aufgabe sein, diese Frage erschöpfend zu behandeln, sondern genügen, die Grundzüge, die Hauptmerkmale hervorzuheben.

Eine scharfe Abgrenzung zwischen Handwerk und Fabrik ist seit der Entwickelung der Maschinenproduktion und der Einführung der Gewerbefreiheit nicht mehr möglich. „Früher konnte man die gewerblichen Unternehmungen in zwei Gruppen dieser Art scheiden: in der einen (Handwerk) waren die Produkte mit Hilfe von Werkzeugen und Geräten von der Hand erzeugt, in der andern (Industrie) zumeist mit Hilfe von Maschinen hergestellt, und für jene bestand bezüglich der Gründung und des Betriebes der Unternehmungen, der

Ausbildung der Produzenten, der Gewerbeverfassung usw. eine ganz andere Rechtsordnung wie für diese. Jene waren in der Regel zünftige Gewerbe, diese nicht" [1]).

Die GO. von 1869 erkannte die Unmöglichkeit einer Begriffsbestimmung für Fabrik und Handwerk und hatte wie auch die folgenden Novellen zur GO. von einer solchen abgesehen.

Der sogen. preußische Entwurf von 1896 [2]) suchte die Frage dadurch zu lösen, daß er eine Anzahl namentlich aufgezählter Gewerbe als Handwerke bezeichnete, unbekümmert um die Größe und Art des Betriebes. Dieses Verzeichnis wurde jedoch in den Gesetzentwurf von 1897 nicht aufgenommen, weil „eine erschöpfende Aufzählung angesichts der Vielgestaltigkeit der gewerblichen Verhältnisse nicht möglich ist. Ebensowenig erscheint es möglich, eine brauchbare gesetzliche Bestimmung für den Begriff „Handwerker" aufzustellen. Daß die Unterscheidung zwischen handwerksmäßigem und fabrikmäßigem Betriebe in der Praxis nicht so oft vorkommen und nicht so schwierig sein wird, wie bisher vielfach angenommen ist, erhellt mit genügender Sicherheit aus den mehrfach erwähnten Ergebnissen der amtlichen Erhebungen über die örtliche Verteilung des Handwerks . . . . . . Im Erhebungsgebiet waren im ganzen 61 199 Meister zu verzeichnen, welche der Regel nach mit mehr als 5 Hilfspersonen arbeiteten; dabei war es der Erhebungsbehörde in 58 Fällen zweifelhaft, ob der Betrieb ein handwerksmäßiger oder ein fabrikmäßiger sei, sodaß auf rund 1000 Betriebe nur ein Fall kam, in welchem jener Zweifel praktisch hervorgetreten ist. Eine erhebliche Steigerung dieser Zweifelsfälle wird auch bei der Anwendung dieses Gesetzes voraussichtlich nicht eintreten" [3]).

Diese Voraussetzung hat sich indessen nicht bestätigt, da sich seit dem Inkrafttreten des Gesetzes in dieser Hinsicht unzählige Schwierigkeiten aus Mangel an Begriffsbestimmungen für Handwerk und Fabrik ergeben haben. Vor allem ist die Frage wegen der Zugehörigkeit der auf der Grenze zwischen Handwerk und Fabrik stehenden Betriebe zur Handwerkskammer brennend geworden und in allen Jahresberichten der Kammern treten diese Schwierigkeiten zu Tage.

---

1) Schönberg Hb. a. a. O. S. 486.

2) Reichsanzeiger v. 3. Aug. 1896.

3) Stenogr. Ber. ü. d. Verhdl. d. RT. 1895/97, Anl. Bd. VI, S. 3792.

Gar nicht selten kommen Fälle vor, wo der betr. Betrieb von der Handwerkskammer als ihr unterstellt behandelt wird; der Gewerbeaufsichtsbeamte erklärt ihn zum Fabrikbetrieb, die Oberverwaltungsbehörde wieder zum Handwerksbetrieb, bis der Minister eingreift und den Betrieb erneut zur Fabrik stempelt [1]).

Es sind dies gewiß ungesunde Zustände, die aber trotzdem eine gesetzliche Regelung, eine Begriffsbestimmung für Handwerk und Fabrik, wie sie die Handwerkskammern auf dem IV. [2]) und V. Handwerkskammertag [3]) fordern, nicht zulassen. Hier muß vielmehr nach Lage des einzelnen Falles geurteilt werden.

Als maßgebende Merkmale für den Handwerksbetrieb gegenüber dem Fabrikbetrieb wären hervorzuheben: die Scheidung zwischen Meister, Geselle und Lehrling. Der Meister ist in der Regel auch bei der praktisch-technischen Ausführungsarbeit (nicht bloß der Leitung des Unternehmens) tätig. Zwischen ihm und seinem Gesellen besteht in der Regel ein Unterschied im Alter und in der Erfahrung, dagegen weniger in der technischen und allgemeinen Bildung, ebensowenig ein eigentlicher sozialer Klassenunterschied; beide haben ihren Ursprung in der gleichen Volksschicht, der eine hat vor dem andern voraus, daß er bereits die selbständige Stellung eines Unternehmers errungen hat, welche, wo Gewerbefreiheit herrscht, der andere ebenfalls einnehmen könnte, auch in der Mehrzahl zu erringen strebt und später erringt [4]). „Die Unternehmer produzieren in der Regel für lokale und individuelle Bedürfnisse, verkehren meist direkt mit ihren Kunden, den Konsumenten, und arbeiten gewöhnlich auf Bestellung“ [5]).

Andererseits kann die Vermutung, daß eine Fabrik vorliegt, bei dem Zusammentreffen der folgenden Merkmale angenommen werden, wobei allerdings die Vermutung nicht etwa schon dadurch ausgeschlossen ist, daß eines oder mehrere Merkmale fehlen.

Vor allem sind die „Fabrikanten“ von ihren Arbeitern durch eine soziale Kluft getrennt und gewöhnlich aus einer anderen Volksschicht hervorgegangen [6]). Die Hilfspersonen scheiden sich in

---

1) Verhdl. des V. deutschen Handwerks- und Gewerbekammertages zu Leipzig 1904, S. 65. — 2) Verhdl. des IV. deutschen Handwerkskammertages zu München 1903. — 3) Verhdl. des V. deutschen Handwerkskammertages zu Leipzig 1905, S. 69. — 4) Schönberg Hb. a. a. O. S. 486. — 5) Derselbe a. a. O. S. 487. — 6) Derselbe a. a. O. S. 487.

höhere „Beamte" (Direktoren, Techniker, Ingenieure, Buchhalter usw.), und niedere „Lohnarbeiter", die sich wieder in gelernte und ungelernte scheiden [1]).

Der Fabrikant beteiligt sich an der Herstellung seiner Produkte gar nicht oder nur ausnahmsweise und beschränkt sich auf die kaufmännische und technische Oberleitung. Die Arbeitsteilung ist eine weitgehende und die Tätigkeit im allgemeinen eine mechanische unter ausgiebiger dauernder Verwendung von Maschinen [2]), was allerdings nicht ausschlaggebend ist [3]), da auch im Handwerk Maschinen immer mehr Eingang finden und die Mitwirkung der Menschen mehr als eine kunstmäßige, denn eine mechanische bezeichnet werden kann [4]). Weiterhin wird die Zahl der Arbeiter in Betracht kommen. Eine Fabrik wird in der Regel dauernd eine größere Zahl von Arbeitern haben, wofür allerdings eine bestimmte Höhe nicht schematisch festzustellen ist, da sonst Betriebe bald zum Handwerk, bald zur Fabrik zu rechnen wären. Die Betriebsräume müssen im allgemeinen bei der Fabrik größer und umfangreicher sein; es muß gegenüber der Werkstätte des Handwerks eine Anlage vorhanden sein [5]) (Kesselhaus, Maschinenhaus, Fachraum, Magazin, Kontor usw.). Auch wird die Art und der Umfang des Absatzes der Arbeitsprodukte, meist Massenartikel, einen größeren Umfang haben. Wenn das Reichsgericht ein Merkmal darin gefunden hat, daß bei Fabrikbetrieben auf Vorrat, bei Handwerksbetrieben auf Bestellung gearbeitet wird [6]), so hat es diesen Standpunkt auch des öfteren verlassen [7]).

---

1) Schönberg Hb. a. a. O. S. 487.

2) Urteil d. OLG. Dresden v. 18. II. 89 (Reger, Erg.Bd. I, S. 248); Urt. d. RG. in StrS. v. 15. II. 83 und 12. XI. 94 (Reger Bd. III, S. 257 u. Bd. XV, S. 145).

3) Entsch. d. preuß. OVG. v. III. 4. 84, (preuß. Verwbl. Bd. V, S. 286.

4) Rohrscheidt a. a. O., S. 599. Landmann-Rohmer a. a. O. Bd. II, S. 285. Urt. d. RG. v. 3. I. 84; 10. XI. 85; 2. XI. 93; 13. VI. 98 (Reger Bd. IV, S. 288; Bd. VI, S. 406; Bd. XIV. S. 313; Bd. XVIII, S. 432); Urt. d. OLG. Celle v. 12. VI. 79 (Reger Bd. 18, S. 36).

5) Urt. d. OLG. Dresden v. 18. X. 1900 Reger Bd. XXI, S. 135).

6) Urt. d. RG. v. 3. I. 84; 21. VI. 84; 10. XI. 85; 13. XII. 87 (Reger Bd. IV, S. 228. Bd. VI, S. 606. Bd. VIII, S. 360).

7) Urt. d. RG. v. 15. II. 83 (Reger Bd. III, S. 257). Urt. d. OLG. Dresden v. 18. II, 89 (Reger, Erg.Bd. I, S. 249).

Aehnliche Gesichtspunkte zur Annahme eines Betriebes als Fabrik finden sich in den Erhebungen über Verhältnisse im Handwerk, wo als Fabriken solche Gewerbebetriebe gelten sollen, „bei welchen die Merkmale des Fabrikbetriebes, insbesondere die Verwendung von Motoren im Betriebe, besonders bauliche Anlagen, erhebliche Arbeiterzahl, weit getriebene Teilung der Arbeit, soziale Ungleichartigkeit zwischen Unternehmer und Gehilfen entweder sämtlich vorliegend oder wenigstens einzelne von ihnen scharf ausgeprägt sind [1]).

Wenn in dieser Arbeit hauptsächlich nur die Handwerkslehre berücksichtigt werden soll, so glaubte der Verfasser zu einer genügenden Würdigung derselben doch auch auf die Fabriklehre eingehen zu müssen, um bei einer Gegenüberstellung dieser beiden Arten der Lehre deren Vorteile und Nachteile klarer darstellen zu können. Als Grundlage für die folgenden Erörterungen standen dem Verfasser eine Untersuchung der hessischen Gewerbeinspektoren über das Lehrlingswesen in Fabriken zur Verfügung, auf die, da sie interessante Aufschlüsse über den tatsächlichen Zustand der Fabriklehre bietet, näher einzugehen sein wird [2]).

Die Untersuchung hat sich auf alle Fabriken des Großherzogtums erstreckt, wobei sich herausgestellt hat, daß in dem weitaus größten Teile der Fabriken Lehrlinge überhaupt nicht gehalten werden. Von 5636 Fabriken oder Motorwerkstätten ergaben sich nur ungefähr 300 Fabriken, bei denen eine planmäßige Ausbildung vorhanden war.

Um die Verhältnisse besser übersehen zu können, hatte man bestimmt formulierte Fragen aufgestellt, die von den Gewerbeinspektoren zu beantworten waren:

„1. Welcher Art ist der Fabrikbetrieb, in dem Lehrlinge gehalten werden? Erscheint der Betrieb als ein Ganzes oder zerfällt er in verschiedene besondere Werkstätten? Wie viele Lehrlinge werden in dem Betrieb beschäftigt? In welchem Verhältnisse steht die Zahl der Lehrlinge zu derjenigen der Arbeiter überhaupt?

2. Aus welchen Gründen gehen die Lehrlinge in die Fabrik zur Lehre statt bei einem Handwerksmeister?

1) Erhebungen über Verhältnisse im Handwerk, veranstaltet im Sommer 1895, bearbeitet im k. stat. Amt.

2) Jahresberichte der Gewerbe-Aufsichtsbeamten 1902 a. a. O. S. 221 ff.

3. Sind Handwerksbetriebe gleicher Art in der Gegend vorhanden?

4. Aus welchen häuslichen Verhältnissen kommt der Lehrling? Sind seine Eltern auf die Unterstützung durch Abgabe des Lohnes angewiesen?

5. Werden die Lehrlinge allgemein in der Fabrik beschäftigt oder in Spezialwerkstätten? Wenn letzteres, in welchen?

6. Sind mit den Lehrlingen schriftliche Lehrverträge abgeschlossen?

7. Wer leitet die Lehrlinge an?

8. Wie lange dauert die Lehrzeit?

9. Erhalten die Lehrlinge Kost und Wohnung im Hause?

10. Besuchen die Lehrlinge regelmäßig die Fortbildungs- oder Fachschule?

11. Welchen Lohn erhalten die Lehrlinge?

12. Nach welchen Grundsätzen erfolgt die Anleitung der Lehrlinge?

13. Ist ein Lehrplan vorhanden oder ein solcher überhaupt durchzuführen?

14. Sind den Lehrlingen, welche ihre Lehrzeit beendet haben, Zeugnisse über die Dauer der Lehrzeit und die während derselben erworbenen Kenntnisse und Fertigkeiten sowie über ihr Betragen ausgestellt worden?

15. Entsprechen die Lehrlinge nach Beendigung der Lehrzeit den Anforderungen, die bei der Gesellenprüfung gestellt werden?

16. Wie viele Lehrlinge haben sich bisher der Gesellenprüfung unterzogen und mit welchem Erfolg?

17. Bleiben die Lehrlinge nach beendigter Lehrzeit in der Fabrik oder gehen sie anderswohin in Arbeit, auch in Handwerksbetriebe?

ad 1. Das Ergebnis der Beantwortung der ersten Frage ist dahin zusammenzufassen, daß wohl alle Fabriken, wenigstens die größeren, in einzelne Abteilungen zerfallen, z. B. eine Maschinenfabrik in Eisengießerei, Schlosserei, Kesselschmiede, Dreherei, Modelltischlerei. Die Zahl der beschäftigten Lehrlinge ist verschieden, jedoch überall so, daß von einer Lehrlingszüchterei nirgends die Rede ist, wie die Berichte besonders hervorheben. Dies dürfte auch weniger erstaunlich sein, da überall die ungelernten Arbeiter mitgezählt worden sind, sodaß z. B. für den Aufsichtsbezirk Darmstadt auf 6006 Arbeiter in 42 Betrieben nur 412 Lehrlinge kommen[1]). In solchen Betrieben dagegen, wo mehr gelernte Arbeiter vorhanden sind, oder die an der Grenze zwischen Handwerks- und Fabrikbetrieben stehen, ändert sich dieses Verhältnis wesentlich. So machen in den Maschinenfabriken die Lehrlinge schon 7,8 % und in den Betrieben, die an der Grenze zwischen Handwerk und Fabrik stehen, sogar mehr als 25 % aller Arbeiter aus.

ad 2. Die Gründe, weshalb die Lehrlinge in die Fabrik anstatt zu einem Handwerksmeister gehen, sind hier dieselben, wie sie in allen Handwerkskammerberichten und Jahresberichten der Gewerbeaufsichtsbeamten zu Tage treten und auch leicht erklärlich sind. Die Eltern ziehen es vielfach vor, sind auch oft darauf angewiesen, daß der aus der Volksschule entlassene Junge ihren Haushalt durch bare Mittel unterstützt. Schicken sie denselben zu einem Handwerksmeister in die Lehre, so müssen sie vielleicht noch Lehrgeld zahlen. Außerdem kommt es gewiß nicht selten vor, daß der Lehrling in der Fabrik lernt, weil die Ausbildung hier eine bessere ist als beim Handwerk. Diesen Umstand jedoch verallgemeinern, wie dies in der Untersuchung geschieht, dürfte zu weit führen und nicht gerechtfertigt sein, da es doch immer nur sehr wenige Fabriken gibt, die dem Lehrling eine systematische allseitige Ausbildung zuteil werden lassen, wie zu beweisen sein wird. Ein weiterer Grund, weshalb die Lehrlinge in der Fabrik lernen, wird zuweilen an dem Mangel an Handwerksbetrieben in der betreffenden Gegend und auch vielfach darin gefunden, daß die Eltern ihre Kinder ungern von Hause weggeben.

ad 3. Im allgemeinen sind überall Handwerksbetriebe vorhanden, aber die in Fabriken herangebildeten Lehrlinge werden von den Fabrikanten wegen der besseren Verwendbarkeit namentlich bei Benützung der technischen Hilfsmittel einer Fabrik, vorgezogen.

ad 4. In den meisten Fällen sind die Lehrlinge Söhne der Fabrikarbeiter, weniger von Bauern; hier nur dann, wenn der väterliche Besitz keine Aussicht auf Selbständigkeit zuläßt. Die Fabrikarbeiter sind zumeist auf den Lohn der Lehrlinge angewiesen, da

---

1) Jahresberichte der Gewerbe-Aufsichtsbeamten 1902, 6_{225}.

hierdurch ein Teil oder der ganze Unterhalt für den Lehrling von diesem selbst getragen wird.

ad 5. In kleineren Fabriken lernt der Lehrling in der Fabrik selbst; in größeren fast allgemein in Spezialwerkstätten, wie Dreher-, Schlosser-, Schmiede-, Schreiner-, Former-, Sattlerwerkstätten. Bilden derartige Spezialwerkstätten in sich ein abgeschlossenes Ganzes, so wird dagegen nichts einzuwenden sein, da sie einem Handwerksbetrieb entsprechen und eine allseitige Ausbildung ermöglichen. Dies ist aber nicht der Fall, wenn anstatt Spezialwerkstätten nur Arbeitsstätten, Betriebsabteilungen vorhanden sind, wie aus dem Offenbacher und Mainzer Bezirk berichtet wird. „Selbst in denjenigen Fabriken, deren Erzeugnisse bezüglich der Herstellungshandhabungen einheitlich zu sein scheinen, wie in der Portefeuille- und Sattlergalanteriewarenfabrikation, werden die Lehrlinge nur auf einzelne Erzeugnisse, wie Koffer, Taschen, Klotzarbeit, reiche und geschlossene Arbeit ausgebildet“ [1]).

In einer Weißgerberei findet die Ausbildung nur in der sog. Wasserwerkstätte statt, dagegen nicht in der Zurichte, wo nur im Akkord gearbeitet wird, und wo die daselbst beschäftigten Arbeiter aus Furcht vor der erwachsenden Konkurrenz Unterweisung von Lehrlingen nicht allein ungern sehen, sondern auch in jeder Weise zu hindern suchen würden [2]). Nur in dem Bezirk Gießen besteht eine besondere Fabriklehrwerkstätte, wo die Lehrlinge von einem zu diesem Zwecke angestellten Meister mit sehr gutem Erfolge unterrichtet werden.

Ebenso in den königl. preußischen und großherzogl. hessischen Eisenbahnwerkstätten ist eine gute Ausbildung durch Lehrwerkstätten garantiert.

ad 6. Die Lehrlinge werden gewöhnlich von den Werkmeistern oder Vorarbeitern angelernt, auch wohl in Akkordarbeiten Gruppen zugeteilt. Im Bezirk Offenbach hat ein Gewerbeunternehmer die Lehrlinge besonderen Heimarbeitern zur Anleitung übergeben.

ad 7. Die hohe Zahl der ohne schriftlichen Lehrvertrag eingestellten Lehrlinge, (im Bezirk Darmstadt von 41 334, Offenbach von 557 195 ohne Lehrverträge), dürfte wohl darauf zurückzuführen sein,

1) Jahresberichte der Gewerbe-Aufsichtsbeamten 1902, 6_{237}.

2) Dieselben 1902, 6_{249}.

daß im Jahre 1902 der § 126 b GO., der die Schriftlichkeit des Lehrvertrags vorschreibt, noch nicht überall genügend bekannt war, daß jedoch heute nur noch wenige Lehrlinge ohne schriftlichen Lehrvertrag vorhanden sein werden.

ad 8. Was die Dauer der Lehrzeit anlangt, beträgt dieselbe gewöhnlich 3 Jahre. Im Bezirk Darmstadt nur in 57 Betrieben mehr als 3 Jahre (bei 11 Betrieben 3½ Jahre, bei 40 4 Jahre und bei 6 3 und 4 Jahre). Auch in den übrigen Bezirken herrscht dreijährige Lehre vor, nur in Steindruckereien und Bijouteriewarenfabriken findet sich vierjährige Lehre.

ad 9. Kost und Wohnung erhalten die Lehrlinge nur in wenigen Fällen bei kleineren Betrieben auf dem Lande. Von den 138 im Bezirk Worms ausgebildeten Lehrlingen erhalten nur 3 Kost und Wohnung beim Fabrikbesitzer.

ad 10. Da im Großherzogtum Hessen Fortbildungsschulzwang (für allgemeine Fortbildungsschule) besteht, ist über den Schulbesuch nicht zu klagen. Vereinzelt sorgen sogar die Fabrikbesitzer dafür, daß ihre Lehrlinge die zur Verfügung stehenden technischen Lehranstalten besuchen.

ad 11. Außer in einigen wenigen Fabriken wird überall Lohn gezahlt, der nach den Erwerbszweigen und den lokalen Verhältnissen verschieden ist. Nur in zwei Fällen im Bezirk Worms ist Lehrgeld bezahlt worden. Die gezahlten Löhne steigen entweder von Jahr zu Jahr, einige von Halbjahr zu Halbjahr oder auch von Viertel- zu Vierteljahr, z. B. erhalten Lehrlinge in Steinbearbeitungsbetrieben (Granit und Syenit) im ersten Jahre 50—80 Pfg. pro Tag, im zweiten Jahre, wo sie schon vielfach in Akkord arbeiten, 1—1,50 Mk., im dritten Jahre 1,50—2,20 Mk. In einer Maschinenfabrik und Eisengießerei zu Darmstadt erhalten sie bei halbjähriger Aufbesserung 0,30, 0,30, 0,60, 0,60, 0,80, 1,00, 1,20, 1,50 Mk. pro Tag. Am Schluß der Lehrzeit noch eine Prämie von 30 Mk., welche Einrichtung übrigens nach den Jahresberichten der Gewerbeaufsichtsbeamten in Deutschland überall eingeführt ist, wo Prämien am Schluß der Lehrzeit bis zu 300 Mk. vorkommen[1]). Im Bezirk Offenbach zahlt eine Maschinenfabrik den Lehrlingen eine Prämie von 400 Mk., wenn sie noch zwei Jahre nach der Lehrzeit ihre Stellung behalten.

1) Jahresberichte der Gewerbe-Aufsichtsbeamten 1904, 15_4.

ad 12. Die Grundsätze, nach welchen die Anleitung vor sich geht, richtet sich nach den Branchen und den Ansichten der die Lehrlinge ausbildenden Personen. Im allgemeinen planmäßig fortschreitend von leichten zu schwierigen Arbeiten, „geht die Anleitung wohl auch dahin, daß sie möglichst bald die von ihnen (den Lehrlingen) geforderten Leistungen und Handfertigkeiten in dem Maße ausführen können, daß sie für den Gewerbeunternehmer Ersprießliches leisten. Hierbei wird in besonderen Fällen weniger Rücksicht auf die vollendete Durchführung genommen als auf die möglichste Fertigkeit in Einzelleistungen gesehen, da oft die Tätigkeit eines guten Spezialarbeiters nicht allein dem Fabrikanten verhältnismäßig mehr wert ist, sondern auch dem Betreffenden einen höheren Verdienst sichert" [1] [2]).

ad 13. Im allgemeinen ist von einem einheitlichen Lehrplan nur in den erwähnten Lehrwerkstätten in Brauereien und mechanischen Werkstätten die Rede.

ad 14. Zeugnisse nach beendeter Lehrzeit werden in der Regel über Betragen und Fähigkeiten der Lehrlinge ausgestellt und ist dies ja übrigens nach § 127c GO. dem Lehrherrn zur Pflicht gemacht.

ad 15. Soweit die Gewerbeaufsichtsbeamten Kenntnis erhalten haben, entsprechen die in einem Handwerk ausgebildeten Lehrlinge den Anforderungen, die bei der Gesellenprüfung verlangt werden und legen diese auch vielfach ab, da eine Anzahl Fabrikanten darauf bestehen und die Weiterbeschäftigung nach der Lehre von der Ablegung der Prüfung abhängig machen. „Wenn die Ausbildung nicht auf die Erlernung eines Handwerks i. e. S. hinausläuft, dürfte der Lehrling nicht immer den Anforderungen der Gesellenprüfung entsprechen" [3]).

ad 16. Ueber die Zahl der bisher Geprüften ist nichts Genaues angegeben und hat dieselbe auch keinen Zweck, wenn sie nicht für ein bestimmtes Jahr angegeben werden kann, um mit der Zahl der in dem betreffenden Jahr auslernenden Lehrlinge in Beziehung gesetzt zu werden.

ad 17. Nach beendeter Lehre bleiben die Lehrlinge fast ohne

---

1) Jahresberichte der Gewerbe-Aufsichtsbeamten 1904, 15_4.

2) Jahresberichte der hess. Gewerbe-Aufsichtsbeamten 1902, 6_{247}.

3) Dieselben 1902, 6_{249}.

Ausnahme dauernd oder doch wenigstens einige Zeit in den betreffenden Fabriken, wozu sie vielfach durch besondere Geldprämien angeregt werden. Dagegen ist die Wahrnehmung gemacht worden, daß viele bei Handwerksmeistern ausgebildeten Gesellen in den Fabriken anzukommen suchen, wegen der zumeist gleichmäßigeren Arbeit, der geregelteren Arbeitszeit und der nach beendigter Tagesarbeit größeren persönlichen Freiheit.

Am Schlusse dieser kurz zusammengefaßten Untersuchung, die keinen Anspruch auf Vollständigkeit machen kann und auch nicht machen will, ist das Ergebnis derselben in 7 Thesen zusammengefaßt, die im folgenden wörtlich wiedergegeben sind:

„1. Im allgemeinen ist in den Fabriken kein Bedürfnis vorhanden, Lehrlinge planmäßig auszubilden. Es kommen in Hessen nur etwa 300 Fabrikbetriebe in Betracht, welche Lehrlinge halten.

2. Dort, wo man sich zur Ausbildung von Lehrlingen entschließt, geschieht es fast nur zu dem Zwecke, einen zuverlässigen Arbeiterstamm heranzubilden und tüchtige Vorarbeiter, Aufseher und Werkmeister für den e i g n e n Betrieb zu erlangen.

3. Weil es sich also im voliegenden Falle um ein dauerndes Arbeitsverhältnis handelt, liegt ein erhöhtes Interesse des Unternehmers an einer soliden Ausbildung vor. Weil nun ferner die Fabriklehrlinge in der Ausübung der technischen Hilfsmittel geschulter sind, so ist deren Ausbildung im allgemeinen derjenigen der Handwerkslehrlinge in mancher Hinsicht überlegen.

4. Infolge der in der Fabrik besser durchgeführten Arbeitsteilung kommen für die Lehrlinge viele untergeordneten Arbeiten in Wegfall, die bei den Handwerkslehrlingen die Ausbildung verzögern und beeinträchtigen.

5. Die Arbeitszeit der Lehrlinge ist in den Fabriken infolge der Bestimmungen der GO. genau geregelt und kürzer als im Handwerksbetrieb. Die Apperzeptionsfähigkeit der in Fabriken beschäftigten Fortbildungs- und Fachschüler ist infolgedessen eine erhöhte, da das Gefühl, von einer bestimmten Stunde ab über die freie Zeit verfügen zu können, namentlich den jungen Menschen eine erhöhte Spannkraft und größere Leistungsfähigkeit verleiht.

6. Die Vorzüge der Ausbildung in Handwerksbetrieben bestehen lediglich in dem erzieherischen Moment, welches im allgemeinen die Handwerkslehrlinge zu einer ausgeprägteren Indivi-

dualität gelangen läßt. Da aber ein tüchtiger Handwerksmeister nicht immer zugleich ein tüchtiger Erzieher ist, so kann in manchen Fällen der Vorzug der handwerksmäßigen Ausbildung übertroffen werden durch die ethische Bedeutung der größeren Bewegungs- und Willensfreiheit und der durch den besseren Lohn bedingten größeren wirtschaftlichen Selbständigkeit des Fabriklehrlings, die freilich, namentlich in sittlich religiöser Beziehung auch wieder größere Gefahren in sich schließen. Da ferner die natürliche Weiterentwicklung der modernen Produktionsweise sich in der Richtung vollzieht, daß, soweit nicht die individuelle (insbesondere künstlerische) Schaffenstätigkeit in Betracht kommt, die Großbetriebe infolge ihrer vorteilhafteren Arbeitsteilung an Stelle der Handwerksbetriebe treten, so sind solche Persönlichkeiten, die sich leichter in den Organismus des Großbetriebes einfügen lassen, die in höherem Maße geschult sind, sich unterzuordnen und sich an andere anzupassen, im Rahmen des Ganzen stets leistungsfähiger als allzu ausgeprägte Individualitäten, welche nur an der Spitze der Unternehmungen, in großen wie in kleinen, am Platze sind.

7. Das Verhältnis der Lehrlinge zu der Anzahl der Gehilfen ist im Fabrikbetriebe günstiger wie im Handwerksbetriebe. Nur in solchen Betrieben, welche an der Grenze zwischen Fabrik- und Handwerksbetrieb stehen, finden sich Verhältnisse, die mehr denen im Handwerk entsprechen und bei denen vielleicht eine gesetzliche Regelung der Lehrlingshaltung sich als notwendig erweisen dürfte" [1]).

Der These 1, daß für eine Ausbildung von Lehrlingen in Fabriken im allgemeinen kein Bedürfnis vorliege, kann nur bedingt zugestimmt werden. Das Bedürfnis nach gelernten Arbeitern im weiteren Sinne, d. h. nach Arbeitern, die sich die Fertigkeit in der Ausführung der ihnen obliegenden Arbeit durch eine, in manchen Industrien zumal in denjenigen mit hochentwickelter Verwendung von Arbeitsmaschinen und ausgedehnter Arbeitsteilung in kurzer Zeit manchmal nur Wochen aneignen können, besteht wohl in jedem Industriezweige [2]), doch sollen hier nur die gelernten Arbeiter im engeren Sinne berücksichtigt werden, d. h. diejenigen, die eine mehrere Jahre dauernde handwerksmäßige Aus-

1) Jahresberichte der hess. Gewerbe-Aufsichtsbeamten 1902, 6_{251} f.
2) Erhebungen über Verhältnisse der Lehrlinge in Fabriken 1887.

bildung genossen haben, wenn dieselbe, wie noch zu berühren sein wird, auch in manchen Punkten von der Handwerkslehre abweicht, infolge der Eigentümlichkeiten des Fabrikbetriebes. Auch für diese gelernten Arbeiter i. e. S. besteht bei einer Reihe von Industriezweigen vor allem in der Maschinen-, Kleineisen-, Holz-, Nahrungsmittel-, Bekleidungs-, Papier- und Lederindustrie [1]) ein Bedürfnis, trotzdem ist bei diesen Industrien in den wenigsten Fällen eine Neigung vorhanden, diese Arbeiter selbst auszubilden [2]) [3]).

Dies tritt in der hessischen Untersuchung zu Tage und findet sich auch in den Jahresberichten der Gewerbeaufsichtsbeamten in allen Bundesstaaten.

„Das grundsätzlich ablehnende Verhalten der Arbeitgeber einzelner Industriezweige, in ihren Betrieben Lehrlinge auszubilden, hat einen zeitweilig fühlbar gewordenen Mangel an tüchtigen Gesellen zur Folge gehabt" [4]). „Einige dieser Fabriken haben sich entschlossen, von jeder weiteren Ausbildung von Lehrlingen gänzlich abzusehen und die jungen Leute nur noch als jugendliche gewerbliche Arbeiter einzustellen" [5]).

„Lehrlinge werden im hiesigen Bezirk ausgebildet nur in Metallverarbeitung, im Maschinenbau und in der Buchdruckerei" [6]).

„In verschiedenen Großbetrieben ist die Annahme von Lehrlingen wegen der mit der Ausbildung derselben verbundenen Betriebserschwerungen eingestellt worden" [7]). Aehnlich lauten die Berichte der württembergischen und anderer Aufsichtsbeamten [8]). Lag der Grund vor dem Inkrafttreten des Handwerkergesetzes von 1897 vornehmlich in dem § 136 GO. (Arbeitszeit und Pausen der jugendlichen Arbeiter), der es ohne Betriebsstörung kaum ermöglicht, junge Leute unter 16 Jahren einzustellen, so liegt der Grund heute nach den Berichten der Gewerbeaufsichtsbeamten außerdem in den §§ 126 b, c und 127 GO. [9]) [10]) (Schriftlichkeit des Lehrvertrages, Unterweisung und Beaufsichtigung des Lehrlings auch außerhalb der Fabrik).

---

1) Erhebungen a. a. O. S. 96. — 2) Erhebungen a. a. O. S. 98. — 3) Scheven a. a. O. Anlage 45. — 4) Jahresberichte der Gewerbe-Aufsichtsbeamten 1901, Sachsen 3_{271}. — 5) Dieselben 1901, S.-Altenburg 3_{3}. — 6) Dieselben 1901, Reuß 19_{2}. — 7) Dieselben 1902, Sachsen 3_{243}. — 8) Dieselben 1896, Württemberg. — 9) Jahresberichte der Gewerbe-Aufsichtsbeamten 1901, Altenburg 13_{3}. — 10) Dieselben 1902, Oldenburg 10_{2}.

Diese Tatsache, daß sich die Industrie mit der Ausbildung von Lehrlingen wenig befaßt, ist umso erstaunlicher, als die früher vielfach aus dem Handwerk übernommenen Kräfte bei vorgeschrittener Entwickelung der Industrie für diese nicht mehr genügen.

„Den Ersatz an gewerblichen Arbeitern ein für allemal aus dem Handwerk zu nehmen", heißt es bei den Erhebungen des Reichskanzlers über die Lehrlingsverhältnisse in der Fabrik im Berichte des Aufsichtsbeamten für Potsdam-Frankfurt a. O.[1]), „hat die größten Bedenken, denn einerseits hat die Erfahrung gezeigt, daß die gegenwärtige handwerksmäßige Ausbildung den weit vorgeschrittenen, neueren technischen Bedürfnissen nirgends mehr genügt, und daß die aus den Kleingewerben übernommenen gelernten Arbeiter, ungeachtet ihrer Gesellen- und Gehilfenqualifikation, dennoch jedesmal einer besonderen Heranbildung für die gleichartigen mechanischen Großbetriebe unterzogen werden müssen, andererseits scheitert eine einseitige technische Schulung für bestimmte Fabrikationszweige zuweilen an dem Dünkel und Eigensinn sogen. ‚gelernter Arbeiter" [2]).

Sind also der Handwerkslehre entstammende Gesellen nicht immer brauchbar und demnach die Industrie gezwungen, sich selbst gelernte Arbeiter auszubilden, und hierzu doch wenig geneigt, so muß es einigermaßen überraschen, daß die Thesen 3 und 4 der hessischen Untersuchung zu dem Schluß kommen, daß die Ausbildung der Fabriklehrlinge wegen eines erhöhten Interesses der Unternehmer an der Ausbildung, größerer Fertigkeit der Lehrlinge in der Ausbildung der technischen Hilfsmittel, Wegfall der untergeordneten Arbeiten usw., derjenigen der Handwerkslehrlinge überlegen sei. Diese Deduktion verkennt vollständig die guten Seiten des Handwerks — und die Schattenseite der Fabriklehre.

Die Vorteile der heutigen Handwerkslehre bestehen unter normalen Verhältnissen vor allem darin, daß der Lehrling eine gründliche, alle Grundfertigkeiten seines Berufs umfassende Ausbildung erhält. Der Betriebsinhaber oder sein Stellvertreter arbeiten in den meisten Fällen selbst in der Werkstätte mit, sie sind

1) Erhebungen des Reichskanzlers 1887 a. a. O. S. 98.

2) Weitere Zitate in den Erhebungen des Reichskanzlers 1887 a. a. O. S. 98 ff., auch bei Scheven a. a. O. S. 57 ff.

infolgedessen in der Lage, sich mehr mit dem Lehrling abzugeben, ihm den anzufertigenden Gegenstand durch Modell, Zeichnung klar zu machen, ihn zu unterrichten über Material, Eigenart, Verarbeitungsweise und Wert desselben und über die Ausführung, Haltbarkeit, Form und Ansehen des Gegenstands. Der Meister wird es sich heute mehr denn je angelegen sein lassen, dem Lehrling eine gute Ausbildung zu geben, da er sonst Gefahr läuft, daß ihm die Befugnis zum Halten und Anleiten von Lehrlingen von der Handwerkskammer entzogen wird, die, nach den Berichten derselben zu schließen, in dieser Hinsicht sehr strenge vorgeht. Geben doch die Lehrlingsprüfungen (siehe diese), der sich fast alle Lehrlinge heute unterziehen und die Ausstellungen von Lehrlingsarbeiten den besten Maßstab für die Beurteilung einer Lehre.

In der ersten Zeit der Lehre wird die Arbeitsfreudigkeit des Lehrlings gehoben, indem er bald hier bald da zugreifen muß. Er wird so gezwungen, seinen Verstand und seine Sinne zusammenzunehmen, um das der jeweiligen Situation Entsprechende nach eigenem Gutdünken auszuführen. Es wird für ihn, den an andauernde körperliche Tätigkeit Ungewöhnten eine Wohltat und seiner Gesundheit nur zuträglich sein, wenn er ab und zu einen Gang zu machen hat; es bringt ihn dies in nähere Berührung mit den Kunden, wodurch er den Verkehr mit diesen kennen lernt und hieraus Lehren für seine eigene zukünftige soziale Stellung zieht. Diese Gänge müssen sich allerdings in angemessenen Schranken halten, die Ausbildung darf nicht darunter leiden.

Die Arbeitsfreudigkeit bleibt dem Lehrling auch späterhin erhalten, wenn er aus dem Rohmaterial den Gegenstand fertig herzustellen in der Lage ist. Auch in der Handhabung der technischen Hilfsmittel, der Maschinen usw., die dank dem sich immer weiter ausdehnenden Genossenschaftswesen und der staatlichen Fürsorge im Handwerk mehr und mehr Eingang finden, wird der Lehrling geschickt, sodaß er, wenn er zur Industrie überzugehen beabsichtigt, sich auch dort leicht zurechtfindet.

Fast wichtiger als diese Vorteile der Handwerkslehre in der praktischen Ausbildung sind diejenigen der sittlichen Erziehung.

Wenn auch zugegeben werden muß, daß das Wohnen beim Meister, besonders in den großen Städten, in der Abnahme begriffen ist, so ist doch die Hoffnung nicht aussichtslos, daß das Umgekehrte wieder eintreten wird (vergleiche hierzu unten die Bestrebungen der Regierungen bezüglich der Lehrlingswerkstätten). Wenn der Tätigkeit des Lehrmeisters, die im heutigen Wirtschaftsleben eine so große Rolle spielt, das ihr zustehende Ansehen zuteil wird, das wiederherzustellen die Handwerkskammern eifrig bemüht sind, dann werden sich die Handwerksmeister wieder mit größerem Eifer der Ausbildung der Lehrlinge widmen und vor allem die Lehrlinge wie früher in ihre Hausgemeinschaft aufnehmen. Dahin geht auch die unverkennbare Absicht des Handwerkergesetzes von 1897. Sicherlich handelt es sich hier um ein Problem von weittragender Bedeutung in sozialer und sittlicher Beziehung. Wohnt der Lehrling beim Meister, so werden sich die Gegensätze zwischen Arbeitgeber und Arbeitnehmer niemals zu einer solchen Schärfe und Tiefe entwickeln können, wie man es leider heute in der Fabrik und wohl auch im Handwerk zu sehen Gelegenheit hat. Ein gewisses Maß von Gebundensein, wie es durch das Leben in und mit der Familie des Meisters gegeben ist, kann für den 14—17jährigen jungen Menschen, der besonders in der Großstadt sittlichen Gefahren ausgesetzt ist, nur wohltuend wirken und läßt, wie die These 6 der hessischen Untersuchung richtig bemerkt, den Lehrling zu einer ausgeprägten Individualität gelangen.

Als ein Nachteil der Handwerkslehre ist, wie die These 5 hervorhebt, die vielfach sehr lange Arbeitszeit der Handwerkslehrlinge zu bezeichnen, wenn auch daraus nicht, wie in These 5 der hessischen Untersuchung zu folgern sein dürfte, daß „die Apperzeptionsfähigkeit“ der in Fabriken beschäftigten Fortbildungs- und Fachschüler eine erhöhte ist, und daß infolge des Gefühls nach einer bestimmten Stunde frei zu sein, dem jungen Menschen eine erhöhte Spannkraft und größere Leistungsfähigkeit innewohne. Denn abgesehen davon, daß namentlich in großen Städten die Gesellen und Lehrlinge vielfach nicht mehr beim Meister wohnen und hier die Arbeitszeit sehr häufig dieselbe ist wie in der Fabrik, übertrifft die geistige Aufnahmefähigkeit der Handwerkslehrlinge bei gleichen Anlagen die eines Fabriklehrlings um ein Bedeutendes, wie in allen gewerblichen Fortbildungsschulen festzustellen sein dürfte. Denn die Arbeit in der Fabrik ist eine hastig intensive, alle Kräfte ausnützende, die, wenn es sich um Spezialarbeit handelt, wo der Arbeiter den ganzen Tag dieselbe Verrichtung zu erfüllen hat, den Geist abstumpft. Die rührige Arbeit im Handwerk dagegen läßt dem Geiste Muse, sich von Zeit zu Zeit zu sammeln. Durch die Verschiedenartigkeit der Arbeit bleibt der Geist des Lehrlings frisch und willig zur Aufnahme neuer Eindrücke.

Da die Ausbildung der Fabriklehrlinge je nach dem Bedarf der betreffenden Industrie nach gelernten Arbeitern außerordentlich verschieden ist, so sind die Vorteile und Nachteile dieser Fabriklehre am besten aus einer kurzen Besprechung des tatsächlichen Lehrlingsganges in den verschiedenen Industrien zu ersehen. Der Verfasser hält sich hier an die vom Reichskanzler im Jahre 1887 angestellten Erhebungen über die Verhältnisse der Lehrlinge in Fabriken [1]), an die Ausführungen Schevens [2]), die Mitteilungen der Gewerbeaufsichtsbeamten in neuerer Zeit [3]) und an die von Waentig geschilderten Verhältnisse in Oesterreich [4]).

Bei der Industrie der Steine und Erden sind es hauptsächlich die Steinhauereien, Steinschleifereien, die Fayence-, Porzellan- und Glasindustrie, welche Lehrlinge anlernen. In den Steinhauereien werden die Lehrlinge ohne regelmäßige, die fortschreitende Ausbildung berücksichtigende Unterweisung beschäftigt. Sie arbeiten gewöhnlich sogar im Akkord. In den Töpfereien und Ofenfabriken dagegen wird vielfach noch Lehrgeld gezahlt, und hier ist die Unterweisung besser. Der Lehrling wird gewöhnlich zwischen 2 Gesellen unter Aufsicht des Lehrherrn beschäftigt. Die Porzellan- und Fayencefabriken, deren Erzeugnisse das Handwerk nicht herstellt, sind schon deshalb auf eine eigene Ausbildung von Lehrlingen angewiesen, wobei Maler, Former, Dreher, Garnierer, Drucker, Gipsgießer und Modelleure in Frage kommen. In der Druckerei, Gipsgießerei und bei den Modelleuren arbeitet der Lehrling (einer im Laufe eines Jahres oder auch mehrere Jahre) unter Anleitung und Aufsicht des Fabrikmeisters, bis er von leichteren zu schweren Aufgaben allmählich übergehend, selbständig zu arbeiten versteht.

Aehnlich ist die Anleitung der Lehrlinge in der Formerei,

---

1) Erhebungen des Reichskanzlers über die Verhältnisse der Lehrlinge in Fabriken 1887 a. a. O. S. 103 ff.

2) Scheven a. a. O. S. 433 ff.

3) Jahresberichte der Gewerbe-Aufsichtsbeamten.

4) Waentig: Gewerbl. Mittelstandspolitik a. a. O. S. 340 ff.

Dreherei und Garniererei. Die Malerlehrlinge arbeiten hingegen zusammen in einer solchen Anzahl, daß ein beständig im Arbeitssaal anwesender Obermaler sie überwachen kann. Das erste halbe Jahr der Lehrzeit erhalten sie nur Zeichenunterricht, dann werden sie in die Handfertigkeit der Pinselführung und der Farbenbehandlung eingeführt und lernen so nach und nach das Gewerbe und erhalten, wenn sie geschickt genug sind, leichtere Aufträge. Der Zeichen- und Malunterricht läuft aber, selbst bei den älteren Lehrlingen, immer noch nebenher. Das Material wird während der Ausbildung beim Zeichenunterricht usw. von der Fabrik gestellt.

In den Glasfabriken muß der Lehrling erst ein Jahr als Glasabträger beschäftigt gewesen sein, um zu zeigen, ob er überhaupt die erforderliche Geschicklichkeit besitzt. Erst dann folgt eine 4—8jähr. Lehre.

Die unter die „metallverarbeitende Industrie" fallenden Gewerbe umfassen die verschiedensten Arbeitsgebiete, für welche das Bedürfnis nach gelernten Arbeitern sehr ungleich hervortritt. „Je mehr hier die Maschine Eingang findet, worin von Jahr zu Jahr ein steter Fortschritt wahrnehmbar ist, umsomehr werden auch ungelernte Arbeitskräfte verwendet und möglichst einseitig beschäftigt", heißt es in dem württembergischen Bericht [1]). Trotzdem brauchen auch sie immerhin gelernte Schlosser, Gießer, Flaschner, Dreher, Gürtler, Drucker, Presser usw. Greift der Betrieb in das Kunstgewerbe über, so brauchen sie auch Kunsthandwerker, Zeichner, Modelleure, Graveure, Ziseleure, Bijoutiers, Fasser, Gold- und Silberarbeiter usw. Während die kleinen und mittleren Betriebe ihre gelernten Arbeiter meistens aus dem Handwerk nehmen, bilden die Großbetriebe sie selbst aus. In den Bijouteriefabriken, wo die Lehrlinge gewöhnlich 5 Jahre zu lernen haben, werden diese hauptsächlich nur für einen bestimmten Arbeitszweig als Bijoutier, Graveur, Fasser, Presser usw. ausgebildet und einem Arbeiter zugeteilt, der ihn unterrichtet.

Ebenso werden sie in den Maschinenfabriken entweder als Schlosser, Dreher, Hobler, Tischler, Former usw. ausgebildet, die weniger notwendigen Arbeiter, wie Klempner, Maler und Anstreicher werden auch in der Großindustrie gewöhnlich aus dem Handwerk entnommen.

---

1) Erhebungen 1887 a. a. O. S. 110.

Im allgemeinen gestaltet sich die Ausbildung in den metall- wie auch in den holzverarbeitenden Industrien derartig, daß der Lehrling erst eine Zeitlang mit den gewöhnlichsten Tagelöhnerarbeiten beschäftigt wird, wie „Ab- und Zutragen von Arbeits- und Hilfsmaterial, Aufräumen, Reinigen und Putzen der Maschinen, um sich erst in das ihm bis dahin völlig fremde Getriebe der Werkstatt etwas einzuleben“ [1]). Hierauf wird er einem oder mehreren gelernten Arbeitern zur Unterweisung übergeben, manchmal wohl auch durch den Werkmeister beaufsichtigt. Der Arbeiter bildet den Lehrling zu seinem Hilfsarbeiter aus und er wird, wenn er einmal angelernt hat, den Lehrling soviel wie möglich ausnützen. Der Lehrling wandert so zuweilen von einem Lehrarbeiter zum andern, jeder einerseits darauf bedacht, denselben als billige Hilfskraft zu benützen, ihm andererseits aber als „heranwachsenden Mitarbeiter auf dem Arbeitsmarkt“ nur soviel beizubringen, als eben notwendig.

In der chemischen Industrie, der Industrie der forstwirtschaftlichen Nebenprodukte, Leuchtstoffe, Fette, Oele, Firnisse usw. ist im allgemeinen ein Bedürfnis nach gelernten Arbeitern nicht vorhanden.

Auch in der Textilindustrie herrscht dies Bedürfnis nur in beschränktem Maße vor. „Die Handgriffe sind meist so einfach, daß sie sich in wenigen Stunden absehen lassen, nur die Erlernung der mechanischen Weberei auf mechanischen Kraftwebestühlen erfordert 4—6 Wochen“ [2]). In der letzten Hälfte der Lehrzeit wird er schon sich selbst überlassen und versucht dann im Akkord mitzuarbeiten. „Der Lehrling oder besser jugendlicher Arbeiter wird 4—6 Wochen unter Leitung eines geübten Webers im Taglohn beschäftigt, bis er imstande ist, selbst einen Webstuhl zu bedienen“ [3]). In der Bleicherei, Färberei und Druckerei besteht hinsichtlich der Zeichner, Graveure, Formstecher und Drucker ein Bedürfnis nach gelernten Arbeitern, ein Lehrlingsverhältnis ist aber trotzdem selten.

In der Papier- und Lederindustrie ist eine Ausbildung von gelernten Arbeitern wegen der gerade hier so überaus weitgehenden Arbeitsteilung vielfach überflüssig, nur von einem Teil der Portefeuillewaren-, Ledergalanterie-, Sattlerwaren-, Taschen- und Koffer-

---

1) Scheven a. a. O. S. 439.

2) Erhebungen 1887 a. a. O. S. 120.

3) Jahresberichte der Gewerbe-Aufsichtsbeamten 1904, Baden 5_{24}.

fabriken Offenbachs wird von einer Lehrlingsausbildung berichtet. Die Lehrlinge werden hier von tüchtigen Arbeitern, Vorarbeitern oder vom Besitzer selbst in 3- bis 4jähriger Lehrzeit unterwiesen. Die unterweisenden Arbeiter stehen im Wochenlohn und werden vom Arbeitgeber gelöhnt. In anderen derartigen Betrieben werden die Lehrlinge Stückarbeitern beigegeben, die sie anlernen und auslöhnen, die Besitzer kümmern sich hier wenig oder garnicht um die Lehrlinge. Der Arbeiter nimmt sogar, wenn er die Fabrik verläßt, den Lehrling mit sich. Dieser lernt so, da er bis zum Ende der Lehrzeit bei ein und demselben Arbeiter bleibt, nur die Anfertigung derjenigen Gegenstände, die der Arbeiter herstellt; es ist dies ein Uebelstand, der sich noch vergrößert, wenn der Arbeiter bei einer großen Fabrik vielleicht nur einige wenige oder ausschließlich gewöhnliche Waren herstellt. „Diese nicht ausgebildeten Portefeuillearbeiter sind es besonders, welche im Portefeuillegeschäft verderblich auf den guten Erfolg der Arbeit und drückend auf die Arbeitslöhne wirken" [1]).

Größere Gerbereien decken ihren Bedarf an gelernten Arbeitern gewöhnlich aus dem Handwerk.

In der Industrie der Nahrungs- und Genußmittel ist die Ausbildung der Lehrlinge naturgemäß sehr verschieden.

In Kakao-, Schokoladen-, Bonbons- und ähnlichen Fabriken werden zwar Arbeiter für einzelne Spezialarbeiten angelernt, jedoch kann hier von einer Lehrlingsausbildung nicht die Rede sein.

Sehr verschiedenartig ist die Ausbildung der Lehrlinge in Zigarrenfabriken. Die Lehrzeit zerfällt in die Zeit als Wickelmacher und als Rollerlehrling. Die Ausbildung der Wickelmacher ist gewöhnlich in 5—6 Wochen vollendet. In einigen Fabriken wird der Lehrling aber derartig ausgenützt, daß er erst nach Ablauf von 2 Jahren weiter als Zigarrenmacherlehrling eintreten kann. Hierdurch soll der Lehrling scheinbar nur auf längere Zeit der Fabrik erhalten bleiben. Die Unterweisung geschieht teils durch Werkmeister, teils durch Stückarbeiter, die hierfür in größeren Fabriken eine besondere Vergütung erhalten.

Die Bekleidungsindustrie bildet ihre Arbeitskräfte nur soweit es sich um weibliche handelt, selbst heran. Die beschäftigten Vor-

1) Erhebungen 1887 a. a. O. S. 124.

arbeiter und Werkmeister dagegen werden dem Handwerk entnommen.

Die Schuhfabriken mit ihrer weitgehenden Arbeitsteilung haben wenig Bedarf an vollständig ausgebildeten Arbeitern. Für sie genügen in einzelnen Verrichtungen ausgebildete Arbeitskräfte wie Zuschneider, Einrichter, Zwicker, Ausputzer, Handnäherinnen, Maschinennäherinnen, Maschinenarbeiter, Papper und Papperinnen. Bei den Zwickern ist es vielfach üblich, daß der Arbeiter Lehrlinge annimmt und unterweist, ohne daß der Arbeitgeber sich um das Verhältnis zwischen beiden kümmert, da die gelieferte Arbeit im Stücklohn bezahlt wird. In anderen Schuhfabriken oder gar in derselben Fabrik kommt es dagegen auch vor, daß die Zwickerlehrlinge im Lehrlingsverhältnis zum Arbeitgeber stehen und vom Zwickermeister angelernt werden.

Im Baugewerbe besteht fast durchweg noch eine Lehrlingsausbildung. Hier dürfte es überhaupt zweifelhaft sein, ob das Baugewerbe, also Maurer, Steinhauer, Zimmerer und Stuckateure nicht immer zum Handwerk zu rechnen ist, ganz gleich, ob es sich um einen großen oder kleinen Betrieb handelt.

Allgemein ist das Bedürfnis nach gelernten Arbeitern in den polygraphischen Gewerben, wo Setzer, Drucker, Zeichner, Maler, Schriftstecher, Schriftgießer und Graveure verlangt werden. Werden die Lehrlinge in handwerksmäßig betriebenen Gewerben in mehreren dieser Spezialitäten wie Setzen, Drucken und Gießen ausgebildet, so im Großbetriebe in der Regel nur in einem dieser Zweige.

Die Buchdruckereien beschäftigen in erster Linie Setzer, welche in kleineren Werkstätten ausgebildet sind. Die Bedienung der Maschinen, der Schnellpressen, Falz-, Heft- und Satiniermaschinen geschieht nach den Mitteilungen der württembergischen Aufsichtsbeamten meist durch ungelernte Arbeiter unter Oberleitung der sog. Maschinenmeister. Vielfach wird berichtet, daß die Ausbildung der Lehrlinge in den Händen der Arbeiter liege und der unmittelbaren Einwirkung der Lehrherrn mehr oder weniger entzogen sei, „wodurch die gewerbliche Unterweisung der Lehrlinge sehr lückenhaft und deren sittliches Verhalten nicht nur vernachlässigt, sondern auch durch demoralisierende Einflüsse ernstlich gefährdet wird. Daher auch in den Kreisen der Buchdrucker der fruchtbare

Boden für Sozialdemokratie" [1]). Die früher gerade in diesem Gewerbe blühende Lehrlingszüchterei [2]) ist erstmalig durch den Buchdruckertarif vom Jahre 1886 sehr eingeschränkt worden und dürfte heute noch wenig vorhanden sein, da die in den Betrieben beschäftigten Arbeiter für ein richtiges Verhältnis der Zahl der Lehrlinge zu der Zahl der Gehilfen evtl. durch Streiks sorgen. So haben dieselben im Jahre 1905 in Leipzig auf diese Weise eine Reduktion der Lehrlinge um 15% erreicht [3]). Auch die Stuttgarter Lithographen und Steindrucker haben anläßlich eines Streiks im Jahre 1905 ein festes Verhältnis zwischen der Zahl der gelernten Arbeiter und Lehrlinge normiert [4]).

Aus der Darstellung dieser verschiedenen Arten der Fabriklehre ergeben sich deren Nachteile von selbst. Der § 127 GO., der den Lehrherrn verpflichtet, den Lehrling in den bei seinem Betriebe vorkommenden Arbeiten des Gewerbes dem Zwecke der Ausbildung entsprechend zu unterweisen, wird fast wertlos. Die in der Großindustrie ausgebildete weitgehende Arbeitsteilung schließt eine Unterweisung des Lehrlings in allen bei seinem Gewerbe vorkommenden Arbeiten aus, wodurch die Ausbildung des Fabriklehrlings häufig eine durchaus einseitige werden muß. Er wird sehr viel Zeit brauchen, bis er die Handhabung des Werkzeugs und die gebotene Körperhaltung gelernt hat. Ist doch niemand da, der sich seiner annimmt, der ihm die zur leichteren Ausführung der Arbeiten nötigen Winke gibt. Geht ein so ausgebildeter Arbeiter später in andere Fabriken, so wird ihm der Nachteil seiner einseitigen Ausbildung selbst bei einer nur wenig andersartigen Tätigkeit sowohl in der Zurücksetzung in der Arbeit als im Lohn zum Bewußtsein kommen, das Selbstvertrauen auf die eigene Tüchtigkeit muß schwinden und damit auch die Lust und Liebe zur Arbeit. Die Gewerbeordnung schreibt zwar im § 127 vor, daß der Lehrherr selbst oder ein geeigneter ausdrücklich dazu bestimmter Vertreter die Ausbildung zu leiten habe, aber im Großbetriebe tritt das Interesse des Lehrherrn an der Ausbildung des Lehrlings ganz zurück. Dieser wird in der Regel von einem Meister, Vorarbeiter oder Arbeiter unterrichtet, vielfach bleibt die Annahme des Lehrlings, wie oben gezeigt, den

1) Erhebungen 1887 a. a. O. S. 1313. — 2) Scheven a. a. O. S. 438. — 3) Jahresberichte der Gewerbe-Aufsichtsbeamten 1905, Sachsen III. 141. — 4) Dieselben 1905, Württemberg IV. 69.

Arbeitern selbst überlassen, die den Lehrling löhnen evtl. Lehrgeld empfangen und so als Lehrherr erscheinen.

Der Lehrherr soll den Lehrling nach § 127 ferner zu guten Sitten anhalten und vor Ausschweifungen bewahren. Ist aber im Großbetriebe kein Interesse des Lehrherrn an der Ausbildung desselben vorhanden, so fehlt die persönliche Einwirkung desselben, die auf das Gemüt des jungen Menschen von nicht zu unterschätzender Bedeutung ist, meistens sowohl innerhalb wie außerhalb der Arbeitszeit des Lehrlings. „Einerseits wirken barsche Behandlung und rohe Scherze leicht verbitternd auf jugendliche Gemüter ein; andererseits sind die unter den Erwachsenen während der Pausen, auch wohl bei der Arbeit gepflogenen Unterhaltungen, deren begierige Zuhörer oft die Lehrlinge sind, nicht sittlich förderlich für die Jugend, denn nur gar zu oft ist die Zote als Würze beliebt, oder sind Hetz- und Schimpfreden an der Tagesordnung. Leicht werden auch die jungen Leute, wenn auch nicht gerade direkt, so doch durch das Beispiel der Aelteren verführt, ihre Mußestunden und Sparpfennige in geistesverödenden Kneipereien oder in geradezu unsittlichen Vergnügungen zu vertändeln“ [1]). Der Bezug eines Geldlohnes, meist schon vom Beginn der Lehre an, begünstigt diese Ausschweifungen und gibt dem Lehrling eine dem Lehrherrn gegenüber selbständigere Stellung und eine seiner sittlichen Ausbildung wenig förderliche Unabhängigkeit. Hier würde ein durch ortsstatutarische Bestimmung erlassenes und mit Hilfe der Polizeiorgane streng durchgeführtes Verbot des Besuchs von Tanzlokalen und Wirtschaften heilsam sein, wie es in zahlreichen Lehrverträgen (siehe diese) der Handwerkskammern durchgeführt ist.

Der Lehrling, der in den seltensten Fällen beim Lehrherrn wohnt, auch hier weniger wie im Handwerk bei Eltern oder Angehörigen untergebracht ist, da der Zug vom Lande in die Stadt mehr der Fabrik als dem Handwerk gilt, ist in diesem Falle all den Uebelständen, die beim Schlafstellenwesen näher dargelegt werden sollen, ausgesetzt.

Es soll damit nicht gesagt werden, daß eine solche einseitige und mangelhafte Ausbildung, die Gefahr sittlicher Verrohung überall vorkommt, vielmehr gibt es auch Fabriken, leider aber nur Ausnahmen, die mit allen ihnen zur Verfügung stehenden Mit-

1) Scheven a. a. O. S. 442 f.

teln für eine gründliche Ausbildung ihrer Lehrlinge Sorge tragen, sei es daß sie, wie z. B. die königlich preußischen und königlich württembergischen Eisenbahnwerkstätten, besondere Lehrwerkstätten einrichten und die Lehrlinge dort unterrichten, oder ihnen in der Betriebswerkstätte selbst eine gute Ausbildung zuteil werden lassen und auch das Verhalten der Lehrlinge außerhalb des Betriebes günstig zu beeinflussen bemüht sind. Scheven hat in seinem Werke „Die Lehrwerkstätte" die Einrichtungen einer Anzahl bedeutender Werke gewürdigt, sodaß hierauf verwiesen werden kann [1]). Um die Zahl der bei Scheven angeführten Betriebe um einige zu vermehren, sei auf einige bedeutende Betriebe besonders eingegangen.

Eine ausgezeichnete systematische und allseitige Ausbildung erhalten die Lehrlinge in der Gasmotorenfabrik Deutz, Cöln-Deutz. Der Lehrgang in dieser Fabrik ist so eingerichtet, daß die Schlosserlehrlinge 3 Monate in der Schlosserei, 3 Monate an der Hobel- und Fräsmaschine, dann wieder 12 Monate in der Schlosserei, 4 Monate in der Dreherei, 4 Monate als Rohrleger und Klempner usw., 2 Monate in der Schmiede, 2 Monate am Werkzeugfeuer und wiederum 18 Monate in der Schlosserei beschäftigt werden. Für Dreherlehrlinge ist festgestellt: 8 Monate Hobel- und Fräsmaschine, 12 Monate Drehbank, 4 Monate Schlosserei, 3 Monate Werkzeugfeuer, 21 Monate Dreherei. Für Modellschreinerlehrlinge: 12 Monate Schreinerei, 1 Monat Schlosserei, 1 Monat Lackiererei, 4 Monate Formerei und wieder 30 Monate Schreinerei. Ebenso systematisch wird in der Ausbildung der Former, Schmiede und Lackierer vorgegangen. Nach beendigter Lehrzeit wird von der Fabrik sogar gewünscht, daß die Lehrlinge sich anderen Betrieben zuwenden, um ihren Gesichtskreis und ihre Kenntnisse zu erweitern. Sie läßt sich zu diesem Vorgehen nicht durch die engherzige Auffassung abhalten, sie erziehe auf diese Weise anderen Unternehmungen die gelernten Arbeiter, da sie selbst häufig die Erfahrung gemacht hat, daß die Arbeiter nach einigen Jahren in die Fabrik zurückkehren.

Eine vorzügliche Ausbildung erhalten auch die Lehrlinge der Farbenfabriken vormals Bayer u. Co. in Elberfeld und Leverkusen. Es finden allerdings hier nur Werksangehörige Aufnahme

---

1) Scheven a. a. O. S. 445 ff.

nach bestandener Aufnahmeprüfung über gute Volksschulkenntnisse. Die Dauer der Lehrzeit umfaßt 3½ Jahre, bei 4jährigem Schulbesuch. Der Unterricht ist unentgeltlich, auch werden die Hilfsmittel von der Firma geliefert. In den Elementarfächern unterrichtet ein Volksschullehrer, in den übrigen Fächern Werksingenieure. Der Unterricht findet von morgens 8½—12 und nachmittags von 1½—7 Uhr statt. Im ersten und zweiten Jahre erfolgt die praktische Ausbildung in einer von der Hauptwerkstatt getrennten Lehrwerkstätte. Hierauf werden die Lehrlinge unter die Arbeiter eingereiht und gehen in die Hauptwerkstatt über. Schon nach Ablauf der zweimonatlichen Probezeit erhalten sie eine kleine Vergütung, außerdem wird ein dem zehnten Teil dieser Vergütung entsprechender Betrag bei der Arbeitersparkasse hinterlegt und verzinst. Die Auszahlung dieses Spargutes erfolgt erst nach Beendigung der Lehre. Das Programm der Lehrwerkstätte umfaßt ein 3 Monate langes Arbeiten mit der Bohrratsche, Gewinde- und Rohrschneiden, Vernietungen, Verschraubungen und Löten; weitere 3 Monate werden auf Meißeln und Feilen von rohen Teilen, ferner 6 Monate auf das Feilen gerader Flächen verwendet, hierauf dienen 6 Monate der Herstellung von Werkzeugen und Schablonen. Schließlich arbeiten die Lehrlinge noch 6 Monate an Werkzeugmaschinen. Eine gründliche handwerksmäßige Ausbildung wird auch dadurch befördert, daß in der Lehrwerkstätte nur Arbeitsmaschinen mit Hand- oder Fußbetrieb aufgestellt sind.

Eine ähnliche Ausbildung erhalten die Lehrlinge in der Maschinenfabrik Ludw. Löwe u. Co., Aktiengesellschaft in Charlottenburg und einigen anderen Betrieben [1]).

In Ostpreußen ist der Verband ostdeutscher Industrieller auf Veranlassung des Regierungspräsidenten von Ostpreußen i. J. 1902 der Frage der Ausbildung der Fabriklehrlinge näher getreten und derselbe hat in 10 Leitsätzen „Gesichtspunkte" zur Erzielung einer guten Ausbildung der Lehrlinge ausgearbeitet und seinen Mitgliedern die Befolgung derselben empfohlen [2]) [3]).

Es wird in denselben darauf hingewiesen, daß die Industrie infolge der wesentlichen Unterschiede zwischen Fabrik- und Hand-

1) Jahresberichte der preuß. Gewerberäte 1902, S. 57. — 2) Jahresberichte usw. a. a. O. S. 17 ff. — 3) „Mitteilungen" des Handwerks- und Gewerbekammertages 1905, No. 2, S. 40.

werkslehrlingen die Ausbildung der Fabriklehrlinge selbst übernehmen müsse.

Die Allgemeinheit fordere auch dann die Opfer der Ausbildung, wenn, was nicht zu vermeiden sei, ein Teil nach bestandener Lehre die Fabrik verlasse. Nur bei vollständigem uneigennützigem Handeln der Fabrikanten in dieser Hinsicht könne die Industrie des Ostens mit der Zeit hinsichtlich der Tüchtigkeit der Arbeiter auf dieselbe Höhe gelangen wie diejenige im Westen der Monarchie.

Notwendigkeit sei ferner hier die Verbesserung der Volksschule und Anschluß der Lehre an die Beendigung der Volksschule, welche Zeit bis zum 16. Jahre jetzt infolge des § 139 Abs. 2 GO. meist als Laufbursche verbracht würde.

Die Mindestlehrzeit soll 3 Jahre betragen und systematisch benutzt werden durch Zerlegung in gewisse, den einzelnen Verrichtungen des Handwerks entsprechende Abschnitte. Nach Beendigung jeden Abschnittes oder besonders nach Beendigung der Lehrzeit sei die Ablegung einer Prüfung vor einer Prüfungskommission zu erstreben. Weiterhin wird Tagesunterricht und zwar in den Sommermonaten frühmorgens vor Beginn der Arbeit empfohlen. Die Zahl der einzustellenden Lehrlinge soll entsprechen:

a) „dem eigenen natürlichen Abgange von Handwerkern";

b) „dem Bedarf an Handwerkern in denjenigen Betrieben der östlichen Provinzen, welche jene in zu geringer Zahl oder in solcher Stellung beschäftigen, daß eine eigene Ausbildung von Lehrlingen ausgeschlossen erscheint";

c) „dem Bedarf an Handwerkern für die niederen Beamtenstellen der betreffenden Fachrichtungen, wie Maschinisten, Werkmeister usw. derjenigen Betriebe, die selbst keine Lehrlinge ausbilden können."

Diese Gesichtspunkte sollen von den Beteiligten in mehrjähriger Beobachtungszeit geprüft und verbessert werden.

Es ist zu wünschen, daß andere Arbeitgeberverbände diesem Beispiele des Verbandes ostdeutscher Industrieller folgen. Es wird hierdurch nicht nur für die Industrie ein Stamm tüchtiger gelernter Arbeiter herangezogen, der die Produktivkraft des Landes zu heben imstande, sondern auch das Handwerk wird dabei profitieren, indem vor allem die vom Handwerk erzogenen Arbeiter ihm verbleiben, außerdem aber auch die Handwerker selbst, weil sie wissen, daß sie Gesellen nicht wie früher für die Fabrik ausbilden; sie werden mehr Lust und Liebe zur Lehrlingsausbildung bekunden und sich dieser mehr wie bisher annehmen.

II. Die Lehrlings-, Lehr- und Ergänzungslehrwerkstätte.

1. Die Lehrlingswerkstätte.

Da, wie zu zeigen versucht wurde, die Handwerkslehre zur Ausbildung des gewerblichen Nachwuchses in erster Linie in Betracht kommt, dieselbe auch bei guter Werkstattausstattung und bei genauer Prüfung der Lehrbefähigung des Handwerksmeisters der Fabriklehre im allgemeinen vorzuziehen ist, so lange die Fabriken so wenig darin tun, hat der Staat ein ganz besonderes Interesse an der möglichsten Vervollkommnung der Handwerkslehre und hat dieses in letzter Zeit in mannigfaltiger Weise bewiesen. Sei es, daß er, wie besonders in Preußen, die Handwerksmeister durch Ausstellung von Maschinen und Werkzeugen zur besseren Ausstattung ihrer Werkstätten anregt (dauernde Ausstellungen z. B. in Cöln und Hannover), oder durch Gründung von Meisterkursen (Cöln, Hannover, Posen) die Ausbildung der Handwerksmeister zu heben sucht, oder daß er, wie besonders in Süddeutschland, tüchtige Meister zur Lehrlingsausbildung zu gewinnen trachtet durch Subventionierung derselben. Es handelt sich hier um die Institution der Lehrlingswerkstätte, die in den 80er Jahren zuerst in Baden entstanden ist.

Das Wesen der Lehrlingswerkstätte besteht darin, daß tüchtige, erprobte Handwerksmeister vom Staat für die gute systematische Ausbildung von Handwerkslehrlingen Zuschüsse erhalten, wenn sie gewisse Bedingungen erfüllen. Die Vorteile dieser Lehrlingswerkstätten sind dieselben, wie bei der Meisterlehre überhaupt; es kommt hier noch dazu, daß bei einer sorgfältigen Auswahl der Lehrmeister und häufiger staatlicher Kontrolle derselben eine gewisse Garantie für eine gute Ausbildung der Lehrlinge gegeben ist, umsomehr, als der Staat gute mit den neuesten Werkzeugen und Maschinen eingerichtete Werkstätten bevorzugt, und evtl. die Mittel zu einer solchen Ausstattung leihweise zur Verfügung stellt. Weiterhin ist einerseits gewissenhaften tüchtigen Meistern Gelegenheit gegeben, Lehrlinge ohne Lehrgeld einzustellen, was sie bisher vielfach nicht konnten, andererseits ist armen Lehrlingen, die kein Lehrgeld zahlen können, die Möglichkeit der Erlernung eines Handwerks eröffnet, ohne ihren Eltern Kosten zu verursachen, da bei den bisher bestehenden Lehrlingswerkstätten in Württemberg und Baden sich der Meister verpflichten muß, den Lehrling in seine Hausgemeinschaft aufzunehmen.

Die Lehrlingswerkstätte soll zukünftige Meister für das Handwerk, dagegen nicht Werkmeister oder Vorarbeiter für die Fabrik erziehen.

In Deutschland entstanden Lehrlingswerkstätten zuerst in Baden, nachdem auf Grund besonderer Erhebungen [1]) unter anderem zur Evidenz der beklagenswerte Verfall der Lehre festgestellt worden war [2]). Es hatte sich gezeigt, daß bei häufigem Kontraktbruch der Lehrlinge größere Werkstätten keine Lehrlinge mehr nahmen und die kleinen Land- und Flickwerkstätten mangels regelmäßiger Arbeit und gutem Werkzeug eine tüchtige Meisterlehre nicht gewährleisteten. Es wurde deshalb versuchsweise für die Jahre 1888 und 1889 in den Etat des Ministeriums des Innern je 5000 Mk. eingestellt, um tüchtigen Handwerksmeistern für die gute Ausbildung von Lehrlingen einen Zuschuß zu gewähren, wenn sie sich gewissen Bedingungen unterwerfen wollten [3]). Das Ministerium des Innern erließ daraufhin am 4. August 1888 an alle Gewerbevereine des Landes eine Verfügung, worin den Gewerbevereinen empfohlen wurde, sich mit der Angelegenheit zu befassen und tüchtige Meister aufzufordern, sich um die Subvention zu bewerben. Als Voraussetzung wurde neben der Tüchtigkeit des Meisters verlangt, daß derselbe sich verpflichtete, Lehrlinge regelmäßig einzustellen und methodisch in den gesamten Fertigkeiten eines Handwerks zu unterweisen, sie außerdem in sein Haus zu Kost und Pflege aufzunehmen, und damit die Fürsorge für die Ueberwachung der sittlichen Haltung des Lehrlings zu übernehmen. Dabei wurde es als selbstverständlich vorausgesetzt, daß auch die Werkstätte des Meisters den Anforderungen der Handwerkstechnik entsprechend eingerichtet war, wozu evtl. der Staat auch Beihilfe gewährte.

Aus den Satzungen für diese Lehrlingswerkstätten ist hervorzuheben, daß nur solche junge Leute, welche aus der Volksschule

---

1) Erhebungen über die Lage des Kleingewerbes in Baden, 1885.

2) Scheven a. a. O. S. 314.

3) Scheven a. a. O. S. 316.

ordnungsmäßig entlassen und für das Gewerbe körperlich und geistig hinreichend entwickelt sind, berücksichtigt werden (§ 1). Der Lehrherr muß sich verpflichten, den Lehrling systematisch auszubilden (§ 2 Z. 1), ihn nicht mit andern als den zu seiner Ausbildung dienenden Arbeiten zu beschäftigen, die bei Gesellen übliche Arbeitszeit auch für den Lehrling einzuhalten (§ 2 Ziff. 2), ihn bei sich in Kost und Wohnung aufzunehmen, zur Arbeitsamkeit und zu guten Sitten, sowie zum regelmäßigen Besuch der zur Verfügung stehenden Bildungsanstalten, des Gottesdienstes und des religiösen Fortbildungsschulunterrichts anzuhalten (§ 2 Ziff. 4). Der Lehrling muß sich alljährlich an der Bewerbung um Staatspreise für Lehrlinge beteiligen und am Ende der Lehrzeit die Gesellenprüfung ablegen (§ 4). Die dem Lehrherrn zu gewährende Vergütung aus Staatsmitteln richtet sich nach dem Gewerbe, den örtlichen Verhältnissen, der Dauer der Lehrzeit und der etwa dem Lehrherrn von anderer Seite für die Ausbildung des Lehrlings zukommenden Vergütung (§ 5). Die Ueberwachung des richtigen Vollzugs der vom Lehrmeister übernommenen Verpflichtungen geschieht bei dem Vorhandensein eines Gewerbevereins am Orte des Meisters durch diesen, sonst auf andere Weise (§ 7). Der § 8 handelt von dem Zuschuß für die neuzeitliche Umgestaltung der Werkstätte. Für Streitigkeiten über Anwendung der Satzungen soll ein Schiedsgericht zuständig sein (§ 10). Zum Schluß behält sich das Landesgewerbeamt vor, bei fortgesetzter Vernachlässigung oder Nichterfüllung der dem Lehrmeister nach Maßgabe der Werkstättesatzungen oder des Vertrages obliegenden Verpflichtungen, den Vertrag ohne Kündigung aufzulösen und dem Lehrmeister evtl. eine Strafe bis zum Betrage von 100 Mk. aufzulegen, welche Summe einer am Orte befindlichen gewerblichen Einrichtung zugewiesen wird (§ 10). Die Dauer des Vertrages, die Zahl der während dieser Zeit einzustellenden Lehrlinge, die Höhe der Vergütung für jeden einzelnen Lehrling und die Dauer der Lehrzeit soll einem besonderen Vertrag zwischen dem Landesgewerbeamt und dem Lehrmeister vorbehalten bleiben (§ 10 Abs. 2).

Beachtenswert bei dieser Einrichtung ist der Umstand, daß die Regierung bei dem Abschluß des Vertrages nur mit dem Meister verhandelt, der Lehrling selbst ganz ausgeschieden ist, wodurch bei Bezahlung des Lehrgeldes der Charakter einer persönlichen Unterstützung vermieden wird. Das Lehrgeld ist vielmehr als ein vom Staate an einen Lehrer bezahltes Honorar aufzufassen. Der Meister wird von dem betreffenden Gewerbeverein auf seine Lehrfähigkeit begutachtet und von der Regierung nach günstigem Befund angenommen. Es wird für eine intensive Aufsicht über den richtigen Gang der Lehre gesorgt, der Meister darf den Lehrling nicht planlos nach Maßgabe seines Geschäftsinteresses beschäftigen. Dadurch, daß der Meister den Lehrling in Kost und Wohnung nehmen muß, wird er in die Lage versetzt, die Erziehung des Lehrlings in die richtigen Bahnen zu lenken, in einem Alter, wo dem Lehrlinge vernünftigerweise eine allzugroße Selbständigkeit nicht gelassen werden kann. Auch tritt die Kluft zwischen Arbeitgeber und Arbeitnehmer kaum in die Erscheinung, wenn Geselle und Lehrling sich als Familienmitglieder ihres Prinzipals betrachten können, wogegen sie sonst weit eher in die wirtschaftlichen und politischen Gegensätze zu ihren Lehrherrn hineingetrieben werden. Das vom Staat zu zahlende Lehrgeld entspricht dem ortsüblichen Lehrgeld. Durchschnittlich 230 Mk. wird vom Lehrmeister gefordert und vom Staate unter Berücksichtigung der Tüchtigkeit des Lehrmeisters, der Wohnungs- und Nahrungsmittelpreise festgesetzt; es schwankt zwischen 120 und 300 Mk. [1]). Bezahlt der Lehrling auch Lehrgeld, so kann der Staat 25% seines Beitrages abziehen (§ 2 des Vertrages). Bemerkenswert ist weiterhin die Bestimmung, daß solchen Lehrmeistern, die zu ihrem Betriebe Maschinen gebrauchen dieselben gegen eine jährliche Amortisation von 10% vom Staate erhalten können. Da sich immer mehr Lehrmeister meldeten als berücksichtigt werden konnten, hat man zuerst solche Gewerbe bevorzugt, die vom Großbetrieb am meisten bedroht sind, also diejenigen, welche Gebrauchsartikel für die breite Masse der Bevölkerung herstellen [2]). Dem häufig wiederkehrenden Einwand, daß eine solche Unterstützung des Staates um deswegen nicht gerechtfertigt erscheine, weil es volkswirtschaftlich besser wäre, daß derartige vom Großbetriebe am meisten bedrohte Gewerbe verschwinden, ist entgegenzuhalten, daß es sich hier um solche Gewerbe handelt, die nach einer entsprechenden Modernisierung durch Maschinen

---

1) Soziale Praxis 1896, S. 786.
2) Scheven a. a. O. S. 323.

usw. sehr wohl in der Lage sind, mit den Großbetrieben zu konkurrieren.

Die Aufsicht übernimmt entweder der Vorstand des Gewerbevereins, der die Werkstatt jederzeit betreten kann, um bezügliche Auskunft zu erbitten, oder ein Beamter des Landesgewerbeamtes ist damit betraut. Nach jedem Vierteljahr der zurückgelegten Lehrzeit hat der Lehrling einige der von der Zentralstelle vorgeschriebenen Probearbeiten anzufertigen, damit man den Fortschritt in der Ausbildung konstatieren kann. Diese Arbeiten sind mit der Versicherung des Meisters, daß der Lehrling sie selbständig angefertigt habe, den kontrollierenden Organen zu übergeben, von diesen zu prüfen und das Ergebnis zu Protokoll zu nehmen, evtl. auch den Meister auf Mängel usw. aufmerksam zu machen. Die Probearbeiten des verflossenen Jahres sind auf der Landesausstellung für Lehrlingsarbeiten auszustellen.

Die Entwicklung der Lehrlingswerkstätten in Baden war eine langsame aber stetige. Mit 36 Lehrwerkstätten im Jahre 1889 begonnen, stieg die Zahl derselben bis Ende 1889 auf 56 in 21 Gewerben, 1890 auf 70, 1892 auf 122 in 23 Gewerben, welche Zahl bis Juni 1906, dank dem erhöhten Zuschuß des Staates von 5000 auf 12 000 Mk., auf 150 Lehrlingswerkstätten in 25 Gewerben, an 42 Orten stieg. Bis zum Juni 1906 waren im ganzen 671 Lehrlinge in Lehrlingswerkstätten ausgebildet [1]). Während in der ersten Zeit, selbst bei den Gewerbevereinen eine Abneigung gegen die Lehrlingswerkstätten bestand, weil man einerseits eine neue Konkurrenz befürchtete, andererseits die staatliche Einmischung in die inneren Verhältnisse der Werkstatt vermieden wissen wollte [2]), sind alle Befürchtungen infolge der guten Ergebnisse heute beseitigt und die Gewerbevereine sorgen mit großem Eifer für die Innehaltung der Satzungen und des Vertrages. Kam es in erster Zeit hin und wieder vor, daß der Vertrag wegen Renitenz des Meisters aufgehoben wurde, so ist ein solcher Fall nach den Mitteilungen des Landesgewerbeamtes seit Jahren nicht mehr vorgekommen, da man in Auswahl der Meister sehr vorsichtig ist, die jetzt von den HK. im Einvernehmen mit den Gewerbevereinen vorgenommen wird.

1) Mitteilung des Großherzogl. bad. Landesgewerbeamts an den Verfasser.

2) Scheven a. a. O. S. 321.

Auch das Betragen der Lehrlinge hat zu nennenswerten Ausstellungen keinen Anlaß gegeben.

Der Erfolg des badischen Vorgehens erhellt am besten daraus, daß man in Württemberg 1898 und in Hessen 1899 dem badischen Vorbilde gefolgt ist, und auch hier Lehrlingswerkstätten errichtet hat.

In Württemberg wurden zuerst in den Etat von 1897/98 5000 Mk. für diesen Zweck eingesetzt. Die Begründung führt hierzu aus: „Bei der großen Bedeutung der Lehrlingsausbildung für das Handwerk und die Industrie und den hohen Wert einer guten Meisterlehre im besonderen ist nach bewährten Vorgängen in andern Ländern (Baden, Schweiz) die staatliche Förderung der Ausbildung von Lehrlingen durch Gewährung von Zuschüssen an solche besonders tüchtige Handwerksmeister geplant, welche sich unter gewissen Bedingungen zur systematischen Ausbildung von Lehrlingen verpflichten."

„Hierbei ist in Aussicht genommen, daß zur Einführung und Ueberwachung der auf solche Weise zu fördernden Meisterlehre die Gewerbevereine in noch näher zu bestimmender Weise herangezogen werden" [1]).

Die von der Zentralstelle für Gewerbe und Handel ausgearbeiteten und unter dem 3. März 1898 veröffentlichten „Grundbestimmungen für die württembergischen Lehrlingswerkstätten" sind den badischen Satzungen nachgebildet und diesen inhaltlich gleich. Auf Aufforderung der Zentralstelle für Gewerbe und Handel hatten sich im Jahre 1898 244 Meister, die 29 Gewerbszweige vertraten und sich auf 63 Orte verteilten, bereit erklärt, mit staatlicher Unterstützung Lehrlinge in der oben bezeichneten Weise auszubilden, ein Zeichen dafür, daß die badischen Einrichtungen alle Vorurteile beseitigt haben. Leider konnte die Regierung nur von 67 Angeboten Gebrauch machen wegen zu geringer Mittel. Die Zahl der Lehrlingswerkstätten stieg aber bereits

1901 auf 94
1902 auf 151
1903 auf 169
1904 auf 180

1) Hauptfinanzetat des Königr. Württ. 1897/99, Kap. 38, Titel 17 a (in den Verhdl. der württ. Kammer d. Abg. 1895/97, Beil. Bd. VI, S. 246 f.)

und beträgt heute über 200 [1]), nachdem bereits im Jahre 1901 der Etatsatz auf 7000 [2]) Mk., 1903 auf 8000 [3]), 1904 auf 10 000 [4]) und 1905 auf 12 000 Mk. erhöht worden war [4]), auf welcher Höhe er sich noch heute befindet. Auch hier hat man wie in Baden die von der Großindustrie am meisten bedrängten Gewerbe zuerst berücksichtigt, nämlich die holz- und metallverarbeitenden Gewerbe, ferner die Schneider, Schuhmacher, Buchbinder usw.

Während die Schreiner im Jahre 1905 mit 39 Lehrlingen in 30 Lehrlingswerkstätten, die Schneider mit 19 Lehrlingen in 17 Lehrlingswerkstätten, die Schmiede mit 18 Lehrlingen in 16 Lehrlingswerkstätten, die Schuhmacher mit 10 Lehrlingen in 13 Lehrlingswerkstätten vertreten sind, bestehen bei den Verbrauchsartikel herstellenden Gewerben wie z. B. Konditoren nur 2 Lehrlingswerkstätten mit 2 Lehrlingen. Ebenso hat man für diejenigen Gewerbe, für welche durch Fachschulen hinreichend gesorgt ist, vorerst Abstand genommen, eine größere Anzahl von Lehrlingswerkstätten zu errichten. So bestehen z. B. für Uhrmacher nur 3 Lehrlingswerkstätten mit 2 Lehrlingen im Handwerkskammerbezirk Heilbronn. Eine dieser Lehrlingswerkstätten hatte also zur Zeit überhaupt keinen Lehrling.

Wie in Württemberg, so hat man sich auch im Großherzogtum Hessen die in Baden gemachten Erfahrungen zunutze gemacht und im Jahre 1899 Lehrlingswerkstätten nach dem badischen Muster errichtet.

Auch bei den „Satzungen für Lehrlingswerkstätten in Hessen" haben die badischen Satzungen zum Vorbild gedient.

Sie unterscheiden sich insofern von den badischen und württembergischen Satzungen, als in ihnen nicht verlangt wird, daß der Meister den Lehrling in seinen häuslichen Verband aufzunehmen hat, sondern daß die Vergütung auch dann gezahlt wird, wenn der Lehrling am Schlusse der Lehrzeit durch Ablegung der Gesellen-

---

1) Gewerbeblatt aus Württemberg 1905.

2) Finanzetat Kap. 38, Tit. 20. Beil. Bd. II, S. 102 der Verhdl. der württ. Kammer der Abg. 1901/02.

3) Derselbe Kap. 38, Tit. 20. Beil. Bd. VIII, S. 98 der Verhdl. der württ. K. d. Abg. 1903/04.

4) Derselbe Kap. 38, Tit. 20. Beil. Bd. II, S. 158 d. Verhdl. d. württ. Kammer d. Abg. 1904/05.

prüfung und Anfertigung eines Gesellenstücks den Nachweis einer tüchtigen Ausbildung in seinem Gewerbe erbracht hat. Die Vergütung ist naturgemäß entsprechend höher bemessen, wenn der Meister sich verpflichtet, den Lehrling bei sich in Kost und Wohnung aufzunehmen.

Gelegentlich der Beratung der sogenannten Trimbornschen Anträge im Jahre 1902 in der XIV. Kommission des preuß. Abgeordnetenhauses hat man sich auch eingehend mit der Frage beschäftigt, und dabei die Befürchtung ausgesprochen, daß diese Institution nur einen kleinen Stamm von tüchtigen Lehrlingen heranzubilden vermöchte und es infolgedessen fraglich sei, ob dieses Resultat den verhältnismäßig hohen Kosten entspreche. Würde man in Preußen bei der Errichtung von Lehrlingswerkstätten die mustergültigen Verhältnisse Badens zu Grunde legen, wo innerhalb 16 Jahren 671 Lehrlinge in Lehrlingswerkstätten ausgebildet worden sind, so müßte dies in Preußen bei analogen Verhältnissen in 10 Jahren bei einer 18½mal größeren Bevölkerung 7752 Lehrlinge ausmachen.

Die Vorteile der Lehrlingswerkstätten, die gegenüber den unten zu besprechenden Lehrwerkstätten in Bezug auf das Handwerk empfehlenswerter sein dürften, lassen sich kurz dahin zusammenfassen:

Durch die Lehrlingswerkstätte ist eine rationelle Festigung der Meisterlehre und der damit verbundenen Vorteile garantiert. Infolge der Kontrolle, die von Staat, Handwerks- oder Gewerbekammer und Innung bezw. Gewerbeverein ausgeübt wird, nicht zum wenigsten durch die Einführung der Gesellenprüfung, ist dem Handwerksmeister ein sehr wesentlicher Ansporn zur sorgfältigen Ausbildung gegeben, wenn er sich nicht bloßstellen will. Sie enthält keine jener bei der Lehrwerkstätte zutreffenden Schwierigkeiten, über Beschaffung der sehr großen Kosten für Material, Einrichtung, sachverständiges Lehrpersonal usw. Die den Handwerkern unerwünschte Konkurrenz durch die abzusetzenden Erzeugnisse der Lehrwerkstätte fällt hier weg. Weiterhin werden die Lehrlinge nicht genötigt, in Masse und in einer von der Praxis in manchen Punkten abweichenden Art ihren Beruf zu erlernen. Dabei sind Lehr- und Unterkunftsfrage in einem gelöst, der ganze Betrieb erleidet keinerlei Umänderung. Die Lehre spielt sich ganz im Schoße des Berufslebens ab. Schließlich wird dem Meister durch die Lehrlingswerkstätte wieder das Vertrauen entgegengebracht für einen tüchtigen Nachwuchs sorgen zu können.

2. Die Lehrwerkstätte.

Da das System der Lehrlingswerkstätte heute noch nicht in allen Staaten eingeführt ist, man aber die Notwendigkeit einer allseitigen Ausbildung der Lehrlinge überall erkannt hat, so ist man zur Erreichung dieses Ziels andere Wege gegangen und glaubte in der Errichtung von Lehrwerkstätten für eine tüchtige einwandfreie Ausbildung des jungen Handwerkers sorgen zu können.

„Lehrwerkstätten sind eigens eingerichtete praktische Lehranstalten, in denen besondere, gut qualifizierte Lehrmeister für die praktisch-technische Ausbildung der Schüler sorgen und diese Gelegenheit finden, systematisch in richtiger Methode in allen in ihr Fach einschlagenden wesentlichen Arbeiten praktisch unterrichtet zu werden" [1]).

Nach der Organisation und dem Zwecke der Lehrwerkstätten kann man dieselben einteilen in solche, welche

1. auf die Meisterlehre vorbereiten (Vorbereitungslehrwerkstätten);
2. die Meisterlehre vollständig ersetzen (Ausbildungslehrwerkstätten);
3. während der Meisterlehre diese ergänzen (Ergänzungslehrwerkstätten);
4. nach beendigter Meisterlehre eine weitere Ausbildung der Lehrlinge bezwecken (Gesellenlehrwerkstätten).

Da die Geschichte der Lehrwerkstätten in der angeführten Literatur eingehender dargestellt worden ist, seien hier nur einige Punkte daraus hervorgehoben.

Lehrwerkstätten wurden zuerst in größerer Zahl Ende der 30er Jahre des vorigen Jahrhunderts in Belgien errichtet, wo der Staat durch diese Einrichtung auf die technische und moralische Hebung des gesunkenen flandrischen Arbeiterstandes hinwirken wollte [2]). Auf Grund einer königl. Entschließung vom 27. Januar

---

1) Schönberg: Hb. a. a. O. S. 686.

2) Steinbeis a. a. O. S. 64. Schönberg: Hb. a. a. O. S. 689. Genauck: Die gewerbliche Erziehung durch Schulen.

1847 wurde die Errichtung solcher Werkstätten in weiteren Kreisen und zwar vornehmlich in Webereidistrikten verfügt, zu denen aber auch bald Lehrwerkstätten in anderen Gewerben hinzukamen. Das Charakteristische dieser belgischen Lehrwerkstätten besteht darin, daß sie nur reine Lehrwerkstätten sind, d. h. Anstalten für die praktische Ausbildung. Theoretischer Unterricht wird dort nicht erteilt. Die Unternehmer solcher Werkstätten sind zumeist die Fabrikanten selbst, da sich gezeigt hat, daß die Selbstverwaltung dieser Anstalten durch eine Kommission nicht vorteilhaft ist; diese Form kommt deshalb nur dort vor, wo kein passender Unternehmer zu finden ist. Die Unternehmer erhalten eine staatliche Subvention evtl. auch Maschinen, wofür sie sich verpflichten, jährlich eine bestimmte Anzahl Arbeiter in die Lehrwerkstätte aufzunehmen. Die Schüler werden von einem besonders tüchtigen Meister (Contremaitre) angelernt und erhalten schon nach einiger Zeit ihrer 3—5jährigen Lehre eine ihren Leistungen angemessene Vergütung.

In Frankreich [1]), wo auch schon Lehrwerkstätten länger bestanden hatten, machte sich seit 1873 von der Pariser Gemeinde ausgehend, das Bestreben geltend, die Werkstattlehre durch den Lehrwerkstättenunterricht zu ersetzen. Diese Bestrebungen wurden unterstützt durch ein Gesetz vom 11. Dezember 1880 betr. les écoles manuelles d'apprentissage. Die von den Gemeinden oder Departements errichteten Lehrlingsschulen werden danach zu den öffentlichen Elementarschulen gezählt und können ebenso wie die von privater Seite unterhaltenen Schulen bei den für den technischen Unterricht ausgeworfenen staatlichen Subventionen bedacht werden. Allen Städten voran, hat Paris Lehrwerkstätten fast für jedes Gewerbe eingerichtet. Für holz- und metallverarbeitende Gewerbe l'école municipale d'apprentis (Boulevard de la Vilette 60); in dem Stadtviertel, wo die Pariser Möbelindustrie ihren Sitz hat, l'école municipale d'amendement, (rue de Reuilly 25), für technische Chemie und Physik l'école municipale de chimie et

---

1) Schönberg: Hb. a. a. O. S. 689. Bücher: Lehrlingsfrage u. gewerbliche Bildung in Frankreich a. a. O. Weigert: Die Volksschule und der gewerbl. Unterricht in Frankreich, in den volksw. Zeitfragen XII. Bayr. Industrie- und Gewerbebl. a. a. O. Kerschensteiner: Beobachtungen und Vergleiche a. a. O. Handw.Zeitung München a. a. O. Zeitschr. „Bildungsverein" a. a. O.

physique industrielles; ferner noch Lehrwerkstätten für die Bronzeindustrie, Bildstecherei, für Bauhandwerker, Buchbinder usw. Es ist hervorzuheben, daß Paris außer diesen zahlreichen Lehrwerkstätten noch Fachschulen für Wagenbauer, Juweliere, für die Möbelindustrie, ferner Zeichenschulen für Goldarbeiter, Präzisionsmechanik, für Tischler, Steinbearbeitung, Bauschlosser, Schuhmacher, für die Bearbeitung edler Metalle und für Lithographie besitzt.

Die Lehrwerkstätten sind sowohl Vorbereitungs- wie Ausbildungslehrwerkstätten. Im ersten Jahre der 3jährigen Lehrzeit soll der Lehrling sich prüfen, für welches Gewerbe er Lust und Liebe empfindet. Er wird zu diesem Zwecke z. B. in der Lehrwerkstätte für Holz- und Metallverarbeitung abwechselnd in der Schmiede-, Montier-, Drechsler-Werkstätte, in der Holzdreherei, Tischlerei und Präzisionsmechanik beschäftigt. Erst nach diesem ersten Jahre beginnt die eigentliche Lehre. Was die französischen Lehrwerkstätten gegenüber den belgischen und schweizerischen Lehrwerkstätten auszeichnet, ist die große Sorgfalt, die hier auf den theoretischen Unterricht gelegt wird. In den ersten beiden Jahren wird 5½ Stunden täglich praktischer und 4 Stunden theoretischer, im dritten Jahre 7½ Stunden praktischer und 3 Stunden theoretischer Unterricht erteilt. Der theoretische Unterricht umfaßt z. B. in der oben erwähnten Lehrwerkstätte Französisch und andere lebende Sprachen, Mathematik, Naturwissenschaft, Technologie, Geschichte, Zeichnen, Rechtslehre. Ein Nachteil der Pariser Lehrwerkstätten besteht darin, daß mit ihnen kein Internat verbunden ist, vielmehr die Schüler in der gefährlichsten Zeit ihres Lebens der Großstadt preisgegeben sind. Die Schüler erhalten jedoch in allen Lehrwerkstätten eine unentgeltliche Mittagsmahlzeit, bestehend aus Suppe, Gemüse und Fleisch; Brot und Getränke müssen sie sich mitbringen. Der Unterricht ist für die Pariser Schüler frei; die außerhalb der Stadt wohnenden Lehrlinge müssen ein Schulgeld von 100 Frs. jährlich zahlen.

Die Lehrwerkstätte für Holz- und Metallverarbeitung wurde im Jahre 1905 von 290 Schülern besucht. Die Kosten, von der Stadt Paris allein getragen, beliefen sich auf 147 120 Frs., wovon 88 000 Mk. auf Lehrergehälter und 59 120 Mk. für sachliche Ausgaben zur Verwendung kamen.

Oesterreich [1]) verdankt seine Lehrwerkstätten, wie den Ausbau seines gewerblichen und kunstgewerblichen Unterrichtes überhaupt der zielbewußten, energischen Leitung des Freiherrn Hrm. v. Dumreicher. In den Handwerkerschulen (siehe unten S. 221) besitzt Oesterreich Vorbereitungslehrwerkstätten und in den Staatsgewerbeschulen Ausbildungslehrwerkstätten. Der Lehrling tritt hier nach Absolvierung der Volks- oder Handwerkerschule ein, wo er theoretisch und praktisch in allen zur Ausbildung des betr. Gewerbes nötigen fachlichen Kenntnissen und Fertigkeiten systematisch geschult und wobei auch besonderer Wert auf das heute so notwendige kaufmännische Wissen gelegt wird.

In Rußland [2]) haben besonders zwei Anstalten dieser Art auf der Pariser Weltausstellung 1900 die Aufmerksamkeit weiterer Kreise auf sich gezogen: die Zentralschule Stranganoff in Moskau und die im Jahre 1822 gegründete Zentralschule des Barons Stieglitz in Petersburg. Letztere untersteht dem Ministerium der Finanzen, Departement für Industrie und Handwerk, und hat 6 Klassen mit einer Vorbereitungsklasse für männliche und weibliche Schüler. Für die Schüler wird die Absolvierung der Gemeindeschule verlangt. In der ersten Schulklasse wird allgemeiner Unterricht und Kunstunterricht in 5 Tagesstunden erteilt im Zeichnen nach Gypsmodellen; eine Stunde wöchentlich aus dem Kopfe ohne Vorbild. In den folgenden Klassen Erweiterung des Unterrichts. Von der 4. Klasse ab teilt er sich für die einzelnen Gewerbszweige: Bildhauer, Möbelkunst, Keramik, Silber, Bronze, Weberei usw., wobei auf Studium nach der Natur und auf freie Komposition großer Wert gelegt wird. Den Unterricht stützt eine Schulbibliothek, Museum und eine dauernde Ausstellung von Schülerarbeiten. Außerdem besitzt die Schule eine Anzahl von Werkstätten für Töpferei, Bildhauerei, Gipsformerei, Majolika.

---

1) Schönberg Hb. a. a. O. S. 490. Schindler, Das gewerbl. Fortbildungsschulwesen in Oesterreich a. a. O. Kerschensteiner, Beobachtungen und Vergleiche a. a. O. Zentralblatt für das gewerbliche Unterrichtswesen a. a. O. Gewerbliche Zeitfragen a. a. O. Tiroler Gewerbeblatt a. a. O. Denkschrift der Handwerkskammer Augsburg betr. die Errichtung einer Handwerkerschule, September 1904.

2) Gewerbeblatt aus Hessen, 1901. Schönberg Hb. a. a. O. S. 691. Bayr. Industrie- und Gewerbeblatt.

Die Zentralschule des Barons Stieglitz für techn. Zeichnen zu St. Petersburg ist auch für beide Geschlechter eingerichtet. Der Aufzunehmende muß mindestens 14 Jahre alt sein und die Gemeindeschule oder 4 Gymnasialklassen absolviert haben. Die Kurse scheiden sich: I. Allgemeiner Ausbildungskurs. II. Fachkurse. Beim allgemeinen Kurs wird wie bei unseren Kunstgewerbeschulen geometr. Zeichnen und Geometrie usw. gelehrt; außerdem orthodoxe Religion, russische Literatur, französische Sprache, Kulturgeschichte, Kunstgeschichte und Pädagogik [1]).

Fachkurse sind eingerichtet für Malerei, Holzschnitzerei, Keramik, Porzellan- und Glasmalerei, Aquarellstudium von Pflanzen und Blumen, Ornamententwerfen für Weberei, Holzschnitt, Kupfer- und Stahlstich, Treiben und Ziselieren in Metall. Die Schüler erhalten nach 5jährigem Besuch ein Zeugnis und die Bezeichnung Kunstzeichner. Nebenher sind zweimal wöchentlich von 5—9 Uhr abends und Sonntags von 10—2 Uhr Vorbereitungskurse für Knaben und Mädchen von 10 Jahren an eingerichtet.

In den Vereinigten Staaten von Nordamerika [2]), wo die Meisterlehre nur noch in kleinen Städten und auf dem Lande anzutreffen ist, wenn der Lehrherr seine Rechnung dabei findet, ist die Lehrwerkstätte vorherrschend. Die Lehrlinge und deren Eltern wünschen auch gar keine gründliche Ausbildung, da der Lehrling möglichst schnell verdienen soll. Lehren und ausnutzen, lernen und verdienen lassen sich aber schlecht vereinigen. Derjenige, welcher ein Handwerk lernen will, besucht gewöhnlich auf 4—6 Monate eine Lehrwerkstätte. Diese Zeit genügt zur Ablegung einer Abschlußprüfung, über welche ein Diplom ausgestellt wird. Das Schulgeld, das nach unseren Verhältnissen sehr hoch ist, beträgt 25—30 Dollar für ein Fach. Diese Lehrwerkstätten werden zumeist von Gemeinden unterhalten, doch sind private Anstalten nicht selten. Der Nachteil dieser Lehrwerkstätten, auch Handwerkerschulen genannt, besteht nach Ansicht der von der preußischen Re-

---

1) Schönberg Hb. a. a. O. S. 691. Bayrisches Industrie- und Gewerbeblatt 1903. Gewerbeblatt für das Großherzogtum Hessen 1901.

2) Back, Der gewerbl.-tech. Unterricht a. a. O. Berichte der i. J. 1904 von der preuß. Regierung zum Studium des gewerbl. Unterrichts nach Nord-Amerika entsandten Kommission. Stenogr. Ber. ü. d. Verhdl. d. preuß. K. d. Abg. 05/06, Anl. Bd. VI, S. 3081, Aktenstück 25.

gierung 1904 zum Studium dieser Verhältnisse entsandten Kommission darin, daß den Schülern beim Verlassen der Schule die nötige Uebung fehlt, sodaß die Handwerkerverbände sie erst nach 2 Jahren als Vollhandwerker zulassen.

In diesen Handwerkerschulen werden nur diejenigen Handwerke gelehrt, die Aussicht haben, nicht durch den Großbetrieb verdrängt zu werden. Die Fabriklehrlinge erhalten ihre Ausbildung gewöhnlich in besonderen Lehrwerkstätten der Fabriken. In den Berichten jener Kommission sind eine Reihe derartiger Fabriklehrwerkstätten beschrieben, die sehr beachtenswert sind. So beschäftigen z. B. die Baldwin Locomotive Works in Philadelphia 400 Lehrlinge in drei verschiedenen Klassen. Das Minimalaufnahmealter beträgt in der ersten und zweiten Klasse 17 Jahre. Als Erfordernis für die Aufnahme in die erste Klasse wird Volksschulbildung verlangt. Die Lehrzeit dauert bei täglich 10 stündiger Arbeitszeit 4 Jahre. Die Lehrlinge erhalten im ersten Jahre 5, im zweiten 7, im dritten 9 und im vierten 11 Cts. pro Stunde. Die Lehrlinge unterstehen einem besonderen Beamten, der ihre Ausbildung überwacht, für ihre Unterkunft sorgt und den zweimal in der Woche stattfindenden Abendunterricht leitet. Nach ordnungsmäßig beendeter Lehre erhalten die Lehrlinge eine Prämie von 125 Dollar. Die Lehrlinge der zweiten Klasse, von denen höhere Volksschul- oder High school-Bildung verlangt wird, müssen bei 10 stündiger Arbeitszeit 3 Jahre lernen. Sie erhalten im ersten Jahre pro Stunde 7, im zweiten 9 und im dritten Jahre 11 Cts. und nach Beendigung der Lehre eine Prämie von 100 Dollar. Auch sie werden von einem besonderen Beamten beaufsichtigt und haben im ersten und zweiten Lehrjahre die Abendschule zu besuchen, vornehmlich zur Erlernung des technischen Zeichnens. Bilden die aus der ersten Klasse hervorgegangenen Lehrlinge den gelernten Arbeiterstamm, so werden die aus dieser Klasse stammenden Schüler Werkmeister usw.

Die dritte Klasse nimmt nur Graduierte von Collegs, technischen und wissenschaftlichen Schulen auf. Das Minimalaufnahmealter beträgt hier 21 Jahre. Die Lehrlinge müssen 2 Jahre lang lernen und erhalten im ersten Halbjahr 13, im zweiten 16, im dritten 18 und im vierten 20 Cts. pro Stunde, dagegen keine Prämie am Schlusse der Lehrzeit. Aus ihnen rekrutieren sich die

Konstruktionsarbeiter, die nach auswärts zur Montage usw. geschickt werden. Sämtlichen Lehrlingen wurde von der Fabrik der Besuch der Weltausstellung von St. Louis i. J. 1906 ermöglicht, worüber sie schriftlichen Bericht zu erstatten hatten.

Auch in der Schweiz [1]) ist man bereits in den 80er Jahren des vorigen Jahrhunderts der Errichtung von Lehrwerkstätten näher getreten. Infolge der lebhaften Agitation des Inspektors für gewerbliche Schulen in der Schweiz, des späteren Präsidenten der Lehrwerkstättenkommission, der den Mangel an gelernten Arbeitern nachwies, errichtete man zuerst in Bern 1888 solche für Schuhmacher und Schreiner, 1894 für Klempner, 1895 für Schlosser und 1901 für Mechaniker. Der Widerstand der Meister war in der ersten Zeit ein außerordentlich großer, sodaß, da auch ein nur minderwertiges Material (von dem der III. Jahresbericht sagt, es scheine, daß man die schlechtesten Elemente für das Handwerk gerade gut genug halte) die Lehrwerkstätte besuchte, der Fortbestand derselben in Frage gestellt war. Nach und nach schickten jedoch die Meister ihre Söhne selbst hin, sodaß man wegen zu großen Andranges eine Aufnahmeprüfung einführte. Die Abteilung für Schuhmacher wurde, nachdem dieselbe schon 1897 auf eine Klasse reduziert worden war, am 14. April 1900 wegen mangelnden Besuchs geschlossen. Die Berner Institution, die von der Gemeinde errichtet ist, stellt den Typus von Ausbildungs- und Fortbildungslehrwerkstätten dar. Sie wollen jungen Leuten die Möglichkeit der gründlichen Erlernung eines Handwerks bieten, aber auch solchen, die bereits ihre Lehrzeit beendet haben, Gelegenheit zur Vervollkommnung ihrer Kenntnisse geben.

Aus den reglementarischen Bestimmungen der Lehrwerkstätten sei hervorgehoben, daß die Lehrzeit in allen Abteilungen 3 Jahre dauert, nur in der Mechanikerabteilung haben die gemachten Erfahrungen i. J. 1905 eine Verlängerung auf 4 Jahre als notwendig erscheinen lassen.

Zur Aufnahme wird das zurückgelegte 15. Lebensjahr, der Nachweis über den Besitz einer guten Primarschulbildung, körper-

1) Schönberg Hb. a. a. O. S. 691. Kerschensteiner, Beobachtungen und Vergleiche a. a. O. Jahresbericht der Berner Lehrwerkstätten. Gewerbliche Zeitfragen. Denkschrift der Handwerkskammer Augsburg betr. die Errichtung einer Handwerkerfachschule, Sept. 1904.

liche Rüstigkeit und Bestehen einer Prüfung verlangt; für das Mechanikergewerbe ist außerdem der Nachweis eines 3 jährigen Besuchs einer bernischen Sekundärschule oder einer gleichwertigen allgemeinen Vorbildung notwendig.

Der praktische Unterricht in der Schreinerabteilung, auf den im ersten Jahre 49, im zweiten und dritten 47 von 57 Wochenstunden entfallen, erstreckt sich im ersten Jahre auf die Herstellung tannener Möbel, um die Schüler in ihren Beruf einzuführen, im zweiten Jahre werden schon eichene Möbel angefertigt, und im dritten Jahre üben sich die Schüler im Beizen, Fournieren, im Schnitzen und Intarsien schneiden. Außerdem werden sie in die Arbeiten des Bauschreiners eingeführt.

Die Schlosserlehrlinge lernen im ersten Jahre Feilen und Meißeln, die einfachen Blecharbeiten, wie Luftjalousien, Feuertüren, Fensterbeschläge usw., Schmieden, Bohren usw.; im zweiten Jahre arbeiten sie in Baubeschlägen und einfachen Schnörkelornamenten, Ringelschloßbau usw.; im dritten Jahre Schmieden von kunstgewerblichen Gegenständen unter besonderer Berücksichtigung der gegenwärtigen Geschmacksrichtung, Ausführung von Portalen, Türfüllungen, Treppengeländern usw. Von 57 Wochenstunden fallen in allen Jahrgängen 47 Stunden auf den praktischen Unterricht.

In der Spengler-(Klempner-)Abteilung wird von 57 Wochenstunden im ersten Jahre 47½, im zweiten 46 und im dritten 49½ Stunden auf den praktischen Unterricht verwendet und mit der Herstellung einfacher Haushaltungsgegenstände unter möglichster Berücksichtigung der Handarbeit begonnen; im zweiten Jahre folgen größere Arbeiten aus Weißblech, Zink, Kupfer und Messing, verbunden mit Anwendung von Maschinen zum Drahteinlegen usw., im dritten Jahre werden Ornamentarbeiten, wie Zinkfenster, Dachspitzen, Urnen usw. angefertigt; in diesem Kurs wird auch Anleitung im Formen und Gießen, sowie im Stanzen von Gesimsen für Fenster usw. unter Verwendung des Fallwerkes erteilt.

Die Mechanikerlehrlinge müssen von den 57 Wochenstunden im ersten Jahre 47½, im zweiten 46 und im dritten 49½ Stunden in der Werkstatt arbeiten und zwar lernen sie im ersten Jahre Feilen, Drehen, Hobeln, Schmieden und Härten, auch schon die Anfertigung von einfachen Detailstücken zu Maschinen usw.; im zweiten Jahre werden Bestandteile für Werkzeugmaschinen und im dritten Jahre Ausführung und Zusammenstellung ganzer Maschinen nach selbst angefertigten Konstruktionen gelehrt.

Ein Mangel dieser Berner Lehrwerkstätten ist die geringe Stundenzahl, die für den theoretischen Unterricht übrig bleibt. Bei der großen Anzahl der Fächer (Rechnen, Planimetrie, Geschäftsaufsatz, Kalkulation, Technologie, Stereometrie, Projektions- und Fachzeichnen, Freihandzeichnen, bei den Mechanikern außerdem noch Algebra und Mechanik) ist ein Eindringen in die zum Teil schwierigen Materien nicht möglich und ein längerer Unterricht unerläßlich.

Ein Schulgeld wird nicht verlangt, sondern die Schüler erhalten nach einer gewissen Zeit, ihren Fertigkeiten entsprechend, Lohn. Am 1. Januar 1906 wurden die Lehrwerkstätten besucht von 35 Mechanikern, 31 Schreinern, 28 Schlossern und 10 Spenglern.

Im Gegensatz zu den französischen, österreichischen und deutschen Lehrwerkstätten arbeiten die Berner Lehrwerkstätten für Kundschaft und haben auf diese Weise im Jahre 1903 49,6%, 1904 56,6% und 1905 56,3% ihrer Ausgaben (1903 145 796,62, 1904 147 669,63 und 1905 153 993,66 Fr.) aus dem Erlös der verfertigten Waren bestritten. Die fehlenden Gelder wurden durch Beiträge des Bundes, des Kantons und der Gemeinde gedeckt.

Mit den Lehrwerkstätten war anfangs ein Konvikt verbunden, in welchem die Schüler gegen die Zahlung von jährlich 400 Fr. Kost und Wohnung erhielten. Da man jedoch die Beobachtung machte, daß die Lehrlinge nach Ablauf eines Jahres es vorzogen, in der Stadt Unterkunft zu suchen, so wurde das Konvikt, in dem Ende 1905 24 Lehrlinge wohnten, zum 1. April 1906 geschlossen, nachdem die städtische Armendirektion sich bereit erklärt hatte, künftig für die Unterkunft der Lehrlinge Sorge zu tragen.

Besser wie in Bern ist in der 1898 errichteten Schlosserschule zu Winterthur für den theoretischen Unterricht gesorgt. Auch diese Schule soll die Meisterlehre ersetzen und es finden alle Schüler Aufnahme, welche die Volksschule mit Sekundärschule hinter sich haben. Im ersten und zweiten Lehrjahre erhalten sie 3 Tage theoretischen und 3 Tage praktischen Unterricht, im dritten Lehrjahre 2 Tage theoretischen und 4 Tage praktischen Unterricht. Der Gang der

Ausbildung ist ähnlich wie bei den Berner Lehrwerkstätten. Die Ausgaben, die sich im Jahre 1904 auf 46 300 Fr. beliefen, wurden von dem Unternehmer (die am dortigen Gewerbemuseum bestehende Kommission), dem Kanton, dem Bund und der Stadt gedeckt. Ein großer Teil der Ausgaben wurde weiterhin bestritten durch den Erlös der verkauften Arbeitserzeugnisse (12 000 Fr.) und durch das Schulgeld (10 000 Fr.), das für jeden Schüler 40 Fr. jährlich beträgt. Da die Schule im Durchschnitt von 90 Schülern besucht wird, so kostet jeder Schüler immerhin noch 430 Mk. jährlich ohne Rücksicht auf Verzinsung und Amortisation des Anlagekapitals.

Die Abteilung „Lehrwerkstätte" der städtischen Schreinerschule in Zürich ähnelt wieder mehr den Berner Lehrwerkstätten, da auch bei ihr der praktische Unterricht überwiegt und theoretischer Unterricht nur an einem Wochentage erteilt wird. Aufnahmebedingung ist auch hier absolvierter Besuch der Sekundärschule. Die Lehrzeit dauert 3½ Jahre, die in vier Werkstätten durchzumachen ist, welche jede einem Werkmeister untersteht. Charakteristisch ist bei dieser Schule das vollständige Fehlen von Maschinen; die Schüler sollen das Handwerk ohne Maschinen lernen. Sie erhalten hier wie in Bern einen steigenden Lohn; Schulgeld wird nicht bezahlt. Das den Schweizer Lehrwerkstätten überhaupt Eigentümliche, der Verkauf der Arbeitserzeugnisse, deckt auch hier einen großen Teil der Unkosten; von den Einnahmen im Jahre 1904 in Höhe von 28 000 Franken entfielen allein 15 000 Fr. auf den Erlös der Arbeitserzeugnisse. Das Fehlende wurde von der Stadt (8000 Fr.) und dem Kanton (5000 Fr.) beigesteuert.

Nach diesem kurzen Hinweis auf die Lehrwerkstätten anderer Staaten sei auf die analogen Bestrebungen in Deutschland hingewiesen. Lehrwerkstätten forderte zuerst Prof. B ü c h e r in seinen Studien über „Lehrlingsfrage und gewerbliche Bildung in Frankreich" 1878, „Die gewerbliche Bildungsfrage und der industrielle Rückgang" 1877, und in seinem Gutachten, das er 1879 dem Verein für Sozialpolitik erstattete, „Das gewerbliche Bildungswesen"[1]).

B ü c h e r wurde zu diesen Schriften dadurch bewogen, daß die Weltausstellung zu Philadelphia und die Kunstausstellung in

---

1) Vergl. auch W a e n t i g, Die gewerblichen Anschauungen a. a. O. S. 40 ff.

München 1876 zur Evidenz den Tiefstand des deutschen Gewerbes dargetan hatten. Unter anderen Ursachen hob er hierbei besonders die Ausbildung des gewerblichen Arbeiters hervor, die auf den herkömmlichen Wegen ganz ungeeignet sei. Der Gewerbetreibende benötige eine bedeutend höhere Allgemeinbildung, welche die Volksschule und die Werkstatt des Meisters nicht zu bieten vermöchten. Vielmehr müsse an deren Stelle eine Form der gewerblichen Ausbildung treten, die ohne Preisgabe der produktiven Zwecke den Unterricht zur Hauptsache mache und damit eine genügende Fachbildung ermögliche.

Hierzu sei die Fortbildungsschule als Wiederholungsschule ebenso wie die Fachschule, die zu sehr ins große Allgemeine wirke und die Schüler ihrem Beruf entfremde, nicht geeignet. An deren Stelle müsse die Lehrwerkstätte nach belgischem Muster treten, die in sich alle Vorteile des alten Systems mit den gesteigerten Anforderungen des modernen Wirtschaftslebens vereinige.

Da es sich bei diesen von Bücher vorgeschlagenen Lehrwerkstätten nach belgischem Muster, wie oben Seite 174 dargelegt wurde, um reine Ausbildungslehrwerkstätten handelt, sei nun auf das Wesen, die Vorteile und Nachteile der „Ausbildungslehrwerkstätte" näher eingegangen.

Die Ausbildungslehrwerkstätte bezweckt, dem aus der Volksschule entlassenen Lehrlinge, der ein Gewerbe erlernen will, die notwendige Ausbildung, anstatt in einer Meisterwerkstätte, in einer besonders zu diesem Zweck errichteten Anstalt unter Anleitung eigens angestellter tüchtiger Lehrkräfte zu erteilen. Die Vorteile dieser Art der Lehre gegenüber der Meisterlehre bestehen darin, daß die im Handwerk mehr oder weniger häufige Verwendung des Lehrlings zu anderen als gewerblichen Arbeiten vollständig wegfällt. Alle in der Lehrwerkstätte von ihm verlangten Arbeiten bilden ein Glied zu seiner Ausbildung, die, wie bereits bei der Darstellung der Berner Lehrwerkstätten gezeigt, stufenweise, von den leichteren zu den schwierigen Arbeiten fortschreitet. Der Lehrling gelangt so zu technischer Durchbildung, welche ihm ermöglicht, ein Fabrikat künstlerisch aufzufassen und zu gestalten. Eine solche stufenweise systematische Durchbildung ist bei der Meisterlehre nicht möglich. Hier wird das angefertigt, was verlangt wird, je nach dem Umfange und der Größe sehr verschieden, im Laufe der Lehrzeit mehr oder weniger alle Arbeiten des Gewerbes umfassend. Wie bei der Lehrwerkstätte ist auch hier die Garantie für tüchtige Lehrmeister und eine sorgfältige Ausbildung der Lehrlinge gegeben, die bei der Meisterlehre trotz aller Gesetzesbestimmungen, Vorschriften und Kontrolle der HK. nicht erreicht werden kann. Die Frage des obligatorischen und Tagesfortbildungsschulunterrichts (siehe unten S. 214) löst sich bei der Lehrwerkstätte von selbst, da der Betrieb von vorneherein auf die Kardinalpunkte des Fortbildungsschulunterrichts eingerichtet werden und mit dem praktischen Unterricht Hand in Hand gehen kann. Zum Schluß besteht ein großer Vorteil der meist von Staat, Gemeinde oder Interessenverbänden errichteten Anstalten darin, daß dieselben mit den neuesten Maschinen und Werkzeugen, mit Modellen, Zeichnungen usw. ausgestattet sind, die eine exakte Arbeit ermöglichen und alle Bedürfnisse zu befriedigen vermögen. Diese kapitalkräftigen Unternehmer können dafür Sorge tragen, daß die neuesten Errungenschaften der Technik und Wissenschaft auch hier Eingang finden, wo die Meisterwerkstätte wegen mangelnder Mittel vielfach auf die Anschaffung der zur erfolgreichen Konkurrenz notwendigen Maschinen verzichten muß, wenn auch Anfänge zum Besseren gemacht sind. Es sei nur erinnert an die überall stattfindenden vorübergehenden und dauernden Ausstellungen von Maschinen und Kleinmotoren, die unentgeltliche Ueberlassung solcher Maschinen an Genossenschaften durch den Staat, und die weiteren, besonders durch die „T r i m b o r n'schen Anträge" 1901 dem preußischen Abgeordnetenhause vorgeschlagenen und vielfach durchgeführten Maßnahmen zur besseren Ausgestaltung der Meisterwerkstätte, sodaß nach und nach auch hier Einrichtungen an Stelle der alten treten, die sich den veränderten Produktionsmethoden mehr anzupassen vermögen, wodurch einer dieser Vorteile der Lehrwerkstätte mit der Zeit verschwinden dürfte.

Trotz der übrigen sehr großen Vorteile der Ausbildungslehrwerkstätte dürfte dieselbe f ü r d a s H a n d w e r k doch nicht zu empfehlen sein, da den Vorteilen schwerwiegende Nachteile gegenüber stehen.

Vor allem ist hervorzuheben, daß im allgemeinen jeder Handwerksbetrieb einen Lehrling notwendig braucht, daß aber zur Zeit, wie oben Seite 113 gezeigt, nur ein geringer Prozentsatz der Handwerker Lehrlinge beschäftigt. Die Hauptursache liegt nach dem einstimmigen Urteile der Handwerkskammern (in deren Jahresberichten) in dem mangelnden Angebot von Lehrlingen. Bei weiterer Ausbreitung der Lehrwerkstätten dürfte sich das Angebot noch verringern. Dem Handwerk würde auch deswegen nicht geholfen sein, weil die in der Lehrwerkstätte ausgebildeten jungen Leute dem Handwerk verloren gehen, welche Tatsache auch in Bern zu Tage getreten ist und von den Lehrern der dortigen Lehrwerkstätten bestätigt wird [1]). Der Grund, weshalb nach den dortigen Mitteilungen die Lehrlinge dem Handwerk verloren gehen und überhaupt kein Unterkommen finden können, dürfte auch in den weiteren Nachteilen der Lehrwerkstätte zu finden sein, daß die Lehrlinge in der Lehrwerkstätte wohl an genaues und exaktes Arbeiten gewöhnt werden, daß sie aber langsam arbeiten und nicht das verdienen, was sie als Lohn beanspruchen, wenn sie auf Akkord arbeiten, sie können infolgedessen gar nicht auf ihre Kosten kommen. Diese Wahrnehmung bestätigt sich auch in den Jahresberichten der Lehrwerkstätten Bern: „So befriedigende Resultate wir bei unsern Zöglingen in Bezug auf korrekte Arbeit erzielen, so möchten wir doch wünschen, daß deren Leistungen in quantitativer Hinsicht etwas bessere würden" [2]). Aehnlich lauten die Berichte, welche die Lehrwerkstätten von ihren ehemaligen Schülern erbeten haben; „Dagegen hatte ich im Anfang ziemlich Mühe, wenn ich soviel Arbeit liefern wollte, wie er" [3]) (sein Nebengeselle). „Einen andern Faktor, gegen welchen jedenfalls schon mancher ganz energisch Front machen mußte, das betrifft die Quantität der Arbeit" [4]). Die Schüler der Lehrwerkstätte, in welcher sich niemand um Bestellungen und Aufträge zu kümmern hat, bekommen eben keinen Begriff von der Vielgestaltigkeit und dem unvermittelten Wechsel der Tätigkeit, den die Praxis mit sich bringt, ihnen fehlt das stimulierende Beispiel des auf Verdienst hinzielenden Arbeiters. Da in den Lehrwerkstätten immer Neues und möglichst Vollkommenes

---

1) Kerschensteiner, Im Prot. d. III. bayr. HKTages zu Würzburg, 1904, S. 35.

2) Jahresbericht der Lehrwerkstätten der Stadt Bern 1897, S. 5.

3) Ein ehem. Schüler der Schuhmacherlehrwerkstätte Bern im Jahresbericht ders. 1895, S. 4.

4) Ein ehem. Schüler der Schreinerlehrw. Bern im Jahresber. ders. 1895, S. 5.

geschaffen wird, Flickarbeiten wenig oder gar nicht gemacht werden, so werden die aus der Werkstätte entlassenen Gesellen sich im Handwerk nicht wohl fühlen, sie werden die Lust und Liebe an ihrem Beruf verlieren, wenn man ihnen diese oder jene Arbeit zumutet. Die Folge wird sein, daß die Gesellen sich nicht dem Handwerk, sondern der Fabrik zuwenden, wo sie als Werkmeister willkommen sind. In Oesterreich hat sich dies bestätigt, sodaß das österreichische Staatsministerium mit dem Ausbau von Lehrwerkstätten zurückhaltender und vorsichtiger geworden ist [1]).

Ein weiterer Nachteil der Lehrwerkstätten, ein Bedenken gegen deren Errichtung sind die Kosten, die abgesehen von den Gebäulichkeiten und der Errichtung so bedeutend sind, daß eine Hebung der Meisterlehre billiger und mit größerem Erfolge durch die besprochenen Lehrlingswerkstätten zu erreichen sein dürfte. Die oben besprochene Lehrwerkstätte für Metall- und Holzverarbeitung in Paris erforderte im Jahre 1905 einen Kostenaufwand von 147 120 Fr. bei 290 Schülern, sodaß auf den Schüler 507,30 Fr. kommen. In Bern, wo man durch den Verkauf der angefertigten Gegenstände i. J. 1905 56,3 % der Ausgaben deckte, kostete jeder Schüler noch 833 Fr. und bei der Nichtveräußerung der hergestellten Gegenstände würde er sogar 1483,59 Fr. gekostet haben pro Jahr, während man mit 2—300 Mk. eine tüchtige Meisterlehre durch die Lehrlingswerkstätten erreichen kann. Wollte man bei diesen Lehrwerkstätten die Verwaltungskosten durch das Schulgeld in etwa decken, so würden dieselben nur wenigen bemittelten Schülern zugänglich sein, andernfalls würde ein Versuch, die Unkosten aus den Erträgnissen der Arbeit und den Schulgeldern selbst zu decken, wenn er nicht schon an dem Widerstande der durch die Konkurrenz betroffenen Handwerker scheiterte, die Unterrichtserfolge durch das Erwerbsinteresse bedeutend beeinträchtigen. Zum Schluß sei noch auf die Gefahren hingewiesen, die dem Lehrling außerhalb der Werkstätte drohen; da die Kosten für eine Lehrwerkstätte sich bei der Errichtung eines Konviktes noch wesentlich erhöhen würden als bisher, hat man bei den bestehenden Lehrwerkstätten davon abgesehen, oder wie in Bern, dasselbe eingehen lassen.

---

1) Kerschensteiner: Im Protokoll des III. bayr. Handwerkskammertages zu Würzburg 1904, S. 35.

Die Schüler sind also nach Beendigung der Arbeit auf sich angewiesen und, da Lehrwerkstätten wegen der Kosten usw. nur für größere Städte in Betracht kommen, den Gefahren der Großstadt ausgesetzt. Auch diese Gefahren lassen sich, wie bereits hervorgehoben, bei der Lehrlingswerkstätte vermeiden.

Nach diesen Ausführungen dürften also die Nachteile die Vorteile überwiegen, die Errichtung von Ausbildungslehrwerkstätten für das Handwerk nicht zu empfehlen sein, da nach den gemachten Erfahrungen in Baden, Württemberg und Hessen eine Förderung der Meisterlehre durch Subventionierung tüchtiger, mit den neuesten Maschinen und Werkzeugen versehenen Handwerksmeister im allgemeinen für Handwerkslehrlinge eine bessere Ausbildung gewährleistet ist, als in der Lehrwerkstätte.

Damit soll nicht gesagt sein, daß die Lehrwerkstätten für Fabriken nicht sehr gute Dienste leisten könnten, wie insbesondere Schev en in seinem Werke „Die Lehrwerkstätte", Tübingen 1894, eine Reihe diesbezüglicher Beispiele anführt.

Auf dem hier vertretenen Standpunkt steht auch die Mehrzahl der Handwerker mit den Handwerkskammern an der Spitze. Nach den von diesen erhaltenen Berichten, wobei von 71 Kammern 44 auf eine diesbezügliche Anfrage geantwortet haben[1]), bestehen nur im Bezirke von drei Handwerkskammern Ausbildungslehrwerkstätten.

In Flensburg besteht eine solche für Bildschnitzer mit 3 jährigem Unterricht, die mit der kunstgewerblichen Fachschule der Stadt Flensburg verbunden ist. Der Lehrling erlernt hier in besonderen Werkstätten unter Aufsicht der Werkstattlehrer alle Arten der Holzschneidetechnik.

Im Handwerkskammerbezirk Reutlingen ist eine Lehrwerkstätte für Gerber in Metzingen am 1. Mai 1906 eröffnet worden.

---

1) Auf die Anfrage Ausbildungslehrwerkstätten betreffend haben geantwortet:

Aachen, Altona, Augsburg, Berlin, Bielefeld, Braunschweig, Bremen, Breslau, Bromberg, Cassel, Coblenz, Cöln, Danzig, Darmstadt, Dortmund, Detmold, Düsseldorf, Flensburg, Frankfurt, Gera, Gotha, Greiz, Halle, Hamburg, Harburg, Heilbronn, Insterburg, Königsberg, Leipzig, Magdeburg, Oldenburg, Oppeln, Regensburg, Reutlingen, Schwerin, Sigmaringen, Stralsund, Stadthagen, Stettin, Straßburg, Stuttgart, Ulm, Wiesbaden und Würzburg.

Die Lehrwerkstätte ist hier in den Betrieb eines Gerbermeisters eingegliedert und der Zentralstelle für Handel und Gewerbe unterstellt. Ordentliche Schüler können solche junge Leute werden, welche das 14. Lebensjahr zurückgelegt und in der Lehrwerkstätte 3 Jahre lernen wollen; sie haben ein Lehrgeld von 25 Mk. zu zahlen. Als außerordentliche Schüler werden, soweit Platz vorhanden, solche junge Leute (insbesondere Gerbersöhne) aufgenommen, welche die Anstalt nur 1—2 Jahre besuchen wollen. Der Unterricht, der überwiegend praktisch ist, bezweckt, die jungen Leute im Rahmen einer tüchtigen Handwerkslehre heranzubilden, zu welchem Zweck die Anstalt mit neuesten Maschinen ausgestattet wurde. Der theoretische Unterricht wird für die Lehrlinge im ersten und zweiten Lehrjahr in der Fortbildungsschule erteilt; im dritten Jahre erhalten sie besonderen Unterricht in Aufsatz, Buchführung und Rechnen mit Berücksichtigung des Gerbereigewerbes, sowie in den Grundlagen der Gerbereichemie. Für ihre Arbeitsleistung erhalten die Schüler im ersten Jahre 5, im zweiten 6 und im dritten Jahre 7 Mk. pro Woche. Die Kosten der Errichtung und ersten Einrichtung betrugen 31 000 Mk., wovon der württembergische Gerberverein 5000 Mk., die Stadtgemeinde Metzingen 2500 Mk., der Betriebsunternehmer 2800 Mk. und den Rest der Staat übernahmen [1] [2]. Der laufende Betriebsaufwand von 4750 Mk. wird vom Staate getragen.

Eine Ausbildungslehrwerkstätte großen Stils wie in Bern ist in Augsburg am 4. September 1905 unter dem Namen „Handwerkerschule" von der Stadt Augsburg errichtet worden [3].

Die Aufgabe der Handwerkerschule geht aus dem § 1 ihrer Statuten hervor. Die Handwerkerschule zu Augsburg hat den Zweck, jungen Leuten mit guter Volksschulbildung eine gründliche und allseitige Ausbildung in ihrem Gewerbe nach der theoretischen und praktischen Seite hin zu gewähren und so dem Gewerbe tüchtige Gesellen, Vorarbeiter und Meister zuzuführen. Sie ersetzt nicht allein die Meisterlehre, sondern erstrebt auch die Erziehung ihrer

---

1) Finanzetat des Königr. Württbg. 1904/05, Verhdl. d. württ. Kammer d. Abg. 04/05, Anl. Bd. II, S. 156. Kap. 38. Tit. 19 c.

2) Gewerbebl. aus Württemberg 1906, S. 49.

3) Denkschrift der Handwerksk. Augsburg, betr. die Gründung einer Handwerkerfachschule in Augsburg, im September 1904.

Schüler für das Leben und die Aufgaben des Staatsbürgers. Die Schule ist zunächst eingerichtet für Schlosser, Spengler und Schreiner. Die Dauer der Lehrzeit beträgt für alle 3 Jahre. An der Spitze steht ein Direktor, dem für jedes Gewerbe ein Obermeister und zwei Meister zur Seite stehen, während die theoretischen Fächer von Lehrern im Nebenamte erteilt werden.

Als Aufnahmebedingung wird ein Minimalalter von 14, ein Maximalalter von 16 Jahren verlangt, weiterhin gute Volksschulbildung und gute körperliche Entwicklung. Die Schüler, die zunächst eine Probezeit von 4 Wochen durchmachen, haben auch die Einwilligung ihres Vaters oder sonstigen Erziehungsberechtigten beizubringen, daß derselbe die Kosten der Ausbildung bestreiten will. Das Schulgeld beträgt für jede Abteilung jährlich 25 Mk. Bemerkenswert ist die Bestimmung, daß die Schule verkaufsfertige Waren nur soweit herstellen darf, als dies der Unterrichtszweck erfordert.

Der Werkstattunterricht der Schlosser beschränkt sich im ersten Jahre auf die notwendigen Aufklärungen über das Werkzeug und dessen Gebrauch. Im zweiten Jahre werden schon reichere Beschläge, einfache und zusammengesetzte Arbeiten, Schlosser- und Schmiedesachen hergestellt. Das dritte Jahr wird hauptsächlich für Schmiedearbeiten verwendet; dabei beträgt der Unterricht im ersten Jahre 21, im zweiten 26 und im dritten 24 Stunden neben 19, 21 resp. 24 Stunden theoretischen Unterrichts wöchentlich.

Die Spengler erhalten im ersten Jahre wöchentlich 19, im zweiten 21 und im dritten 23 Stunden theoretischen und 27, 26 bezw. 25 Stunden praktischen Unterricht. Im ersten Jahre wird auch hier hauptsächlich Gebrauch und Anwendung der Werkzeuge gelehrt und erst im zweiten Jahre die verschiedenen Wirtschaftsgegenstände aus Schwarz-, Weiß- und Zinkblech unter Benutzung der vorhandenen Hilfsmaschinen zum Runden, Drahteinlegen, Sicknen usw. hergestellt. Die im zweiten Jahre begonnene Anleitung im Hartlöten wird im dritten Jahre fortgesetzt. Hier werden jetzt auch kunstgewerbliche Arbeiten ausgeführt, der Bauspenglerei mehr Aufmerksamkeit geschenkt. Hinzu kommt die Gas-, Wasser- und elektrische Installation.

Die Schreinerlehrlinge erhalten im ersten und zweiten Jahre wöchentlich 19, im dritten 20 Stunden theoretischen Unterricht. Auf den praktischen Unterricht fallen im ersten Jahre 26 und im zweiten und dritten 27 Stunden. Im praktischen Unterricht folgen im ersten Jahre nach der Erklärung der zahlreichen Werkzeuge usw. kleinere Verwendungsarbeiten, wie Fußschemel, einfache Tische usw.; im zweiten Jahre Herstellung einfacher Möbelstücke. Im dritten Jahre wird geschieden zwischen Bauschreiner und Möbelschreiner. Erstere fertigen anfangs einfache fournierte, später reicher verzierte Möbelstücke in abwechselnder Bauart, nach den im Fachzeichnen gefertigten Skizzen an. Letztere erlernen die Herstellung verschiedener Zimmertüren, Fenster, Vertäfelungen, Treppenbau usw.

Der theoretische Unterricht, dem hier entgegen Bern der unbedingt notwendige Anteil eingeräumt worden ist, erstreckt sich auf Religion, Deutsch und Geschäftsaufsatz, Schönschreiben, Lebens- und Bürgerkunde, Rechnen mit Buchführung, Kalkulation und Wechsellehre, Naturlehre, Stillehre. Während diese Fächer gemeinsam allen Schülern erteilt werden, sind die folgenden für jede Abteilung besonders eingerichtet: Technologie, Elektrotechnik, Konstruktionslehre, Zeichnen (Freihandzeichnen und Modellieren, geometrisches und projektives Zeichnen).

Die Stadt Augsburg hat für den Bau der Schule 316 000 Mk. aufgewendet. Die Betriebskosten beliefen sich im Jahre 1905/06 auf 42 000 Mk., davon trägt der Staat jährlich 30 000 Mk.; der Kreis 1/4 der Betriebskosten, also 1905 10 500 Mk.; die Stadt hat jährlich an Zinsen und Amortisationen für das Schulgebäude, abgesehen von den ungedeckten Betriebskosten rund 16 000 Mk. aufzubringen [1]).

Im Jahre 1905/06, dem Gründungsjahr, war die Schule im ersten Kurs von 17 Schlossern, 12 Schreinern und 10 Spenglern, zusammen also 39 Schülern besucht, von denen 1/3 vom Schulgeld befreit war. Legt man nur die Betriebskosten von 42 000 Mk. zugrunde, so kostet jeder Schüler, wenn alle 132 Plätze der Anstalt besetzt sind und wie im ersten Lehrgange 1/3 der Schüler kein Schulgeld bezahlen, noch 310 Mk. im Jahre, während seiner Lehrzeit also 930 Mk., im Vergleich zu den Kosten und dem Vorteile der Lehrlingswerkstätte ein eminent hoher Betrag.

---

1) Jahresbericht der HK. Augsburg 1906, S. 67.

Der dritte bayrische Handwerkskammertag [1]) hat sich im Jahre 1904 eingehender mit der Gründung der Augsburger Handwerkerschule beschäftigt und nach sehr heftiger Debatte gegen die Stimme der Augsburger Kammer folgende Resolution an das Staatsministerium angenommen: „Der III. bayrische Handwerkskammertag ist der Ansicht, daß eine in der Praxis sich bewährende Ausbildung des Handwerkers in der Regel nur durch die Lehre in der Werkstatt eines tüchtigen Handwerksmeisters erreicht werden kann. Mit dieser Werkstattlehre muß aber ein gründlicher Unterricht in den theoretischen Fächern und im Zeichnen Hand in Hand gehen. Der dritte bayrische Handwerkskammertag gestattet sich daher an die Kgl. Staatsregierung die Bitte zu stellen, für die Errichtung von Meisterkursen und Fachschulen, nach den für die Kgl. Baugewerksschulen geltenden Grundsätzen für verschiedene Handwerkszweige und für den Ausbau und die Unterstützung gewerblicher Fortbildungsschulen in reichlicherem Maße als bisher Mittel bereit zu halten. Der Handwerkskammertag erklärt sich nicht für einen Gegner der Lehrwerkstätten, steht jedoch auf dem Standpunkt, daß eine Unterstützung der Lehrwerkstätte aus öffentlichen Mitteln nur dann erfolgen kann, wenn die vorgenannten Institutionen mit Mitteln in erforderlicher Weise bedacht sind."

Auch der bayrische Handwerkerbund, der über 15 000 Mitglieder zählt, hat am 4. August 1904 dem Staatsministerium eine Eingabe überreicht, in welcher die Ausbildungslehrwerkstätte ganz verworfen und nur Fortbildungslehrwerkstätten als nutzbringend anerkannt werden [2]). Die Stellung der bayrischen Regierung gegenüber dieser Resolution und der Ausbildungslehrwerkstättenfrage überhaupt, skizzierte der Ministerialrat Blaul, der Vertreter des Kultusministers, bei der Einweihung der Schule dahin, daß in der Ausbildung für die Gewerbe die Meisterlehre regelmäßig durchaus vorzuziehen sei. „Die Lehrwerkstätte soll gewissermaßen eine vorübergehende Maßnahme sein; sie soll mit dazu beitragen, daß die Zeit bald kommt, wo die Gewerbe selbst die praktische Ausbildung ihres Nachwuchses wieder in die Hand nehmen" [3]).

---

1) Protokoll des III. bayr. Handwerkskammertages zu Würzburg 1904, S. 40.

2) Allgemeine Handwerkerzeitung München vom 3. Aug. 1904.

3) Jahresbericht der HK. Augsburg 1906, S. 68.

Dürfte also die Ausbildungslehrwerkstätte für das Handwerk im allgemeinen nicht anzustreben sein, und will man eine bessere und möglichst allseitige Ausbildung der Handwerkslehrlinge doch erreichen, so ist dies außer durch die Lehrlingswerkstätte entweder durch die Vorbereitungslehrwerkstätten zu erreichen (siehe hierüber die demselben gleichkommenden Handwerkerschulen unten S. 221) oder durch eine Kombination von Meisterlehre und Lehrwerkstätte, durch die Ergänzungslehrwerkstätte.

3. Die Ergänzungslehrwerkstätte.

Bisher haben einzelne Innungen es als ihre Aufgabe betrachtet, den Lehrlingen ihrer Innungsmitglieder neben theoretischem Unterricht auch insoweit praktischen Unterricht zu erteilen, als bei einer großen Anzahl Betriebe einzelne Handfertigkeiten beim Meister nicht gelehrt werden, sei es, daß der Meister einen Spezialitätenbetrieb hat, oder daß die Eigenart der herzustellenden Produkte eine allseitige Ausbildung ausschließt. So tritt z. B. in den Jahresberichten der HK. bei Besprechungen der Lehrlingsprüfungsergebnisse bei den Buchbinderlehrlingen die Unkenntnis des Hand- und Preßvergoldens, bei den Malern die Unkenntnis des Marmorierens, bei den Schreinern des Fournierens und Polierens usw. zu Tage. Hier soll die Ergänzungslehrwerkstätte helfend eingreifen. Auf diesem Gebiete haben sich die heute in fast allen größeren Städten Deutschlands errichteten Innungsfachschulen der Friseure hervorgetan [1]), die den Lehrlingen Unterricht im Barbieren, Frisieren, in der Herstellung von Perücken usw. geben. Auch in einigen anderen Gewerben, bei dem Maler- und Lackierergewerbe, den Bekleidungs-, den holz- und metallverarbeitenden Gewerben, ist in dieser Richtung manches geschehen [2]), doch kommen hier nur immer ganz wenige Innungen in Betracht, die energisch genug und finanziell imstande sind, solche Lehrwerkstätten einzurichten.

Mit der Reorganisation des gewerblichen Schulwesens Ende der 90er Jahre des vorigen Jahrhunderts, welche die Einrichtung von besonderen Fachklassen für die verschiedenen Gewerbe bezweckt, ist man deshalb auch dieser Frage näher getreten und hat

1) Scheven a. a. O. S. 379 ff.

2) Scheven a. a. S. O. 382 ff.

mit den Fortbildungsschulen Schülerwerkstätten ins Leben gerufen, die dem Schüler in einigen Stunden in der Woche durch einen tüchtigen, möglichst in der Praxis stehenden Lehrer alle diejenigen Handgriffe und Fertigkeiten vermitteln sollen, die er bei seinem Meister nicht zu lernen Gelegenheit hatte. Der Unterricht, der hier auch systematisch von leichteren zu schwierigen Arbeiten fortschreitet, bietet alle Vorteile der Ausbildungslehrwerkstätte und der Meisterlehre ohne deren Nachteile. Der Lehrling erhält eine allseitige Ausbildung, ohne die Berührung mit der Praxis zu verlieren, die Einrichtung kann allen Lehrlingen ohne verhältnismäßig hohe Kosten zugänglich gemacht werden. Auch die Gefahr, daß die Werkstätte durch Verkauf ihrer Produkte den Handwerkern Konkurrenz macht, kommt hier weniger in Betracht. Denn da der Unterricht nur eine Ergänzung des Unterrichts in der Meisterwerkstätte sein soll, so werden nur wenige Gegenstände hergestellt, die dann entweder als Modelle dienen, oder zu einer dauernden Ausstellung vereinigt werden können; vielfach ist es auch möglich, sie in das Rohmaterial zurückzuführen oder gegen Bezahlung des Rohmaterialpreises an gewerbliche Lehranstalten, an die Lehrlinge selbst, an die Innungen, Erwerbs- und Wirtschaftsgenossenschaften usw. zu verkaufen. Was die Kosten anlangt, so können dieselben für ein kleineres Gemeinwesen wohl drückend empfunden werden, insbesondere die Einrichtungskosten, da in der Ergänzungslehrwerkstätte vor allem jene Maschinen aufgestellt werden müssen, die wegen ihres Kostenpreises in der Meisterwerkstatt noch nicht häufig sind. Dagegen dürften die laufenden Betriebskosten weniger hoch sein, da tüchtige Handwerker ihre Kraft vielfach unentgeltlich in den Dienst der guten Sache stellen werden. Als Werkstätten kommen Schullokale in Betracht; wo es sich um die Errichtung neuer Schulgebäude handelt, können für solche Werkstätten besondere Räume vorgesehen werden.

Ergänzungslehrwerkstätten in Verbindung mit Fortbildungsschulen sind in größerem Umfange zuerst in München durch den Organisator des dortigen Fortbildungsschulwesens Studienrat K e r s c h e n s t e i n e r geschaffen worden, der den fachlichen Unterricht in der gewerblichen Fortbildungsschule hier vollständig durchgeführt und aus 31 Fortbildungsschulen 4 Fortbildungsschulbezirke geschaffen hat, von den Erfahrungen des Leipziger Pädagogen Pache ausgehend, daß 120 000 Einwohner zu einem Fortbildungsschulbezirk zu vereinigen, keinerlei Schwierigkeiten begegnet. Jeder Bezirk hat ein eigenes Gebäude mit 18 Lehrsälen und 8—10 Räumen für Ergänzungslehrwerkstätten. Diese Lehrwerkstätten sind mit Motoren ausgerüstet und liegen im Souterrain oder im Erdgeschoß. Hier erhalten die Schüler von besonderen Lehrkräften, die entweder eine Werkstattlehre durchgemacht haben oder von Handwerksmeistern selbst 6—8 Stunden in der Woche praktischen Unterricht. Es ist bemerkenswert, daß nebenher noch 6—8 Stunden theoretischer Unterricht erteilt wird, sodaß, da der ganze Unterricht am Tage stattfindet, die Lehrlinge dem Meister etwa 12—14 Stunden in der Woche entzogen werden. Die Meister sind aber deshalb der Einrichtung doch mit dem größten Wohlwollen entgegengekommen, da Kerschensteiner auf die mehr oder weniger starke Beschäftigungszeit bei einzelnen Gewerben in den verschiedenen Jahreszeiten Rücksicht genommen hat [1]).

Dieses Beispiel Münchens hat in anerkennenswerter Weise bei einer Anzahl größerer Städte Nachahmung gefunden. So hat die Berliner Handwerkerschule eine solche Ergänzungslehrwerkstätte für Goldarbeiter und Schmiede, die Altstädter gewerbliche Fortbildungsschule des Handwerkervereins Dresden eine solche für Buchbinder, wo Marmorieren, Vergolden und die mustergültige Herstellung eines Bucheinbandes gelehrt wird [2]). Die Gewerbeschule zu Karlsruhe hat solche Werkstätten für Tischler, Klempner, Mechaniker, Maler, Bildhauer und Schlosser eingerichtet. Aehnliche Werkstätten bestehen in Heidelberg, Mannheim, Freiburg und Straßburg. In Norddeutschland, wo man sich erst neuerdings mit der Ergänzungslehrwerkstätte in diesem Sinne näher befaßt hat, bestehen heute solche Werkstätten für Ziselieren und Treiben in Cöln, Crefeld, Elberfeld und Hannover, für Photographen in Hamburg, für Buchdrucker und Schriftgießer in Elberfeld; für Klempner, Uhrmacher und Mechaniker ist in Altona, für Elektrotechniker in Dresden durch Ergänzungslehrwerkstätten Fürsorge getroffen [3]). Bedauerlicherweise handelt es

1) Allgemeine Handwerkerzeitung, München 1903, S. 12. — 2) Zeitschrift „Volkswohl" 1904, S. 30. — 3) Frankfurter Handwerkerzeitung v. 3. Juni 1906.

sich bei den genannten Städten außer München und Karlsruhe um Ergänzungslehrwerkstätten für 1, 2 oder 3 Gewerbe, während doch außer den Nahrungsmittelgewerben solche für alle Gewerbe möglich und notwendig wären. Da die genannten Orte Großstädte sind, denen die Beschaffung der erforderlichen Mittel keine allzugroße Mühe machen dürfte, ist zu wünschen, daß nach diesen ersten Versuchen sich Ergänzungslehrwerkstätten für andere Gewerbe anschließen, wie Hildesheim, eine Stadt mittlerer Größe, sie bereits an der dortigen Handwerkerschule eingerichtet hat. Hier bestehen Lehrwerkstätten für Buchbinder, Maler und Photographen, Klempner, Schlosser, Schmiede, Mechaniker und Uhrmacher; für Tischler und Tapeziere, Friseure, Schneider, Schuhmacher und Gärtner [1]). Gegner waren hier erst nicht allein die Handwerksmeister, sondern auch der Vorstand der Schule selbst, weil man befürchtete, daß die Meisterlehre mit der Lehre in der Schulwerkstatt in Konflikt geraten möchte, und daß die Schule den Handwerkern Konkurrenz machen würde. Beides ist indessen nicht eingetroffen, vielmehr herrscht das größte Einvernehmen zwischen Meisterschaft und Schüler.

Wo solche Lehrwerkstätten heute noch nicht mit Fortbildungsschulen oder sonstigen gewerblichen Schulen verbunden sind, wären die Handwerkskammern sehr wohl in der Lage, solche Werkstätten zu errichten, da sie zum Teil eigene Häuser haben, zum Teil in den nächsten Jahren erhalten werden; sie könnten die Werkstätten dort unterbringen und mit einer Ausstellung kleingewerblicher Maschinen verbinden. Auf diese Weise wäre auch den Gewerbetreibenden selbst die Möglichkeit gegeben, die betreffenden Maschinen in Betrieb zu sehen, sie auf ihre Brauchbarkeit zu prüfen usw. Die Handwerkskammern würden so auch passende Räume zur Abhaltung der Gesellenprüfung; zur Anfertigung des Gesellenstücks erhalten; dasselbe wird heute in der Werkstatt des Schaumeisters angefertigt, was zu Unzuträglichkeiten vielfach Anlaß gibt (siehe S. 253). Nehmen die Handwerkskammern die Errichtung solcher Werkstätten selbst in die Hand, klären sie die Handwerker über die Vorteile derselben auf, so wird die etwa noch bestehende Zurückhaltung derselben einer besseren Einsicht weichen. Sie werden einsehen, daß

---

1) Frankfurter Handwerkerzeitung vom 3. Juni 1906.

sie dem Lehrling die im § 127 GO. vorgeschriebene umfassende allseitige Ausbildung nur in den wenigsten Fällen zu erteilen in der Lage sind, daß ihre Hartnäckigkeit gegen die Einrichtung bei der Gesellenprüfung für sie unangenehme Folgen haben kann, und daß es in beiderseitigem Interesse liegt, wenn die Schäden, welche die bestehende Gestaltung des Gewerbebetriebes auf die Ausbildung des gewerblichen Nachwuchses ausübt, auf diese Weise ausgeglichen werden können.

C. Die theoretische Ausbildung.

I. Die gewerbliche Fortbildungsschule.

Ebenso wichtig, wenn nicht wichtiger wie die praktische Ausbildung ist die theoretische Ausbildung, bei welcher der aus der Volksschule entlassene Lehrling für das Leben und für den gewählten Beruf geschickter gemacht werden soll. „Dieses Ziel wird erreicht, indem Lücken des Wissens ausgefüllt, der Bestand des Könnens gesichert und durch fortgesetztes Arbeiten im Anschluß an die berufliche wirtschaftliche Tätigkeit des Schülers erweitert wird“ [1]). Diese Aufgabe zu erfüllen ist Sache der Handwerker-, Gewerbe- und gewerblichen Fortbildungsschulen.

Die eigentlichen Fachschulen dagegen oder „gewerblichen Mittelschulen“ haben mehr die Aufgabe, junge Leute, die bereits im praktischen Leben gestanden haben, weiter auszubilden und bleiben deshalb hier unberücksichtigt.

Die Notwendigkeit der allgemeinen theoretischen Weiterbildung während der praktischen Wirksamkeit erkannte man in Deutschland schon im 17. und 18. Jahrhundert, wo man die jungen Leute nicht selten bis zu ihrer Verheiratung verpflichtete, den Sonntags- oder Wiederholungsunterricht zu besuchen, und ihnen dort Unterricht in Lesen, Schreiben und Religion erteilte [2]).

Dieser Unterricht sollte auch ein Ersatz sein für diejenigen Kinder, die am Volksschulunterricht teilzunehmen durch anderweitige Beschäftigung verhindert waren. Die Erfolge des Unterrichts, dessen Dauer meist zwei Stunden nicht überstieg, waren natur-

---

1) Pache bei Hampke, Fortbildungsschulwesen a. a. O. S. 12.
2) Simon a. a. O. S. 2.

gemäß sehr gering. Ebensowenig Erfolg hatten die für die fachliche Ausbildung der Lehrlinge gegründeten Zeichen-, Handwerker-, Gewerbe-, Kunstschulen usw. Die im Jahre 1806 nach den Plänen von Kunth und Benth, der Neubegründer des gewerblichen Bildungswesens gegründeten städtischen Gewerbe- und Handwerkerschulen, die man in einer Reihe größerer Städte errichtete, wurden in den 70er Jahren ihrem Zweck entfremdet [1]), indem jetzt nach einem Erlaß des Handelsministers vom 21. März 1870 zur Aufnahme die Reife für die Sekunda eines Gymnasiums oder einer Staatsschule I. Ordnung erforderlich war, wogegen früher nur die durch erfolgreiche Absolvierung einer Elementarschule zu erwerbenden Kenntnisse und Fertigkeiten verlangt wurden [2]). Verschwanden auch mit der Einführung der Gewerbefreiheit die Zwangssonntagsschulen der Zünfte, so ließen sich die Innungen doch die theoretische Ausbildung der Lehrlinge weiter angelegen sein, und erreichten auch diesbezügliche Bestimmungen in Preußen durch die Gewerbeordnung vom 17. Jan. 1845. In dem § 148 Abs. 2 dieser Gewerbeordnung wird bestimmt, daß der Lehrling dartun muß, daß er lesen, schreiben und rechnen kann. Er muß ferner durch Bescheinigung seines Religionslehrers nachweisen, daß er in der Glaubens- und Sittenlehre genügende Kenntnisse besitzt. Andernfalls hat der Lehrherr für Nachhilfe nach Anordnungen der Ortsschulbehörde zu sorgen. Auch in der vom Handwerkerparlament der Nationalversammlung 1848 vorgelegten „Grundzüge der allgemeinen Handwerker- und Gewerbeordnung" heißt es im § 54: „Wo Fortbildungsschulen bestehen, hat der Meister den Lehrling zum Besuche der Fortbildungsschule anzuhalten". In der Begründung dieses Paragraphen wird auf die große Menge von Lehrlingen hingewiesen, „die während der Lehre arg vernachlässigt und häufig, ohne den nötigen Grad von Bildung erlangt zu haben, in die Welt gestoßen werden und oft ihr ganzes Leben hindurch die Gewissenlosigkeit ihrer Lehrmeister zu tragen haben". In den von der preußischen Regierung im Jahre 1849 angestellten Erhebungen über die Wirkung der Gewerbeordnung von 1845 tritt überall der Nutzen der Weiterbildung im praktischen Leben deutlich zu Tage.

---

1) Schmoller: Schulwesen a. a. O. S. 1259 ff.
2) Bücher: Bildungsfrage a. a. O. S. 53.

In Bayern bestand obligatorischer Feiertagsunterricht vom 13.—16. Lebensjahre eventl. bis zur Prüfung [1]). Die Notwendigkeit der gewerblichen Fortbildungsschulen erkannte man hier schon 1806, wo der von F. Obertur in Würzburg gegründete „polytechnische Zentralverein" Schulen (zunächst für Unterricht im Zeichnen, Modellieren, Geometrie und Mechanik) ins Leben rief [2]).

Württemberg führte durch Gesetz vom 29. September 1836 obligatorischen Feiertagsunterricht ein [3]). Den Bedürfnissen für Zeichnen und Technologie suchte man schon im Jahre 1808 durch eine allgemeine Verordnung vom 10. September Rechnung zu tragen, nach welcher in den Städten auch besondere Lehrer für diese Fächer angestellt werden sollten. Aehnliche Verordnungen ergingen 1810 und 1818 [4]). Für gewerbliche Fortbildungsschulen trat zuerst 1831 Kriegstötter in seiner Schrift über die technischen Bildungsanstalten ein, wie in Baden 1833 Nebenius in seinem Werke über die technischen Unterrichtsanstalten [5]). Diese Anregung wurde indessen in Württemberg nicht benutzt. Vielmehr entwickelten sich die Sonntagsgewerbeschulen sehr schlecht (1827 30, 1846 69 mit 4500 Schülern [6]), weil die Lehrer den Unterricht während ihrer Unterrichtszeit zu geben hatten und kein besonderes Honorar erhielten. Außerdem fehlte es an den notwendigen Schullokalen und Lehrmitteln [7]). Eine Reorganisation des gewerblichen Bildungswesens fand erst im Jahre 1853 statt, nachdem im Jahre 1851 von der 1848 errichteten Zentralstelle für Gewerbe und Handel eine diesbezügliche Denkschrift dem Ministerium überreicht worden war [8]). Durch die Instruktion vom 5. April 1851 wurde den Lehrherrn zur Pflicht gemacht, die Lehrlinge zum Besuch der gewerblichen Bildungsmittel, namentlich der Sonntagsgewerbeschulen anzuhalten [9]). Seit 1853 wurde die Leitung und Errichtung der Anstalten für gewerblichen Fortbildungsschulunterricht einer besonderen dem Ministerium des Kirchen- und Schulwesens untergeordneten, aus Mitgliedern der Zentralstelle für Gewerbe und Handel zusammen-

1) Schmoller: Schulwesen a. a. O. S. 1259 ff. — 2) Huber a. a. O. S. 16. — 3) Schmoller: Schulwesen a. a. O. S. 1259. — 4) Köhler a. a. O. S. 77 ff. — 5) Huber a. a. O. S. 19. — 6) Die Entstehung und Entwicklung der gewerbl. Fortbildungsschulen in Württemberg a. a. O. S. 5 f. — 7) Köhler a. a. O. S. 287. — 8) Dorn a. a. O. S. 44. — 9) Köhler a. a. O. S. 159.

gesetzten Kommission übertragen [1]), die bis zum Erlaß der Gesetze betreffend die Handels- und Gewerbeschulen vom 22. Juli 1906 bestanden hat. Die Sonntagsgewerbeschulen wurden zu gewerblichen Fortbildungsschulen ausgebaut und der Unterricht auch auf die Abendstunden der Werktage ausgedehnt. Als grundlegende Fächer traten neben das elementare und das Fachzeichnen Geschäftsaufsatz und gewerbliches Rechnen, ferner Buchführung und an größeren Schulen für ältere Schüler noch eine Reihe gewerblich wichtiger Fächer. Außer dem Zeichenunterricht, der während des ganzen Jahres stattfand, wurde in den anderen Fächern nur 5—6 Wintermonate während zweier Jahre unterrichtet. Da der Besuch ein freiwilliger war, wurden nur die besten Schüler angezogen, die unbegabten aber ferngehalten. Die Schulen waren Gemeindeschulen, die vom Staate unterstützt wurden. Die Aufsicht übernahm der Gewerbeschulrat, der sich aus dem Schulvorstand, Vertretern der Gemeinde und des örtlichen Gewerbestandes zusammensetzte [2]). Der Besuch dieser Schulen steigerte sich außerordentlich, als durch Gesetz vom 6. November 1858 der Feiertagsschulzwang für diejenigen aufhörte, die eine Winterabendschule besuchten [3]).

Da diese württembergischen gewerblichen Fortbildungsschulen anerkannt Vorzügliches leisteten, haben sie als Musteranstalten anderen Staaten vielfach als Vorbild gedient.

In Baden wurde durch das 13. Organisationsedikt „über die gemeinen und wissenschaftlichen Lehranstalten" vom 13. Mai 1803 „die Notwendigkeit eines besonderen öffentlichen Unterrichts für junge Leute, die sich einem Gewerbe oder Handwerk widmen und in früher Jugendzeit in Arbeit und Lehre treten" erkannt, und für größere Städte, die sich hauptsächlich mit „Gewerbe und Kunstfleiß beschäftigen", vorgeschrieben, daß der Unterricht sich auf weitere Fächer als in den Landschulen, besonders auf Technologie erstrecken soll [4]).

---

1) Entstehung und Entwicklung der gewerbl. Fortbildungsschulen in Württemberg a. a. O. S. 13.

2) Verhdl. der württemb. Kammer der Abg. 1906, Beil. Bd. IV, S. 446.

3) Simon a. a. O. S. 3.

4) Führer durch die Ausstellung der gewerbl. Unterrichtsanstalten a. a. O. S. 8 f.

Es wurden jedoch nur in einzelnen Städten solche Schulen errichtet, infolge der unruhigen Zeiten. Erst im Jahre 1833 trat die Regierung der Frage wieder näher und stellte für diesen Zweck bestimmte Mittel zur Verfügung, worauf durch landesherrliche Verordnung vom 15. Mai 1843 die Errichtung von Gewerbeschulen im ganzen Lande angeordnet wurde, deren Organisation im wesentlichen noch heute besteht.

Wenn im übrigen die einzelnen deutschen Regierungen sich des Ausbaues der Fortbildungsschulen noch nicht derart annahmen, wie man es nach den Umständen hätte erwarten können, so ist der Grund darin zu suchen, daß ihre Kräfte noch durch die Regelung des allgemeinen Unterrichtswesens zu sehr gebunden waren [1]). Bedeutende Fortschritte wurden erst nach Gründung des Deutschen Reiches gemacht, wenn auch schon die Gewerbeordnung von 1869 die Notwendigkeit der weiteren Ausbildung der Lehrlinge in dem § 106 anerkannte, nach welchem die nach den Landesgesetzen zuständige Behörde darauf zu achten hatte, „daß bei Beschäftigung von Lehrlingen gebührende Rücksicht auf Gesundheit und Sittlichkeit genommen und denjenigen Lehrlingen, die des Schul- und Religionsunterrichts noch bedürfen, Zeit dazu gelassen werde."

Als ein wichtiger Faktor zur Förderung der theoretischen Fortbildung der gewerblichen Jugend erwies sich nach Gründung des Deutschen Reiches das zunehmende Interesse des gebildeten städtischen Mittelstandes für derartige Fragen. Es entstanden zahlreiche Bildungsvereine, die ihre Arbeit auf die Hebung des Niveaus der allgemeinen Volksbildung richteten, „oft unter dem Einfluß politischer Gedanken, daß die Erteilung des Stimmrechts an die Massen, den Gebildeten eine Hebung der sittlichen und geistigen Bildung der Massen als Pflicht auferlege" [2]). Als die Hauptprobleme zur Durchführung dieser Aufgabe wurde die Erreichung des Pflichtfortbildungsschulunterrichts und des Tagesunterrichts erstrebt.

Die Generalversammlung der Gesellschaft für Verbreitung von Volksbildung, stellte als erste 1872 in Darmstadt diese Forderungen auf [3]), die jetzt nicht mehr verschwanden und auch seit 1873 durch zahlreiche Petitionen dem Reichstage vorgelegt

1) Schmoller: Schulwesen a. a. O. S. 1259.
2) Verwaltungsbericht des preuß. Landesgewerbeamts a. a. O. S. 11.
3) Derselbe a. a. O. S. 10.

wurden, wobei die Petenten auf die fast vollkommene Uebereinstimmung der Presse, der Gewerbevereine, der Behörden und Landtage verwiesen [1]).

Die im Jahre 1875 veranstaltete Enquete berührte auch diese Punkte und nahm u. a. die Frage auf, ob der Besuch der Fortbildungsschulen abends, Sonntags oder an Wochentagen in den Tagesstunden stattfinde. Als Ergebnis dieser Enquete waren die Klagen über mangelhaften Besuch der Schulen allgemein. Die Ursache wurde teils in dem Verhalten der Arbeitgeber gefunden, die ihre Lehrlinge eher abhielten, die Schule zu besuchen, oder ihnen keine Zeit ließen, teils in der Natur des Arbeitsbetriebes z. B. bei den Bäckern und Konditoren. Nicht zuletzt war die Abneigung der Lehrlinge und der Mangel an Schulen die Ursache. Der Unterricht fand meist Sonntagsvor- oder -nachmittags statt.

Eine Pflicht zum Besuch der Fortbildungsschulen bestand nur in Sachsen, Württemberg, Baden, Hessen, Sachsen-Weimar, Sachsen-Meiningen und Sachsen-Koburg-Gotha, jedoch handelte es sich hier um allgemeine Fortbildungsschulen. Wer in Württemberg die gewerbliche Fortbildungsschule besuchte, unterstand diesem Zwang nicht. In Meiningen, Hannover, Hildesheim, Quackenburg, Lübeck, Detmold war der Besuch durch Ortsstatut obligatorisch gemacht [2]).

In Hamburg waren die Arbeitgeber verpflichtet, ihren Lehrlingen, die zum Besuche der allgemeinen Gewerbeschule erforderliche Zeit zu gewähren [3]).

Zahlreiche Stimmen namentlich unter den Arbeitnehmern verlangten einen unmittelbaren gesetzlichen Schulzwang und eine gesetzliche Verpflichtung der Gemeinden, die erforderlichen Schuleinrichtungen zu schaffen.

Trotz dieser Erhebungen von 1875 brachte die Novelle von 1878, an dem Grundsatze festhaltend, daß die Regelung des Fortbildungsschulwesens Sache der Landesregierung sei, nur wenige neue Bestimmungen, ebenso die Novellen von 1891 und 1897. Die wichtigsten reichsgesetzlichen Bestimmungen über Fortbildungsschulwesen sind die folgenden sechs:

1) Stenogr. Ber. ü. d. Verhdl. d. RT. 1873, Aktenstück 67 S. 374.

2) Ergebnisse 1875 a. a. O. S. 25 ff.

3) Dieselben S. 30.

1. Der Fortbildungsschulunterricht muß an Sonntagen so gelegt werden, daß die Schüler nicht verhindert sind, den Hauptgottesdienst oder einen mit Genehmigung der kirchlichen Behörde für sie eingerichteten besonderen Gottesdienst ihrer Konfession zu besuchen (§ 120 Abs. 1 Novelle 1891).

2. Durch die Novelle von 1878 werden die Gewerbeunternehmer verpflichtet, ihren Arbeitern unter 18 Jahren die zum Besuche einer vom Staate oder der Gemeinde anerkannten Fortbildungsschule erforderliche Zeit zu gewähren. (§ 120 Abs. 2 Novelle 1878.)

3. Als Fortbildungsschulen gelten auch Anstalten, in welchen Unterricht in weiblichen Hand- und Hausarbeiten erteilt wird. (§ 120 Abs. 1 Novelle 1891).

4. Die zur Durchführung des obligatorischen Schulbesuchs erforderlichen Bestimmungen, insbesondere diejenigen Vorschriften, welche zur Sicherung des regelmäßigen Besuchs und zur Aufrechterhaltung der Ordnung erforderlich sind, können durch ortsstatutarische Bestimmungen getroffen werden (§ 120 Abs. 3 Novelle 1891).

5. Von der durch ortsstatutarische Bestimmung begründeten Verpflichtung zum Besuche einer Fortbildungsschule sind diejenigen befreit, welche eine Innungs- oder andere Fortbildungs- oder Fachschule besuchen, sofern der Unterricht dieser Schulen von der höheren Verwaltungsbehörde als ein ausreichender Ersatz des allgemeinen Fortbildungsunterrichts anerkannt ist (§ 120 Abs. 3 Novelle 1891).

6. Die Lehrherrn sind verpflichtet, ihre Lehrlinge zum Besuche der Fortbildungs- und Fachschule anzuhalten und den Besuch zu überwachen (§ 127 Abs. 1 Novelle 1897). Sie dürfen ihnen die zu ihrer Ausbildung und zum Besuch des Gottesdienstes erforderliche Zeit und Gelegenheit nicht entziehen (§ 127 Abs. 2 Novelle 1897).

Nach dem RG. vom 30. Juni 1900 kann auch für weibliche Lehrlinge unter 18 Jahren die Verpflichtung zum Besuche der Fortbildungsschule durch statutarische Bestimmungen der Gemeinde oder eines weiteren Kommunalverbandes begründet werden.

Zwar versuchte man bei der Kommissionsberatung [1]) der

1) Stenogr. Ber. ü. d. Verhdl. d. RT. 1891, Anl. Bd. II, Aktenstück 190, S. 1447.

Novelle von 1891 bereits Tagesunterricht einzuführen, indem die Unterrichtsstunden in „die übliche Arbeitszeit" fallen sollten; mit Rücksicht auf die Vertreter der verbündeten Regierungen, die erklärten, daß eine solche Bestimmung die Errichtung der Fortbildungsschulen nur erschweren könnte, wurde jedoch ein in erster Lesung angenommener diesbezüglicher Antrag gestrichen.

Auch im Jahre 1897 bei der Beratung des Handwerkergesetzes im Reichstage wurde wiederholt darauf hingewiesen, daß die Abendfortbildungsschulen Bedeutendes zu leisten nicht in der Lage seien und daß man deshalb den Unterricht auf die Werktagnachmittage verlegen müsse [1]). Leider wurde auch hier eine entsprechende Bestimmung in das Gesetz nicht aufgenommen.

Die Freunde des obligatorischen und Tagesfortbildungsschulunterrichts ließen jedoch in ihren Bestrebungen nicht nach, und als im Jahre 1906 den Handwerkern durch das Gesetz betreffend die Sicherheit der Bauausführungen weitere Konzessionen gemacht wurden, versäumten auch sie es nicht, bei dieser Gelegenheit auf den obligatorischen und Tagesfortbildungsschulunterricht zurückzukommen. Davon ausgehend, daß die Regelung des Fortbildungsschulunterrichts Sache der Einzelstaaten sei, stellten die Abg. Trimborn und Genossen im Reichstage den Antrag: „Der Reichstag wolle beschließen, den Reichskanzler zu ersuchen, dahin zu wirken, daß sich die verbündeten Regierungen über eine möglichst gleichmäßige Durchführung eines obligatorischen gewerblichen Fortbildungsunterrichts verständigen" [2]). Der Staatssekretär des Innern erklärte den Antrag Trimborn und Genossen als zu weitgehend, da er fürchtete, in diesem Falle, „auch nach der finanziellen Seite, einen Apparat in Bewegung setzen zu müssen, der ähnliche Kosten auferlege, wie der allgemeine obligatorische Schulunterricht. In einer ganzen Reihe von Gemeinden fehlen so vollkommen die Voraussetzungen für die Erteilung des Fortbildungsunterrichts, auch auf personalem Gebiet, daß schon deshalb ein allgemeiner obligatorischer Fortbildungsunterricht nicht durchführbar ist. Es haben ihn auch die meisten Staaten nicht. Wir müßten also zunächst die Staaten durch ein Reichsgesetz zwingen, erst den Fortbildungsunterricht

1) Stenogr. Ber. 1895/97, Bd. VII, S. 3589 (208. Sitzung).
2) Dieselben Bd. VIII, Aktenst. 556, S. 5098.

obligatorisch zu machen und ihn dann weiter auf gleichen Grundlagen aufzubauen. Aber auch der Aufbau auf gleichen Grundlagen wird sich nicht durchführen lassen, weil die finanziellen und örtlichen Voraussetzungen, sowie die persönlichen Voraussetzungen in Bezug auf die Befähigung der Lehrer, in Bezug auf das Vorhandensein von bereiten Lehrkräften in Deutschland zu verschieden sind, um eine so gewaltige Einrichtung durch Reichsgesetz obligatorisch und gleichartig durchzuführen".

Der Reichstag nahm dagegen den Antrag Trimborn und Genossen an [1]), jedoch dürfte nach der obigen Aeußerung des Staatssekretärs des Innern in nächster Zeit keine Möglichkeit vorhanden sein, durch Reichsgesetzgebung auf diesem Gebiete etwas zu erreichen.

Da eine nähere Regelung des gewerblichen Unterrichts durch Reichsgesetz bisher nicht durchgeführt worden ist, haben verschiedene Einzelstaaten die Frage zu lösen versucht.

Auch hier ist wieder die vorbildliche Stellung Württembergs hervorzuheben, das sein Fortbildungsschulwesen von allen deutschen Staaten immer zeitgemäß zu reformieren bestrebt gewesen ist. Bis zum Jahre 1902 blieb die oben Seite 199 geschilderte Organisation im wesentlichen bestehen.

Durch Erlaß v. 25. Jan. 1902 wurde die Kommission für die gewerblichen Fortbildungsschulen angewiesen, auf die Einführung des werktäglichen Tagesunterrichts und in Verbindung damit des ortsstatutarischen Pflichtbesuchs hinzuarbeiten. Die Kommission hat in ihren Bestrebungen auch Erfolg gehabt, sodaß 1903/04 16 gewerbliche Fortbildungsschulen mit Tagesunterricht bestanden [2]). Da diese Entwicklung der Regierung aber zu langsam erschien und eine entsprechende Umfrage bei den berufenen Organisationen von Gewerbe und Handel dieselbe Ansicht zu Tage förderte, legte die Regierung der Kammer der Abgeordneten am 8. Januar 1906 einen Gesetzentwurf betreffend die Gewerbe- und Handelsschulen vor. Unter der Berücksichtigung, daß der Unterricht unter den heutigen wirtschaftlichen Verhältnissen nicht mehr genüge infolge der wenigen Stunden am Abende, wo die Kraft der Schüler durch

1) Stenogr. Ber. ü. d. Verhdl. d. RT. 1906, S. 3827 (123. Sitzung).
2) Verhdl. der württ. Kammer der Abg. 1906, Beilagen Bd. IV, S. 448.

Ermüdung gehemmt oder gelähmt, auch die durch die Freiwilligkeit des Schulbesuchs beabsichtigte selbsttätige Auslese des Schülermaterials nach Begabung und Strebsamkeit überhaupt kaum oder nur in beschränktem Maße zu Tage getreten sei, da außerordentliche Umstände viele strebsame Schüler verhinderten, regelmäßig zu erscheinen, die mehrfach erwünschte reichsgesetzliche Einführung des Schulzwangs in absehbarer Zeit auch nicht zu erwarten sei, schlug der Gesetzesentwurf vor allem obligatorischen Besuch der Schule und Tagesunterricht vor. Die gewerblichen Fortbildungsschulen sollten ferner mehr wie bisher eigentliche Berufsschulen werden und auf jeden Beruf möglichst Rücksicht nehmen. Bisher hatte es in dieser Richtung an besonders vorgebildetem Lehrermaterial gefehlt.

Der Entwurf wurde bei der ersten Beratung in der Kammer der Abgeordneten von allen Seiten freudig begrüßt [1]). Der Volksschulkommission überwiesen [2]), wurde er nach der zweiten Lesung in der Kammer der Abgeordneten von diesen einstimmig angenommen [3]). Die Kammer der Standesherrn gab ihm auch nach einigen Aenderungen am 10. Juli 1906 ihre Zustimmung [4]); am 22. Juni 1906 erhielt das Gesetz die königliche Sanktion und trat in der Hauptsache am 1. Mai 1909 in Kraft.

Nach diesem Gesetze hat jede Gemeinde, „in der während drei aufeinanderfolgenden Jahren in gewerblichen und kaufmännischen Betrieben durchschnittlich mindestens 40 schulpflichtige männliche Arbeiter unter 18 Jahren beschäftigt sind, zu deren beruflicher Weiterbildung eine gewerbliche Fortbildungsschule zu errichten und insolange zu unterhalten, als die Zahl der genannten Arbeiter im Durchschnitt von drei aufeinanderfolgenden Jahren nicht unter 30 sinkt" (Art. 1 Abs. 1). Man hat die Zahl 40 zu Grunde gelegt, weil die gesetzlich vorgeschriebenen Schulen auf dem Boden größerer gewerblicher Interessen und einer ausreichenden Schülerzahl stehen sollen. Nach einer im Jahre 1904 veranstalteten Statistik kommen von den gezählten 136 Gemeinden 101 in Betracht [5]).

1) Verhdl. der württ. Kammer der Abg. 1906, Prot.Bd. V, S. 3355 ff. (141 und 142. Sitzung). — 2) Dieselben Beil. Bd. V, S. 95 ff. Beil. 257. — 3) Dieselben Prot.-Bd. VI, S. 4063 (174. Sitzung). — 4) Dieselben Prot.-Bd. VI, S. 4539 f. u. S. 4550. — 5) Dieselben, Beil. Bd. IV, S. 449 f. (Beil. 195).

Durch Art. 2 des Gesetzes sind sämtliche in gewerblichen und kaufmännischen Betrieben beschäftigten jugendlichen Arbeiter unter 18 Jahren 3 Jahre lang zum Besuche der Schule verpflichtet. Bei 4 aufsteigenden Jahreskursen kann die Gemeinde mit Genehmigung der Oberschulbehörde die Schüler 4 Jahre zum Schulbesuch verpflichten.

Für den Pflichtigen ist nicht der Wohnort, sondern der Beschäftigungsort der Schule maßgebend [1]).

Von der Verpflichtung zum Besuch der gewerblichen Fortbildungsschule sind diejenigen befreit, welche eine Innungs- oder andere gewerbliche Fortbildungs- oder Fachschule besuchen, sofern der Unterricht dieser Schule von der Oberschulbehörde als ein ausreichender Ersatz anerkannt wird.

Außerdem können einzelne Schulpflichtige beim Nachweis der dem Lehrziel der örtlichen gewerblichen Fortbildungsschule entsprechenden Kenntnisse oder aus anderen von der Oberschulbehörde als zulässig erklärten Gründen durch den Ortsschulrat ganz oder teilweise befreit werden.

Bestimmte Berufsarten von Schulpflichtigen können aus besonderen Gründen durch Beschluß der Gemeindekollegien mit Genehmigung des Ministeriums des Kirchen- und Schulwesens vom Besuch der gewerblichen Fortbildungsschule entbunden und der allgemeinen Fortbildungsschule zugewiesen werden.

Solange die Zahl der schulpflichtigen Arbeiter infolge der Befreiungen nach Abs. 1 und 3 die Zahl 30 nicht erreicht, hört die Verpflichtung der Gemeinde zur Errichtung und Unterhaltung der gewerblichen Fortbildungsschule auf" (Art. 3).

Auf Grund dieser Bestimmung hofft man nur auf eine Steigerung der Schülerzahl von 19 000 auf 23 000 [2]).

Nach Art. 8 kann die Gemeinde für den Besuch der Schule Schulgeld erheben, das event. vom Arbeitgeber für den Arbeiter vorschußweise zu entrichten ist, um einen geordneten und vereinfachten Einzug des Schulgeldes zu ermöglichen [3]). Vom Wunsche auf Unentgeltlichkeit des Schulbesuchs wurde in der Kommission,

1) Verhdl. der württ. Kammer der Abg. 1906 Bd. V, S. 97 (Beil. 257).
2) Dieselben, Beil. Bd. IV, S. 450 (Beil. 195).
3) Dieselben 1906, Beil. Bd. IV, S. 457 (Beil. 195).

da es sich für einzelne Gemeinden um beträchtliche Summen handeln wird, abgesehen. „Bei den Unterhaltungskosten der gemäß Art. 1, 5 und 6 errichteten Fortbildungsschulen übernimmt der Staat die Hälfte des Abmangels, der sich, abgesehen von den Aufwendungen für Schulräume und Inventar, ergibt. Vorausgesetzt ist hierbei, daß die betreffenden Schuleinrichtungen sowie die Bezüge des Personals die Genehmigung der Oberschulbehörde erhalten haben" (Art. 9).

Der Unterricht, der, soweit es sich um Pflichtfächer handelt, am Werktage stattfindet, muß spätestens abends 7 Uhr beendigt sein. Jedoch ist während einer 3 jährigen Uebergangszeit bis abends 8 Uhr und während einer 7 jährigen Uebergangszeit mit Genehmigung der Oberschulbehörde am Sonntagvormittag ein 2 stündiger Zeichenunterricht entweder vor- oder nach dem Hauptgottesdienste gestattet (Art. 11). Die Zahl der Unterrichtsstunden muß im Jahre mindestens 280 Stunden betragen (Art. 10). Man hat sich hier den Erfahrungen anderer Staaten, die 6—8 Stunden Unterrichtszeit haben, angeschlossen und die Zahl der wöchentlichen Stunden durchschnittlich auf 7 festgesetzt [1]). Nach Art. 12 soll ein Lehrplan im Wege der Verordnung aufgestellt werden. Ein in der Kommission gestellter Antrag, in dem Lehrplan auch Fürsorge zu treffen, daß die bisher erworbene allgemeine Bildung sichergestellt werde, und hierbei auch den Religionsunterricht in den Lehrplan aufzunehmen, wurde abgelehnt [2]).

Den Gewerbeunternehmern wird im Art. 15 die Pflicht auferlegt

„1. ihre zum Besuch der gewerblichen Fortbildungsschule verpflichteten Arbeiter und Arbeiterinnen spätestens am vierten Tag nach ihrem Eintritt beim Schulvorstand schriftlich anzumelden und in gleicher Weise spätestens am vierten Tag nach dem Austritt abzumelden,

2. ihnen die zu einem geordneten Schulbesuch nötige freie Zeit zu gewähren, sie zu pünktlichem und regelmäßigem Besuch anzuhalten, und diesen zu überwachen.

Die Vorschrift der Ziff. 2 Abs. 1 findet auch auf die Eltern und Vormünder der Schulpflichtigen Anwendung.

1) Verhdl. der württb. Kammer der Abg. 1906, Beil. Bd. IV, S. 451.
2) Dieselben, Beil. Bd. IV, S. 105 f. (Beil. 195).

Zuwiderhandlungen werden nach Maßgabe der für die Erlassung polizeilicher Strafverfügungen bestehenden Vorschriften für jeden einzelnen Fall mit Geldstrafe bis zu 20 Mk. und im Unvermögensfall mit Haft bis zu 3 Tagen bestraft. Für den Erlaß der Strafverfügungen sind die Ortsvorsteher innerhalb ihrer gesetzlichen Befugnis zuständig. In Art. 17 wird den Schülern unter 17 Jahren der alleinige Besuch der Wirtshäuser untersagt.

Der Unterricht wird von Lehrkräften teils im Hauptamt, teils im Nebenamt erteilt, wobei der Staat die Lehrkräfte im Hauptamte oder auf jederzeitigen Widerruf anstellt (Art. 13).

Zu diesem Artikel ist noch eine Resolution angenommen worden:

„Die Kgl. Regierung zu ersuchen, bei Anstellung von Gewerbeschullehrern neben hiefür ausgebildeten Volksschullehrern und Reallehrern in möglichst ausgedehntem Umfang auf praktisch vorgebildete Fachmänner (Handwerksmeister, Techniker), welche die erforderliche Ausbildung für die Lehrtätigkeit besitzen, Bedacht zu nehmen".

Das gesamte gewerbliche Fortbildungsschulwesen untersteht dem Gewerbe-Oberschulrat, der die Rechte eines Landeskollegiums hat. Dieser untersteht wieder dem Ministerium des Kirchen- und Schulwesens. An der Spitze des Oberschulrates steht der jeweilige Vorstand der Zentralstelle für Gewerbe und Handel (Art. 14 Abs. 1).

Neben diesem württembergischen Gesetz betreffend die Handels- und Gewerbeschulen ist aus anderen Bundesstaaten noch eine Verordnung aus dem Großherzogtum Mecklenburg-Schwerin vom 13. April 1905 hervorzuheben[1]), nach welcher ähnlich wie in Württemberg, eine durchgreifende Reform des Fortbildungsschulunterrichts Platz gegriffen hat. Nach dieser Verordnung wird auch der obligatorische Besuch der Gewerbeschule für alle diejenigen männlichen Handwerkslehrlinge festgesetzt, welche in einem gewerblichen Betriebe beschäftigt werden, der seinen Sitz in dem Orte hat, wo eine im Sinne des § 1 der Verordnung vom 26. April 1836 bestehende Gewerbeschule errichtet ist (§ 1). Es ist also wie in Württemberg nicht der Wohnort sondern der Beschäftigungsort maßgebend.

1) Regierungsblatt für das Großherzogtum Mecklenburg-Schwerin vom 18. April 1905.

Der § 1 dieser Verordnung geht weiter als der analoge Art. 2 des württembergischen Gesetzes, da der Schulzwang für die ganze Dauer der Lehrzeit ausgedehnt ist, bleibt aber hinter dem württembergischen Gesetze insofern zurück, als der Schulzwang nur für Handwerkslehrlinge gilt. Für sonstige gewerbliche Arbeiter eines Ortes kann die Schulpflicht bis zum Schlusse desjenigen Schulhalbjahres, in dem sie das 18. Lebensjahr vollenden, auf Antrag der betreffenden Ortsobrigkeit durch das Ministerium des Innern festgesetzt werden.

Von der Verpflichtung zum Schulbesuche sind diejenigen befreit, welche eine Innungs- oder andere Fortbildungsschule oder Fachschule besuchen, sofern der Unterricht dieser Schule vom Ministerium des Innern als ausreichender Ersatz des Gewerbeschulunterrichts anerkannt ist, sowie diejenigen, welche dem Schulvorstande den Nachweis erbringen, daß sie Fertigkeiten und Kenntnisse besitzen, deren Aneignung das Lehrziel der Schule bildet (§ 1 Abs. 2 und 3).

Wenn auch in Württemberg vollständiger Tagesunterricht (bis spätestens 7 Uhr abends) heute noch nicht erreicht ist, so ist doch ein kleiner Vorteil gegenüber vielen anderen Bundesstaaten, auch Mecklenburg, zu konstatieren, wo der Unterricht an Werktagen nicht über 9 Uhr abends stattfinden darf (§ 3). Weiterhin setzt die Verordnung noch die Strafen für unentschuldigtes Wegbleiben vom Unterricht fest. Wenn diese mecklenb. Verordnung gewiß zu begrüßen ist, so kann sie gegenüber dem mustergiltigen württembergischen Gesetze, das die Materie erschöpfend regelt, nur als der Anfang für ein geordnetes Fortbildungsschulwesen angesehen werden.

In Baden wurde mit der Einführung der Gewerbefreiheit 1862 der Schulzwang für die Gewerbeschule aufgehoben und der Eintritt in die Schule dem freien Ermessen der Eltern oder Fürsorger der Lehrlinge anheimgegeben; die Lehrmeister mußten nur die nötige Zeit gewähren. Das Gesetz vom 29. Jan. 1868 bedeutete dagegen wieder einen Fortschritt; nach demselben konnte gegen solche Lehrmeister, die ihre Lehrlinge vom Besuch des Unterrichts abhielten, strafend eingeschritten werden. In demselben Jahre wurde das Gewerbeschulwesen neu organisiert. Die Schulen sollten grundsätzlich Gemeindeschulen mit Staatszuschuß sein. Als Unterrichtsgegenstände wurde noch Fachzeichnen und Modellieren aufgenommen, und für ungenügend vorgebildete junge Leute besondere Vorbereitungsklassen eingerichtet [1]).

Gewerbliche Fortbildungsschulen wurden durch Verordnung vom 21. Febr. 1891 an denjenigen Orten geschaffen, wo die wirtschaftlichen Verhältnisse die Errichtung einer vollen Gewerbeschule nicht gestatteten und dieselben durch Verordnung vom 16. September 1893 dem 1892 gebildeten Gewerbeschulrat unterstellt [2]).

Das Gesetz vom 15. August 1898 betreffend den Besuch des gewerblichen und kaufmännischen Fortbildungsschulunterrichts [3]) begnügt sich damit, den ortsstatutarischen Vorschriften über den Pflichtbesuch der gewerblichen und kaufmännischen Fortbildungsschulen die rechtliche Gültigkeit zu sichern, nachdem die badische Rechtsprechung verneint hatte, daß eine Verpflichtung neben den bestehenden landesgesetzlichen Bestimmungen über den Pflichtbesuch der allgemeinen Fortbildungsschulen nach dem Wortlaut des § 120 Abs. 3 GO. durch das Ortsstatut ausgesprochen werden könne. Das neueste badische Schulgesetz vom 13. August 1904 [4]) geht über jene Linie nicht wesentlich hinaus. Es wird den Gemeinden nur noch die Möglichkeit gewährt, sämtliche gewerblich beschäftigten Arbeiterinnen unter 18 Jahren zum Besuch der gewerblichen Fortbildungsschule zu verpflichten. In Baden bestanden im Jahre 1904 93 gewerbliche Fortbildungsschulen im allgemeinen mit demselben, wenn auch bescheideneren Lehrplan wie die Gewerbeschulen. Bei allen war Schulzwang eingeführt; bei 3 Schulen für 3 Jahre, bei den übrigen für 2 Jahre. Bei den größeren Schulen bestand wie bei den Gewerbeschulen fachliche Trennung der Schüler [5]).

In Preußen, das gegenüber den süddeutschen Staaten sehr zurückstand, nahm der Kultusminister die Fortbildungsschulfrage zuerst im Jahre 1874 energisch in Angriff und veranlaßte, daß in diesem Jahre zuerst eine Summe von 142 140 Mk. zur Unterstützung der Fortbildungsschulen in den Etat eingesetzt wurde. Nach einer auf Veranlassung des Ministers im Jahre 1874 aufgenommenen Statistik bestanden damals in Preußen 435 gewerbliche Fortbildungs-

1) Führer durch die Ausstellung der gewerbl. Unterrichtsanstalten a. a. O. S. 10 ff. — 2) Derselbe S. 1 f. — 3) Badisches Gesetz- und Verordnungsblatt 1898, S. 389. — 4) Dasselbe 1904, S. 395. — 5) Lexis a. a. O. S. 190 ff.

schulen, von denen 176 obligatorischen Unterricht eingeführt hatten [1]). In demselben Jahre erließ der Kultusminister die „Grundzüge für die Einrichtung gewerblicher Fortbildungsschulen", die das erste tatkräftige Eingreifen in das preußische Fortbildungsschulwesen darstellen. Die Gemeinden können bis zur Hälfte der laufenden Unkosten der Schulen vom Staate zurückerhalten, wenn sie für die Schulräume und deren Heizung und Beleuchtung sorgen. Die Bewilligung des Zuschusses soll in der Regel von der Einführung der ortsstatutarischen Schulpflicht abhängig gemacht werden. Nach den „Grundzügen" haben die gewerblichen Fortbildungsschulen die Aufgabe, die Volksschulbildung ihrer Zöglinge zu befestigen, zu ergänzen und mit der Richtung auf die Erhöhung ihrer Erwerbsfähigkeit und Erwerbstüchtigkeit zu erweitern. Auf die Aufstellung eines Lehrplans wurde mit Rücksicht auf die Verschiedenheit der wirtschaftlichen und kulturellen Verhältnisse in den einzelnen Landesteilen verzichtet. Die Unterstufe soll eine allgemein bildende und die Oberstufe eine mehr wie die Unterstufe gewerblich bildende sein.

In Preußen kann man für die Provinzen Ost- und Westpreußen insoweit von obligatorischen Fortbildungsschulen sprechen, als durch Gesetz vom 4. Mai 1886 [2]) und 24. Februar 1897 [3]) der Minister für Handel und Gewerbe das Recht erhält, das Erforderliche anzuordnen, wenn die Gemeinden den Besuch der Fortbildungsschulen nicht durch Ortsstatut obligatorisch machen.

Im übrigen hat Preußen von einer gesetzlichen Regelung des Fortbildungsschulwesens abgesehen. Die obligatorische Fortbildungsschule suchte der Minister für Handel und Gewerbe durch einen Erlaß vom 31. August 1899 zu fördern, in welchem er auf die Notwendigkeit und den Nutzen der obligatorischen Fortbildungsschule hinwies und die Regierungspräsidenten aufforderte, mit allem Nachdruck die Einführung der ortsstatutarischen Schulpflicht zu erwirken [4]).

Im Jahre 1905/06 bestanden in Preußen 1301 gewerbliche

1) I. Verwaltungsbericht des preuß. Landesgewerbeamtes a. a. O. S. 12. — 2) Lexis a. a. O. S. 190 ff. — 3) Stenogr. Ber. über die Verhdl. d. preuß. K. d. Abg. 1886, Anl. Bd. III, S. 1280 Aktenstück 122. — 4) I. Verwaltungsbericht des preuß. Landesgewerbeamtes a. a. O. Anlage 13 S. 61.

Fortbildungsschulen mit Schulzwang (202 669 Schüler) und 94 ohne Schulzwang (23 908 Schüler [1]).

Der Staatsaufwand (¼—¾ der Unterhaltungskosten) betrug für das Jahr 1907 2 390 000 Mk. wozu noch 500 000 Mk. für die Errichtung und Unterhaltung der Fortbildungsschulen in den Provinzen Westpreußen und Posen kommen [2]).

In Bayern, wo bis zum 16. Lebensjahr der Sonntagsschulzwang besteht, kann außer durch den § 120 GO. durch Polizeistrafgesetz bestimmt werden, daß an Stelle des Sonntagsunterrichts die gewerbliche Fortbildungsschule zu besuchen ist. In den Städten ist auch hier der fachliche Zusammenschluß der Schüler nahezu durchgeführt. Im Jahre 1901 bestanden dort 283 gewerbliche Fortbildungsschulen mit 37 698 Schülern. Von diesen 283 Schulen war der Besuch bei 185 obligatorisch; 234 waren selbständige Anstalten und 49 mit Realschulen verbunden. Von den 37 698 Schülern besuchten 582 = 1,54 % die Tageskurse und 37 116 = 98,46 % die Abend- und Sonntagskurse [3]). Dieser Prozentsatz muß sich nach den Berichten der Handwerkskammern heute beträchtlich zu Gunsten des Tagesunterrichts verschoben haben. Von den Ausgaben, die sich auf 686 242 Mk. beliefen, trugen

die Gemeinden	371 521 Mk.,
die Distriktsverwaltungen	12 959 Mk.,
die Kreise	276 053 Mk.,
und der Staat	63 380 Mk.,

gleich 86,27 % aller Ausgaben, 589 846 Mk. fielen auf die Lehrergehälter [4]).

In Sachsen und Hessen ist der Besuch der gewerblichen Fortbildungsschule ein sehr reger, da in Sachsen infolge des Gesetzes vom 26. April 1873 [5]) und in Hessen im Gesetz vom 16. Juni 1874 [6]) für die allgemeine Fortbildungsschule Schulzwang eingeführt ist. Da der Besuch der gewerblichen Fortbildungsschule von diesem Zwang befreit, so wenden sich die strebsameren Schüler wegen der besonderen Fachbildung dieser zu. In Sachsen bestehen derartige Schulen in Verbindung mit anderen gewerblichen Bildungsanstalten

1) Elster im Wörterbuch der Volkswirtschaft a. a. O. S. 1080. — 2) Ostpreußische Handwerkszeitung v. 1. II. 07. — 3) Lexis a. a. O. S. 120 ff. — 4) Lexis a. a. O. S. 120 ff. — 5) Pache a. a. O. Bd. V S. 244. — 6) Lexis a. a. O. S. 139.

die von Meister, Gesellen und Lehrlingen besucht werden, sodaß die Angabe ihrer Zahl ein unzuverläßliches Bild für die gewerblichen Fortbildungsschulen geben würde [1]).

In Hessen bestanden 1903 113 Handwerkersonntagsschulen, d. h. fakultativen Unterricht im technischen Konstruieren und dekorativen Zeichnen erteilende Anstalten mit dreijährigem Kurs. Beim Eintritt in die Anstalten wird die Vorlage eines Lehrvertrages verlangt. Sie unterstehen der örtlichen Aufsicht der Gewerbevereine, selten eigenen Schulvorständen. Außerdem besitzt Hessen 42 gewerbliche Fortbildungsschulen [2]).

Im Herzogtum Anhalt ist der Schulzwang ohne besonderes Landesgesetz in den 19 Städten und einigen Dorfgemeinden durchgeführt [3]).

In den anderen Bundesstaaten besteht eine gesetzliche Pflicht zum Besuche der gewerblichen Fortbildungsschule nicht, doch steht hier den Gemeinden der § 120 GO. zur Seite, wonach sie den Besuch obligatorisch machen können.

Um auf das Für oder Gegen des Tagesunterrichts und der Pflichtfortbildungsschule näher einzugehen, sei hervorgehoben, daß bei Abendunterricht der Erfolg und damit die nützliche Verwend ıng der dafür aufgewandten Geldmittel in Frage gestellt sein muß. Die jungen Leute, die im Alter der Entwicklung stehen und meist vom frühen Morgen angestrengt tätig sind, können abends noch kaum imstande sein, mit Nutzen dem Unterricht zu folgen. Es gibt wohl Gewerbe und Meister, die ihre Lehrlinge nicht derartig erschöpfen; aber diese sind in der Minderheit. Waentig [3]) bringt eine charakteristische Darstellung, was von den Meistern nicht alles versucht wird, um die Lehrlinge von der Fortbildungsschule abzuhalten. Weiterhin kommt in Betracht, daß die Schüler abends nach 9 oder gar 10 Uhr besonders in den Großstädten den größten sittlichen Gefahren ausgesetzt sind. Wird wegen dieser Uebelstände Tagesunterricht gefordert, so ist damit nicht gesagt, daß hier schematisch vorgegangen werden soll und für alle Lehrlinge in allen Gewerben z. B. nur vormittags oder nur nachmittags Unterricht abzuhalten wäre. Es kann der Barbier und Friseur seine Lehrlinge zu anderer Zeit entbehren als der Schneider und Schuhmacher.

1) Lexis a. a. O. S. 196 f. — 2) Lexis a. a. O. S. 196 f. — 3) Waentig, Gewerbl. Mittelstandspolitik a. a. O. S. 247 ff.

Die Baugewerbe z. B. können ihre Lehrlinge im Sommer gar nicht entbehren, werden sie aber im Winter gerne abgeben. Hier muß wie bei dem Münchener System von Fall zu Fall entschieden werden, und am zweckmäßigsten setzt sich die Schulleitung mit den Gewerbetreibenden in Verbindung über die Festsetzung der Stunden.

Interessant sind an dieser Stelle einige trotz der oben berührten Ministerialerlasse von Handwerkskammern und Gewerbetreibenden gegen den Tagesunterricht vorgebrachte Argumente. Im Jahresbericht der Handwerkskammer Wiesbaden 1901 wird der Erfolg des Tagesunterrichts bezweifelt und die Schuld hauptsächlich auf den Lehrer geschoben. „Zunächst hat der Lehrer bis 4 Uhr und wohl auch noch länger Unterricht in der Volksschule, den er schon am Vormittag hatte. Er geht dann schleunigst in die Gewerbeschule, also von einem Unterricht in einen andern. Der Lehrer hat am Schlusse des Nachmittags-Unterrichts sicher ein gewisses Ruhebedürfnis und bringt weder geistige noch körperliche Frische mit, die er zum Unterrichten und zur Wahrung seiner Autorität gegenüber den älteren Jungen nötig hat.“ Auch sei der Junge frischer, wenn der Unterricht von 8—10 Uhr abends stattfinde, da bei 10 stündiger Arbeitszeit um 6 Uhr geschlossen würde, und der Lehrling sich dann bis 8 Uhr erholen könne.

Demgegenüber ist zu bemerken, daß es schon wegen der notwendigen Lokale und Mittel nur in größeren Städten möglich sein wird, den Unterricht auf die Vormittags- und frühen Nachmittagsstunden zu legen, wo dann auch Lehrer im Hauptamte angestellt werden müßten. Wo der Unterricht aber erst nach Schluß der Volksschule in dieser abgehalten werden kann, ist es hier sowohl für den Lehrling wie für den Lehrer besser, wenn der Unterricht von 5—7 oder 6—8 stattfindet anstatt von 8—10 Uhr. Der Lehrer hat bis 5 resp. 6 Uhr Zeit zur Erholung und für den Lehrling ist einer zu langen Beschäftigung vorgebeugt; denn niemand wird glauben, daß der Lehrling abends um 6 Uhr entlassen wird und bis 8 Uhr Zeit hat, sich „in aller Ruhe zu waschen, umzuziehen, sein Abendbrot zu sich zu nehmen und sogar, wenn nötig, noch ein kleines Schläfchen zu halten“. Wenn wirklich um 6 Uhr abends die Arbeit eingestellt wird, so hat der Lehrling gewöhnlich die Werkstatt aufzuräumen, Werkzeug zu reinigen usw.; wohnt er dann noch von der Werkstatt und Fortbildungsschule weit entfernt, so wird er müde und abgehetzt in der Fortbildungsschule erscheinen und hier, „in aller Ruhe" schlafen.

Nach dem Bericht der Handwerkskammer Stralsund [1]) hat dieselbe i. J. 1901 ein Gesuch von Handwerkern an die Regierung unterstützt, den Tagesunterricht bei einer Schule von 6—8 Uhr Abends aufzugeben, da die Handwerker hierdurch wöchentlich um 8 Stunden geschädigt würden, und „die Hausfrau ebenfalls an 4 Abenden in der Woche gezwungen sei, entweder zweimal Abendbrot herzurichten oder dem nach 8 Uhr heimkehrenden Lehrling ein schlechtes (aufgewärmtes) Essen vorzusetzen". Die Regierung hat das Gesuch natürlich abschlägig beschieden, da die Unbequemlichkeiten bei der Hauswirtin das kleinere Uebel seien. Der IV. ostdeutsche Handwerkskammertag (dem die Handwerkskammern Bromberg, Danzig, Frankfurt a. O., Insterburg, Posen, Stettin, Stralsund angehören) nahm am 15. Januar 1905 auch eine dem Tagesunterricht nicht gerade wohlwollende Resolution an: „Der IV. ostdeutsche Handwerkskammertag hält durch die Verlegung des Fortbildungsschulunterrichts auf die Tagesstunden die technische Ausbildung der Lehrlinge in gewissem Sinne gefährdet und empfiehlt daher den angeschlossenen Kammern in ihrem Bezirk auf eine entsprechende Verlängerung der Lehrzeit hinzuwirken" [2]).

Aehnliche Beschwerden gegen den Tagesunterricht finden sich in den Jahresberichten der Gewerbeaufsichtsbeamten, die vielfach die Erfahrung gemacht haben, daß der Widerstand gegen den Tagesfortbildungsschulunterricht besonders groß ist, wo die Jugendlichen mit den Erwachsenen Hand in Hand arbeiten [3]).

Diese Bestrebungen werden naturgemäß dahin führen, daß der Lehrlingsmangel im Handwerk, der in zahlreichen Handwerkskammerberichten beklagt wird, sich nur noch vergrößert, während umgekehrt bei Begünstigung und Einführung des Tagesunterrichts die Möglichkeit vorliegt, daß die Handwerker mehr Lehrlinge erhalten, welche Erfahrung man im Bezirk der Handwerkskammer Düsseldorf gemacht hat, wo die Fabrikanten sich bei Tagesunterricht

---

1) Jahresbericht der Handwerkskammer Stralsund 1905/06, S. 64 ff.

2) „Mitteilungen" des deutschen Handwerks- und Gewerbekammertages 1905 No. 1.

3) Jahresber. der Gewerberäte 1903 Bd. II, II. 104.

vielfach weigern, schulpflichtige Lehrlinge anzustellen [1]), die dann dem Handwerk zufallen werden.

Ebenso wichtig, wenn nicht wichtiger ist die Forderung des obligatorischen Besuchs der Fortbildungsschule. Ist man früher von der Notwendigkeit des obligatorischen Besuchs wenig überzeugt gewesen, ich erinnere nur an die Ausführungen des um das Gewerbe hochverdienten Präsidenten der württ. Zentralstelle für Gewerbe und Handel Dr. Steinbeis in seinem Gutachten an den Verein für Sozialpolitik 1879 [2]), so dürften heute kaum noch nennenswerte Gegner der obligatorischen Fortbildungsschule vorhanden sein, wenn auch die meisten Staaten den Besuch der gewerblichen Fortbildungsschule noch nicht obligatorisch gemacht haben. Zu unterschreiben ist allerdings der gegen dieselben erhobene Einwand, daß sie im allgemeinen nicht soviel leisten können, wie eine freiwillige gewerbliche Fortbildungsschule, da sich an dem Unterricht der letzteren gewöhnlich nur die Fleißigeren beteiligen, denen es mit ihrer Fortbildung ernst ist. Andrerseits haben aber gerade die Schwachen und Zurückgebliebenen die Fortbildungsschule am notwendigsten und es dürfte deshalb dahingestellt bleiben, ob es nicht gut ist, auch diese an dem Unterricht teilnehmen zu lassen, wenn auch infolgedessen die Ziele der Schule entsprechend berücksichtigt werden müssen.

Neben diesen beiden wichtigsten Punkten treten die anderen Momente bei der gewerblichen Fortbildungsschule weit zurück.

Was die Organisation der Schulen anlangt, so sei auf die mustergültige Einrichtung des von dem Schulrat Dr. Kerschensteiner in München durchgeführten Fortbildungsschulsystems hingewiesen, das unter Ergänzungslehrwerkstätte bereits besprochen wurde.

Was die Auswahl der Unterrichtsgegenstände, des Lehrstoffes und dessen Behandlung anlangt, so finden wir in den bei weitem meisten Fortbildungsschulen, vor allem in Preußen, gemäß einer preußischen Ministerialverordnung vom 14. Jan. 1887 und 5. Juli 1897 nur Deutsch, Rechnen, Buchführung und Zeichnen [3]). Infolge

1) Jahresbericht der Handwerkskammer Düsseldorf 1903, S. 60.

2) Schriften des Vereins für Sozialpolitik 1879 „7 Gutachten und Berichte".

3) Verwaltungsbericht des preuß. Landesgewerbeamtes a. a. O. S. 13 f. Jahresbericht der Handwerkskammer Breslau 1901 S. 231. Ueber die

mangelnder Instruktion, vielfach auch infolge mangelnder Vorbildung der mit dem Unterricht an der Fortbildungsschule betrauten Volksschullehrer, geht man bei diesen Fächern meist nicht weit über das in der Volksschule erlernte hinaus, so daß die Fortbildungsschulen besonders auf dem Lande nicht viel mehr als eine Wiederholungsschule sind. Es soll dagegen auch Aufgabe der Fortbildungsschule sein, die Handels- und Verkehrspolitik eines Landes zu berühren, es wäre kurz zu erörtern eine Reihe sozialpolitischer Fragen, der Interessenstreit zwischen Industrie, Handel, Gewerbe und Landwirtschaft usw. Weiterhin spielen die Abhängigkeit des Berufes von dem Wohl und Wehe anderer zahlreicher Berufe, eine Reihe bürgerlicher Tugenden und zuletzt der gesunde politische Sinn der Berufsgenossen in großen Fragen des Vaterlandes oft eine ebenso große Rolle, wie die technische und kaufmännische Ausbildung der Gewerbetreibenden.

In einem Lande wie Deutschland, wo die weitaus größte Zahl der Staats-, Gemeinde- und Berufsangelegenheiten den Staatsbürgern überlassen wird durch die beratenden und gesetzgebenden Körperschaften, wie Reichstag, Landtag, Kreis-, Land-, Distriktsräte, Magistrate und Gemeindekollegien, Handelskammern, Handwerkskammern, Genossenschaften usw., in einem solchen Lande darf für die Ausgestaltung der gesamten gewerblichen Erziehung der wirtschaftliche Standpunkt nicht allein maßgebend sein, sondern man muß dem Staatsbürgerlichen auch die gebührende Berücksichtigung zu Teil werden lassen. Für den Reichstag haben wir

---

Aufstellung von Lehrplänen usw. sei auf die einzelstaatlichen Erlasse verwiesen.

In Preußen: Vorschriften für Aufstellung von Lehrplänen und das Lehrverfahren an den vom Staate unterstützten Fortbildungsschulen vom 5. Juli 1897, 19. März 1878 und 14. Dezember 1901.

In Bayern: §§ 29—33 der königl. Verordnung vom 1. Okt. 1897.

In Sachsen: Bekanntmachung des Kultusministeriums vom 18. Okt. 1881.

In Württemberg: Nach dem Gesetze vom 22. Juli 1906 über Gewerbe- und Handelsschulen ist eine neue Verordnung zu erwarten (Art. 12). Letzte Verordnung vom 25. III. 1895.

In Baden: Verordnungen vom 5. II. 1875 und 26. XI. 1891.

In Hessen: Verordnung der Zentralstelle für die Gewerbe vom 30. XI. 1891.

In Mecklenburg-Schwerin: Zirkular vom 2. V. 80.

das allgemeine, gleiche und direkte Wahlrecht; damit ist der Schwerpunkt in die Massen verlegt. Aufgabe der Fortbildungsschule nun müßte es sein, den Schüler so zu erziehen, daß jeder nach seiner Leistungsfähigkeit und Brauchbarkeit den ihm zukommenden Platz im Staatsorganismus ausfüllen kann und will. Hat die Schule nur das Erwerbsinteresse im Auge, den Schüler zu einem tüchtigen Arbeiter zu erziehen, um ihm im wirtschaftlichen Kampfe einen möglichst großen Vorsprung vor anderen zu sichern, so liegt die Gefahr der Ausbildung eines überstarken beruflichen und persönlichen Egoismus sehr nahe. Die Fortbildungsschule soll vielmehr Einsicht schaffen in den Zusammenhang der Interessen aller und des Vaterlandes im besonderen. Ihre Aufgabe soll es sein, für Betätigung dieser Einsicht zu sorgen in der Ausübung von Hingabe, Opferwilligkeit, Gerechtigkeit, Selbstbeherrschung und der Gewöhnung zu einer gesunden, vernünftigen Lebensweise. Es dürfte aber nicht zweckmäßig sein, wenn man nun neue Unterrichtsfächer wie Verfassungskunde, Ethik, Volkswirtschaftslehre, Gesetzeskunde usw. einführen wollte, wozu den Schülern die erforderliche Reife und auch das nötige Interesse für eine theoretische Behandlung dieser schwierigen Fragen im allgemeinen mangelt, sondern diese Gegenstände müßten bei Gelegenheit von Schreib- und Leseübungen usw. berührt werden. In Württemberg hält man seit Beginn der 70er Jahre Leseübungen aus populär-wissenschaftlichen Büchern zur Erzielung des oben Gesagten ab, die nach den Berichten der Zentralstelle für Gewerbe und Handel segensreich wirken.

Weiterhin muß noch auf den meist mangelhaften Zeichenunterricht hingewiesen werden. Dieser Unterricht müßte in einer gewerblichen Fortbildungsschule an der Spitze stehen, ist er doch für den gelernten Arbeiter fast noch wichtiger als Sprechen und Schreiben. Er wirkt auf die gesamte Geisteskultur dadurch sehr wohltätig ein, daß er das Anschauungsvermögen entwickelt, an genaues Aufmerken gewöhnt, den Scharfblick übt, das Gefühl für das Schöne hervorruft, den Geschmack bildet und Ordnungssinn erzeugt. Die Zeichenkunst beruht nicht so sehr, wie man oft meint, nur auf Geschicklichkeit der Hand, sondern durch das Zeichnen sind Geistesfähigkeiten zu entwickeln, welche durch keine andere Disziplin ausgebildet werden können: richtiges Sehen, Raum- und Formstellung, plastisches Denken und plastischer Ausdruck. Der

Gewerbetreibende, der gewerbliches Zeichnen beherrscht, ist imstande, nach schriftlichen Anweisungen zu arbeiten, neue Erfindungen sich zu nutze machen, je nach der Lage der geschäftlichen Verhältnisse von einer Branche zu einer verwandten überzugehen. Der Zeichenunterricht wird aber heute in der Fortbildungsschule und besonders in der Volksschule vielfach falsch aufgefaßt. Da der Praktiker darauf angewiesen ist, alles auf dem zweckmäßigsten und einfachsten Wege zu erledigen, so sollte man auch im Zeichnen darauf Rücksicht nehmen, nicht nur Linien zu ziehen und diese zu teilen, auch keine Gegenstände zu zeichnen, ohne daß der Schüler die Einzelheiten dieses Gegenstandes kennt. Man sollte mehr Wert auf das Zeichnen nach der Natur und nicht auf das Nachahmen und Kopieren früherer und fremder Stile legen. Eine ähnliche Stellung nimmt das königl. württembergische Ministerium des Innern und des Kirchen- und Schulwesens in einem Erlaß betr. die Prüfung von Gewerbelehrlingen in Schulfächern vom 5. Februar 1902 ein [1]).

Weiterhin dürften sich Ausstellungen der gewerblichen Unterrichtsanstalten eines Landes sehr empfehlen, um den Entwicklungsgang und die Leistungen der Schulen jedermann vor Augen zu führen und event. Verbesserungen im Unterricht anzustreben.

Baden hat derartige Ausstellungen seit 1861, in welchem Jahre von dem Gewerbeschulrat angeordnet wurde, daß sich die Gewerbeschulen an der im Herbst des Jahres in Karlsruhe veranstalteten Landes-Industrieausstellung zu beteiligen hätten [2]).

Erst im Jahre 1901 wurde durch einen Erlaß des Ministeriums der Justiz, des Kultus und des Unterrichts vom 5. Februar wieder eine solche Ausstellung für das Jahr 1902 angeordnet, die am 21.—29. Mai stattfand. Die Beschickung der Ausstellung geschah nach den vom großherzoglichen Gewerbeschulrat eigens aufgestellten Grundsätzen, wonach sämtliche gewerbliche Unterrichtsanstalten schriftliche Arbeiten und Zeichnungen, jedoch nicht mehr als von 15 Schülern der einzelnen Klassen und Abteilungen auszustellen hatten. Die Kosten für die Einsendung hatte die betreffende Schule zu tragen, alles Uebrige besorgte der Staat, der auch den Lehrern

---

1) Württemb. Gewerbeblatt 1902, S. 66.

2) Führer durch die Ausstellung der gewerblichen Unterrichtsanstalten a. a. O. S. 31 f.

der ausstellenden Schulen die Reisekosten nach der Ausstellung vergütete. An der Ausstellung beteiligten sich zwei Kunstgewerbeschulen, die große Baugewerkschule, zwei Fachschulen, zwei Balierschulen, 46 Gewerbeschulen, 80 gewerbliche und 36 kaufmännische Fortbildungsschulen [1]).

Ist die gewerbliche Fortbildungsschule diejenige Institution, die für die theoretische Ausbildung des Handwerkslehrlings vornehmlich in Frage kommt, so soll im folgenden zweier Einrichtungen gedacht sein, die einzelnen Staaten und Gemeinden eigen sind, die Handwerkerschule und Gewerbeschule.

II. Die Handwerkerschule.

Handwerkerschulen sind Anstalten, die die Knaben während der letzten Jahre der allgemeinen Schulpflicht und darüber hinaus theoretisch und praktisch für ihren Beruf vorbereiten und einführen sollen. Derartige Schulen besitzen wir in Deutschland noch äußerst wenige.

In dieser Handwerkerschule soll nur eine feste Grundlage gelegt werden, auf der in einer sich anschließenden praktischen Lehre bei einem mitten im Berufsleben stehenden Meister ein tüchtiger Geselle und künftiger Meister sich entwickeln kann.

Handwerkerschulen bestehen mit bestem Erfolge in Oesterreich, wo dieselben bereits im Jahre 1885 eingeführt worden sind. Die Schüler werden mit dem 12. oder 13. Lebensjahre aufgenommen, nachdem sie in Erfüllung der achtjährigen Volksschulpflicht sechs Jahre die Volksschule besucht haben. Der Schulunterricht, der am Tage erteilt wird, und den man als durchaus sachgemäß bezeichnen muß, erstreckt sich auf Religion, Sprache unter Berücksichtigung der Abfassung von Briefen, Geschäftsaufsätzen, Eingaben an Behörden usw. Weiterhin Geographie, gewerbliches Rechnen, Buchführung, Geometrie, Materialien und Gewerbegesetzgebung. Im zweiten Jahre werden die Anforderungen höher gestellt. Wurden im 1. Jahre alle Schüler zusammen unterrichtet, so geht man jetzt dazu über, jeden in der seinem Berufe entsprechenden Weise auszubilden und ihn mit den Elementen seines Handwerks vertraut zu machen. Außer den im ersten Kurse erwähnten Lehrgegenständen treten hinzu Naturlehre, die einfachen Maschinen, Elektrizität,

1) Führer durch die Ausstellung a. a. O. S. 35 ff.

Galvanismus, die Rohstoffe aus dem Mineral-, Pflanzen- und Tierreich, die das betreffende Gewerbe gebraucht. Im dritten Kurse kommen noch hinzu Elemente der Mechanik, Chemie, Technologie, Formenlehre und Modellieren. An diesen theoretischen Unterricht schließt sich in allen Kursen ein Handfertigkeitsunterricht in Vorbereitungslehrwerkstätten an, in welchem naturgemäß nur die einfachsten Arbeiten ausgeführt werden und wobei die Schüler die wichtigsten Werkzeuge kennen lernen. Solche praktischen Uebungen erstrecken sich auf Holz- und Metallverarbeitung, Malen, Konstruktionsmodellieren für Maurer, Steinmetzen, Zimmerleute und Klempner, kunstgewerbliches Modellieren für Modelleure und Stuckateure [1]). Im Jahre 1905/06 bestanden in Oesterreich nach den dem Verfasser zugegangenen Berichten des K. K. Handelsministeriums 14 Handwerkerschulen (8 Staats- und 6 Gemeindeanstalten), die von 1156 Schülern besucht waren. Die Kosten stellten sich bei einer dreiklassigen Schule auf 10 000 Gulden und bei einer zweiklassigen Schule auf 7500 Gulden im Jahre.

Als Vorteile solcher Handwerkerschulen sei hervorgehoben, daß das Kind schon während seines schulpflichtigen Alters eine bis zu einem gewissen Grade abgeschlossene gewerbliche Vorbildung in theoretischer und praktischer Hinsicht erlangt.

In Oesterreich werden die Schüler im Einverständnis der Eltern von der Schulleitung in passenden Werkstätten untergebracht und, da sie den Lehrlingen, die eine solche Schule nicht besucht haben, weit voraus sind, auch von den Meistern gern genommen.

Außer den bereits oben aufgeführten Momenten wäre für die Einführung der Handwerkerschulen in Deutschland noch hervorzuheben, daß die Eltern mit ihrem aus der Schule entlassenen Jungen vielfach nicht wissen, was sie anfangen sollen, sei es, daß ihr Sohn den Anstrengungen, die viele Gewerbe an die körperliche Kraft des Jungen stellen, nicht genügt, oder daß größere Handwerker, die in ihrem Betriebe mechanische Hilfskräfte gebrauchen, keine Lehrlinge unter 16 Jahren annehmen.

In letzter Hinsicht kommt in Betracht, daß die Gewerbeordnung für die bis zu 16 Jahren alten industriellen und gewerblichen Ju-

1) Verhandlungen des Verbandes deutscher Gewerbevereine 1899, S. 31.

gendlichen in einer Weise Fürsorge getroffen hat, die in den betreffenden Kreisen vielfach als eine empfindliche Belästigung und Störung des Betriebes angesehen wird. Nach dem Wortlaut der in Betracht kommenden Paragraphen der Gewerbeordnung §§ 136 und 138 handelt es sich hierbei nur um Fabriken, jedoch hat der § 154 Abs. 3 diese Vorschriften der §§ 136, 138 auf alle Werkstätten ausgedehnt, in welchen durch elementare Kraft (Dampf, Wind, Wasser, Gas, Luft, Elektrizität usw.) bewegte Triebwerke nicht bloß vorübergehend zur Verwendung kommen. Von diesen Bestimmungen werden also auch alle weiter entwickelten mit Kraftmaschinen arbeitenden Gewerbe getroffen. Wenn man auch die im Gesetze zum Ausdruck gebrachte Fürsorge für die Lehrlinge anerkennen muß, so ist es doch zu bedauern, daß durch sie die Neigung der größeren, für die Lehrlingsausbildung in erster Linie in Betracht kommenden Meister, überhaupt keine Lehrlinge einzustellen, nur größer wird,. Ein Teil der Eltern schickt deshalb ihre Kinder, um diese Zeit vom 14. bis 18. Lebensjahr nicht nutzlos zu verbringen, auf eine Mittelschule, wo die Knaben länger als beabsichtigt bleiben, und dann als für ein Handwerk zu gut betrachtet werden.

Diese Tatsache ist von allgemeiner Bedeutung und Tragweite. Der lebhafte und zum Teil noch stetig fortschreitende Aufschwung des Mittelschulwesens gehört zwar ohne Zweifel zu den erfreulichsten Erscheinungen der neueren Zeit in unseren Schulzuständen. Man kann sich jedoch bei der Wahrnehmung dieser Erscheinung auch der Ueberzeugung nicht verschließen, daß es für die wirtschaftlichen und sozialen Interessen der Bevölkerung von bedenklichen Folgen sein muß, wenn der Zudrang der studierenden Jugend zu den Gymnasien und Realschulen ein gewisses, durch die mit diesen Studien zusammenhängenden Berufs- und Erwerbsverhältnisse gebotenes Maß namhaft zu überschreiten beginnt. Gerade in den ackerbau-, handel- und gewerbetreibenden Bevölkerungsschichten, welche die Gymnasien und Realschulen aufsuchen, fehlen vielfach die materiellen und persönlichen Voraussetzungen, um aus den langjährigen und kostspieligen Studien die entsprechenden Vorteile für ihr ferneres Fortkommen erwarten zu können.

Hieraus erwächst der Staatsverwaltung und insbesondere der Unterrichtsverwaltung die Pflicht, einer Tendenz der Bevölkerung entgegenzuwirken, welche einerseits der Bodenkultur und dem

Gewerbewesen die wertvollsten Kräfte entzieht und andererseits ein unfruchtbares und unzufriedenes Proletariat erwerbsloser „Gebildeter“ erzeugt. Diese volkswirtschaftlich nachteiligen und sozial ungesunden Zustände erscheinen umso bedenklicher, als sie in den am dichtesten bevölkerten Provinzen am meisten hervortreten.

Es ist aber ein in volkswirtschaftlicher Beziehung nicht gleichgültiger Umstand, wenn so viele begabte Angehörige industrieller oder landwirtschaftlicher Familien dadurch, daß sie die Mittelschulen besuchen, dem Gewerbe, dem Handwerk und der Bodenkultur verloren gehen, während ihnen, wenn sie dieselbe, oder auch nur einen Teil dieser Zeit hindurch, an einer Handwerkerschule resp. Ackerbauschule sich für einen dieser Berufe ausgebildet hätten, für sich und das Gebiet ihrer Arbeit viel befriedigendere Lebenserfolge in Aussicht ständen.

Diese Benachteiligung derjenigen Berufsklassen, welche zu den im engeren Sinne produktiven gehören, ist nicht allein vom volkswirtschaftlichen, sondern auch vom kulturpolitischen Standpunkte beklagenswert, weil ohne Hebung namentlich der technischen und artistischen Arbeitskraft und ohne stetigen Fortschritt des Gewerbewesens jener Nationalwohlstand nicht gesichert erscheint, der die erste Voraussetzung jenes höheren Kulturlebens ist, sowie andererseits die Sozietät nur dann gesund, und der einzelne nur dann zufrieden sein kann, wenn der Nachwuchs in den Hauptberufszweigen im richtigen Verhältnisse zu dem Berufe steht.

Es dürfte sich deshalb empfehlen, wenn die Leiter solcher Mittelschulen den Aufnahmebewerbern und deren Eltern, die nach ihren Familienverhältnissen oder anderen äußeren Umständen, in einem gewerblichen Berufe die entsprechendste Lebensstellung finden dürften, in passender Weise auf oben erwähnte Mißstände aufmerksam machten.

Ein Mittel zur Abstellung dieser erwähnten Uebelstände wäre die Handwerkerschule, die in gewissem Sinne die Vorteile der Lehrwerkstätte in sich vereinigt, ohne dabei die Meisterlehre zu beseitigen. Es dürfte sich deshalb empfehlen, vorerst in den Volksschulen einen größeren Wert auf Zeichnen und Handfertigkeitsunterricht zu legen und bei der Errichtung solcher Handwerkerschulen den Lehrplan auf die 13—16 jährigen jungen Leute einzurichten. Uebernimmt es die Schule wie in Oesterreich, den Lehrling dann bei tüchtigen Meistern unterzubringen, so wird es ihr im Einvernehmen mit der Handwerkskammer auch gelingen, die von dieser festgesetzte Dauer der Lehrzeit in Anbetracht der Vorbildung des Lehrlings zu ermäßigen, so daß demselben die Möglichkeit gegeben ist, trotz des Besuches der Handwerkerschule die Gesellenprüfung nicht viel später als die anderen Lehrlinge ablegen zu können, dafür aber ein tieferes Wissen und eine größere Handfertigkeit besitzt, die sich in seinen späteren Jahren vollauf bezahlt machen wird. Diese Schule soll auch nicht für jeden bestimmt sein, der sich einem Handwerk zuwendet, sondern nur für diejenigen jungen Leute, die später Aussicht haben, selbständig zu werden, sei es, daß ihre Vermögenslage oder hervorragende Tüchtigkeit dieses Ziel als aussichtsvoll erscheinen lassen. Zu diesem Zweck braucht das Schulgeld nicht allzu niedrig festgesetzt werden. Für unbemittelte aber fleißige und tüchtige junge Leute wären Freistellen einzurichten.

Ist auch nicht jede Stadt in der Lage, eine größere Fach- oder Kunstgewerbeschule zu unterhalten, so dürften die Mittel zu einer Handwerkerschule, an die sich Fortbildungsschulen und Kurse für Gesellen und Meister anschließen könnten, überall vorhanden sein.

In Deutschland bestehen solche oder ähnliche Schulen in Leipzig, Dresden, Aachen, Crefeld und Gnesen.

In Leipzig ist eine derartige Schule schon seit 1895 an die Städtische Gewerbeschule angeschlossen. Aufnahmebedingung ist die Erreichung des Lehrziels der 2. Klasse der Leipziger Volksschule. Bei 38 stündigem Unterricht in der Woche dauert der Kursus 1 Jahr. Von den 7 vorhandenen Parallelenklassen sind 2 für die Baugewerbe, 3 für Maschinenbauer, 1 für Mechaniker, 1 für Angehörige der graphischen Gewerbe und 1 für Schüler verschiedener Berufsarten eingerichtet. Das Schulgeld beträgt 40 Mk. [1]).

Auch in Dresden ist die Schule eine Abteilung der städtischen Gewerbeschule. Hier besteht eine allgemeine Klasse für zukünftige Bäcker, Fleischer, Kellner, Köche usw. mit einjährigem Kurs, eine baugewerbliche Klasse für zukünftige Maurer, Zimmerer, Tischler, Klempner mit eineinhalbjährigem Kurs und eine Metallarbeiterklasse für zukünftige Schlosser, Mechaniker, Maschinenbauer und Elektrotechniker mit einjährigem Kurs [2]).

1) Haußer a. a. O. S. 33. Lexis a. a. O. S. 131.
2) Lexis a. a. O. S. 131.

Die Aachener „gewerbliche Tagesschule" mit zweijährigem Kurs erteilt den jungen Leuten, die sich auf ein Gewerbe vorbereiten, in 36 Wochenstunden Unterricht in Religion, Deutsch, Französisch, Rechnen, Mathematik, Physik, Chemie, beschreibende Naturwissenschaft und Zeichnen [1]). Es werden nur diejenigen Schüler aufgenommen, die ihrer Volksschulpflicht bereits voll genügt haben, um die der Volksschule zur Verfügung stehende Zeit nicht zu verkürzen und um geistig besser entwickelte Schüler zu erhalten. Im Jahre 1905 war die Schule von 254 Schülern besucht [2]), ein Zeichen für die Notwendigkeit derartiger Schulen in größeren Städten.

In der Gnesener Handels- und Gewerbeschule, die in einer besonderen Gewerbeabteilung dasselbe Ziel wie die besprochenen Anstalten verfolgt, wird bei 38 Wochenstunden Unterricht in Deutsch, Schönschreiben, Rundschreiben, Buchführung, Gesetzeskunde und Volkswirtschaftslehre, Materialienkunde, Technologie, Algebra, Raumlehre, Zeichnen, Formen- und Stillehre erteilt [3]). Neben dem theoretischen Unterricht wird für Maurer und Zimmerer, ferner für die Metall, Holz und Leder verarbeitenden Gewerbe in gut eingerichteten Werkstätten noch praktischer Unterricht erteilt, der aber auch nicht die Meisterlehre ersetzen, sondern nur für dieselbe vorbereiten soll. Im Jahre 1903 wurde die Schule von 440 Schülern besucht [4]).

Der Nachteil dieser Schulen mit Ausnahme der Gnesener gegenüber den österreichischen besteht darin, daß bei ihnen wohl eine theoretische aber keine praktische Vorbildung für den späteren Beruf Platz greift.

III. Die Gewerbeschule.

Vorbildlich für diese Art der gewerblichen Ausbildung ist das Großherzogtum Baden gewesen, wo zu diesem Zweck Anstalten unter dem Namen Gewerbeschulen schon durch die landesherrliche Verordnung vom 15. Mai 1834 geschaffen wurden. Die Auf-

---

1) Denkschrift über den Stand der Gewerbeförderung im Königreich Preußen a. a. O. S. 2002.

2) Jahresbericht der Handwerkskammer Aachen 1905, S. 98 f.

3) Denkschrift a. a. O. S. 2002. Wuttke a. a. O. Bd. I, S. 642.

4) Dieselbe a. a. O. S. 2003.

gabe der Gewerbeschule ist in dem § 2 der Verordnung von 1834 fixiert:

„Die Gewerbeschule hat den Zweck, jungen Leuten, die sich einem Handwerk oder Gewerbe widmen wollen, das keine höhere technische und wissenschaftliche Bildung erfordert, und das sie praktisch zu erlernen bereits begonnen haben, diejenigen Kenntnisse und graphischen Fertigkeiten beizubringen, die sie zum verständigen Betrieb dieses Gewerbes geschickt machen." Sie knüpfen im Gegensatz zu den besprochenen Handwerkerschulen an die Volksschulen an und sollen also gleich der gewerblichen Fortbildungsschule keine Wiederholungsschule, andererseits aber auch keine niedrige gewerbliche Fachlehranstalt sein.

Entgegen anderen Bundesstaaten, wo die Initiative zur Errichtung solcher Schulen den Innungen und gewerblichen Vereinen überlassen ist, hat hier der Staat die Organisation selbst in die Hand genommen und bis heute beibehalten.

Es sind vom Staate subventionierte und unter Mitwirkung der Stadtverwaltungen beaufsichtigte und geleitete Gemeindeschulen. Bei einem Gesamtaufwand von 566 496 Mk. betrug der Staatszuschuß im Jahre 1903 179 472 Mk.[1]). Die 47 am 1. Juni 1905 bestehenden Schulen waren von 8710 Schülern und 791 Gästen (meist Gesellen) besucht. Der Unterricht erstreckt sich auf Rechnen und Geometrie, einschließlich der Projektionslehre, Naturkunde und Mechanik, Geschäftsaufsatz, Buchführung, Kalkulation, Freihandzeichnen und Fachzeichnen. Nach einem Erlaß vom 6. September 1890 haben die Lehrer den Lehrplan nach den örtlichen Bedürfnissen selbst auszuarbeiten[2]). In den meisten Schulen sind 3jährige Kurse eingerichtet, wobei im 1. Kurse wöchentlich 8, im 2. und 3. Kurse wöchentlich 10 Stunden Unterricht erteilt werden. Wegen der mannigfachen Uebelstände, die sich bei Abendunterricht herausgestellt haben, findet der Unterricht fast ausschließlich im Sommer morgens von 6—10 Uhr und im Winter von 8—12 Uhr statt. Von den 47 Schulen haben nur 15 Unterricht am Sonntag im Zeichnen, 91 % des Pflichtunterrichts ist Tagesunterricht[3]). Für einzelne Abteilungen nachmittags von 1—5 Uhr. Um den

1) Lexis a. a. O. S. 190. — 2) Derselbe a. a. O. S. 190. — 3) Führer durch die Ausstellung der gewerbl. Unterrichtsanstalten a. a. O. S. 25.

Unterricht möglichst fachlich zu gestalten, das Vorgetragene in möglichst enge Beziehungen mit dem Berufe zu bringen, sind die Schüler der größeren Schulen in Fachgruppen geteilt, wobei die Baugewerbe, Mechaniker, Schlosser, Metall- und Holzverarbeitungsgewerbe, Maler und Anstreicher, die polygraphischen Gewerbe und die Ausstattungsgewerbe besonders berücksichtigt sind. Wegen der ungünstigen Ergebnisse, die man in früheren Jahren mit dem freiwilligen Schulbesuch gemacht hat, haben 44 von den 47 Gewerbeschulen besitzenden Gemeinden, den §§ 120 und 142 der GO. folgend, den Schulbesuch durch Ortsstatut obligatorisch gemacht, wobei die meisten Gemeinden den obligatorischen Schulbesuch auf alle in den Gewerbebetrieben beschäftigten Lehrlinge, Gesellen und Gehilfen bis zum 18. Lebensjahre ausgedehnt haben. Zwei Schulen haben den Eintritt in die Schule dem Ermessen der Eltern oder Fürsorger anheimgegeben, verlangen aber nach erfolgtem Eintritt regelmäßigen Besuch bis zum 18. Lebensjahr [1]). Die meisten Schulen erheben Schulgeld, das jedoch laut landesherrlicher Verordnung vom 9. April 1889 60 Pfg. für den Monat nicht übersteigen darf, und das an den verschiedenen Schulen jährlich zwischen 2 und 7 Mk. schwankt [2]).

Die Lehrer haben nach einer Verordnung des Oberschulrats vom 4. September 1882 ein siebensemestriges Studium an der großherzoglichen Baugewerkschule zu absolvieren, wo sie neben theoretischem Unterricht auch praktischen Unterricht erhalten, um sich mit den Arbeiten der verschiedenen Gewerbe an Hand neuester Maschinen vertraut zu machen. Die Studien erstrecken sich auf die Fachgegenstände der bautechnischen Abteilung, sowie auf einige der maschinentechnischen Abteilung, je nachdem sich der Kandidat als bautechnischer oder maschinentechnischer Fachlehrer ausbilden will. Außerdem erhalten dieselben noch Unterricht in Mathematik, Physik, darstellende Geometrie, gewerbliches Zeichnen und Entwerfen von gewerblichen und kunstgewerblichen Gegenständen, sowie in der Keramik und Textilindustrie. Dieselben müssen sich auch verpflichten, während der Ferien ihre praktische Ausbildung zu vervollkommnen [3]). Die größeren Gewerbeschulen haben selbst solche

1) Lexis a. a. O. S. 186 ff. — 2) Schott a. a. O. S. 13. — 3) Führer durch die Ausstellung der gewerblichen Unterrichtsanstalten a. a. O. S. 11.

Musterwerkstätten, wo die Schüler diejenigen Fertigkeiten erlernen sollen, die sie in der Werkstatt ihres Meisters meist nicht erlernen, oder die dort nur selten zur Anwendung kommen, wobei hauptsächlich Uebungen in Ton-, Holz- und Gipsmodellieren, für Metall und Holz verarbeitende Gewerbe und für Holz- und Marmormalen in Frage kommen [1]).

Nachdem am 1. Mai 1906 das Landesgewerbeamt in Kraft getreten ist, wird die Aufsicht und Leitung des gewerblichen Unterrichts nach einem näher zu bestimmenden Termin an die Abteilung des Landesgewerbeamtes übergehen, dem der Landesgewerbeschulrat, der aus einer Anzahl vom Ministerium auf 3 Jahre ernannten Mitgliedern besteht, beizugeben ist [2]).

Wider Erwarten haben die Handwerker dieser Einrichtung wenig Widerstand entgegengesetzt, sie haben sich von der Nützlichkeit der Schulen überzeugt und einsehen gelernt, daß eine bessere Ausbildung des gewerblichen Nachwuchses dringend geboten war, wenn auch die Verhältnisse der Handwerker im Süden Deutschlands bei weitem nicht jene traurige Gestalt angenommen haben wie vielfach im Norden.

Die badischen Gewerbeschulen dürften das für ganz Deutschland erstrebenswerte Ziel sein, das sich durch Vervollkommnung der jetzt vorherrschend bestehenden gewerblichen Fortbildungsschulen sehr wohl erreichen läßt.

D. Das Ergebnis der gewerblichen Ausbildung.

I. Die Lehrlings- oder Gesellenprüfung.

Mit der Förderung der Berufslehre einerseits und der gewerblichen Bildung andererseits enge verwandt ist die Institution der Lehrlingsprüfungen (auch „Gesellenprüfungen“ genannt). Sie sind ein würdiger Abschluß der Lehrzeit und dienen als Ausweis der erlangten Kenntnisse und Fertigkeiten und der von Meister und Lehrling erfüllten Pflichten. Wenn die Meisterprüfungen kaum das erzielen, was sie beabsichtigen, nämlich dem Publikum Garantie für untadelhafte Arbeit zu bieten, so haben die Lehrlingsprüfungen den Vorteil, einen heilsamen

1) Schott a. a. O. S. 13.

2) Jahresbericht der Handwerkskammer Mannheim 05/06, S. 142 ff.

Zwang auf das Maß des Fleißes und der Ausdauer des Lernenden auszuüben. „Es wohnt diesen Prüfungen ein erzieherisches Moment inne“ [1]), indem der Lehrling während der Lehrzeit zu Fleiß und Ausdauer angespornt wird, um durch Ablegung der Prüfung sein späteres Fortkommen zu erleichtern. Für die weitere Entwicklung des jungen Menschen ist dadurch gesorgt, da das Streben vorwärts zu kommen, zu sehr in der menschlichen Natur liegt, und auch bei guterzogenen Menschen dann weiterwirkt, wenn der Zwang aufgehört hat. Die Lehrlingsprüfung wird deutlich erkennen lassen, nach welcher Seite hin die Ausbildung des jungen Mannes zu wünschen übrig läßt. Wenig Sinn hat es, einen Gesellen, der im Begriffe steht, sich als Meister niederzulassen, auf Lücken seiner Ausbildung aufmerksam zu machen. Anders dagegen bei einem Lehrling, der jung genug ist, auf Gebieten, die er noch nicht beherrscht, das Fehlende nachzuholen.

Zur Zeit der Zunftherrschaft war die Lehrlingsprüfung am Schlusse der Lehrzeit ein ebenso feierlicher, vor allen Zunftmitgliedern stattfindender Akt, wie die Aufnahme des Lehrlings. Die meisten Zünfte hatten noch eine Zwischenprüfung, etwa nach Vollendung der halben Lehrzeit, um die Fortschritte des Lernenden festzustellen [2]).

Mit dem Verfall der Zünfte haben diese auch nicht mehr die Kraft gehabt, trotz aller Erschwerungen der Prüfungsbedingungen, die technischen Fertigkeiten zu fördern und weiter auszubilden.

Eine Reorganisation des Lehrlingsprüfungswesens versuchte in Deutschland zuerst Württemberg im Jahre 1828. Die Notwendigkeit und Wichtigkeit solcher Prüfungen erkannte die Regierung in dem Entwurf zum Gewerbegesetz von 1828 an, wo für alle zünftigen Gewerbe eine Lehrlingsprüfung nach beendigter Lehre durch den Zunftvorstand vorgesehen war. Die Stände wollten jedoch eine gesetzliche Pflicht zur Ablegung der Prüfung nicht statuieren. Die gegen die Prüfung vorgebrachten Gründe lassen sich dahin zusammenfassen:

,,1. Bei gewissen Gewerben, wie bei dem der Bäcker, Fleischer, Maurer, Zimmerleute, Schmiede, Schneider, Tuchmacher usw.

---

1) Stieda im HW. Bd. V, S. 586.
2) Dannenberg a. a. O. S. 11.

ist eine derartige Prüfung gar nicht möglich, da es sich hier wesentlich um mechanische Tätigkeit handelt.

2. Das Prüfungszeugnis wird für das Fortkommen des Lehrlings auf der Wanderschaft von keinem entscheidenden Wert sein, da der Meister, der ihn aufnimmt, sich in der Probewoche ansieht, was er kann und danach seinen Lohn bemißt.

3. Eine Kontrolle gegen den Lehrmeister auszuüben wird in der Praxis selten erreicht werden.

4. Tritt der Lehrling nach nicht bestandener Prüfung in die Lehre zurück, so wird es dem Lehrmeister nicht schwer werden, die Kosten auf den Lehrling zu überwälzen. Der Lehrling seinerseits aber wird an dem Gewerbe ermüden, bei dem man ihm schon den ersten Schritt, vorwärts zu kommen, so sauer gemacht hat.

5. Endlich sind es allgemeine Gesichtspunkte, welche eine Lehrlingsprüfung für unzweckmäßig erscheinen lassen. Prüfungen, die sich bei jeder Abstufung wiederholen, arten in das Mechanische aus. Oft werden Jünglinge, die sich im Leben vielleicht gut gebildet haben würden, zurückgewiesen. Talent und Fleiß liegen in diesem Alter noch nicht bei allen so erkennbar vor, daß eine Prüfung darüber urteilen und sie von der einmal gemachten Bahn zurückweisen könnte" [1]). Trotz dieser ablehnenden Haltung der Stände wurde in Art. 26 bestimmt: „Die Anordnung einer Lehrlingsprüfung, sowie die Bezeichnung derjenigen Gewerbe, bei welchen sie stattfinden soll, bleibt der Regierung vorbehalten" [2]).

Vorschriften wurden durch eine Instruktion von 1830 eingeführt, wonach bei den meisten zünftigen Gewerben am Schlusse der Lehrzeit eine Prüfung abzulegen war [3]). Durch Instruktion von 1851 wurden die Vorschriften auf alle zünftigen Gewerbe ausgedehnt. In den Jahren 1859 bis 1861 schickte sich die Regierung an, die Instruktionen einer zeitgemäßen Reform zu unterziehen und brachte, da man sich auf freie Vereinstätigkeit nicht verlassen könne, in einem Gesetzentwurf eine Lehrlingsprüfung in Vorschlag, welcher der Lehrling sich mit Zustimmung seines Vaters oder Vormundes sollte unterziehen können [4]).

Die Abgeordnetenkammer, die jedoch schon unter dem Einfluß

---

1) Köhler a. a. O. S. 122 f. — 2) Jahresbericht der Handwerkskammer Stuttgart 1901, S. 51. — 3) Köhler a. a. O. S. 124. — 4) Stieda im HW. Bd. V, S. 587. Köhler a. a. O. S. 243.

der Gewerbefreiheit stand, war in dem Augenblicke, wo man die Zünfte aufhob, nicht für die obligatorische Prüfung zu haben, „man wollte", nach einer Erklärung in der Abgeordnetenkammer, „die Freiheit des Individuums, sich die Laufbahn seines Lebens nach eigenem Gutdünken zu eröffnen, nicht durch Prüfungen verkümmern" [1]).

Gleichwohl empfahlen die Redner die Prüfungen denjenigen, welche sie freiwillig machen wollten [2]) und die Zentralstelle für Handel und Gewerbe sorgte dafür, daß sie sich freiwillig einbürgerten [3]). Von 1863 an wurden jedoch keine Prüfungen mehr abgehalten, bis die Gewerbevereine im Anschluß an die gewerblichen Fortbildungsschulen und auch die freien Genossenschaften im Jahre 1871 wieder Prüfungen einführten, denen die in den 80er Jahren gegründeten Innungen folgten [4]). Infolge der anläßlich der Enquete von 1875 über die Verhältnisse der Lehrlinge usw. zu Tage getretenen Wünsche zur Wiedereinführung der Lehrlingsprüfungen stand die Zentralstelle für Gewerbe und Handel dort, wo man solche Prüfungen einführen wollte, mit Rat und Tat zur Seite. Hierdurch wurde sie mit den Uebelständen derartiger Prüfungen vertraut und machte die Erfahrung, daß die Beiziehung einer ordentlichen Behörde zu den Prüfungen notwendig sei, um eine gleichförmige Behandlung zu sichern. Sie arbeitete deshalb eine Prüfungsordnung aus, die am 26. Juni 1881 vom König genehmigt und 1885 revidiert wurde [5]). Danach konnten Lehrlingsprüfungen an solchen gewerblichen Fortbildungsschulen stattfinden, an welchen ein Gewerbeverein in Verbindung mit der Gemeindebehörde die Kosten tragen wollte [6]). Die Prüfung erstreckte sich nach den erwähnten Verordnungen auf Deutsch, Rechnen, Buchführung, Naturlehre (in Anpassung an das Gewerbe), Zeichnen, wenn der Prüfling es verlangte. In Verbindung mit dieser theoretischen Prüfung stand eine Prüfung über das in der Lehre Erlernte. Die Examinatoren waren Lehrer der Fortbildungsschulen und Männer des praktischen Lebens [7]). Trotzdem

1) Jahresbericht der Handwerkskammer Stuttgart, 1901, S. 53. — 2) Derselbe. — 3) Stieda im HW. S. 587. — 4) Jahresbericht der Handwerkskammer Stuttgart S. 53. — 5) Entstehung und Entwicklung der gewerblichen Fortbildungsschule in Württemberg a. a. O. S. 70 f. — 6) Jahresbericht der HK. Stuttgart, S. 53. — 7) Derselbe, S. 53.

die Prüfungen freiwillig waren, beteiligten sich bereits im Jahre 1882 an 26 Orten 268 Lehrlinge an denselben, welche Zahl sich bis 1897 vor Inkrafttreten des Handwerkergesetzes auf 1162 Lehrlinge, die an 77 Orten geprüft wurden, erhöhte [1]). Dem Einfluß des Handwerkergesetzes, auf das noch zurückzukommen sein wird, ist es zu danken, daß sich im Jahre 1906 5542 Lehrlinge prüfen ließen [2]).

In Baden beabsichtigte man schon im Jahre 1879 gelegentlich der Beratung des Ausschusses bei der Landesgewerbehalle die Lehrlingsprüfung einzuführen und wollte die beabsichtigte Subventionierung der Meister bei der Lehrlingsausbildung an die Ablegung einer Prüfung seitens der Lehrlinge knüpfen [3]). Da jedoch Schritte zur Einführung der Prüfungen nicht unternommen wurden, befaßte sich der Ausschuß bei der Landesgewerbehalle im Jahre 1882 abermals mit der Frage und beschloß auf Grund der guten Erfolge, die man mittlerweile in Konstanz mit der Kombination der Ausstellung und Prüfung gemacht hatte, im Jahre 1883 die Einführung von freiwilligen Lehrlingsprüfungen nach der von der Regierung aufgestellten Prüfungsordnung den Gewerbevereinen allgemein zu empfehlen [4]). Nach dieser Prüfungsordnung [5]) sollte die theoretische Prüfung „in der Regel die Unterrichtsgegenstände der Gewerbeschule unter tunlichster Berücksichtigung des Gewerbes des zu Prüfenden“ (§ 5) umfassen und die praktische Prüfung „in der ohne fremde Beihilfe zu bewerkstelligenden Anfertigung einer jeweils für die Lehrlinge des gleichen Gewerbes gleichmäßig zu bestimmenden Arbeit“ (§ 6) bestehen. Zum Unterschiede von Bayern, Württemberg und Hessen konnte der Lehrling also hier seine Prüfungsarbeit nicht selbst wählen.

Die Prüfungskommission bestand zu gleichen Teilen aus Mitgliedern des Gewerbeschulrats und des Gewerbevereinsvorstandes sowie dem Gewerbelehrer resp. dem Lehrer des Orts, wenn keine Gewerbeschule vorhanden war (§ 7). Entgegen Württemberg vermochten sich aber die Prüfungen trotz andauernder Mahnungen und Empfehlungen in Baden vorerst nicht einzuführen, wurden doch im Jahre 1883 nur 83 und 1890 nur 49 Lehrlinge geprüft [6]).

1) Stieda HW. S. 587. — 2) Mitteilung der württ. Handwerkskammern an den Verfasser. — 3) Stieda im HW. Bd. V, S. 587. — 4) Stieda HW. S. 588. — 5) Scheven a. a. O. Anlage No. 30. — 6) Scheven a. a. O. Anlage No. 30.

Wie vorauszusehen, ist auch hier mit dem Inkrafttreten des Handwerkergesetzes von 1897, nicht zuletzt durch die Tätigkeit der Handwerkskammern ein großer Umschwung eingetreten, indem im Jahre 1906 bei den 4 badischen Kammern Freiburg, Karlsruhe, Konstanz und Mannheim 3280 Lehrlinge sich der Prüfung unterzogen haben [1]).

In Bayern hat das Nürnberger Gewerbemuseum in Verbindung mit dem Verbande bayrischer Gewerbevereine sich besonders um die Förderung des Lehrlingsprüfungswesens verdient gemacht. Auf dem XIV. Verbandstage obiger Vereine am 23. April 1889 wurde einstimmig ein Programm für die Abhaltung von Prüfungen und Lehrlingsarbeitenausstellungen aufgestellt, das die Genehmigung der Regierung erhielt und nach den Mitteilungen des bayrischen Gewerbemuseums sich sehr gut eingeführt hat. Bei diesem Programm wird der Hauptwert auf die Prüfung gelegt [2]).

Wie in Württemberg ging auch hier Werkstatt- und Schulprüfung Hand in Hand. Die Leitung der Prüfung lag in den Händen der Gewerbevereine bezw. Innungen, die auch als Prüfungsausschüsse selbst fungieren oder solche ernennen konnten, zu welcher aber der Leiter der Fortbildungsschule oder dessen Stellvertreter immer zugezogen werden mußte (II. A. 2). Die Wahl des Arbeitsstücks war dem Lehrling überlassen, jedoch sollten sogen. Bravourstücke vermieden werden (II. B. 9). Besonderer Wert wurde darauf gelegt, daß die Zeichnungen für die Arbeitsstücke vom Lehrling selbst gemacht waren (II. B. 11). Das Arbeitsstück sollte ferner in einer schriftlichen Arbeit nach Material und Herstellungsweise beschrieben werden (II. B. 14). Ueber die Zahl derjenigen Lehrlinge, die sich einer Prüfung in den 90er Jahren unterzogen haben, konnte Verfasser keine genauen Zahlen erhalten. Im Jahre 1906 unterzogen sich 10 687 Lehrlinge der Prüfung bei 48 630 in die Lehrlingsrollen der bayrischen Handwerkskammern resp. Innungen oder Gewerbevereine eingeschriebenen Lehrlinge [3]). Nimmt man, da bei den bayrischen Kammern die Dauer der Lehrzeit nicht unter 3 und nicht über 4 Jahre abgeschlossen werden darf, als Durchschnitt 3½ Jahre Lehrzeit an, so traten im Jahre 1906 13 880 Lehrlinge

1) Mitteilungen der HK. an den Verfasser.

2) Programm für die Abhaltung von Lehrlingsprüfungen a. a. O. S. 1.

3) Mitteilungen dieser Kammern an den Verfasser.

aus der Lehre, sodaß sich wohl annähernd 77% der ausgelernten Lehrlinge einer Prüfung unterzogen haben dürften.

Während man in Bayern und Württemberg den Hauptwert auf Lehrlingsprüfungen legte, versuchte Hessen ebenso wie Baden mit Lehrlingsarbeitenausstellungen eine bessere Ausbildung der Lehrlinge zu bewirken. An die bereits im Jahre 1848 in Darmstadt veranstalteten Ausstellungen schließen sich erst im Jahre 1886 Lehrlingsprüfungen an [1]). Der Gewerbeverein Offenbach führte dieselben als erster ein, doch war der Erfolg vorerst ein sehr geringer, da 1886 nur 8 und 1887 nur 16 Lehrlinge geprüft wurden [2]). Auf Grund eines Vortrages des Direktors der Offenbacher Kunstgewerbe- und Handwerkerschule auf der Generalversammlung des hessischen Landesgewerbevereins im Jahre 1888 wurde eine Kommission zur Prüfung dieser Frage eingesetzt. Beratungen führten 1890 zur Aufstellung „Allgemeine Bestimmungen für die Abhaltung der freiwilligen Gesellenprüfungen des Gewerbevereins für das Großherzogtum Hessen" [3]).

Die Prüfung zerfällt hiernach in eine praktische, „Gesellenstück" und eine theoretische, „Schul- und Geschäftskenntnisse", jedoch kann bei genügendem Ausweis durch Zeugnisse von der Abhaltung des zweiten Teiles der Prüfung ganz oder teilweise abgesehen werden (Art. 4). In der Praxis hatte sich die theoretische Prüfung derart gestaltet, daß dieselbe den verschiedenen Bildungsansprüchen genügen konnte. Wurde der Lehrling überhaupt theoretisch geprüft (beim Gewerbeverein Darmstadt hatte er die Wahl), so konnte er entweder nach den Lehrzielen der obligatorischen allgemeinen Fortbildungsschule, oder nach denjenigen der Handwerkerschule (fakultative gewerbliche Fortbildungsschule) geprüft werden [4]).

Die Prüfungen wurden geleitet von Kommissionen, welche je von einem Ortsgewerbeverein in der Regel auf die Dauer von drei Jahren gewählt wurden, doch mußten deren Mitglieder der großherzoglichen Zentralstelle angezeigt werden sein (Art. 1). Auch hier ist die Entwicklung eine erstaunlich langsame gewesen. 1890 wurden erst an 2 Orten 67 Lehrlinge, 1895 an 11 Orten 175 Lehr-

1) Scheven a. a. O. S. 271. — 2) Stieda HW. Bd. V, S. 588. — 3) Abgedruckt bei Scheven a. a. O. Anlage No. 28. — 4) Scheven a. a. O. S. 272.

linge geprüft. Ein rasches Steigen hat sich erst Ende der 90er Jahre bemerkbar gemacht. Durch die Tätigkeit der Handwerkskammer Darmstadt haben sich im Jahre 1905 81,94% aller Lehrlinge, von 2204 Lehrlingen, die die Lehre beendigten, 1806 der Prüfung unterzogen.

Preußen, das gegenüber den süddeutschen Staaten sich erst sehr spät mit Gewerbeförderung beschäftigte, hatte auch die Prüfungen der Privatinitiative überlassen, sodaß die Innungen und Gewerbevereine mangels staatlichen Interesses auch wenig Erfolg in dieser Hinsicht aufzuweisen hatten. Wie in den übrigen Staaten, so trat naturgemäß infolge des Handwerkergesetzes von 1897 und der Errichtung von Handwerkskammern ein vollständiger Umschwung ein, da nach dem Gesetz jeder Lehrling gleichsam gezwungen war, eine Prüfung abzulegen, wenn er nicht großer Vorteile verlustig gehen wollte.

Der Wunsch der Handwerker jedoch, die Prüfung obligatorisch zu machen, ist durch die Novelle von 1897 noch immer nicht erfüllt worden. Dieser Wunsch, einheitlich für ganz Deutschland durch Reichsgesetz die obligatorische Prüfung einzuführen, ist so alt, wie das Deutsche Reich selbst. Die Kommission der Petitionen des Reichstages hatte sich zuerst im Jahre 1873 mit der Frage zu beschäftigen, infolge der bereits mehrfach erwähnten zahlreichen, mit hunderten Unterschriften bedeckten Petitionen, die unter anderen Wünschen zur Regelung des Lehrlingswesens auch die Wiedereinführung der Prüfungspflicht der Lehrlinge nach vollendeter Lehrzeit forderten. Die Petenten machten u. a. geltend, daß es den Lehrlingen infolge des durchgängig niedrigen Bildungsstandes nicht nur an der erforderlichen Unterweisung und Ausbildung, sondern auch an der nötigen Lust, Ausdauer, Einsicht und moralischen Selbstüberwindung mangele, welche Nachteile nur durch die Prüfung gehoben werden könnten [1]).

Im Verein für Sozialpolitik [2]) sprachen im Jahre 1875 bei der Beratung über Lehrlingswesen sowohl der Referent Dr. Brinkmann wie der Korreferent Prof. Dr. Schönberg sich gegen obligatorische Lehrlingsprüfungen aus. Der Referent Dr. Brink-

1) Stenogr. Ber. ü. d. Verhdl. des Reichstages 1873, Bd. III, S. 370 ff.
2) Schriften des Vereins für Sozialpolitik Bd. XI.

mann hielt dieselben für undurchführbar. Die Zunft mit ihren fortgesetzten Prüfungen habe es nicht vermocht, die guten alten Handgriffe des Gewerbes auf die Gegenwart zu bringen [1]). Prof. Dr. Schönberg wies auf die notwendige Konsequenz und Voraussetzung der obligatorischen Lehrlingsprüfung, die obligatorische Meisterprüfung und deren Unmöglichkeit hin [2]). Dagegen sprach er sich entschieden für freiwillige Lehrlingsprüfungen aus.

In der folgenden Debatte kam Prof. Dr. Schmoller auf die Lehrlingsprüfungen zurück, der sich hier und besonders in seinem 1874 erschienenen Aufsatze: „Die Natur des Arbeitsvertrages und der Kontraktbruch" [3]) mehr auf die Seite des Zwanges stellte.

Für den Zwang spreche, daß Lehrende und Lernende sich durchschnittlich zu größeren Anstrengungen veranlaßt sehen, was in der Jugend, da dort das Selbstinteresse noch nicht wach ist, von nicht geringer Bedeutung sei [4]). Er befürwortete jedoch die Prüfungen vorerst der freiwilligen Tätigkeit der Arbeitgeber- und -nehmerverbände zu überlassen, „vor allem bis konstatiert ist, ob diese Prüfungen mehr theoretische, an das Fortbildungs- und gewerbliche Fachschulwesen sich anschließende, oder mehr praktische sein sollen. Daß aber, wenn es gelingt, diese Prüfungen allgemeiner zu machen, später der Staat gesetzlich ausspreche, die, welche solche Prüfungen beständen, hätten gewisse Vorteile zu erwarten, halte ich gar nicht für unmöglich oder für verwerflich" [5]).

Die fast allseitige Abneigung gegen obligatorische Prüfungen kam auch in den im Jahre 1878 im Reichstage gestellten Anträgen zum Ausdruck [6]).

Infolge dieser Umstände befaßte sich die Novelle von 1878 mit dieser Frage gar nicht und auch die Novellen zur GO. von 1881 und 1884 erwähnten die Prüfungen nur als fakultative Aufgaben der Innungen. Wenn auch die Innungen selbst infolge der Forderungen der obligatorischen Innung und des Befähigungsnach-

---

1) Schriften des Vereins für Sozialpolitik 1875, Bd. XI, S. 110. — 2) ditto S. 136. — 3) Zeitschrift für die gesamte Staatswissenschaft 1874, S. 449 ff. — 4) Schmoller: Die Natur des Arbeitsvertrages a. a. O. S. 463. — 5) Schmoller im Verein für Sozialpolitik 1875 (Schr. d. V. f. S. 1875, Bd. XI, S. 171). — 6) Stenogr. Ber. ü. d. Verhdl. d. RT. 1877, Bd. III, S. 175 Aktenstück 23. Dieselben 1877, Bd. III, S. 277 Aktenstück 78. Dieselben 1877, Bd. III, S. 316 Aktenstück 92.

weises von der Forderung der obligatorischen Lehrlingsprüfung nicht abließen, so machte sich doch auch in der Literatur mit Beginn der 80er Jahre eine Strömung zu Gunsten der obligatorischen Lehrlingsprüfung bemerkbar. Rücklin[1]) und Droste[2]) treten beide bereits 1880 für obligatorische Lehrlingsprüfungen, oder bei ihnen „Gesellenprüfungen", ein. „Indem man an die Stelle des Prüfungszeugnisses einen Lehrbrief des Lehrherrn oder auch der Innung, aber ohne vorausgegangene Prüfung setzte, hat man den Meister zum Richter in der eigenen Angelegenheit gemacht"[3]). Droste empfiehlt deshalb Prüfungskommissionen aus Meistern und Gesellen, in welcher der Werkstätteninspektor den Vorsitz zu führen habe. Auch Hitze[4]), der allerdings auf dem Boden des Befähigungsnachweises steht, verlangt 1883 in seiner Schrift „Schutz dem Handwerk" obligatorische Prüfung. Der Eisenbahn-Direktor Rob. Garbe, der in seiner Schrift: „Der zeitgemäße Ausbau des Lehrlingswesens für Industrie und Gewerbe"[5]) sehr eingehend für eine Neugestaltung des Lehrlingswesens durch Reichsgesetz eintritt, kommt in seinem diesbezüglichen, in 26 Sätze zusammengefaßten Programm auch auf die Lehrlingsprüfungen zu sprechen und tritt für obligatorische Prüfungen ein.

Eine bedeutsame Aenderung, einen Umschwung gegenüber dem bisher geltenden Recht, hatte erst die Novelle von 1897 geschaffen. Sie legte den Gesellenprüfungen eine öffentlich-rechtliche Wirkung bei, indem die Gesellenprüfung eine der Voraussetzungen wurde, für die Anleitung von Lehrlingen in Handwerksbetrieben gemäß § 129 Abs. 1 GO.

Im einzelnen ist die Prüfung, bei der nur Handwerkslehrlinge in Betracht kommen, in den §§ 131 bis 132 a geregelt.

Nach § 131 Abs. 1 ist „den Lehrlingen Gelegenheit zu geben, sich nach Ablauf der Lehrzeit der Gesellenprüfung zu unterziehen". Durch die Worte „Gelegenheit zu geben" hat der Gesetzgeber ausdrücklich von einem Zwang zur Ablegung absehen wollen, da hierin ein großer Teil des auf dem VI. Handwerks- und Gewerbekammertag zu Cöln am 10. August 1905 fallen gelassenen Befähigungsnachweises steckt, den die Regierung unter allen Umständen be-

1) Rücklin a. a. O. S. 65. — 2) Droste a. a. O. S. 126. — 3) Droste a. a. O. S. 126. — 4) Hitze a. a. O. S. 49 ff. — 5) Garbe a. a. O. S. 139 ff.

kämpfen will und muß. Ein in der Kommission gestellter Antrag: „Nach Ablauf der Lehrzeit hat der Lehrmeister die Zulassung seines Lehrlings zur Gesellenprüfung bei dem Prüfungsausschusse der Innung zu beantragen, und hat sich der Lehrling der Gesellenprüfung zu unterziehen", wurde zurückgenommen [1]), da es nicht angängig sei, die Gesellenprüfung in das Belieben des Lehrlings zu stellen. Der Regierungsvertreter hatte erklärt, „daß man im Gesetze nur soweit gehen könne, an die Unterlassung der Ablegung der Gesellenprüfung für den Lehrling empfindliche nachteilige Folgen zu knüpfen, dagegen einen unmittelbaren Zwang zur Ablegung der Prüfung der Natur der Sache nach nicht vorschreiben könne. Im übrigen bezwecke der § 131 Abs. 1 lediglich, auszusprechen, daß bei der Einführung der Prüfungen dafür gesorgt werden müsse, daß überall da, wo ein Bedürfnis dazu vorhanden sei, die im Gesetze vorgesehenen Prüfungsausschüsse eingerichtet werden müßten.

Trotz der genauen Erklärung der Regierungsvertreter haben die meisten Handwerkskammern sowohl in ihrem Lehrvertrage (§ 15 des preußischen Normallehrvertrages) als auch in den Vorschriften zur Regelung des Lehrlingswesens (§ 17 der preußischen und diesen nachgebildeten, § 19 der bayrischen Vorschriften zur Regelung des Lehrlingswesens) eine Pflicht des Lehrlings, die Lehrlingsprüfung abzulegen statuiert (die sächsischen, württembergischen und bayrischen Vorschriften verlangen nur, daß der Lehrherr den Lehrling zur Prüfung anhält. § 12 der sächsischen, § 18 der württembergischen, § 20 Abs. 2 der badischen „Vorschriften"). Die Handwerkskammern haben sich hierzu auf Grund des § 103 e GO. für befugt gehalten. Die Handwerkskammer Berlin betonte in einem Schreiben an die Handwerkskammer Coblenz [2]), daß ihre Vorschriften (mit denen die Vorschriften der anderen preußischen Kammern fast übereinstimmen) in Verbindung mit 2 höheren Beamten des Ministeriums ausgearbeitet worden seien und diese direkt beabsichtigt hätten, durch Einfügung des § 17 die Gesellenprüfung obligatorisch zu machen. Andere Kammern scheinen sich der Unzulänglichkeit der in die Vorschriften aufgenommenen Bestimmung bewußt gewesen

1) Stenogr. Ber. ü. d. Verhdl. d. RT. 1895/97, Anl. Bd. III, S. 4268 Aktenstück 819. — 1) Jahresbericht der Handwerkskammer Coblenz 1902, S. 55.

zu sein und gedachten den Lehrling, der dieselbe Bestimmung im Lehrvertrag unterschreiben mußte, durch seine Unterschrift zwingen zu können, die Prüfung abzulegen [1]). Selbstverständlich ist eine derartige Festsetzung gegen den Willen des Gesetzes auch dann wertlos, wenn der Lehrling sich im Lehrvertrag dazu verpflichtet hat; denn der Lehrvertrag wirkt nur für die Dauer der Lehrzeit, und die Lehrlingsprüfung soll erst nach deren Beendigung abgelegt werden [2]); wo solche Vorschriften von der Verwaltungsbehörde genehmigt worden sind, hat dieselbe den von der Handwerkskammer verlangten Zwang in den Worten des § 17 der preußischen Vorschriften, „hat sich zu unterziehen", „als instruktionelle Bestimmung" für den Lehrling aufgefaßt [3]) und deshalb eine Bestrafung des Lehrlings bei Nichtablegung der Prüfung nie genehmigt [4]). Infolgedessen hat sich auch der Handwerks- und Gewerbekammertag mit der Frage beschäftigt und, da durch die Vorschriften der Handwerkskammern eine Pflicht zur Ablegung der Prüfung nicht statuiert werden konnte, auf dem V. Handwerks- und Gewerbekammertag zu Lübeck eine Aenderung der Gewerbeordnung verlangt, welche Forderung in Form einer Eingabe an die Bundesregierungen und den Reichstag unter dem 10. Februar 1906 abgesandt worden ist. Der Berichterstatter der betreffenden Kommission des Handwerkskammertages Lübeck, Landtagsabgeordneter Metzner (Neustadt in Schlesien) machte die Gesetzgebung für die infolge der Freiwilligkeit der Ablegung der Prüfung wachsende Verrohung unserer Jugend verantwortlich, indem der Innung und dem Lehrherrn durch die Entziehung jenes Machtmittels die Möglichkeit genommen sei, erzieherisch auf den Lehrling zu wirken. „Das dem unreifen Lehrling vorzeitig und verfrüht zugestandene Selbstbestimmungsrecht zeitigt eine Unbotmäßigkeit, die sich zunächst dem Meister gegenüber zeigt, dann aber stetig wachsend, späterhin zur Auflehnung gegen alle staatliche Autorität und Ordnung führt" [5]). Weiter

1) Jahresbericht der HK. München 1903, S. 170.

2) Nelken: Handwerkerschutzgesetze a. a. O. S. 712.

3) Schreiben des Regierungspräsidenten von Coblenz an die Handwerkskammer Coblenz im Jahresbericht der Handwerkskammer Coblenz 1903, S. 51 ff. — 4) Jahresberichte der Kammern Aachen 1903, S. 11. Coblenz 1902, S. 55, 1903, S. 51 ff. — 5) Verhdl. des V. Handwerks- und Gewerbekammertages zu Lübeck, 1904, S, 31.

hält er unter den heutigen Verhältnissen eine richtige Prüfung von einem gewissenhaften und genau prüfenden Prüfungsausschuß für unmöglich, da ein Prüfungsausschuß, der Lehrlinge durchfallen ließe, „sich ewiger Ferien erfreuen würde". Bei der Richtigkeit dieser Ausführungen, denen leider von keiner Seite entgegengetreten wurde, würden diese gegen die Handwerkskammern und Innungen selbst zeugen und deren Daseinsberechtigung auf einem der wichtigsten Gebiete in Frage stellen. Erfreulicherweise stehen die Tatsachen den Ausführungen des Abgeordneten Metzner entgegen. Was die Erziehung des Lehrlings anlangt, so braucht ein tüchtiger Lehrmeister hierzu überhaupt keine Gesetzesbestimmung. Für faule und widerspenstige Lehrlinge aber steht ihm sowohl die Gewerbeordnung in den §§ 127 a und 127 b, als auch der diese Fälle berücksichtigende Lehrvertrag zur Seite. In Bezug auf die Prüfung zeigen die, auf eine Umfrage des Verfassers an die Handwerkskammern, eingegangenen Berichte, mit welchem Erfolge auch ohne obligatorische Lehrlingsprüfung die Handwerkskammern resp. Innungen die bestehenden Gesetzesvorschriften gehandhabt haben. Von den 71 Kammern stehen für 51 brauchbare Angaben zur Verfügung [1]). Von diesen 51 Kammern haben bei 5 Kammern, Greiz, Insterburg, Posen, Stadthagen, Zittau, sich alle auslernenden Lehrlinge des letzten Jahres 1905/06, 7948, der Prüfung unterzogen. Im ganzen wurden bei den 51 Kammern, bei denen 362 926 Lehrlinge eingeschrieben waren und von denen im Jahre 1905/06 98 206 die Lehre beendigten, 78 243 geprüft. Dieser Umstand, daß sich im Jahre 1906 79,66% der auslernenden Lehrlinge der Lehrlingsprüfung unterzogen haben, bedeutet, wenn man berücksichtigt, daß eine große Anzahl Lehrlinge, die ihre Lehrzeit beendigen, garnicht die Absicht haben, im Handwerk zu bleiben, sondern zur Industrie überzugehen, als Werkmeister, Vorarbeiter oder Fabrik-

---

1) Aachen, Bayreuth, Berlin, Bielefeld, Braunschweig, Bremen, Cassel, Chemnitz, Coblenz, Cöln, Danzig, Darmstadt, Detmold, Dessau, Düsseldorf, Erfurt, Flensburg, Frankfurt a. O., Freiburg, Gera, Greiz, Hamburg, Halle, Harburg, Heilbronn, Insterburg, Kaiserslautern, Königsberg, Konstanz, Liegnitz, Magdeburg, Mannheim, Meiningen, München, Münster, Nürnberg, Osnabrück, Passau, Plauen, Posen, Regensburg, Reutlingen, Schwerin, Sigmaringen, Stadthagen, Stettin, Stralsund, Stuttgart, Ulm, Weimar, Wiesbaden, Würzburg, Zittau.

arbeiter, und deshalb keine Prüfung ablegen, bei einer noch in der Entwicklung stehenden Institution einen Erfolg, wie er wohl kaum erwartet worden sein dürfte. Bei richtiger Handhabung der Prüfung und weiterem Bekanntwerden der Notwendigkeit der Prüfung dürfte sich eine Steigerung der Zahl der Prüflinge auf 85—90% der Auslernenden wohl erreichen lassen. Was die Gewissenhaftigkeit und das genaue Prüfen der Prüfungsausschüsse anlangt, so wird in den Jahresberichten der Handwerkskammern fast übereinstimmend der tiefe Ernst der Prüfungsausschüsse im Hinblick auf die übernommenen Aufgaben betont.

Weiterhin gehört es zu den Seltenheiten, daß alle Lehrlinge, die sich zur Prüfung melden, dieselbe bestehen. 2—3% pflegen meist die Prüfungen nicht zu bestehen, bei der Handwerkskammer Konstanz z. B. bestanden im Jahre 1905/06 von 316 Lehrlingen nur 240 die Prüfung, sodaß auch hierdurch der Einwand des Abg. Metzner auf dem V. Handwerkskammertag zu Lübeck, daß ein Prüfungsausschuß, der Lehrlinge durchfallen ließe, „sich ewiger Ferien erfreuen würde", widerlegt ist. Nach alledem dürfte keine Notwendigkeit vorliegen, einen Zwang zur Ablegung der Lehrlingsprüfung einzuführen, um so weniger, als bei dem Mangel einer gesetzlichen Scheidung zwischen Handwerks- und Fabrikbetrieben ein solcher Zwang unzählige Streitfälle im Gefolge haben müßte; auch die vom V. Handwerks- und Gewerbekammertag empfohlene Lehrlingsdefinition würde in dieser Hinsicht nicht helfen können.

Auf einen entgegengesetzten Standpunkt hinsichtlich der Prüfung stellte sich, wie bereits erwähnt, der V. Handwerks- und Gewerbekammertag zu Lübeck. Die auf Grund seiner Eingabe an die Landesregierungen und den Reichstag geforderte obligatorische Einführung der Gesellenprüfung [1]) kann gesetzlich gar nicht gefordert werden.

Der Staat hat nur da das Recht zu fordern, wo es sich um die Ausübung einer Tätigkeit im öffentlichen Interesse, nicht aber da, wo es sich wie in diesem Fall um die Erlangung eines persönlichen Rechtes handelt. Selbst wenn man dem Staate ein solches Recht

1) Mitteilungen des Handwerks- und Gewerbekammertages 1905, No. 2, S. 3.

zugestehen wollte, würde eine Aenderung des Gesetzes nach Antrag des V. Handwerks- und Gewerbekammertages, infolge des Mangels einer Strafandrohung bei Nichtablegung der Prüfung wenig nützen. Man scheint selbst in diesen Kreisen der Anhänger der obligatorischen Gesellenprüfung gefühlt zu haben, daß ein Verzicht auf die Erlangung eines persönlichen Rechtes nicht unter Strafe gestellt werden kann. (Vergleiche auch hierzu die Aeußerungen des Regierungsstellvertreters in der Reichstagskommission oben S. 239.)

Hat der Gesetzgeber eine Pflicht des Lehrlings zur Ablegung der Prüfung nicht statuieren wollen, so hat er andererseits die hohe Bedeutung der Prüfung außer durch die erwähnten wirtschaftlichen Nachteile des Lehrlings dadurch charakterisiert, daß er den Innungen und dem Lehrherrn zur Pflicht gemacht hat, den Lehrling zur Abhaltung der Prüfung anzuhalten (§ 131 c Abs. 1). Dieser Absatz ist von der Reichstags-Kommission mit Rücksicht auf die Freiwilligkeit der Prüfung eingefügt worden [1]). Durch die Novelle zur Gewerbeordnung vom 30. Mai 1908 hat dieser § 131 c eine andere Fassung erhalten, die sich aber materiell von den früheren nicht unterscheidet. Bei der Beratung dieses Paragraphen im Reichstage fehlte es wiederum nicht an Versuchen, die obligatorische Prüfung einzuführen, jedoch ohne Erfolg; dagegen wurde bei der ersten Beratung ein Antrag auf Schutz des Gesellentitels angenommen, bei der zweiten Beratung jedoch, infolge des entschiedenen Widerspruchs des Staatssekretärs, abgelehnt [2]). Diese gesetzliche Verpflichtung der Innung kann aus der der Innung zustehenden Aufgabe gemäß § 81 a Ziffer 3 gefolgert werden, wonach ihr die Fürsorge für die technische, gewerbliche und sittliche Ausbildung der Lehrlinge überlassen ist. Vernachlässigt die Innung diese Pflicht, so kann ihre Aufsichtsbehörde gegen sie Strafen festsetzen, und die höhere Verwaltungsbehörde kann evtl. sogar auf Grund des § 97 Abs. 1 Ziffer 2 wegen Nichterfüllung der ihr durch § 81 a auferlegten Pflichten trotz wiederholter Aufforderung die Innung schließen.

Da es sich um eine gesetzliche Pflicht gegen die anvertrauten Lehrlinge handelt, kann der Lehrherr bestraft werden auf Grund des § 148 Ziffer 9 GO. mit Geldstrafe bis zu 150 Mk., im Unvermögens-

---

1) Stenogr. Ber. ü. d. Verhdl. des RT. 1895/97, Anl. VII, S. 4268 Aktenstück 199.

2) Landmann a. a. O. Nachtrag zur V. Auflage 1909, S. 20.

falle bis zu 4 Wochen Haft. Wiederholen sich diese Fälle öfter, so kann ihm von der unteren Verwaltungsbehörde gemäß § 126 a Abs. 1 die Befugnis zum Halten und zur Anleitung von Lehrlingen entzogen werden.

Die Abnahme der Prüfung erfolgt durch besonders hierzu eingesetzte Prüfungsausschüsse. Diese Prüfungsausschüsse müssen gebildet werden bei jeder Zwangsinnung und können bei jeder anderen Innung gebildet werden, wenn diese von der Handwerkskammer die Genehmigung zur Abnahme der Prüfung erhalten hat. Soweit für die Abnahme der Prüfungen für die einzelnen Gewerbe nicht durch Prüfungsausschüsse der Innungen und der im § 129 Abs. 4 bezeichneten Lehrwerkstätten, gewerblichen Unterrichtsanstalten und Prüfungsbehörden gesorgt ist, hat die Handwerkskammer die erforderlichen Prüfungsausschüsse zu errichten (§ 131).

In letzter Linie ist es also die Handwerkskammer, die für das Vorhandensein von Prüfungsausschüssen verantwortlich ist. Diese Pflicht wird ihr außerdem in dem § 103 e Ziffer 5 der GO. nochmals ausdrücklich auferlegt.

Der Prüfungsausschuß muß aus einem Vorsitzenden und mindestens zwei Beisitzern bestehen (§ 131 a Abs. 1). Das Nähere hierüber hat nach § 103 Abs. 2 Ziff. 11 das Statut der Handwerkskammer oder nach § 83 Abs. 2 Ziff. 2 das Statut der Innung zu bestimmen. Nach den Statuten der Handwerkskammern (inhaltlich alle gleich) ist in dieser Hinsicht hervorzuheben, daß das Prüfungsrecht den Innungen nur dann verliehen wird, wenn die bei den Innungsmitgliedern beschäftigten Lehrlinge die etwa bestehende Fortbildungs- oder Fachschule regelmäßig besuchen. Weiterhin kann die Zuständigkeit des von einer freien Innung gebildeten Prüfungsausschusses auf alle im Innungsbezirk vorhandenen Lehrlinge der betreffenden Gewerbe ausgedehnt werden, wenn 2/3 der beteiligten Handwerker des Innungsbezirkes, welche Lehrlinge halten, der Innung angehören.

Der Vorsitzende des Prüfungsausschusses wird in allen Fällen von der Handwerkskammer bestellt (§ 131 a), um dadurch eine Garantie für die sachgemäße Handhabung der Prüfung zu sichern [1]). Da das Gesetz nicht besonders vorschreibt, wer zum Vorsitzenden

1) Stenogr. Ber. ü. d. Verhdl. d. RT. 1895/97 . . . . Bd. II, S. 3803 Aktenstück 41.

des Prüfungsausschusses zu bestellen ist, so können die Handwerkskammern hierzu auch Personen bestellen, welche nicht Handwerker sind, z. B. Lehrer, Rentiers usw. In ihren Statuten haben sie dies noch besonders hervorgehoben.

Die Beisitzer der Prüfungsausschüsse bestehen zur Hälfte aus Meistern und zur Hälfte aus Gesellen. Bei einem Innungsprüfungsausschuß werden erstere durch die Innungsversammlung, letztere durch den bei der Innung gemäß § 95 GO. zu bildenden Gesellenausschuß gewählt. Der bei der Handwerkskammer zu bildende Prüfungsausschuß wird von dieser ganz bestellt; doch muß auch hier die Hälfte der Beisitzer aus Gesellen bestehen (§ 131 a Abs. 2). Da nach den Motiven der Novelle von 1897 [1]) die Mitglieder von Prüfungsausschüssen Inhaber von Aemtern der Innungen und Handwerkskammern sein sollen, so finden auf sie alle für diese Personen geltenden Vorschriften der GO. Anwendung, also insbesondere ist das Amt ein Ehrenamt (§ 94 a Abs. 1 GO.), wählbar sind nur die zum Amt eines Schöffen fähigen. Die Bestimmungen über Wahlanfechtung (§ 94 GO.), Wahlablehnung (§ 94 a Abs. 2 GO.) gehören hierher. Die Vorsitzenden der Prüfungsausschüsse fallen, da sie Mitglieder derselben sind, auch unter diese Vorschriften [2]).

Eine Beschwerde des Lehrlings gegen den Ausfall der Prüfung kennt das Gesetz nicht, da „solche Berufungskommissionen für die Wiederholung der Prüfung nicht geeignet erscheinen und ihre Einrichtung den Prüfungsapparat erheblich beschweren würde“ [3]). Dagegen hat der Vorsitzende des Prüfungsausschusses das Recht, „Beschlüsse des Prüfungsausschusses mit aufschiebender Wirkung zu beanstanden“ (§ 132), „um den Lehrling gegen eine etwa unbillige Beurteilung seiner Leistungen zu schützen“ [4]). Außer dem Vorsitzenden hat niemand das Recht der Beanstandung. Weder die Aufsichtsbehörde der Innung, noch diejenige der Handwerkskammer. Die Aufsichtsbehörde kann nur auf Grund des § 96

1) Stenogr. Ber. ü. d. Verhdl. d. RT. 1895/97, Anl. VI. S. 3903 Aktenstück 41. — 2) Landmann a. a. O., Bd. II, S. 252 f. — Hoffmann: Die Organisation a. a. O. — Nelken: Handwerkergesetze a. a. O., S. 715. — Anderer Meinung ist Schicker a. a. O. Bd. I, S. 745. — 3) Stenogr. Ber. ü. d. Verhdl. d. RT. 1895/97, Anl. Bd. VII, S. 3804 Aktenstück 41. — 4) Dieselben S. 3804.

Abs. 2 GO. den Vorsitzenden anweisen, daß er von seinem Beanstandungsrecht Gebrauch macht [1]).

„Ueber die Beanstandung entscheidet die Handwerkskammer" (§ 132), durch den gemäß § 103 e Ziff. 6 besonders zu bildenden Ausschuß zur Entscheidung über Beanstandungen von Beschlüssen der Prüfungsausschüsse, bei dessen Entscheidungen gemäß § 103 k Abs. 1 Ziff. 3 der Gesellenausschuß der Handwerkskammer mitzuwirken hat.

Es ist auffallend, daß die Gesellenbeisitzer der Innungsprüfungsausschüsse von dem Gesellenausschuß der Innung, dagegen die Gesellenbeisitzer der Handwerkskammerprüfungsausschüsse von der Handwerkskammer bestellt werden. Dies dürfte darauf zurückzuführen sein, daß die Gesellenausschüsse bei den Handwerkskammern erst durch die Reichstagskommission geschaffen worden sind [2]), und man bei Beratung des nach der Regierungsvorlage angenommenen § 131 a übersehen hat, eine entsprechende Aenderung vorzunehmen. Die Gesellenbeisitzer müssen nach § 131 a Abs. 2 eine Gesellenprüfung bestanden haben und zu Mitgliedern von Handwerkskammer- bezw. Innungsgesellenausschüssen wählbar sein (§ 95 a resp. 103 l) [3]). Diese Ansicht ist durch die Handwerkskammerstatuten bestätigt.

Die Mitglieder der Prüfungsausschüsse werden auf bestimmte Zeit, in der Regel auf 3 Jahre bestellt (§ 131 a Abs. 3). Diese kurze Wahlperiode beruht auf der Erwägung, daß es nicht gerechtfertigt sein würde, für dieses mit vieler Mühe verbundene Amt eine längere Wahlperiode festzusetzen [4]), denn die Bestellung der Prüfungsausschußmitglieder ist unwiderruflich für die Dauer der Bestellung, ein Ausscheiden tritt nur ein, wenn Umstände eintreten oder bekannt werden, die die Wählbarkeit ausschließen.

Weil, besonders auf dem Lande geprüfte Gesellenbeisitzer

---

1) Verf. des preuß. Min. f. Handel und Gewerbe vom 16. Juni 1904 (Reger Bd. XXV, S. 223).

2) Stenogr. Ber. ü. d. Verhdl. d. RT. 1985/97, Anl. Bd. VII, S. 4261 Aktenstück 819.

3) Landmann a. a. O. Bd. II, S. 253. Hoffmann a. a. O. S. 154. Nelken: Handwerkergesetze a. a. O. S. 717. Anderer Meinung Schicker a. a. O. Bd. I. Wilhelmi a. a. O. S. 163.

4) Stenogr. Ber. ü. d. Verhdl. d. RT. 1895/97, Anl. Bd. VI, S. 3803.

schwer zu bekommen sind, hat das bayrische Staatsministerium des Königl. Hauses und des Aeußeren nach einer Verfügung vom 21. März 1907 gestattet, daß auch Gesellen als Beisitzer bestellt werden, welche keine Gesellenprüfung bestanden haben, wenn nur eine zweijährige Lehre zurückgelegt ist [1]). In Preußen hat man sich damit geholfen, daß in diesem Falle an Stelle des Gesellenbeisitzers infolge ministerieller Erlaubnis junge Meister treten; in Württemberg genügt, wenn die Mitwirkung der Gesellen durch besondere Umstände erschwert ist, die Anwesenheit zweier Beisitzer aus dem Stande der selbständigen Handwerker [2]).

Zur Prüfung muß, da als Erfordernis nur die Zurücklegung der Lehrzeit verlangt wird, jeder Lehrling zugelassen werden, der dieses Erfordernis durch Vorlage eines Lehrlingszeugnisses oder Lehrbriefes erfüllt und in einem Gesuch an den zuständigen Prüfungsausschuß die Zulassung zur Prüfung nachsucht. Sofern der Lehrling während der Lehrzeit zum Besuch der Fortbildungsschule oder Fachschule verpflichtet war, hat er die Zeugnisse über den Schulbesuch beizufügen (§ 131 c Abs. 2). Unbefriedigende Zeugnisse können also eine Abweisung des Lehrlings nicht begründen, sondern durch die Zeugnisse soll nur die persönliche Beurteilung des Prüflings erleichtert werden [3]).

„Der Prüfungsausschuß hat das Ergebnis der Prüfung auf dem Lehrzeugnis oder Lehrbriefe zu beurkunden" (§ 131 c Abs. 3). Die Reichstagskommission hielt diese Fassung gegenüber derjenigen des Entwurfs „hat dem Lehrling über das Ergebnis der Prüfung ein Zeugnis auszustellen" sowohl im Interesse der Innungen wie des Lehrlings geboten [4]).

„Wird die Prüfung nicht bestanden, so hat der Prüfungsausschuß den Zeitraum zu bestimmen, vor dessen Ablauf die Prüfung nicht wiederholt werden darf" (§ 131 c Abs. 3). Wegen des öffentlich-rechtlichen Interesses [5]) sollen die Prüfungszeugnisse stempel- und kostenfrei sein (§ 131 c Abs. 4). Das Recht des Vorsitzenden auf Beanstandung soll sich nach dem Entwurfe auf a l l e Beschlüsse

1) Bayr. Verordnungsblatt v. 22. III. 07. — 2) Jahresbericht der Handwerkskammer Reutlingen 1901, S. 30. — 3) L a n d m a n n a. a. O. Bd. II, S. 256. — 4) Stenogr. Ber. ü. d. Verhdl. d. RT. 1895/97. Anl. Bd. VII, S. 4269 Aktenstück 819. — 5) Stenogr. Ber. ü. d. Verhdl. d. RT. 1895/97 Anl. Bd. VII, S. 3803 Aktenstück 41.

des Prüfungsausschusses erstrecken, sowohl über die Zulassung zur Prüfung, als auch über das Ergebnis der Prüfung [1]).

Damit ist jedoch nicht gesagt, wie viele Handwerkskammern glauben, daß der Prüfling nunmehr nachlernen muß; denn da die Prüfung erst nach Ablauf der Lehrzeit stattfinden darf, so ist die Lehrzeit vorüber und kann ohne Willen des Lehrlings nicht mehr verlängert werden [1]), wenn nicht außerdem die gesetzliche Maximalgrenze der Dauer der Lehrzeit von 4 Jahren dies verhindert.

Inkonsequent ist die Ansicht Nelkens [2]), wonach derselbe es für zulässig erklärt, daß die Handwerkskammer in ihren Vorschriften bestimmen kann, daß derjenige Lehrling länger zu lernen hat, der die Prüfung nicht ablegt oder nicht besteht, während er auf Seite 712 zugibt, daß ein rechtlicher Zwang zur Ablegung der Prüfung auf den Lehrling nicht ausgeübt werden kann, auch wenn derselbe sich im Lehrvertrage verpflichtet hat, „denn der Lehrvertrag gilt nur für die Dauer der Lehrzeit und die Gesellenprüfung soll erst nach deren Ablauf abgelegt werden". Da die „Vorschriften zur Regelung des Lehrlingswesens" der Handwerkskammer eine Ergänzung des Lehrvertrages sind, gelten auch sie nur für die Dauer der Lehrzeit und der Lehrling untersteht ihnen nicht mehr, wenn er die Lehre beendigt hat.

Freie Innungen haben nach § 81 b Ziff. 2 das Recht, Gesellenprüfungen abzuhalten, auch ohne besondere Genehmigung der Handwerkskammer, wenn sie dies nur in ihre Statuten aufgenommen haben. Wenn durch diese Prüfungen auch nicht das Recht zur Anleitung von Lehrlingen erworben wird, so lag doch die Gefahr nahe, daß Lehrlinge, die eine solche Prüfung bestanden haben, in dem Glauben sein konnten, dadurch später Lehrlinge anleiten zu dürfen. Einige Kammern haben nunmehr den betreffenden Innungen verboten, Prüfungen abzuhalten, welche Verfügung naturgemäß ungültig war [3]). Es blieb deshalb nur übrig, außer Aufklärung der beteiligten Kreise, besonders der Lehrlinge und deren Eltern, die Prüfungszeugnisse, die später zur Anleitung von Lehrlingen berechtigten, besonders zu kennzeichnen. Es ge-

---

1) Stenogr. Ber. ü. d. Verhdl. d. RT. a. a. O. 1895/97, Bd. VI, S. 3804 Aktenstück 713. — 2) Nelken: Handwerkergesetze a. a. O. S. 724. — 3) Ostpreußische Handwerkerzeitung v. 15. VIII. 03.

schieht dies jetzt entweder durch ein Siegel der Handwerkskammer, oder wie die meisten Handwerkskammern die Angelegenheit nach dem Vorschlage des preußischen Ministers für Handel und Gewerbe geregelt haben, durch Aufnahme folgenden Zusatzes in das Prüfungszeugnis:

„Dieses Zeugnis, welches von einem auf Grund des § 131 GO. zur Abnahme der Gesellenprüfung bestellten Prüfungsausschusse erteilt ist, verleiht dem Inhaber mit dem vollendeten 24. Lebensjahre gemäß § 129 a. a. O. die Befugnis zur Anleitung von Lehrlingen."

Dieser Zusatz muß gemäß der Novelle vom 30. Mai 1908, nach welcher in Handwerksbetrieben nur derjenige Lehrlinge anleiten darf, der die Meisterprüfung (§ 133 GO.) bestanden hat, entsprechend geändert werden.

Die gesetzlichen Bestimmungen (§§ 81 b Ziff. 3 und 131) stehen also hier miteinander in Widerspruch und bedürften dringend einer Aenderung wegen der entstehenden Folgen.

Um das neue System des Prüfungsausschusses nicht überall streng durchführen zu müssen, insbesondere dort, wo Prüfungsausschüsse schon vor dem Erlaß des Gesetzes vorhanden waren, die aufzuheben schon aus dem Grunde wenig praktisch war, weil sie sich vielfach außerordentlich bewährt hatten, hat der Gesetzgeber bestimmt, daß die Landeszentralbehörden befugt sein sollen, die Bestellung der Prüfungsausschüsse, das Verfahren bei der Prüfung, die Gegenstände der Prüfung, sowie die Prüfungsgebühren abweichend von den Vorschriften der §§ 131 bis 132 zu regeln; sie sollen dabei jedoch hinsichtlich der bei der Prüfung zu stellenden Anforderungen nicht unter das im § 131 b bestimmte Maß herabgehen (§ 132 a).

In Bezug auf die Bestellung der Prüfungsausschüsse hat Preußen in einem Ministerialerlaß vom 6. August 1900 [1]) und einer Ergänzung hierzu vom 2. Januar 1901 [2]) von dieser Befugnis Gebrauch gemacht.

Nach dem Erlaß von 1900 ist bei allen gemischten Innungen, d. h. bei solchen Innungen, welche mit einander nicht verwandte

---

1) Reger a. a. O. Erg.Bd. II, S. 188, preuß. Min.Bl. 1900, S. 284.

2) Preuß. Min.Bl. 1901, S. 24. Handwerkerzeitung, Berlin 1901, No. 14, S. 2.

Handwerkszweige in sich vereinigen und bei allen freien Innungen, die keinen Gesellenausschuß haben, von der Bildung von Prüfungsausschüssen abzusehen. Bei Innungen, die mehrere verwandte Gewerbe in sich vereinigen, soll die Zahl der Beisitzer so bemessen sein, daß aus jedem der vertretenen Gewerbe erforderlichenfalls mindestens je ein Vertreter zur Prüfung zugezogen werden kann.

Die Erteilung des Prüfungsrechts an freie Innungen soll erst nach genauer Prüfung der Verhältnisse geschehen. Neben Leistungsfähigkeit und Ansehen der Innung soll insbesondere der Umstand Berücksichtigung finden, ob durch das Vorhandensein geeigneter Prüfungsmeister eine genügende Gewähr für die sachgemäße Abnahme der Prüfung gegeben und Vorsorge getroffen ist, daß die bei den Innungsmitgliedern beschäftigten Lehrlinge die etwa bestehende Fortbildungs- und Fachschule regelmäßig besuchen.

Die Zuständigkeit des Prüfungsausschusses einer Zwangsinnung und einer freien Innung ist beschränkt auf die Lehrlinge der Innungsmitglieder. Bei freien Innungen kann die Zuständigkeit auf alle innerhalb des Innungsbezirks vorhandenen Lehrlinge des betreffenden Gewerbes ausgedehnt werden, wenn $2/3$ der beteiligten Handwerker des Innungsbezirks, welche Lehrlinge halten, der Innung angehören.

Infolge dieses Erlasses vom 6. August 1900 konnten die Handwerkskammern solchen freien Innungen, die keinen Gesellenausschuß hatten, die Erlaubnis zur Abhaltung der Lehrlingsprüfung gemäß § 131 nicht erteilen. Es wurden hiervon nach dem Erlaß des preußischen Ministers vom 2. Januar 1901 leistungsfähige und angesehene Innungen betroffen, bei denen aber ein Gesellenausschuß nicht zustande kam, weil entweder die zur Bildung eines Gesellenausschusses notwendige Zahl von Gesellen von Innungsmitgliedern nicht beschäftigt wurde, oder die vorhandenen Gesellen den gesetzlichen Voraussetzungen für die Wählbarkeit nicht entsprachen, oder infolge stetigen Ab- und Zuwanderns, wie es bei vielen Gewerben der Fall ist, ein dauernder Stamm von Gesellen nicht vorhanden war. Infolge der dadurch entstehenden Härte hat der Minister für Handel und Gewerbe in einem Erlaß vom 2. Januar 1901 genehmigt, daß auch solchen freien Innungen die Ermächtigung zur Abnahme von Prüfungen gewährt werden kann, wenn wenigstens $2/3$ der Handwerker im Bezirk der Innung

Mitglieder der Innung sind und dieselbe wenigstens 4 Gesellen beschäftigt. Die Mitglieder des Prüfungsausschusses aus dem Stande der Gesellen sollen in diesem Falle von der Handwerkskammer ernannt werden; jedoch sollen die zu Ernennenden tunlichst den Anforderungen der §§ 95 bis 95 c entsprechen. Ist bei einer Zwangsinnung die Errichtung eines Gesellenausschusses aus den oben angeführten Gründen nicht möglich, so sollen auch hier die notwendigen Gesellen nach Maßgabe der oben erwähnten Voraussetzungen von der Handwerkskammer gewählt werden [1]).

Die näheren Bestimmungen über die Prüfung, das Verfahren vor dem Prüfungsausschusse, der Gang der Prüfung, die Höhe der Prüfungsgebühren usw. sollen in einer von der höheren Verwaltungsbehörde im Einvernehmen mit der Handwerkskammer zu erlassenden Prüfungsordnung geregelt werden, die, wenn ein Einvernehmen mit der Handwerkskammer nicht zustande kommt, von der Landeszentralbehörde zu erlassen ist (§ 131 Abs. 2). Um die zur Zeit des Zunftniederganges bei den Prüfungen auftretenden Mißstände fernzuhalten [2]), hat der Gesetzgeber den Rahmen festgesetzt, in welchem allgemein diejenigen Gegenstände aufgeführt werden, auf welche sich die Prüfung erstrecken soll. Der § 131 b Abs. 1 GO. sagt hierüber: „Der Prüfling hat den Nachweis zu erbringen, daß der Lehrling die in seinem Gewerbe gebräuchlichen Handgriffe und Fertigkeiten mit genügender Sicherheit ausübt, und sowohl über den Wert, die Beschaffung, Aufbewahrung und Behandlung der zu verarbeitenden Rohmaterialien, als auch über die Kennzeichen ihrer guten und schlechten Beschaffenheit unterrichtet ist."

Die Landeszentralbehörden, die nach § 132 a GO. die Prüfung selbständig zu regeln befugt sind, dürfen unter diese obenerwähnten Anforderungen nicht heruntergehen.

Es steht den zuständigen Organen jedoch frei, durch die Prüfungsordnung zu bestimmen, daß die Prüfung auch in Buch- und Rechnungsführung zu geschehen hat, und daß zu diesem Zwecke ein mit Stimmrecht ausgestatteter Sachverständiger zuzuziehen ist. Da in diesem Falle die Mitgliederzahl des Prüfungsausschusses eine gerade wird, so soll der Vorsitzende bei Stimmengleich-

---

1) Min.Bl. 1901, S. 24.

2) Stenogr. Ber. a. a. O. 1895/97 Bd. VI, S. 3803 Aktenstück 713.

heit den Ausschlag geben (§ 131 b Abs. 3) [1]). Die Prüfung über Buch- und Rechnungsführung hat man deshalb nicht in den Abs. 1 des § 131 b einbezogen, weil Buch- und Rechnungsführung nur dann verlangt werden kann, wenn dem Prüfling Gelegenheit zur Erlernung dieser Materie geboten war, z. B. durch Fach- und Fortbildungsschulen oder durch besondere von der Handwerkskammer, Innung usw. errichtete Kurse.

Während in Bayern und Württemberg die Prüfungsvorschriften für sämtliche Handwerke des Handwerkskammerbezirks nur eingeteilt sind in solche mit und in solche ohne Gesellenstück, besteht in Preußen für jedes im Handwerkskammerbezirk vertretene Handwerk eine besondere Prüfungsordnung, evtl. für verwandte Gewerbe mit gemeinschaftlichem Prüfungsausschuß eine gemeinsame Prüfungsordnung. (Laut Erlaß des preußischen Ministers für Handel und Gewerbe vom 17. November 1900.) Auch für jeden Innungsprüfungsausschuß darf nur eine Prüfungsordnung gelten. Sind also in einer mit dem Prüfungsrecht ausgestatteten Innung andere Handwerke miteinander verbunden als in den von der Handwerkskammer errichteten Prüfungsausschüssen, so bedarf es für den Innungsprüfungsausschuß des Erlasses einer besonderen Prüfungsordnung. In Bezug auf die Prüfungsordnungen ist noch folgendes hervorzuheben: Für Preußen hat der Minister für Handel und Gewerbe den Aufsichtsbehörden der Handwerkskammern, also den zuständigen Regierungspräsidenten unter dem 17. November 1900 zwei Lehrlingsprüfungsordnungen zugehen lassen. Diese beiden Prüfungsordnungen stimmen insofern nicht überein, als die eine nur eine Arbeitsprobe, die andere außerdem noch ein Gesellenstück verlangt. In dem beigefügten Erlaß weist der Minister darauf hin, daß die Forderung eines Gesellenstücks dort, wo sie zweckdienlich und herkömmlich sei, beibehalten werden könne, daß aber im Interesse der Vereinfachung der Prüfung und der Vermeidung von Kosten die Beseitigung des Gesellenstückes als erwünscht anzusehen sei. Infolgedessen haben die Handwerkskammern teils die eine, teils die andere Prüfungsordnung akzeptiert. Die Bestimmungen über das Gesellenstück haben aufgenommen die Handwerkskammern: Posen, Königsberg, Halle, Frankfurt a. M., Oppeln,

---

1) Stenogr. Ber. a. a. O. 1895/97, S. 3803 Aktenstück 41.

Dortmund, Cassel, Aachen, Weimar, Bremen, Greiz, Schwerin, Straßburg, Lippe, Leipzig, Chemnitz und die bayrischen Kammern [1]). Die württembergischen Kammern haben für die Handwerke, von denen sie ein Gesellenstück nicht verlangen, eine besondere Gesellenprüfungsordnung erlassen. Dieselbe stimmt mit der für die anderen Handwerke erlassenen überein, nur sind die Bestimmungen über Gesellenstück weggelassen. Ein Gesellenstück brauchen hiernach nicht zu machen: die Bäcker-, Brauer-, Dachdecker-, Färber-, Gerber-, Installateur-, Kaminfeger-, Maurer-, Metzger-, Müller-, Pflästerer-, Seifensieder-, Steinhauer-, Wachszieher- und Zimmerlehrlinge.

Bezüglich des Verfahrens ist wichtig, daß die Prüfung in eine praktische und eine theoretische zerfällt. Bei der praktischen Prüfung verlangen einzelne Kammern, wie bereits erwähnt, Gesellenstück und Arbeitsprobe, andere nur die Arbeitsprobe und die badischen Kammern entweder die Anfertigung eines Gesellenstückes oder eine Arbeitsprobe. Durch das Gesellenstück soll der Prüfling dartun, daß er sich die in seinem Gewerbe gebräuchlichen Kenntnisse angeeignet hat. Die Festsetzung des Gesellenstücks erfolgt durch den Prüfungsausschuß unter tunlichster Berücksichtigung der Wünsche des Lehrlings. Der Vorsitzende des Ausschusses kann bestimmen, ob dasselbe in der Werkstatt des Lehrmeisters oder einer fremden auszuführen ist. Nach den badischen Vorschriften m u ß das Gesellenstück in der Werkstatt des Schaumeisters bezw. in fremder Werkstätte hergestellt werden; die Werkstätte des Lehrmeisters darf nur dann genommen werden, wenn die Beschaffung einer anderen Werkstätte mit größeren Schwierigkeiten oder Kosten verknüpft ist. Diese Bestimmung dürfte sich als sehr segensreich erweisen, wird doch auf diese Weise ziemlich sicher festgestellt, ob die Arbeit mit fremder Hilfe angefertigt ist. Allerdings dürfte es häufig schwer sein, eine Werkstatt zu finden, da viele Handwerker nicht zugeben, daß der Geselle eines Konkurrenten in seiner Werkstatt arbeitet und hierdurch von allen vorhandenen und nicht vorhandenen Materialien Kenntnis erhält. Ein weiterer Uebelstand ist unstreitbar, daß ein Mitglied des Prüfungsausschusses jederzeit die betreffende Werkstatt, wo der Lehrling sein Gesellenstück anfertigt, betreten darf, was sehr leicht zu Mißhelligkeiten Anlaß geben kann. Hier würden

---

1) Mitteilungen und Jahresberichte dieser Kammern.

bei der Handwerkskammer selbst eingerichtete Ergänzungslehrwerkstätten (siehe oben) gute Dienste leisten, wo es ohne Schwierigkeiten ermöglicht werden könnte, Gesellenstücke anzufertigen.

Mit dem Gesellenstück hat der Lehrling an einem bestimmten Termin auch eine Werkzeichnung über das Gesellenstück abzuliefern.

Wird das Gesellenstück auch nicht von jeder Handwerkskammer verlangt, so fordern doch alle eine Arbeitsprobe, die den Nachweis erbringen soll, daß der Lehrling die in seinem Handwerke gebräuchlichen Handgriffe und Fertigkeiten mit genügender Sicherheit ausübt. In Bezug auf die Werkstätte, in welcher die Arbeitsprobe zu machen ist, gilt dasselbe wie bei dem Gesellenstück. Bei der mündlichen Prüfung über die Sachkenntnisse soll der Prüfling nachweisen, daß er über den Wert, die Beschaffung, Aufbewahrung, Verwendung, Behandlung und Beschaffenheit der in seinem Gewerbe zur Verarbeitung gelangenden Rohstoffe genügend Bescheid weiß. Hat der Lehrling Gelegenheit zum Besuche der Fortbildungs- und Fachschule gehabt, so soll er auch teils schriftlich, teils mündlich geprüft werden im Lesen, gewerblichem Aufsatz (z. B. Geschäftsempfehlungen, Arbeits- oder Preisangeboten, Quittungen, Arbeitsbescheinigungen), Rechnen (Bekanntschaft mit Maß, Gewicht, Geld und den gewöhnlichen Rechnungsarten) und in einfacher Buchführung. Zu der theoretischen Prüfung kann ein besonderer Sachverständiger zugezogen werden.

Nach den badischen Vorschriften kann die theoretische Prüfung erlassen oder auf die Besprechung des Gesellenstückes oder der Arbeitsprobe beschränkt werden, wenn der Prüfling durch das Zeugnis einer gewerblichen Unterrichtsanstalt die erforderlichen Kenntnisse nachweist.

Ueber die Prüfung ist ein Protokoll aufzunehmen, das von allen zu unterschreiben ist.

In Württemberg soll nach einer Bekanntmachung des Ministeriums des Innern und des Kirchen- und Schulwesens vom 5. Februar 1902 [1]) mit dieser Gesellenprüfung, aber von derselben zeitlich und räumlich ganz unabhängig eine Prüfung in Schulfächern verbunden werden. Die Prüfung, zu welcher alle im Prüfungsjahr ihre Lehre beendigenden Lehrlinge zugelassen sind, ist freiwillig;

1) Regierungsblatt 1902, S. 29.

sie muß sich auf Deutsch, Rechnen und Zeichnen erstrecken, kann aber auf Wunsch der Prüflinge alle in der Fortbildungsschule gelehrten Fächer umfassen. Die Prüfungskommission besteht aus dem Vorstand des Gewerbeschulrats und der Fortbildungsschule. Die Vorsitzenden der Gesellenprüfungsausschüsse können mit beratender Stimme zugezogen werden. Dieser Prüfung unterzogen sich im Jahre 1904 an 97 gewerblichen Fortbildungsschulen insgesamt 2785 Gewerbelehrlinge. Der auf die Zentralstelle für Gewerbe und Handel entfallende Anteil an den Prüfungskosten belief sich auf 1528,40 Mk. [1]).

Die Prüfungsordnungen enthalten außerdem die schon besprochenen gesetzlichen Bestimmungen und Voraussetzungen, die Art und Weise der Zusammensetzung des Prüfungsausschusses, die zu zahlenden Prüfungsgebühren und die den beteiligten Prüfungsausschußmitgliedern zukommenden Entschädigungen. Die Prüfungsgebühren sollen nach einem Erlaß des preußischen Ministers für Handel und Gewerbe vom 17. November 1900 für den ganzen Kammerbezirk einheitlich sein und sollen höchstens die durch die Prüfung verursachten baren Auslagen decken. Wenn auch eine einheitliche Regelung für das ganze Reich nicht angängig erscheint wegen der gegenüber städtischen Distrikten höheren Kosten bei der Abhaltung einer Prüfung auf dem Lande, so dürfte doch die heute bestehende Differenz zwischen den Prüfungsgebühren bei den verschiedenen Kammern unnötig hoch ein. Nach einer Umfrage des Verfassers, auf die 53 Kammern [2]) geantwortet haben, erhebt Bremen nur 2 Mk., 15 Kammern eine Gebühr von 3 Mk. [3]), Arnstadt

---

1) *Bechtle* a. a. O. S. 108.

2) Auf die Anfrage, ob und in welcher Höhe eine *Prüfungsgebühr* erhoben wird, haben geantwortet die Handwerkskammern:

Aachen, Altona, Arnsberg, Arnstadt, Augsburg, Berlin, Bielefeld, Braunschweig, Bremen, Cassel, Chemnitz, Coblenz, Cöln, Danzig, Darmstadt, Detmold, Dessau, Düsseldorf, Erfurt, Flensburg, Frankfurt a. O., Freiburg, Gera, Greiz, Hamburg, Halle, Harburg, Heilbronn, Insterburg, Kaiserslautern, Königsberg, Konstanz, Liegnitz, Mannheim, Meiningen, München, Münster, Nürnberg, Osnabrück, Passau, Plauen, Posen, Regensburg, Reutlingen, Schwerin, Sigmaringen, Stadthagen, Stettin, Stralsund, Stuttgart, Ulm, Weimar, Wiesbaden, Würzburg, Zittau.

3) Eine *Prüfungsgebühr* von 3 Mark erheben:

Augsburg, Cassel, Darmstadt, Freiburg, Heilbronn, Karlsruhe, Mann-

3,50 Mk., 12 von 5 Mk. [1]), 9 von 6 Mk. [2]), Danzig und Posen je nach den Gewerben 4—6 Mk., ebenso Hamburg von 5—10 Mk. Sind die Gebühren der zuletzt genannten Kammern schon im Verhältnis zu den verursachten Kosten als hoch zu bezeichnen, so verlangen noch höhere Prüfungsgebühren: Bromberg 7,50 Mk., Aachen, Breslau und Oppeln 8 Mk., die sächsischen Kammern (Chemnitz, Dresden, Leipzig und Zittau) 10 Mk., Königsberg 12 Mk. und Detmold sogar 30 Mk. Außer dem bei der Einschreibegebühr oben Seite 67 Bemerkten ist hier besonders hervorzuheben, daß durch eine derartig hohe Prüfungsgebühr die Gefahr entstehen kann, daß die Lehrlinge, die doch in den meisten Fällen die Gebühr zu zahlen haben werden, die Vorzüge einer solchen Prüfung infolge der hohen Prüfungsgebühr verkennen und vor der Ablegung der Prüfung zurückschrecken. Die Handwerkskammern dürfen gerade bei dieser Institution der Lehrlingsprüfung nichts herauszuschlagen suchen und der beste Maßstab in diesem Falle dürfte der Grundsatz: „Leistung nach Gegenleistung" sein, der auch von der Handwerkskammer Osnabrück befolgt wird. Sie erhebt je nach den entstehenden Kosten 2—6 Mk.

Zur wesentlichen Vereinfachung des ganzen Prüfungsverfahrens würde die Maßnahme führen, für alle Handwerke eines Prüfungsortes denselben Vorsitzenden zu wählen. Es könnte dies, wenn möglich, ein ehemaliger Handwerker sein, der sich zur Ruhe gesetzt hat. Auf diese Weise würde wie bei den Gewerbegerichten ein unparteiischer und doch handwerksmäßig vorgebildeter Vorsitzender vorhanden sein. Handelt es sich um größere Plätze, so kann ihm ein Geschäftsführer oder Sekretär zur Seite gestellt wer-

---

heim, Meiningen, München, Münster, Regensburg, Reutlingen, Saarbrücken, Stuttgart, Ulm, Würzburg.

1) Eine Prüfungsgebühr von 5 Mark erheben die Handwerkskammern:

Bielefeld, Braunschweig, Dessau, Erfurt, Gotha, Greiz, Konstanz, Liegnitz, Magdeburg, Oldenburg, Plauen, Sigmaringen, Schwerin, Stralsund, Wiesbaden.

2) Eine Prüfungsgebühr von 6 Mark erheben die Handwerkskammern:

Altona, Arnsberg, Berlin, Cöln, Dortmund, Düsseldorf, Flensburg, Kaiserslautern, Weimar.

den, bei dem sämtliche Anmeldungen einzureichen sind, und der auch die Abrechnung der einzelnen Kommissionen mit der Handwerkskammer zu bewerkstelligen hat. Meines Wissens hat nur die Handwerkskammer Münster eine solche Einrichtung.

Eine mit obigen Ausführungen eng zusammenhängende Frage ist die über Zulassung der im Großbetriebe ausgebildeten Lehrlinge zu den Prüfungsausschüssen des Handwerks. Obgleich der § 129 Abs. 4 davon spricht, daß die Zurücklegung der Lehrzeit auch in einem Großbetriebe stattgefunden haben kann, um eine der Voraussetzungen zum Rechte der Lehrlingsanleitung zu erlangen, so muß konsequenterweise dieser betreffende Lehrling die Gesellenprüfung ablegen, um eine der Vorbedingungen zur Anleitung von Lehrlingen zu erlangen. Niemand wird aber die Handwerkerprüfungsausschüsse zwingen können, diesen Lehrling zu prüfen, da das Gesetz hierüber nichts sagt und logischerweise von den betreffenden Prüfungsausschüssen keine Pflichten verlangt werden können, denen keine Rechte gegenüberstehen. Die erwähnten Prüfungsausschüsse der Handwerkskammern resp. Innungen dürften dagegen wohl berechtigt und befugt sein, Fabriklehrlinge zu prüfen. Auf einen ähnlichen Standpunkt hat sich der preußische Minister für Handel und Gewerbe gestellt in einem Erlaß vom 5. August 1902[1]) an den Verband Berliner Metallindustrieller, welch letzterer die Handwerkskammer zur Abnahme der Lehrlingsprüfung verpflichtet hielt.

Einen entgegengesetzten Standpunkt wie der preußische Minister hat dagegen die württembergische Regierung eingenommen[2]). Hier haben die Fabrikherrn auch einen Anspruch auf die Prüfung ihrer Fabriklehrlinge durch die Handwerkskammer geltend gemacht, welchem Ansuchen die Landesregierung entsprochen hat, indem sie in einem Gutachten des Ministerialdirektors v. Mosthaf erklären ließ:

„Diese Verpflichtung (zur Prüfungsabnahme) mußte, nachdem die Handwerkskammern zu Trägern der Gesellenprüfungen erklärt worden waren, vom Gesetze statuiert werden, wenn den im Großbetrieb ausgebildeten Lehrlingen der Uebergang in das Handwerk

1) „Mitteilungen" des deutschen Handwerks- und Gewerbekammertages 1905, No. 1, S. 6.

2) Jahresbericht der Handwerkskammer Ulm 1903.

ermöglicht werden sollte; denn die Gesellenprüfung bildet eine der Voraussetzungen für das Recht zur Anleitung von Lehrlingen und für das Recht zur Führung des Meistertitels. Diese in der öffentlich-rechtlichen Stellung der Handwerkskammer begründete Aufgabe ist dem Wirkungskreis dieser Organe nicht fremd und es wird die mit ihrer Erfüllung verbundene Last durch die staatliche Förderung der Handwerkskammer und speziell des Gesellenprüfungswesens mehr als ausgeglichen. Nicht aber läßt sich aus der so von den Handwerkskammern im Interesse eines Teiles der gewerblichen Lehrlinge auferlegten Verpflichtung ein Recht der Kammern ableiten, die Inhaber derjenigen Fabrikbetriebe, welche solche Lehrlinge ausbilden, zu irgend welchen sachlichen oder persönlichen Leistungen, insbesondere zur Anmeldung der Lehrlinge zwangsweise anzuhalten." Diese Begründung kann wohl aus moralischen oder zweckmäßigen Gründen gerechtfertigt erscheinen, entbehrt aber, da die Handwerkskammern Vertreter des Handwerks und nicht der Fabrikanten sind, tatsächlich jeglicher gesetzlichen Begründung.

Will man aber den moralischen und zweckmäßigen Gründen Geltung verschaffen, so erscheint es angebracht, daß die Fabrikherrn die von den Handwerkskammern erlassenen Vorschriften über das Lehrlingswesen beachten und entsprechende Beiträge zur Handwerkskammer zahlen, über deren Höhe sich die Handels- und Handwerkskammer auseinanderzusetzen hätten. Bei der Beratung des Etats der Gewerbeverwaltung im preußischen Abgeordnetenhause am 28. Februar 1907 wurde auch darauf hingewiesen, daß es unbillig sei, die Fabritlehrlinge bei den Handwerkskammern prüfen zu lassen, ohne daß die Fabrikanten zu den Kosten der Handwerkskammern beizutragen hätten. Handelsminister D e l b r ü c k erkannte diese Mißstände an, jedoch hoffte er ein Mittel zur Abstellung zu finden. Er stellte vorerst eine Enquete in Aussicht, durch welche die Zahl der handwerksmäßig ausgebildeten Fabrikarbeiter ermittelt werden soll [1]).

Die beste Lösung der Frage wäre die Errichtung selbständiger Prüfungsausschüsse für Fabriklehrlinge. Dem stehen aber verschiedene Schwierigkeiten entgegen. Abgesehen davon, daß die

1) Berichte des preuß. Abg.Hauses vom 28. II. 07 (Kölnische Zeitung vom 1. III. 07).

Frage Fabrik und Handwerk hierdurch nur verwickelter und unlösbarer würde, hat sich das Bedürfnis für solche dauernden Ausschüsse noch nicht als notwendig erwiesen, sodaß diese Institution schon wegen zu hoher Kosten nicht ins Leben treten könnte. Die Handwerkskammern haben sich auch mit der Frage beschäftigt, ihre Entscheidung jedoch noch nicht getroffen mit Rücksicht auf die zu erwartende Entscheidung zwischen Fabrik und Handwerk. Es sind heute nur noch wenige Handwerkskammern, die sich einer Prüfung der Fabriklehrlinge gegenüber ganz ablehnend verhalten (Chemnitz, Dresden, Greiz, Detmold, Danzig, Stettin) [1]).

Die bei weitem größte Zahl der Handwerkskammern, nach den mir zugegangenen Berichten 42, weisen die Fabriklehrlinge ohne weiteres den zuständigen Prüfungsausschüssen zu und haben sich hieraus Mißstände irgendwelcher Art nicht ergeben. Die meisten begnügen sich mit dem Vorhandensein eines ordnungsmäßigen Lehrverhältnisses. Einige Kammern (Aachen, Heilbronn, Hannover, Hamburg, Insterburg, Nürnberg) berufen sogar Werkmeister und Gesellen aus Großbetrieben zu Beisitzern. Andere Kammern verlangen besondere Bedingungen, wie Eintragung in die Lehrlingsrolle der Kammer (Breslau, Gera, Hamburg, Arnstadt), wobei die Lehrherrn auch Beiträge zahlen müssen; so wird z. B. im Bezirk der Handwerkskammern Insterburg, Cassel, Harburg eine höhere Prüfungsgebühr, bei letzterer Kammer sogar ein ärztliches Attest über die Gesundheit und Tauglichkeit des Lehrlings verlangt. Erfurt, Weimar verlangen doppelte Prüfungsgebühr, Oldenburg nur die Vergütung der entstehenden Kosten. Die Gewerbekammer Bremen ist dazu übergegangen, Prüfungsausschüsse für Fabriklehrlinge, bisher allerdings nur für Elektrotechnikerlehrlinge, einzurichten.

Die Frage der Errichtung von Prüfungsausschüssen für Fabriklehrlinge dürfte ihrer endgültigen Erledigung wesentlich näher gerückt sein durch die im Jahre 1907 erfolgte Vorlage eines Gesetzentwurfes über Arbeitskammern, denen zweckmäßigerweise auch die Prüfung der Fabriklehrlinge übertragen werden könnte.

---

1) Mitteilungen des deutschen Handwerks- und Gewerbekammertages 1905, No. 1, S. 5 ff.

II. Lehrlingsarbeitenausstellung resp. Gesellenstückausstellung.

Neben der Lehrlingsprüfung kann die Ausstellung von Lehrlingsarbeiten als die zweckmäßigste Prüfung einer Lehre betrachtet werden.

Lehrlingsarbeitenausstellungen sind Veranstaltungen, die den Lehrlingen Gelegenheit geben sollen, das in der Werkstatt Erlernte der Oeffentlichkeit zur Beurteilung vorzuführen. In den Lehrlingen soll hierdurch das Bestreben nach einer Vervollkommnung und Ausbildung geweckt werden. Bei der Anfertigung der Ausstellungsgegenstände werden sie sich bewußt, daß sie nicht nur für den Meister, sondern auch in eigenem Interesse arbeiten, weshalb sie bemüht sein werden, die Arbeit gut anzufertigen und auch angeleitet werden, die sonstigen Vorrichtungen nicht mechanisch, sondern mit Ueberlegung auszuführen. Aus dem Wahrgenommenen auf der Ausstellung sollen sie Folgerungen ziehen für ihre weitere Entwickelung, denn es ist ebenso wie bei den Lehrlingsprüfungen unstreitig die beste Gelegenheit zur rechtzeitigen Selbsterkenntnis, wenn der Lehrling auf dem kaum angetretenen Lebenswege in einen öffentlichen Wettbewerb eintreten kann. Die Ausstellung ist für den strebsamen Lehrling weiterhin ein Ansporn, unter seinen Standesgenossen hervorzuragen, er wird deshalb alles bisher Erlernte auf seine Arbeit verwenden, um eine öffentliche Auszeichnung zu erzielen. „Der Lerneifer der Lehrlinge wird geschärft, ihre Leistungsfähigkeit gesteigert, ihre Kritik und damit das Streben nach Vervollkommnung in gesunde Bahnen gelenkt“ [1]). Schon das Bewußtsein, daß ältere Berufsgenossen sich auf der Ausstellung eingehend mit ihm beschäftigen, ihn auf seine Fehler aufmerksam machen, wird sein Streben fördern. In das Leben eingetreten, wird er auch in späteren Jahren auf seine jüngeren Genossen günstig wirken. Der sittliche und erzieherische Wert solcher Ausstellungen ist unverkennbar.

Die Ausstellungen sind ferner ein Mittel zur Förderung des Handwerks überhaupt, indem sie die Lehrmeister anspornen, ihren Lehrlingen eine tüchtige Ausbildung zu geben. Durch exakte und gediegene Ausführung der Arbeiten wird die Oeffentlichkeit auf

---

1) Stieda: Art. „Lehrlingsarbeitenausstellung“ im HW.

die Werkstätte des Meisters gelenkt und das Vertrauen der Kunden gestärkt. Als Vorbedingung für eine derartig günstige Wirkung der Ausstellung muß sichergestellt sein, daß die ausgestellten Gegenstände auch tatsächlich Lehrlingsarbeiten, daß sie von den Lehrlingen selbständig ohne fremde Hilfe angefertigt sind.

Den Wert der Lehrlingsarbeitenausstellungen erkannte man in Deutschland zuerst in Hessen, wo im Jahre 1848 der Ortsgewerbeverein Darmstadt, dank der Initiative seines Vorstandes, Herrn F. Fink, eine Lehrlingsarbeitenausstellung veranstaltete, an welcher die Lehrlinge aller Lehrjahre teilnehmen konnten [1]), „um ein reges Streben nach praktischer Ausbildung, welche damals schon unter dem jüngeren Teile der Gewerbetreibenden so oft vermißt wurde, zu wecken und zu nähren" [2]). Die Wahl der Ausstellungsarbeiten war frei, auf Verlangen wurde sogar das Material zu den Arbeiten von dem Gewerbeverein bezahlt, welcher Betrag nur bei Verwertung des Gegenstandes zurückvergütet zu werden brauchte [3]).

Infolge der durchschnittlich sehr guten Leistungen beschloß man derartige Ausstellungen zu wiederholen, traf aber schon 1849 eine umfassende Aenderung, indem man die Wahl der Ausstellungsarbeiten nicht mehr freiließ [4]), sondern eine besonders eingesetzte Kommission aus Vertretern der in Darmstadt vorhandenen Hauptgewerbe bestimmte die Aufgaben, die tunlichst individuell gehalten wurden und sich nach dem Alter, der Lehrzeit, der Arbeitsstätte usw. des Lehrlings richteten. Daneben waren allerdings freiwillige Arbeiten auch zugelassen.

Wenn eine derartig eingerichtete Ausstellung auch für das Publikum weniger anziehend war, wegen mangelnder Abwechslung, so wurde hierdurch aber dem Fachmanne und besonders der Prüfungskommission die Abgabe eines sachgemäßen Urteils bedeutend erleichtert. Dieser Punkt ist auch heute noch von großer Bedeutung, worauf noch zurückzukommen sein wird.

Nach den Grundsätzen der früheren Ausstellungen verband man 1870 mit der vom Landesgewerbeamt veranstalteten Ausstellung von Arbeiten kleiner Meister, Gesellen und Fabrikarbeiter eine

---

1) Scheven a. a. O. S. 262 f. — 2) Stieda im HW. S. 283. — 3) Scheven a. a. O. S. 263. — 4) Stieda: HW. a. a. O. S. 283.

solche von Lehrlingsarbeiten, die von 270 Lehrlingen aus dem ganzen Großherzogtum beschickt war. Jedem Lehrling wurden 3—4 Aufgaben gestellt, von denen er wenigstens eine zu lösen hatte.

Die Regierung, die diese Ausstellung organisierte, nahm auch die erst zehn Jahre später, 1880 veranstaltete Ausstellung in die Hand, die in Oppenheim stattfand und mit einer Ausstellung von Zeichen- und Schülerarbeiten aus den hessischen Handwerkerschulen verbunden und von 1000 Lehrlingen beschickt war.

Man kann wohl sagen, daß von dieser Zeit an, vielleicht infolge der Bestrebungen zur Hebung des Innungswesens, die Bewegung für Lehrlingsarbeitenausstellung andere Bahnen einschlug, da jetzt auch andere Staaten ihre Aufmerksamkeit mehr auf derartige Ausstellungen lenkten.

Trotz der großen Beteiligung an der Oppenheimer Ausstellung fand erst im Jahre 1887 eine neue Ausstellung in Darmstadt statt, die zirka 1750 Lehrlinge aus 60 Gewerben beschickten. Die den ausgestellten Arbeiten zu Grunde liegende im Jahre 1887 revidierte Aufgabensammlung, welche wegen der fortschrittlichen Ansprüche an die Leistungen der Lehrlinge in den verschiedenen Lehrjahren sehr interessant sein dürfte, ist bei Scheven a. a. O. Anlage 27 b abgedruckt.

War die Steigerung der Teilnehmer an den bisherigen Ausstellungen eine beständige und sehr große, so hatte die nächste im Jahre 1900 in Worms abgehaltene Landesausstellung von Lehrlingsarbeiten nur 142 Aussteller aufzuweisen, trotzdem in diesem Jahre 564 Lehrlinge ihre Gesellenprüfung abgelegt hatten. Der Grund dürfte einerseits darin zu suchen sein, daß nur von der örtlichen Prüfungskommission als „gut" ausgeführte Arbeiten, andererseits nur die in dem betreffenden Jahre aus der Lehre tretenden Lehrlinge zugelassen waren. Außerdem fand die Ausstellung erst im Herbst statt, sodaß diejenigen Lehrlinge, die ihre Gesellenstücke nach beendigter Lehre an sich genommen, und vielfach entweder ihren Wohnort gewechselt oder das Gesellenstück anderweitig verwendet hatten, sich nicht an der Ausstellung beteiligten [1]).

Nach denselben Grundsätzen wie in Hessen veranstaltete man auch in Baden Lehrlingsarbeitenausstellungen. Wie dort, waren

1) Jahresbericht Handwerkskammer Darmstadt 1901.

es auch hier erst die Gewerbevereine (Bretten, Karlsruhe, Schwetzingen), die, wenn auch ohne nennenswerten Erfolg, solche Ausstellungen ins Werk setzten [1]). Seit dem Jahre 1881 hat jedoch die Landesgewerbehalle die Organisation der Ausstellungen in die Hand genommen und eine wesentliche Aenderung gegen die bisherigen Ausstellungen getroffen, indem, wie in Hessen, den Lehrlingen nicht mehr die Wahl der Arbeitsstücke freigelassen, sondern die Arbeiten vorgeschrieben wurden; jedoch konnten sich nach wie vor die Lehrlinge aller Lehrjahre an der Ausstellung beteiligen. Anspruch auf Preise in Geld oder Geldeswert konnten nur die Lehrlinge machen, die am Ende der Lehrzeit oder wenigstens bald am Ende der Lehrzeit standen. Diejenigen, die eine Lehrlingsprüfung bestanden hatten, wurden im allgemeinen bevorzugt [2]). War dem Lehrling Gelegenheit zum Besuch einer Gewerbeschule gegeben, so kam das betreffende Zeugnis über Besuch in der Gewerbeschule auch in Betracht. Da die hessische Aufgabensammlung sich dort bewährt hatte, wurde sie von Baden mit geringen Modifikationen übernommen, im Lauf der Jahre zeitgemäß verbessert und umfaßte dieselbe im Jahre 1901 440 Aufgaben für 85 verschiedene Gewerbe [3]). Was die badischen Ausstellungen vor den hessischen besonders auszeichnete, war ihre beständige jährliche Wiederkehr, wodurch das Interesse an denselben erhalten blieb. Weiterhin waren zwar diese Ausstellungen Zentralausstellungen, wie in Hessen, aber nur derjenige durfte sie beschicken, der auf einer Lokalausstellung des Gewerbevereins am Sitze seines Wohnortes oder des Gauverbandes, dem der Verein angehörte, mit einem Preise ausgezeichnet worden war. Es wurde damit einerseits eine Ueberfüllung der Ausstellung mit minderwertigen Arbeiten verhindert, andererseits die Gewerbevereine veranlaßt, regelmäßig solche Ausstellungen zu veranstalten. Das Prämierungsverfahren war dem hessischen nachgebildet [4]). Neben den gestellten Aufgaben konnten auch freiwillige Arbeiten ausgestellt werden, die aber nicht mit einem Preise bedacht wurden, wenn die vorgeschriebene Arbeit nicht preiswürdig befunden worden war. Die Beteiligung, 1881 nur 80 Lehrlinge, stieg bis 1890 auf 394, 1895 auf 725 und 1900

1) Stieda HW. a. a. O. S. 584. — 2) Stieda HW. a. a. O. S. 584. — 3) Bad. Gewerbezeitung 1901, S. 238. — 4) Scheven a. a. O. S. 278.

auf 1223 Lehrlinge, der Staatszuschuß von 818 Mk. im Jahre 1881 auf 1223 Mk. im Jahre 1900 [1]).

Besondere Zunahme haben naturgemäß diejenigen Jahre, in welchen Bestimmungen von tiefeinschneidender Bedeutung in der Fürsorge für das Lehrlingswesen getroffen wurden. So z. B. stieg die Zahl der Aussteller 1888, als man in Baden die Lehrlingswerkstätten mit staatlicher Unterstützung einführte und die in solchen Lehrwerkstätten untergebrachten Lehrlinge die Ausstellung beschicken mußten, von 252 auf 428 und im Jahre 1899, wo sich zum ersten Male der Einfluß des Handwerkergesetzes geltend machte, von 940 im Jahre 1898 auf 1154 im Jahre 1899 [2]).

Seitdem im Jahre 1901 die Handwerkskammern ins Leben getreten sind, haben dieselben die Organisation der Lehrlingsarbeitenausstellungen als ihre Aufgabe betrachtet und angeblich wegen der großen Kosten darauf hingewirkt und auch erreicht, daß an Stelle der Zentralausstellungen für das ganze Land nur solche für einen Handwerkskammerbezirk abgehalten werden. Im Jahre 1903 waren diese Ausstellungen von 1823, 1904 von 2492 Ausstellern beschickt bei einem Staatszuschuß für Preise und Prämien von 9125 Mk. bezw. 12 575 Mk. [3]).

Eine Umfrage des Großherz. Landesgewerbeamts vom 29. Mai 1905 bei den badischen Handwerkskammern, was geschehen könne, um eine stärkere Beteiligung der noch nicht ausgelernten Lehrlinge zu erreichen, hat ergeben, daß die Handwerkskammern eine Beteiligung dieser Lehrlinge garnicht wünschen, weil diejenigen Lehrlinge, welche Preise erhalten, „zu eingebildet werden, in ihrem Streben nachlassen und sich unfolgsam zeigen" [4]). „Sie verließen häufig entweder die Lehre und arbeiteten an anderen Orten als Geselle weiter oder aber sie verweigerten dem Lehrmeister den Gehorsam oder ließen von nun ab bezüglich ihres Fleißes viel zu wünschen übrig. Sehr häufig wurde auch die erfolgreiche Beteiligung an der Lehrlingsarbeitenausstellung als Gesellenprüfung angesehen, was zur Folge hatte, daß die betreffenden Lehrlinge am Ende

1) Jahresbericht der Handwerkskammer Freiburg 1902.
2) Badische Gewerbezeitung 1901, S. 238.
3) Jahresbericht der Handwerkskammer Konstanz 1905.
4) Jahresbericht der Handwerkskammer Freiburg 1906, S. 65.

der Lehrzeit die Ablegung der Prüfung nicht mehr für nötig erachteten" [1]).

Weiterhin wird die geringe Beteiligung der Lehrlinge des 1. und 2. Lehrjahres darauf zurückgeführt, daß je mehr die Gesellenprüfungen sich einführten, um soweniger bei Meistern und Lehrlingen die Neigung vorhanden sei, schon während der Lehrzeit Ausstellungsarbeiten anzufertigen; vielfach wollten erstere den Lehrlingen auch nicht das notwendige Material und die notwendige Zeit zur Verfügung stellen [2]).

Es geht also die Tendenz dahin, anstatt Lehrlingsarbeitenausstellungen Gesellenstückausstellungen zu veranstalten. Im Handwerkskammerbezirk Freiburg tritt dies deutlich zu Tage. Von 625 Ausstellern bei der Frühjahrsausstellung vom 16. bis 24. April 1905 waren 424 Gesellen und 191 Lehrlinge, 1906 von 658 Ausstellern 474 Gesellen und 184 Lehrlinge. Während also die Zahl der Gesellen steigt, geht die Zahl der Lehrlinge zurück. Auch die Verteilung der von der Regierung gestifteten Preise bewegt sich nach dieser Richtung. Von 3810 Mk., die der Staat im Jahre 1905 der Handwerkskammer zu Ausstellungszwecken zur Verfügung stellte, wurden 3440 Mk. zur Prämierung der Gesellenstücke und nur 370 Mark zur Prämierung der Lehrlingsarbeiten verwendet [3]).

Auf das auch anderweitig auftretende Bestreben, anstatt Lehrlingsarbeiten- Gesellenstückausstellungen zu veranstalten, wird noch zurückzukommen sein.

Württemberg entschloß sich erst spät im Jahre 1889 Lehrlingsarbeitenausstellungen zu veranstalten und zwar hat man hier an dem System der Lokal- und Zentralausstellungen bis heute festgehalten.

„Da keine für diesen Zweck besonders gefertigten Probestücke verlangt, sondern vielmehr die Gesellenstücke der letzten Prüfung begehrt wurden, ist das Anschwellen der Zahl der Geprüften in diesem Jahre (1889) erklärlich" [4]). Es geht daraus hervor, daß nur auslernende Lehrlinge berechtigt waren, die Ausstellung zu beschicken, an der sich 952 Aussteller beteiligten. Ein weiterer Unterschied gegenüber den badischen und hessischen Ausstellungen bestand

1) Jahresbericht der Handwerkskammer Konstanz 1906 S. 21 f. — 2) Derselbe S. 21. — 3) Jahresbericht der Handwerkskammer Freiburg 1905, S. 40. — 4) Scheven a. a. O. S. 259.

darin, daß eine Prämienverteilung nicht stattfand. Man glaubte davon absehen zu können, weil die Arbeiten von den Lokalprüfungskommissionen schon ihre Prüfungsnote erhielten und aus der Bestellung einer Prüfungskommission auch zu hohe Kosten erwuchsen [1]).

Dieser Ausstellung folgte erst im Jahre 1900 eine weitere in Stuttgart, auf welcher 850 Arbeiten, die 60 Gewerbe aus 61 Gemeinden vertraten, ausgestellt waren. Diese geringe Beteiligung ist darauf zurückzuführen, daß infolge der späteren Abhaltung der Ausstellung viele Prüfungsarbeiten anderweitig Verwendung gefunden hatten [2]).

Seit dem Jahre 1900 finden derartige Ausstellungen in dem Landesgewerbemuseum zu Stuttgart alljährlich statt, jedoch mit bedeutsamen Aenderungen. Man hat sich nach den „Bestimmungen über die Landesausstellungen von Lehrlingsarbeiten" vom 4. Januar 1901 [3]) erstens entschlossen, zur Aufmunterung eine Prämierung der besten Arbeiten stattfinden zu lassen. Vor allem aber sind jetzt im Gegensatz zu anderen Staaten, wo man bestrebt ist, die Lehrlinge im ersten und zweiten Lehrjahr immer mehr von derartigen Ausstellungen auszuschließen, diese in Württemberg zugelassen, wenn sie 9 Monate ihrer Lehrzeit hinter sich haben. Je nach der Dauer der Lehrzeit sind wie in Hessen und Baden bestimmte Arbeiten festgesetzt, wobei auch der Grundsatz Berücksichtigung gefunden hat, daß für Auslagen an Materialien und Zeit das möglichst geringe Maß zu fordern ist. Die Anmeldung und Einsendung der Ausstellungsstücke geschieht bei den gewerblichen Vereinigungen, die dieselben an die Zentralstelle für Gewerbe und Handel senden und auch die Transportkosten tragen. 1901 war die Ausstellung von 871 Ausstellern aus 138 Orten, die 48 Gewerbszweige vertraten, beschickt. 2% der Arbeiten waren ungenügend, 6% genügend und die übrigen besser. Von 118 Lehrlingen aus Lehrlingswerkstätten, erhielten 34 Lehrlinge Preise und 55 Anerkennungen, von ihnen wurden 77%, von den übrigen 62% prämiert [4]). Die Ausstellung von 1902 war von 732 Lehrlingen, die von 1903 von 802 Lehrlingen aus 148 Orten, die 38 Gewerbe vertraten, und die von

---

1) Scheven a. a. O. S. 261. — 2) Stieda HW. a. a. O. S. 585. — 3) Gewerbeblatt aus Württemberg vom 12. I. 01. — 4) Dasselbe S. 9.

1904 von 810 Lehrlingen aus 154 Orten und 54 Gewerben beschickt [1]).

In Bayern war der Entwicklungsgang der Ausstellung ein ähnlicher wie in den bisher genannten Staaten. Bereits seit dem Jahre 1871 veranstaltete der Münchener Gewerbeverein fast jährlich solche Ausstellungen und auch die Gewerbevereine der Pfalz organisierten im Jahre 1880 eine Ausstellung, die von 843 Lehrlingen beschickt war. Waren derartige Ausstellungen bisher vereinzelt gewesen wegen mangelnden Interesses, so wurden sie infolge der im Jahre 1886 anläßlich der siebenhundertjährigen Regierung des Hauses Wittelsbach vom König Ludwig II. geschaffenen Wittelsbacher Landesstiftung in andere Bahnen gelenkt. Nach den Statuten dieser Stiftung [2]) sollen die Zinsen u. a. verwendet werden zur Prämierung von Lehrlingen, welche sich während ihrer Lehrzeit durch Talent, Strebsamkeit, Arbeitsleistung und Führung ausgezeichnet hatten, ferner zur Auszeichnung selbständiger Handwerker für hervorragende Leistungen auf dem gewerblichen Gebiete, insbesondere für die Ausbildung einer Mehrzahl tüchtiger Lehrlinge (1905 erhielten 16 Handwerksmeister aus diesem Grunde Diplome) [3]). Da hieraus und aus mehreren größeren Privatstiftungen (z. B. Dr. Königswarter, Fürth) größere Geldmittel zur Verfügung standen, wurden die Ausstellungen zahlreicher. So hat Bamberg seitdem in jedem Jahre Ausstellungen abgehalten [4]).

Um eine gewisse Gleichmäßigkeit im Lande zu erzielen, stellte das bayrische Gewerbemuseum Nürnberg in Verbindung mit den Gewerbevereinen auf dem XIV. Verbandstage der bayr. Gewerbevereine am 23. April. 1889 ein „Programm für die Abhaltung von Lehrlingsarbeitenausstellungen“ [5]) auf, das vom Ministerium des Innern genehmigt und von diesem den Bezirksregierungen zur Beachtung empfohlen wurde [6]). Danach sollen alle im Jahre gefertigte Arbeitsstücke, wenn möglich, einmal öffentlich ausgestellt werden. Eröffnung und Schluß der Ausstellung soll möglichst feierlich gestaltet werden. Bei genügenden Mitteln soll am Schluß

---

1) Bechtle a. a. O. S. 100. — 2) Gesetz- und Verordnungsblatt für das Königreich Bayern 1880, No. 52. — 3) Jahresbericht der Handwerkskammer Bayreuth 1906. — 4) Bayr. Gewerbeblatt 1896, S. 312. — 5) Programm für die Abhaltung von Lehrlingsarbeitenausstellungen, Nürnberg 1892. — 6) Stieda HW. a. a. O. S. 584.

eine Prämierung der besten Arbeiten stattfinden. Die Prämien sollen aus Geld, Sparkassenbüchern, Medaillen, Büchern, Werkzeugen und Diplomen bestehen. Die Prämierung wird in das Lehrlingsbuch eingetragen.

Das bayrische Gewerbemuseum gab auch 1889 die Anregung zu einer Landesausstellung von Lehrlingsarbeiten, die seitdem fast jährlich wiederholt wird. Jeder, der auf den örtlichen Ausstellungen schon mit einem ersten Preise ausgezeichnet worden ist, und der seine Lehre beendigt hat oder im laufenden Ausstellungsjahr beendigt, kann sich an der Ausstellung beteiligen. Die Aussteller, deren Leistungen hervorragend sind, erhalten, wie bei den örtlichen Ausstellungen einen Vermerk in ihre Lehrlingsbücher und, wenn die Mittel reichen, einen Zuschuß zum Besuche der Ausstellung [1]). Die Kosten derselben und der Ein- und Rücksendung der Arbeit werden bestritten aus Beiträgen der Wittelsbacher Landesstiftung, der Gewerbevereine bezw. Innungen, der Kommunen und Privaten. Seit 1901 haben die Handwerkskammern besondere Normen aufgestellt für die von ihnen zu gewährenden Zuschüsse [2]). Aus diesen Normen ist hervorzuheben, daß die Ausstellung mindestens 2 Tage dauern muß. Der Besuch soll öffentlich und unentgeltlich sein, Prämien dürfen nur an solche Lehrlinge verliehen werden, die 1½ Jahr ihrer Lehrzeit zurückgelegt haben. Meistersöhne können nur mittelst Diplom für preiswürdig erklärt werden. Die Prämien sollen nicht niedriger als 5 Mk. und nicht höher als 20 Mk. sein. Weiterhin sollen dieselben nur an freizusprechende Aussteller in bar, an die übrigen in Sparkassenbüchern gegeben werden, welche der Innungs- oder Vereinsvorstand aufzuheben und erst bei der Freisprechung auszufolgen hat. Jeder Lehrling bekommt ein Ausstellungszeugnis, welches die Bezeichnung des Ausstellungsgegenstandes und die Noten über Betragen und Fleiß, sowie das Urteil über den Ausstellungsgegenstand enthalten muß. Die veranstaltende Korporation muß wenigstens die Hälfte der Kosten tragen und hat über die gewährten Zuschüsse einen Bericht an die Handwerkskammer zu senden.

Auch in Preußen waren Lehrlingsarbeitenausstellungen besonders von Innungen eingeführt.

1) Stieda: HW. a. a. O S. 584.
2) Jahresbericht der Handwerkskammer München. 1901. S. 133 ff.

Wie in den anderen Staaten, hatte sich auch hier die Unsitte, Pruntstücke usw. auszustellen, woran dann meist auch noch der Meister die letzte Hand angelegt hatte, so eingebürgert, daß dadurch weder die praktische, noch die theoretische Ausbildung erkennbar war und die Ausstellungen jeden Wert verloren.

Hierdurch veranlaßt, machte der preußische Minister für Handel, Gewerbe und öffentliche Arbeiten durch einen Erlaß vom 24. März 1880[1]) die Bewilligung von Staatszuschüssen zur Prämierung davon abhängig, daß auch die theoretischen Kenntnisse geprüft und die praktischen Arbeiten überwacht würden.

Infolge dieses Erlasses und eines andern vom 4. Januar 1879, die Wiederbelebung von Innungen betreffend, fanden seit 1880 zwar regelmäßig Ausstellungen statt, aber ein Erfolg in der vom Handelsminister vorgeschlagenen Richtung war nicht zu bemerken[2]). Die Ursache dieser Mißerfolge dürften wohl die Unregelmäßigkeit der Veranstaltung solcher Ausstellungen, die Unfähigkeit der Innungen gegenüber den tatkräftigeren süddeutschen Gewerbevereinen und die freie Wahl der Lehrlinge in der Ausstellungsarbeit gewesen sein.

Erst der neuesten Entwicklung war es vorbehalten, hierin eine Aenderung eintreten zu lassen, indem die Handwerkskammern die Reorganisation solcher Ausstellungen in den Bereich ihrer Aufgaben gezogen haben.

Wenn auch nach den Jahresberichten der Handwerkskammern die meisten Kammern Lehrlingsarbeitenausstellungen noch nicht eingerichtet haben und dies zum Teil darauf zurückgeführt wird, daß die Innungen oder Gewerbevereine des Bezirks derartige Ausstellungen veranstalteten, so daß für die Handwerkskammern kein Bedürfnis vorliege, einzugreifen, so dürfte diese Annahme doch irrig sein. Bei der unleugbar sehr großen Bedeutung der Lehrlingsarbeitenausstellungen haben die Handwerkskammern dort, wo sie nicht selbst Ausstellungen veranstalten, die Aufgabe, solche Ausstellungen zu unterstützen und ihre Unterstützung von der Erfüllung gewisser Bedingungen, die einen Erfolg der Ausstellung sicherstellen sollen, abhängig zu machen, wie die bayrischen Kammern es getan

1) Preuß. Ministerialblatt 1880, S. 95.

2) Scheven a. a. O. S. 289 f.

haben. Denn eine Reorganisation, eine Verbesserung könnte wohl bei allen besprochenen Systemen am Platze sein.

Vor allem dürfte es sich empfehlen, Lokal- und Zentralausstellungen einzurichten. Denn diejenigen in Oesterreich haben gezeigt, daß ein Erfolg nur dann zu konstatieren ist, wenn Meistern und Lehrlingen Gelegenheit geboten wird, die ausgestellten Arbeiten zu besichtigen und zu beurteilen, was nur auf einer Lokalausstellung möglich ist. Andererseits aber sind Zentralausstellungen auch durchaus notwendig. Denn bei allen lokalen Ausstellungen wird ein anderer Maßstab für die Beurteilung der Arbeiten angelegt werden, so daß durch die Prämierung ein Urteil über die Meisterlehre eines Landesteiles oder gar eines ganzen Landes nicht gewonnen werden kann. Dies ermöglicht eher eine Zentralausstellung, die sich in Preußen etwa über zwei Provinzen und bei den übrigen Bundesstaaten auf das ganze Land zu erstrecken hätte. Hier ist es möglich, die Urteile der lokalen Preisgerichte einem gemeinsamen Preisgerichte vorzulegen, welches dann feststellen kann, bei welcher Ausstellung zu strenge oder zu milde geurteilt worden ist. Auch werden die Ungleichheiten und Verschiedenheiten in der Ausbildung der Lehrlinge hierdurch vermieden werden können. Je größer das Gebiet ist, über welches sich die Ausstellung erstreckt, desto eher wird der Zweck erreicht werden.

Was die Organisation der Lokalausstellungen anlangt, so darf man sich hier nach den in Oesterreich gemachten Erfahrungen diesem System anschließen.

Danach wäre bei uns aus Vertretern der Handwerks- resp. Gewerbekammern, der Gewerbevereine, Innungen, gewerblichen Fortbildungsschulen, Gemeindevertretungen ein Ausstellungskomitee zu bilden, das den Termin der Ausstellung festzustellen hat. Die Ausstellung hätte wegen der Beteiligung von Gesellenstücken am zweckmäßigsten in den Monaten April oder Mai stattzufinden und wenigstens 8 Tage zu dauern.

Das Komitee hätte die Vorbereitungen zu treffen, Anmeldungen zur Ausstellung entgegenzunehmen, sie zu prüfen usw., nach Schluß der Ausstellung die Prämien, Diplome usw. zu verteilen, und die mit dem ersten Preise ausgezeichneten Arbeiten zur Zentralausstellung anzumelden. Letzteres empfiehlt sich, um die Zentralausstellungen vor Ueberfüllung zu schützen.

Entgegen den österreichischen Vorschriften, wonach Lehrlinge schon nach dem ersten Lehrjahre zugelassen werden, wofür man allerdings mit Recht geltend machen kann, daß hierdurch eine stufenmäßige und gründliche Ausbildung erreicht wird, ist es nach den Erfahrungen, die man damit in Baden (siehe oben) und bei den meisten Handwerkskammern gemacht hat, wünschenswert, nur solche Lehrlinge zuzulassen, die entweder im letzten Lehrjahre stehen oder schon ihre Lehrzeit beendigt haben. Dies dürfte heute in Deutschland umsomehr zu empfehlen sein, als mit Rücksicht auf die in den meisten Fällen abzulegende Gesellenprüfung eine starke Beteiligung der Lehrlinge jüngerer Jahrgänge wegen der diesen erwachsenden Kosten nicht zu erwarten ist, und andererseits auch wirkliche Uebelstände, Selbstüberhebung, Unfolgsamkeit usw. hierbei vorkommen können. Auf einen ähnlichen Standpunkt stellte sich im Jahre 1901 der deutsche Innungstag in Gotha [1]).

Der einzusendenden Arbeit wäre die Versicherung, daß dieselbe ohne jede fremde Hilfe angefertigt worden ist, beizufügen. In Bezug auf die Arbeiten selbst ist zu empfehlen, wie in Hessen, Baden und Württemberg, die Aufstellung von Aufgabenverzeichnissen, woran jeder Aussteller gebunden sein muß. Sie sind von großem Nutzen, da aus ihnen gewissermaßen zu ersehen wäre, was ein Lehrling nach der Beendigung der Lehrzeit zu leisten imstande sein muß. Dies würde ihn veranlassen, während der Lehrzeit doppelt bestrebt zu sein, sein Lernziel zu erreichen. Solche Aufgabensammlung zu entwerfen, dürfte für die Handwerkskammern nicht schwer sein, da sie in dieser Beziehung schon infolge der Gesellenprüfungen das notwendige Material besitzen. Ihre Mühe würde durch die zu erzielenden Erfolge reichlich entlohnt werden. Es würde sich natürlich, dem Charakter der Ausstellung entsprechend, nur um Gegenstände handeln dürfen, die während der gewöhnlichen Werkstattlehre üblich sind. Künsteleien, umfangreiche Gebrauchsgegenstände, ganze Wohnungseinrichtungen, sogen. „Bravourstücke", wie sie besonders bei den preußischen Ausstellungen vielfach gebräuchlich waren, wären zu vermeiden. Fertige Arbeiten auszustellen, die möglicherweise durch einen Anstrich usw. ein Urteil nicht ermöglichen, empfiehlt sich nicht immer, sondern dem Praktiker wird viel-

1) Protokoll des deutschen Innungstages, Gotha 01.

mehr damit gedient sein, die Art und Weise der Herstellung, das technische Können an der Arbeit selbst zu beurteilen. Die Ausstellungen würden hierdurch sicherlich an prunkvollem Aussehen nachlassen, und das Publikum sie eintönig und langweilig finden. Aber der Hauptzweck solcher Ausstellungen soll auch nicht darin liegen, dem Publikum Prunkstücke vorzuführen, es zu fesseln, dazu sind eher die Handwerker- oder Gewerbe-Ausstellungen in der Lage, sondern sie sollen lehrreich und fesselnd für den Interessenten, für den Lehrling und Meister sein, diese sollen aus den Ausstellungen lernen.

Um eine bessere Garantie dafür zu haben, daß die Arbeiten von den Lehrlingen selbständig gemacht worden sind, empfiehlt es sich, den Ausstellungskomiteemitgliedern oder einer besonderen „Ueberwachungskommission", in die aus Zweckmäßigkeitsgründen wohl auch die Beauftragten der Handwerkskammer und der Innungen zu wählen wären, die Erlaubnis zu geben, den Lehrling bei der Anfertigung des Arbeitsstücks zu beobachten. Mißstände werden allerdings auch hier immer vorkommen, sich aber nie ganz beseitigen lassen.

Bei denjenigen Gewerben, die eine Herstellung von Entwurfsskizzen, Werkzeichnungen, Zuschnitte, Muster oder Modelle verlangen, müßten auch diese neben einer Beschreibung des Objekts usw. ausgestellt werden.

Das Preisgericht, das vom Ausstellungskomitee zu wählen ist und in dem die Handwerker, denen die Lehrlinge angehören, durch Fachleute vertreten sein müssen, hätte sein Urteil schriftlich abzugeben; es dürfte sich empfehlen, demselben die Möglichkeit zu geben, Sachverständige zu kooptieren. Für die endgültige Festsetzung der Zensur soll maßgebend sein:

1. die Dauer der Lehrzeit,
2. die Beurteilung der Arbeitsstücke an sich,
3. die beigelegten Zeichnungen usw.,
4. evtl. Zeugnisse der gewerblichen Fortbildungsschule,
5. das Zeugnis des Lehrherrn.

Als Preise empfehlen sich vor allem Werkzeuge und Diplome. Gegen Geldpreise oder Sparkassenbücher bei ausgelernten Lehrlingen dürfte dagegen auch nichts zu erinnern sein.

Um den Meistern prämierter Lehrlinge auch eine Anerkennung

zu teil werden zu lassen, erscheint es angebracht, ihnen ein Diplom zu überreichen und ihren Namen, sowie diejenigen der prämierten Lehrlinge in der Gewerbe- oder Handwerkerzeitung zu veröffentlichen. So wird ein heilsamer Wettkampf in den einzelnen Werkstätten entstehen zum Wohle des Handwerks.

Wie bereits erwähnt, müßten die mit dem ersten Preise ausgezeichneten Arbeiten auf einer Zentralausstellung vereinigt werden, zu welchem Zweck sich auch wieder ein Komitee ähnlich wie bei den Lokalausstellungen zu bilden und die ganze Organisation zu leiten hätte. Um auch alle Arbeiten zu erhalten, wären die Kosten der Einsendung und des Rücktransports von der Zentralausstellung zu tragen, die auch, wenn irgend möglich, den Lehrlingen Zuschüsse zum Besuch der Ausstellung zur Verfügung zu stellen hätte. Hierdurch würde der Selbstüberhebung der Lehrlinge ein Damm entgegengesetzt, da sie hier mit gleichwertigen Genossen zusammen ausgestellt haben. Eine abermalige Prämierung wäre hier nicht notwendig, für ganz hervorragende Leistungen genügte vielleicht ein Diplom.

Die Kosten derartiger Ausstellungen würden von Staat, Gemeinde, Handwerkskammern, Innungen und Gewerbevereinen zu tragen sein. Außerdem dürften vielfach Beiträge von Privaten und Stiftungen, wie in Bayern und Württemberg, zur Verfügung stehen.

Oesterreich hat in dem Gewerbeförderungsdienst beim k. k. Handelsministerium einen eifrigen Förderer der Lehrlingsarbeitenausstellung, der durch seine Tätigkeit erreicht hat, daß die Zahl der Lokalausstellungen von 17 im Jahre 1897 auf 68 im Jahre 1903 und der Zentralausstellungen von 1 im Jahre 1897 auf 5 im Jahre 1903 gestiegen ist [1]).

E. Wohlfahrtseinrichtungen für die gewerbliche Jugend.

I. Die Lehrstellenvermittlung.

Haben die bisher besprochenen Bestrebungen zur Hebung des Lehrlingswesens seit Inkrafttreten des Handwerkergesetzes von 1897 und besonders seit dem Bestehen der Handwerkskammern sich allseitig großer Förderung zu erfreuen, so ist dies wenig oder fast gar-

1) Dobry a. a. O. S. 20.

nicht der Fall bei den Wohlfahrtseinrichtungen für die gewerbliche Jugend.

So wird für den Zugang der jungen Leute zum Handwerk wenig Fürsorge getroffen; erst in allerneuester Zeit scheint man diesen Bestrebungen mehr Aufmerksamkeit schenken zu wollen. Ist doch die Frage des Zugangs der jungen Leute die Ursache so manchen Uebels im Handwerk.

Die Bedeutung des Arbeitsnachweises im allgemeinen in sozialer und volkswirtschaftlicher Beziehung wird von Arbeitgeber und Arbeitnehmer immer mehr anerkannt. Der Arbeitsnachweis soll einen Arbeitsmarkt schaffen, der gegenüber alten primitiven Formen eine größere Gewähr dafür bietet, daß Angebot und Nachfrage nach Arbeit sich in ausreichendem Maße zu begegnen vermögen und ein naturgemäßer Ausgleich begünstigt werde. Er soll den unwirtschaftlichen Zustand beseitigen, daß an einem Orte arbeitslose Kräfte vorhanden sind, die unter Umständen der Allgemeinheit zur Last fallen, während an einem anderen Orte offene Arbeitsplätze nicht besetzt werden können.

Die Aufgabe einer Lehrstellenvermittlung erstreckt sich noch weiter, indem sie die eine Lehre suchenden Knaben bezw. deren Eltern und Vormünder über dieses oder jenes aufklären und belehren, ihnen evtl. zu einem anderen Berufe raten soll, wenn sich der Knabe für den von ihm gewählten Beruf nicht eignet oder das betreffende Gewerbe überfüllt ist und wenig Aussichten auf ein sicheres Auskommen bietet. Die Lehrstellenvermittlung muß also vor allem unparteiisch sein, Uebersicht über den Arbeitsmarkt besitzen, und über die wirtschaftliche Lage und Aussichten sämtlicher Handwerkszweige Bescheid wissen. Gehen wir im einzelnen die bestehenden Einrichtungen auf ihre Zweckmäßigkeit kurz durch:

Die private Vermittlung, die ihre Tätigkeit auf Erzielung eines möglichst hohen Gewinnes des Vermittlers einrichtet, und welcher die mannigfaltigsten Nachteile anhaften, kommt für das Handwerk fast garnicht in Betracht.

Von größerer Bedeutung schon ist die persönliche Umschau der Lehrstellensuchenden, die aber, da Zeit, Kraft und Geld verschwendend, als wenig rationell gekennzeichnet werden muß. Zur Erleichterung dieser persönlichen Umschau veröffentlicht das hessische Landesgewerbeamt zur Zeit der Schülerentlassung im

Gewerbeblatt für Hessen die Namen der Lehrstellen- und der Lehrlinge-Suchenden [1]).

Die von den Innungen errichteten Vermittlungsstellen können auch nicht als besonders leistungsfähig bezeichnet werden, da dieselben Sonderinteressen, die Interessen ihrer Mitglieder vertreten und (besonders wenn es sich um Handwerker handelt, die schlecht Lehrlinge bekommen können) auch dann Lehrlinge annehmen werden, wenn dieselben für das betreffende Gewerbe wenig brauchbar sind.

Ein Innungsobermeister wird außerdem in den wenigsten Fällen die Autorität besitzen, einem ungeeigneten Lehrmeister die Vermittlung eines Lehrlings zu verweigern. Vor allem aber fehlt ihnen die Uebersicht über den Arbeitsmarkt. Nur einzelne Innungsverbände (z. B. Zentralverband der deutschen Bäckerinnungen „Germania", der nach der neuesten Aufstellung in etwa 500 Städten Arbeitsnachweise eingerichtet hat, und der Verband der deutschen Friseurinnungen mit 230 Arbeitsvermittlungsstellen), haben eine Organisation ihres Arbeitsnachweises zur Durchführung gebracht. Bei den meisten Innungen und Innungsverbänden mangelt es an einer Verbindung untereinander [2]). Weiterhin fehlen an vielen Orten Innungen, sodaß eine Lehrstellenvermittlung hier überhaupt ausgeschlossen sein würde.

Heute vermögen den an eine Lehrstellenvermittlung zu stellenden vorerwähnten Anforderungen nur lokale Zentralstellen zu genügen, die mit anderen derartigen Instituten in Verbindung stehen, und so in der Lage sind, alle interessierten Kreise zusammenzuführen, wodurch allein die Möglichkeit geschaffen werden kann, das Verhältnis zwischen Angebot und Nachfrage in der wünschenswerten objektiven Weise zu beeinflussen. Als solche Zentralstellen kommen in erster Linie in Betracht die öffentlichen Arbeitsnachweise der Vereine, Gemeinden und Handwerkskammern. Die Vorteile gegenüber den besprochenen kleinen Einzeleinrichtungen bestehen darin, daß die öffentlichen Nachweise vor allem unparteiisch sind; sie haben ferner besondere Beamte zur Verfügung, wodurch eine rasche Vermittlung ermöglicht wird. Die Tätigkeit erstreckt sich auf

1) Gewerbeblatt für Hessen im März, April, Mai, jeden Jahres.

2) Jahresbericht der Handwerkskammer Freiburg 1904, S. 141.

größere Gebiete. Daneben eine genaue und gewissenhafte Buchführung und Registrierung der besetzten Stellen, die Hauptbedingungen einer guten Statistik. Derartig eingerichtete Lehrstellenvermittlungen bestehen allerdings heute noch äußerst wenige.

Was im besonderen die Handwerkskammern anlangt, die, da sie mit Hilfe ihrer Beauftragten und der Gesellenprüfungsausschüsse am besten ermessen können, ob die Parteien die zu übernehmenden Pflichten zu erfüllen in der Lage sind, die praktischste Lehrstellenvermittlung sein dürften, so haben sich dieselben der Sache bisher wenig oder gar nicht angenommen. Eigene Lehrstellenvermittlung haben bisher nach den eingegangenen Berichten die Kammern Altona, Arnsberg, Cöln, Dortmund, Düsseldorf, Flensburg, Gotha, Oppeln und Stralsund [1]). Die Vermittlung geschieht hier gewöhnlich in der Weise, daß die Kammern sich an die Landräte, Bürgermeister, Amtmänner und Gemeindevorsteher, Geistlichen, Schulrektoren und Hauptlehrer der Kammerbezirke um Unterstützung ihres Unternehmens wenden. Besonders an die Schulrektoren und Hauptlehrer, welche die zur Entlassung kommenden Schüler auf die Einrichtung der kostenlosen Lehrstellenvermittlung aufmerksam machen und diesbezügliche Formulare zur Verteilung bringen sollen. Die Handwerkskammer zu Insterburg hat eine Lehrstellenvermittlung mit ihrem Amtsblatt, der „Ostpr. Handwerks-Ztg." verbunden.

Eine andere Art der Lehrstellenvermittlung ist die an städtische Arbeitsnachweise sich anschließende. Diese Arbeitsnachweise, die etwa vor 20 Jahren sich langsam in Deutschland Eingang verschafft haben, bestehen zur Hälfte aus Arbeitgebern und zur Hälfte aus Arbeitnehmern. Auch sie bedienen sich in ihrer Abteilung für Lehrstellenvermittlung, da sie infolge ihrer Zentralisation und der damit zusammenhängenden Kenntnis des Arbeitsmarktes hierzu in der Lage sind, der Schule, indem sie durch die Lehrer den Schülern mit Rat und Tat zur Seite stehen. Auch hier werden von dem Arbeitsnachweis ausgegebene Formulare ausgefüllt und von dem betreffenden Lehrer auf Charaktereigenschaften, sowie persönliche Befähigung der Einzelnen ergänzt. Findet sich eine passende Stellung

---

1) Außer Karlsruhe, Lübeck, Mannheim, Plauen standen von allen Kammern Berichte zur Verfügung.

für den Jungen, so wird er von dem Arbeitsamt auf den Lehrherrn hingewiesen.

Vorbildlich für diese Art der Einrichtung ist München. Das dortige Arbeitsamt hat im Jahre 1902 738 und im Jahre 1903 nach einer Reorganisation der Lehrstellenvermittlung 1493 Lehrstellen besetzt [1]), im Jahre 1904 wurden bei 2436 Stellenangeboten, 2823 Gesuchen 1765 Stellen [2]) und 1905 bei 2510 Angeboten 2698 Gesuchen 1888 Stellen besetzt [3]), sodaß die Einrichtung bei allen bayrischen Arbeitsämtern durchgeführt worden ist. Hier schaffen Arbeitsamt, Innungen resp. Gewerbevereine und Handwerkskammer zusammen.

Das Lehrpersonal der Volksschulen, welches in der Lage ist, die geistigen und körperlichen Fähigkeiten, sowie die sonst für die Berufswahl in Betracht kommenden Eigenschaften der Schüler richtig zu beurteilen, ist seitens des königlichen Staatsministeriums des Innern für Kirchen- und Schulangelegenheiten angewiesen worden, die Schüler auf die unentgeltliche Tätigkeit des Arbeitsamtes und den großen Wert einer geeigneten Berufswahl aufmerksam zu machen [4]). Das Lehrpersonal unterstützt diejenigen Schüler, die mit Zustimmung ihrer Eltern die Vermittlung des Arbeitsamtes zum Nachweis einer passenden Lehrlingsstelle in Anspruch nehmen wollen, bei der Ausfüllung des Gesuchsformulars, welches das Arbeitsamt den Schulbehörden unentgeltlich zur Verfügung stellt. Dabei ist den Lehrern Gelegenheit geboten, durch geeignete Zusätze über die Eigenschaften des Nachsuchenden die Tätigkeit des Arbeitsamtes im Interesse des Schülers zu unterstützen und zu erleichtern. Die Mitwirkung der Schulen ist etwa nicht nur auf die Orte beschränkt, welche Sitz des Arbeitsamtes sind. Die Wirksamkeit der Arbeitsämter erstreckt sich über den Bezirk der Gemeinden hinaus auch auf deren nähere und weitere Umgebung, da die Aemter nicht nur die wirtschaftlichen Interessen der Städte, sondern auch des Landes fördern sollen.

Die Handwerkskammern und Innungen fordern ihrerseits die Meister, welche einen Lehrling einstellen wollen, auf, sich bei der Handwerkskammer oder Innung anzumelden. Gleichzeitig haben

1) Bericht der Handwerkskammer Freiburg 1904, S. 145. — 2) Jahresbericht der Gewerbeaufsichtsbeamten 1904. — 3) Dieselben 1905. — 4) Jahresbericht der Handwerkskammer Augsburg 1903, S. 58 ff.

sie dann anzugeben die Zahl der Gehilfen und Lehrlinge, welche sie beschäftigen, Dauer der Lehrzeit usw., ob Lehrgeld verlangt wird, ob der Lehrling im Hause des Meisters wohnen kann usw.; die eingegangenen Meldungen werden darauf geprüft, ob der Betreffende überhaupt Lehrlinge ausbilden darf, ob die durch die Beauftragten gesammelten Erfahrungen den betreffenden Meister befähigt erscheinen lassen, Lehrlinge auszubilden usw. Hierauf überweisen die Handwerkskammern die Berichte den Arbeitsämtern, die dann vermitteln. Das Arbeitsamt nimmt möglichst Rücksicht darauf, daß nur solche Lehrlinge den betreffenden Berufen zugeführt werden, die sich sowohl geistig wie körperlich vollkommen dazu eignen [1]).

Welche fruchtbringende Tätigkeit die bayrischen Arbeitsämter auf Grund dieser Neugestaltung der Lehrstellenvermittlung zu entfalten vermögen, zeigt der Bericht des Arbeitsamtes Kaiserslautern von 1904. Während dort im Jahre 1903 nur 44 Lehrlingsstellen angeboten, 29 Stellen gesucht und 26 besetzt wurden, waren im Jahre 1904 230 Stellenangebote, 233 Stellengesuche und 95 Vermittlungen zu verzeichnen. „Es wurde seitens des Amtes die Wahrnehmung gemacht, daß manche zum Teil mit recht guten Zeugnissen entlassene Schüler gerne ein Handwerk oder Geschäft erlernt hätten, wenn die Eltern die Einwilligung hierzu gegeben und nicht verlangt hätten, daß ihre Söhne sofort etwas verdienen sollten. In einigen Fällen ist es dem Amte gelungen, solche Eltern zum Verzicht auf den momentanen Verdienst ihrer Söhne zu bewegen" [2]).

Auch in Baden vermitteln die Arbeitsämter in Verbindung mit den Handwerkskammern mit gutem Erfolge, so daß die Handwerkskammer Konstanz die allgemeinen Arbeitsnachweise alljährlich mit namhaften Geldbeträgen unterstützt [3]). Auch in der Sitzung des Landesgewerberats vom 29. Januar 1906 wurde zur rationellen Durchführung der Lehrstellenvermittlung, deren Bedeutung man allseitig anerkannte, ein organisatorisches Zusammengehen der Schulen, Arbeitsämter und Handwerkskammern für erforderlich gehalten [4]).

1) Jahresbericht der Handwerkskammer München 1904, S. 49 ff.
2) Jahresbericht der Handwerkskammer Kaiserslautern 1904, S. 44.
3) Jahresbericht der Handwerkskammer Freiburg 1904, S. 147.
4) Jahresbericht der Handwerkskammer Freiburg 1906, S. 154.

Eine ähnliche Einrichtung wie in Bayern versuchten nach einem Beschluß vom 10. März 1905 die württembergischen Arbeitsämter ins Leben zu rufen; sie beabsichtigten sogar, um die Qualifikation der Knaben für den zu wählenden Beruf besser feststellen zu können, noch weiter zu gehen, und bei der definitiven Vermittlung die Schulärzte mitwirken lassen [1]). Auch die württembergische Zentralstelle für Gewerbe und Handel beschäftigte sich mit der Frage und veranlaßte durch einen Erlaß vom 18. August 1905 die Handwerkskammer zu einer Aeußerung. Während die Handwerkskammer Stuttgart sich schon bei den Verhandlungen der Arbeitsämter auf den Boden der gefaßten Beschlüsse gestellt hatte, erklärten die anderen Kammern die Arbeitsämter nicht für die geeigneten Organe zur Uebernahme der Lehrstellenvermittlung, da dieselben als kommunale Einrichtungen die Interessen des Handwerks nicht genügend zu vertreten imstande seien, wollten sie sich nicht von den Industriellen den Vorwurf der Inkonsequenz machen lassen [2]). Mag dieser Vorwurf auch nicht ganz ungerechtfertigt sein, so ist es immerhin besser, solange die Handwerkskammern die Vermittlung nicht selbst in die Hand nehmen, wie in Baden und Bayern, die Vermittlung gemeinsam mit den Arbeitsämtern zu besorgen, als dieselbe den gewerblichen Vereinigungen des Bezirks der Handwerkskammer zu überlassen. Die Zentralstelle für Gewerbe und Handel hat denn auch trotz der ablehnenden Haltung der Kammern den Arbeitsämtern empfohlen, ihre Fürsorge mehr wie bisher der Lehrstellenvermittlung zuzuwenden. Auch der Kultusminister hat in einem Erlaß an die Oberschulbehörden den Wunsch ausgesprochen, daß die Lehrer einige Zeit vor der Schulentlassung auf die Wichtigkeit einer richtigen Berufswahl und die unentgeltliche Stellenvermittlung der Arbeitsämter hinweisen [3]). Lehrstellenvermittlungen, die an das Arbeitsamt angeschlossen sind, jedoch ohne direkte Mitwirkung der Handwerkskammer, finden sich weiter in Aachen, Arnsberg, Arnstadt, Berlin, Bielefeld, Breslau, Darmstadt, Düsseldorf, Erfurt, Hannover, Heilbronn, Posen, Stuttgart, Ulm, Wiesbaden (privates Arbeitsamt mit kommunaler Unterstützung).

---

1) Jahresbericht der Handwerkskammer Ulm 1905, S. 89 ff.

2) Jahresbericht der Handwerkskammer Ulm 1905, S. 97 ff. Jahresbericht der Handwerkskammer Reutlingen 1905/06, S. 75.

3) Schwäbischer Bote vom 8. Januar 1907.

Es muß lebhaft bedauert werden, daß die Handwerkskammern sich bisher der Sache nicht mehr angenommen haben. Denn wo auch die Kammern mangels Zeit, Geld oder Bedürfnis die Vermittlung nicht selbst in die Hand nehmen können, muß es doch möglich sein, ihre Tätigkeit mit derjenigen des Arbeitsamtes zu verbinden, wie es außer in Bayern in Straßburg besonders gut gelungen ist [1]). Hier arbeiten Schulbehörde, Stadtrat, Arbeitsnachweisstelle und Handwerkskammer zusammen. Die Lehrer der vor der Entlassung stehenden Schüler laden deren Eltern zu einer Besprechung ein, wo diese über den Zweck der Vermittlung aufgeklärt und zur Anmeldung ihrer Söhne an die städtische Arbeitsnachweisstelle verwiesen werden. Die für den Beruf der Metall-, Holz-, Leder-, Glas-, Haar-, Pelz-, Nahrungsmittel-, Tabak- und Papierindustrie, der Buchdruckerei, des Malergewerbes und der Konfektion bestimmten Knaben werden nach erfolgter Anmeldung vom Stadtarzte auf ihre körperliche Tauglichkeit kostenlos untersucht, und von dem Urteil hängt die Aufnahme in die Liste des betreffenden Berufes ab. Die Liste wird der Handwerkskammer überwiesen, die sich mit den Meistern in Verbindung setzt. Schließlich ladet die Arbeitsnachweisstelle die Meister und Lehrlinge zu sich und vermittelt. Welches Zutrauen diese Einrichtung in Straßburg genießt, zeigt der Umstand, daß bei der letzten Schulentlassung 700 Schüler untergebracht wurden [2]).

Eine dritte Art der Vermittlung ist die durch gemeinnützige Vereine, welche gewöhnlich von der Gemeinde Zuschüsse erhalten. — In Berlin, Cassel und Hannover ist es der Verein „für das Wohl der schulentlassenen Jugend", in Frankfurt und einigen anderen Städten der Verein „Jugendfürsorge", in Dresden der über 600 Mitglieder zählende „Verein gegen Armennot". Bei der Vermittlungstätigkeit des Vereins „Jugendfürsorge" in Frankfurt, der im Jahre 1905/06 bei 442 angebotenen Stellen, 416 Bewerbern, 180 Stellen vermittelt hat, ist noch als besonders bemerkenswert hervorzuheben, daß die vom Verein untergebrachten Lehrlinge auch weiterhin mit Rat und Tat unterstützt und durch besondere Vertrauensmänner beaufsichtigt werden [3]).

1) Tapezierer-Zeitung 1905 No. 11. — 2) „Mitteilungen" des Handwerks- und Gewerbekammertages No. 1 1906, S. 7. — 3) Jahresbericht des Frankfurter Vereins „Jugendfürsorge" 1905/06, S. 12.

In Hamburg hat sich bei Beginn des Jahres 1905 eine „Kommission zur Fürsorge für die schulentlassene Jugend“ gebildet, die eine Zentralstelle für Lehrstellenvermittlung geschaffen hat, und der Mitglieder der Patriotischen Gesellschaft, der Gewerbekammer, der Detaillistenkammer, des Innungsausschusses und des Gewerbevereins angehören [1]). Die Einrichtung dieser Vermittlungsstellen ist ähnlich wie die bei den vorher besprochenen.

Berücksichtigen wir die bei den Innungen eingerichteten Lehrstellenvermittlungen, die in 16 Handwerkskammerbezirken vorhanden sind, so finden sich noch 20 Kammerbezirke, in denen keinerlei Einrichtungen für Lehrstellenvermittlung getroffen sind, es wird dort entweder das Bedürfnis nach solchen verneint oder eine Lehrstellenvermittlung wird als zweckmäßig und nützlich anerkannt, aber es hat bisher an der notwendigen Initiative zur Errichtung gefehlt.

II. Der Lehrlingshort und das Lehrlingsheim.

Nahe verwandt mit der Lehrstellenvermittlung, vielfach mit dieser verbunden, ist der Lehrlingshort und das Lehrlingsheim.

Während bis zum Anfange, vielfach selbst bis zur Mitte des vorigen Jahrhunderts der Lehrling in der Regel in die Hausgemeinschaft des Meisters aufgenommen war, das Haus des Meisters als sein Heim betrachten konnte, hat sich seit der Mitte des vorigen Jahrhunderts dieses patriarchalische Verhältnis geändert. Die hohen Miet- und Nahrungsmittelpreise gestatten es heute dem Kleingewerbetreibenden vielfach nicht mehr, Lehrlinge in die Hausgemeinschaft aufzunehmen und sie in einer menschenwürdigen, den hygienischen Anforderungen der Aufsichtsbehörden entsprechenden Weise unterzubringen. Die sittlich-religiöse Erziehung der Lehrlinge muß infolgedessen außerordentlich vernachlässigt werden.

Wie viele Lehrlinge heute noch beim Meister wohnen, dürfte, da die bezüglichen Unterlagen fehlen, statistisch nicht nachzuweisen sein. Der Verfasser hatte sich zu diesem Zwecke mit den Handwerkskammern in Verbindung gesetzt. Von den 71 Kammern haben 16 nicht geantwortet [2]). Nur einige Kammern sind in der Lage, An-

---

1) Jahresbericht des Frankfurter Vereins „Jugendfürsorge“ 1905/06, S. 11.

2) Auf die Anfrage betreffend Wohnen der Lehrlinge beim Meister haben nicht geantwortet:

Augsburg, Bayreuth, Braunschweig, Gera, Halle, Hannover, Harburg,

gaben darüber zu machen, wie viele Lehrlinge beim Meister wohnen und diese machen leider wieder keinen Unterschied, ob der Lehrling, der nicht beim Meister wohnt, bei seinen Angehörigen oder bei fremden Leuten untergebracht ist. Im allgemeinen kann das Resultat der Umfrage dahin zusammengefaßt werden, daß in den Handwerkskammerbezirken mit größeren Städten der Prozentsatz der beim Meister wohnenden Lehrlinge ein kleiner ist, z. B. Karlsruhe nur 15,5%, Bremen bei den Tischlern 10—20%, den Malern 35—40 %, Hamburg 24%, Schwerin 25—30%, Frankfurt a. O. 40%. Dieser Prozentsatz steigt aber, sobald größere Städte in dem Handwerkskammerbezirk fehlen, z. B. Regensburg 50%, Meiningen 60%, Sigmaringen und Freiburg 70%, Posen 75%, Konstanz 78%, Insterburg 80%, Flensburg und Arnsberg gar 90%. Nach dem Bericht des Gewerberats für den Regierungsbezirk Merseburg vom Jahre 1904 wohnen von 4836 jugendlichen Arbeitern, darunter auch die Lehrlinge, 568 beim Meister und 4268 teils bei den Eltern, teils sind sie auf sich angewiesen [1]). Einzelne Kammern bestätigen, daß auf dem Lande der Lehrling noch häufig beim Meister wohnt, dagegen fast selten in der Stadt (Aachen, Altona, Bielefeld, Heilbronn, Mannheim, Osnabrück, Würzburg). Bei den Nahrungsmittelgewerben ist es gewöhnlich noch Sitte, daß der Lehrling beim Meister wohnt, dagegen fast gar nicht mehr bei den Baugewerben (Bremen, Cassel, Detmold, Ulm). Mehrere Kammern (Dessau, Gotha, Berlin) vermögen zwar den Prozentsatz der beim Meister wohnenden Lehrlinge nicht anzugeben, halten ihn aber für äußerst gering. Die Handwerkskammer Berlin antwortet auf die Anfrage: „Angaben über die beim Meister wohnenden Lehrlinge vermögen wir nicht mit Bestimmtheit zu machen. Es dürfte jedoch nur ein geringer Prozentsatz in Frage kommen, da es dem Meister mit Rücksicht auf die besonders in Berlin herrschenden Verhältnisse unbequem ist, dem Lehrling Wohnung usw. zu gewähren. Aber auch in der Provinz sind die Fälle, wo der Lehrling Wohnung usw. vom Meister erhält, geringer“. Die Handwerkskammer Cassel schreibt in ihrem Jahresbericht 1902 S. 41: „Namentlich in den größeren

Hildesheim, Lübeck, Nürnberg, Oppeln, Passau, Stadthagen, Stettin, Straßburg, Stuttgart.

1) Jahresbericht der königl. preuß. Regierungs- und Gewerberäte 1904, S. 207.

Städten wohnt der Lehrling vielfach nicht mehr bei dem Meister, sondern mietet sich eine Schlafstelle". Aehnlich schreibt die Handwerkskammer Insterburg in ihrem Jahresbericht 1902 S. 57 f.; Die Handwerkskammer Freiburg führt diesen Umstand auch auf die mit der modernen Entwicklung zusammenhängende Wertsteigerung der Wohnungen zurück[1]). Ein großer Uebelstand besteht darin, daß nicht allein in Fabriken, sondern auch in den Handwerksbetrieben „die von auswärts kommenden allein stehenden jugendlichen Arbeiter und Lehrlinge in der größten Mehrzahl nicht bei ihrem Lehrherrn, sondern bei fremden Leuten von manchmal zweifelhaftem Rufe untergebracht sind" [2]).

Nach diesen Berichten darf man annehmen, daß, besonders in den großen Städten, ein ziemlich großer Prozentsatz der gewerblichen Jugend (bei den Fabriklehrlingen wird dies noch mehr der Fall sein, wie bei den Handwerkslehrlingen) nicht mehr beim Meister oder ihren Angehörigen wohnen und essen, sondern auf fremde Leute angewiesen sind. Wird der Lehrling im Hause des Lehrherrn beherbergt, muß er jedoch für seine Verpflegung sorgen, welche Fälle überdies sehr selten sind, so ist dagegen nichts einzuwenden, wenn der Junge bei seinen Eltern verpflegt wird. Ist er dagegen ortsfremd und muß sich, wenn er sich nicht mit Brot und Wurst begnügen will, einer Volksküche usw. zuwenden, so kommt er zu leicht in Gefahr, dunklen Kneipen und Branntweinschenken in die Arme zu fallen. Der Frankfurter Verein „Jugendfürsorge" gibt zur Vermeidung dieses Uebelstandes Lehrlingen, die nicht beim Meister oder den Eltern essen, einen kleinen Zuschuß, um ihnen hierdurch die Möglichkeit zu geben, in anständigem Wirtshaus zu Mittag essen zu können [3]). Erheblicher ist aber die Gefahr sittlicher Verrohung, wenn der ortsfremde Lehrling beim Lehrherrn nur die Verpflegung erhält und auswärts schlafen muß, oder gar, wenn er vollständig auf sich angewiesen ist. Kann er als selbständiger Aftermieter wegen zu hohen Mietzinses nicht auftreten, so muß er bei fremden Leuten als sogenannter Bettgeher bezw. Schlafsteller oder in Massenquartieren Unterkunft suchen. Wir haben es hier mit dem Schlafstellenwesen zu tun, das seine Entstehung der Einführung der Freizügig-

1) Jahresbericht der Handwerkskammer Freiburg 1904/05, S. 23.
2) Jahresbericht der Handwerkskammer Freiburg 1904/05, S. 68 ff.
3) Bericht des Vereins „Jugendfürsorge" Frankfurt a. M. 1905/06, S. 5.

keit, der freiheitlichen Gewerbeverfassung und der Entstehung der Großbetriebe verdankt. Wie das Schlafstellenwesen sich in den großen Städten ausgedehnt hat, zeigen die „Mitteilungen des statistischen Amtes der Stadt München Bd. XIII. Heft 5 (München 1893), wonach sich dort im Jahre 1890 3918 überfüllte Wohnungen mit Schlafstellen vorfanden.

Im Charakter des Schlafstellenwesens liegt es, daß der Schlafstelleninhaber nur ein Recht auf Benutzung des Zimmers während der Nacht hat, wenn auch Fälle vorkommen, wo der Schlafstelleninhaber während des Tages das Zimmer benützen darf. Eine sehr bemerkenswerte Schrift über das Schlafstellenwesen in den deutschen Großstädten und seine Reform hat Dr. E. Cahn veröffentlicht [1]), woraus einige der folgenden Angaben entnommen sind, vergl. auch Waentig [2]) und die dort angegebene reiche Literatur.

Im Durchschnitt kommen auf den Kopf eines Schlafstelleninhabers zirka 15 cbm Luft, wenn auch die Fälle nicht selten sind, wo nur 10—15 cbm Luft auf den Kopf kommen, namentlich dort, wo 3, 4 und mehr Personen in einem Zimmer schlafen. Im engen Zusammenhang damit sind auch die Reinlichkeitsverhältnisse. Von der Beschaffenheit der Zimmer abgesehen, wird die Bettwäsche, wenn überhaupt welche vorhanden ist, in den seltensten Fällen beim Wechseln des Beziehers gewechselt. Dabei kommt es nicht zu selten vor, daß die Schlafgänger mit der Familie in einem Raum, mit Familienmitgliedern selbst in einem Bette schlafen müssen. Wenn auch bei Massenquartieren meist eine Trennung der Geschlechter besteht, so ist dies doch nicht in Einzelquartieren der Fall, wodurch der Unsittlichkeit Tor und Tür geöffnet ist. Es soll damit nicht gesagt werden, daß solche Zustände nur in Schlafstellen vorkommen. Eine auf Grund eines Verbandstagsbeschlusses der Bäcker und Berufsgenossen über die im Gewerbe vorhandenen Lohn- und Arbeitsverhältnisse im Jahre 1898 veranstaltete Erhebung zeigt, daß diese Mißstände auch dort möglich sind, wo der Lehrling und Geselle beim Meister wohnt; dieselben müssen jedoch als Ausnahmen gelten [3]).

Nehmen wir auch hier eine Großstadt, München, heraus.

---

1) Cahn a. a. O. — 2) Waentig: Gewerbliche Mittelstandspolitik a. a. O. S. 231 ff. — 3) Cahn a. a. O. S. 44 ff.

Auf 244 berücksichtigte Betriebe entfielen 823 Gesellen und Lehrlinge. Der Luftraum schwankte zwischen 3 und 50 cbm und zwar so, daß 22% weniger als 10 cbm Luft, 20% 10—12 cbm, 16% 13—15 cbm, also 58% weniger als 15 cbm Luft hatten.

Dabei hatten 2/3 der Schlafstellen nur 1 Fenster. Was die Reinigung der Räume anlangt, so wurden die meisten jede Woche einmal, einige aber auch nur jeden 2. oder 3. Monat, in einem Falle sogar nur jedes Jahr einmal gereinigt. Schliefen in den meisten Fällen 2—4 Personen in einem Raume, so kamen doch auch Fälle vor, wo 6—11 Personen in einem Raume schliefen. Nur in 6 Fällen schliefen 2 Personen in einem Bett. Ein besonders krasser Fall, wo dasselbe Bett zu verschiedenen Zeiten von verschiedenen Personen benutzt wurde, sei hier angeführt:

„In jedem Bett schlafen 2 Personen. Außerdem schläft in einem Bett die Köchin, im anderen der Bäckermeisterssohn, so daß in jedem Bett gewechselt wird" [1]). Die Bettwäsche wurde in 59 Fällen (28%) alle 8 Wochen oder weniger gewechselt, in 29 Fällen (14%) nur alle 3 Monate und weniger.

Nicht so schlimm sind nach Cahn die Münchener Verhältnisse im Schuhmacher-, Schneider- und Barbiergewerbe, wenn es auch hier vorkommt, daß die Lehrlinge in der Werkstatt, die unreinlich und mit Stofffasern geschwängert ist, oder in der notwendig feuchten Lederkammer schlafen müssen. Im Metzgereigewerbe, wo die Lehrlinge auch meist beim Meister wohnen, ist über die Zustände der Schlafräume mangels genügender Organisation der Metzgergehilfen nicht genügendes Material zu erlangen.

Aehnliche Zustände in Handwerksbetrieben, wo Lehrlinge und Gesellen beim Meister wohnen, melden die Beauftragten der Innungen bezw. Handwerkskammern [2]): „Besonders hervorgehoben zu werden verdienen die Berichte der Handwerkskammern Reutlingen und Osnabrück. „Weiter war die Kammer genötigt, gegen Meister einzuschreiten, deren Lehrlinge, nach Angaben der Beauftragten, Schlafstätten hatten, die als gesundheits- oder sonstwie schädlich, oder als ungenügend oder unpassend bezeichnet werden mußten. Die verhältnismäßig meisten Uebelstände bestehen darin,

1) Cahn a. a. O. S. 42.

2) Jahresberichte der Gewerbeaufsichtsbeamten 1901, XXVI 48. Jahresbericht der Handwerkskammer Frankfurt a. a. O. 1904, S. 49.

daß das Bett des Lehrlings auf offener Bühne, frei unterm Dache oder im Gange ohne jeglichen Abschluß in einer Art Rumpelkammer oder in der Werkstatt oder im Heulager untergebracht ist, weshalb auch die Schlafstätte mehrfach als sehr feuergefährlich bezeichnet wird. Oder sie ist zu eng und finster, oder es fehlt an der nötigen Reinlichkeit. Dreimal bemerkt ein Beauftragter sogar: völlig finster und ungesund. Ein anderer meldet z. B., der Schlafraum ist unterm Dach und viel zu niedrig; wenn sich der Lehrling im Bette bewegt, stößt er an die Ziegel. Leider wird auch wieder einmal berichtet, daß der Lehrling mit einer (14—15jährigen) Tochter des Meisters in der gleichen Kammer schlafe" [1]).

Auch die Gewerbeaufsichtsbeamten berichten in dieser Hinsicht fast Unglaubliches. „Namentlich spottete der Schlafraum, ein im Keller gelegenes, finsteres, mit Werg, Holz, Abfällen usw. angefülltes Gelaß jeder Beschreibung. Die Betten waren feucht und im höchsten Maße unsauber" (Cölner Bericht) [2]). „Bei einem Schmiedemeister mußten 7 Lehrlinge in einem schlecht zu lüftenden Raume von etwa 30 cbm Inhalt schlafen; bei einem anderen stand 4 Lehrlingen ein Schlafraum von 20 cbm zur Verfügung. Für Gesellen- und Lehrlinge einer Bäckerei war ein gänzlich fensterloser, mit Mehlvorräten zum Teil gefüllter Schlafraum eingerichtet. Noch schlechter, feucht und mit Ungeziefer erfüllt war in einer anderen Bäckerei der Kellerschlafraum, den der Aufsichtsbeamte (Oppeln) nach inzwischen erfolgter polizeilicher Schließung gegen Ende des Jahres doch wieder im Gebrauche fand" [3]). „In 14 Fällen wurde beobachtet, daß Lehrlinge in einem offenen Hausgang oder in einem unverschalten Dachraum untergebracht waren. In 9 Fällen fand man offene Mühlräume als Schlafräume. Ganz dunkel oder nur indirekt beleuchtete Schlafräume fanden sich mehrmls vor. In einem Fall war dem Lehrling die Backküche als Schlafraum eingeräumt, in einem weiteren Falle mußte ein Lehrling in einer Kammer schlafen, welche „zur Lagerung von Backsteinkäse diente" (Schwaben).

Während bei Handwerksbetrieben diese Uebelstände durch das Eingreifen der Beauftragten und der Handwerkskammer selbst

1) Jahresbericht der Handwerkskammer Reutlingen 1903, S. 19 f.
2) Jahresbericht der königl. preuß. Gewerberäte 1903, S. 412.
3) Jahresbericht der königl. preuß. Gewerberäte 1901, S. 112.

beseitigt werden können, so daß zu hoffen ist, daß nach einigen Jahren diese Mißstände infolge der strengen Aufsicht verschwunden sein werden, ist dies bei dem Schlafstellenwesen nicht der Fall; hier kommt vielmehr noch hinzu, daß die notdürftige Einrichtung solcher Zimmer, der Mangel jeglichen Schmuckes an den kahlen Wänden den Aufenthalt noch unerträglicher macht und den Lehrling mit Notwendigkeit in die Wirtschaften treibt, die, seinen Mitteln entsprechend, zu den gewöhnlichsten gehören müssen. Noch schlimmer sind aber die sittlichen Gefahren, denen ein solcher auf Schlafstellen angewiesener Lehrling ausgesetzt ist. Der Sinn für Häuslichkeit und Familienleben muß ertötet und Roheit und Genußsucht an deren Stelle treten.

Die Maßnahmen, den Postulaten der Sittlichkeit und Moral mehr Geltung zu verschaffen, den jungen Leuten durch Unterricht, durch Sammlung und Unterhaltung während der freien Zeit, durch Förderung, Betätigung des Sparsinns, Aufnahme in Lehrlingsheime usw. eine möglichst einwandfreie Erziehung angedeihen zu lassen, sind so vielseitig und mannigfaltig, daß im folgenden nur die zweckmäßigsten und praktisch am leichtesten durchführbaren erörtert werden sollen.

Um dem frühen Wirtshausbesuch der Lehrlinge entgegenzutreten, haben fast alle Handwerkskammern diesbezügliche Vorschriften erlassen. Von den 71 Kammern haben dem Verfasser auf eine Anfrage 13 nicht geantwortet [1]). Bei den übrigen 56 Kammern haben nur 7 (Bremen, Cassel, Darmstadt, Gotha, Hamburg, Münster, Saarbrücken) diesbezügliche Vorschriften nicht erlassen. 20 Kammern [2]) verbieten allen Lehrlingen ohne Unterschied des Alters den alleinigen Wirtshausbesuch. Wenn man auch wegen der damit verbundenen Gefahren in ethischer und sozialer Beziehung das Wirtshausverbot für Lehrlinge bis zu einem gewissen Alter

---

1) Auf die Anfrage betreffend Wirtshausbesuch der Lehrlinge haben nicht geantwortet:

Aachen, Bayreuth, Dresden, Gera, Halle, Hannover, Harburg, Hildesheim, Lübeck, Nürnberg, Straßburg, Stettin, Zittau.

2) Ein absolutes Verbot zum alleinigen Wirtshausbesuch der Lehrlinge haben erlassen:

Altona, Arnsberg, Berlin, Braunschweig, Breslau, Cöln, Danzig, Düsseldorf, Erfurt, Freiburg, Insterburg, Kaiserslautern, Liegnitz, Oldenburg, Oppeln, Plauen, Posen, Stadthagen, Stralsund, Weimar.

billigen kann, besonders, wenn man Gelegenheit gehabt hat, diese jungen Leute in Wirtschaften, Wahl- und Volksversammlungen zu sehen, so erscheint doch ein absolutes Verbot ohne Unterschied des Alters gegenüber den anderen gleichaltrigen Genossen in der Fabrik und gegenüber denjenigen, die eine kürzere Lehrzeit wie andere durchzumachen haben, als zu weitgehend. Da die Lehrzeit in der Regel mit dem 14. Lebensjahre beginnt und gewöhnlich 3 Jahre dauert, so dürfte die Festsetzung des 17. Lebensjahres die richtige Grenze sein, bis zu welcher der alleinige Besuch des Wirtshauses zu verbieten wäre. Diese Grenze ist auch in dem württembergischen Gesetz betreffend die Gewerbe- und Handelsschulen vom 22. Juni 1906 (Art. 17) und von einigen Handwerkskammern (Bielefeld, Chemnitz, Detmold, Dortmund, Greiz und Leipzig) festgesetzt worden. Leipzig verbietet außerdem den Lehrlingen bis zum 17. Jahre das Tabakrauchen. Diese Altersgrenze höher zu normieren (Flensburg bis 18 Jahre) oder gar unter dieselbe heruntorzugehen, etwa das Verbot nur bis zum 16. Jahre auszusprechen, wie es bei 18 Kammern der Fall ist[1]), dürfte sich aus den vorerwähnten Gründen nicht empfehlen.

Diese Verbote alleinigen Wirtshausbesuches der Handwerkskammern haben aber nur dann irgendwelche Bedeutung, wenn durch Aufsichtsbeamte, etwa durch die Polizeibeamten, eine Kontrolle ausgeübt wird. Die Handwerkskammern wären dann in der Lage, die Uebertreter des Verbots auf Grund des § 103 n Abs. 2 GO. mit Geldstrafe von 1—20 Mk. zu bedrohen, welche Strafe auf Antrag des Vorstandes der Handwerkskammer oder eines der Beauftragten von der unteren Verwaltungsbehörde festzusetzen wäre (§ 103 n Abs. 2 GO.). Weiterhin könnte den Gastwirten durch die zuständige Verwaltungsbehörde bei Strafandrohung untersagt werden, Lehrlinge bis zu einem bestimmten Alter in ihren Schankräumen zu dulden, wie z. B. in einigen Amtsbezirken Oldenburgs, wo es den Gastwirten bei einer Geldstrafe bis zu 60 Mk. untersagt

1) Nur bis zum 16. Jahre haben das Verbot des alleinigen Wirtshausbesuchs der Lehrlinge ausgedehnt:

Augsburg, Arnstadt, Coblenz, Dessau, Frankfurt a. O., Karlsruhe, Königsberg, Konstanz, Mannheim, Meiningen, München, Osnabrück, Nassau, Regensburg, Sigmaringen, Schwerin, Wiesbaden, Würzburg.

ist, Lehrlingen ohne Begleitung Getränke zu verabfolgen [1]). Die Handwerkskammer Posen bedroht Uebertretungen des alleinigen Wirtshausbesuchs mit Geldstrafe bis zu 20 Mk.

Ein bei uns noch wenig (nur in Berlin, Magdeburg, Freiburg, Frankfurt a. M. und einigen andern Orten) eingeführtes, aber in der Schweiz mit bestem Erfolge angewandtes Erziehungsmittel sind die Lehrlingspatronate [2]), Einrichtungen, die darauf abzielen, die mangelnde oder nicht zureichende elterliche Fürsorge bei den Lehrlingen zu ersetzen. Sie erteilen den Lehrlingen Auskunft über die Berufswahl, Lehrstellen, Lehrvertrag usw. Weiterhin soll dem Lehrling auch außerhalb der Werkstatt eine sittliche und moralische Stütze geboten werden. Zu diesem Zweck wird dem Lehrling ein verständiger und wohlwollender Mann als Patron zur Seite gestellt, der sich seiner in der freien Zeit möglichst annehmen und über Betragen, Fleiß und Fortschritt Bericht erstatten soll. Die Lehrlingspatronate liegen zumeist in Händen der gemeinnützigen Vereine, die sich zu dem „Verbande der schweizerischen Lehrlingspatronate“ zusammengeschlossen haben, der zur Zeit seinen Sitz in Schaffhausen hat. Ihm gehören bis jetzt 22 Lehrlingspatronate an. Der vom Verbande herausgegebene „Lehrlings- und Lehrstellenanzeiger“, der zweimal im Monat erscheint, steht den Eltern und Meistern für Inserate über Lehrstellen unentgeltlich zur Verfügung [3]).

Diese Lehrlingspatronate gleichen den in Deutschland vielfach eingeführten „Aeltesten-Kollegien“ oder Arbeiterausschüssen in den Fabriken, die eine vermittelnde und beratende Stellung zwischen Fabrikbesitzer und Arbeiterpersonal einnehmen und besonders auch auf das Leben und Treiben der Fabriklehrlinge und jugendlichen Arbeiter außerhalb der Fabrik achten [4]).

Wegen der mit dieser Einrichtung verbundenen beständigen Aufsicht dürften diese Lehrlingspatronate bedeutend wirksamer sein als die sogenannten Lehrlingshorte, Lehrlingsunterhaltungs-

---

1) Mitteilung der Handwerkskammer Oldenburg an den Verfasser.

2) Krebs a. a. O. S. 28 f. Bericht über die Schweizerischen Lehrlingsprüfungen a. a. O. S. 19 f.

3) Gewerbeblatt aus Württemberg 1906, S. 257 f. Jahresberichte des Züricher Lehrlingspatronats.

4) Jahresberichte des Züricher Lehrlingspatronats.

5) Krebs a. a. O. S. 36 f.

abende, fälschlich auch vielfach Lehrlingsheime genannt. Hier sollen Lehrlinge, die sich freiwillig melden, in der arbeitsfreien Zeit unter Aufsicht vereinigt werden und ihnen im Sinne einer sittlichen Ausbildung Gelegenheit zu religiöser Erbauung, zur Belehrung, zur Pflege des Gesanges und der Musik, zu Leibesübungen, zu geselligem Verkehr, zu anständigem Spiel und zur Unterhaltung geboten werden. Mag nun der Hauptwert auf die eine oder andere Art der Beschäftigung und Anregung gelegt werden, immer wird der Hauptzweck dieser Anstalten darin bestehen, die Lehrlinge den Gefahren des Kneiplebens und der schlechten Gesellschaft zu entreißen. Dem Umstande Rechnung tragend, daß den Lehrlingen durch die reichsgesetzlichen Bestimmungen über die Sonntagsruhe ein großes Maß von Freiheit gewährt wird, sind diese Veranstaltungen, die nach den Berichten der Handwerkskammern an sehr vielen Orten bestehen, auf den Sonntagnachmittag gelegt. Wenn diese Art der Erziehung nach den fast übereinstimmenden Berichten der Handwerkskammern bisher keine oder nur sehr wenig Früchte getragen haben (in Karlsruhe ging der dort bestehende Lehrlingshort wegen mangelnden Besuchs 1905 ein) [1]), so liegt dies zum Teil an der Organisation, zum Teil ist dies auch darauf zurückzuführen, daß bei freiwilligem Besuch jeder kommen kann, wenn er will. Wenn bessere Erfolge erzielt werden sollen, so ist vor allem notwendig, daß der Lehrlingshort an jedem Abende geöffnet ist, und daß eine richtige Auswahl der Bücher und Unterhaltungsgegenstände getroffen wird. Moral- und Jugendpredigten allein führen auch nicht zum Ziel. Der Frankfurter Verein „Jugendfürsorge" hat auf diesem Gebiete gute Erfolge aufzuweisen. Die fünf zur Verfügung stehenden Lokale, die an Wochentagen von 7½ bis 9½ und Sonntags von 3—9½ Uhr geöffnet sind, wurden im Jahre 1905 von 35 540 jungen Leuten besucht [2]). Im Durchschnitt macht dies an Wochentagen 22 und an Sonntagen 40 Besucher für jedes Lokal.

Eine größere Wirkung als diese bloßen Unterhaltungsabende erzielen solche Veranstaltungen, in denen die Lehrlinge in einem Verein enger zusammengeschlossen sind. Für diese Art dürfte der Hamburger Typus vorbildlich sein [3]).

1) Jahresberichte der Gewerbeaufsichtsbeamten 1905, Baden V_{126}. — 2) Jahresbericht des Frankfurter Vereins „Jugendfürsorge" 1905/06, S. 14. — 3 Schultz a. a. O. S. 10.

Im Jahre 1897 gründete der damalige cand. theol. Cl. Schultz[1]) in St. Pauli den ersten Lehrlingsverein, der sich sehr gut entwickelte und heute etwa 150 Mitglieder zählt, der aber wenige Nachfolger fand. Im Jahre 1900 mögen in Hamburg etwa 300 Lehrlinge in derartigen Vereinen organisiert gewesen sein. Seit dem Jahre 1900 hat dagegen die Bewegung sich weiter verbreitet, nachdem die Gesellschaft „Volksheim" die Organisation dieser Vereine in die Hand genommen hatte. Im Winter 1904/05 waren auf diese Weise in Hamburg 16 Lehrlingsvereine im Stadtgebiet, 2 im Landgebiet mit 1067 Mitgliedern vorhanden. Ueber die Organisation derselben vergl. Classen[2]) und die Jahresberichte des Hamburger Volksheims.

Solche Vereine, die wenig Mittel erfordern (eine etw. Bibliothek würde durch Schenkungen leicht zu bilden sein und sicherlich zur Erziehung der jungen Leute wesentlich beitragen), ließen sich mit Leichtigkeit in allen Städten einrichten. Insbesondere sollten es die Innungsausschüsse und Handwerkskammern als eine ihrer vornehmsten Aufgaben betrachten, wenigstens durch Gründung solcher Vereine Sorge zu tragen, wenn sie infolge der fehlenden Mittel Lehrlingsheime zu gründen nicht in der Lage sind. Der vor einigen Jahren von sozialdemokratischer Seite in Berlin gegründete sozialdemokratische Verein der Lehrlinge und jugendlichen Arbeiter[3]) hat der Oeffentlichkeit gezeigt, welchen Gefahren die Lehrlinge ausgesetzt sind. Schon aus dem Grunde, daß eine zu frühe Einführung in politische Strömungen sehr bedenklich ist, muß die Allgemeinheit bestrebt sein, durch positive Darbietungen die Lehrlinge von diesem Gebiete abzulenken. Der Staat und die Gemeinde werden sicherlich gerne ihre Hand dazu bieten, wenn Männer vorhanden sind, die solche Organisationen zu leiten verstehen.

In Dresden hat der Verein „Volkswohl" sich der Lehrlingsvereine angenommen. Die Aufgaben des Vereins sind im § 2 seiner Satzungen wie folgt skizziert: „Der Verein hat den Zweck, fern von jeder politischen und kirchlichen Parteibestrebung, die Wohlfahrt aller Volksklassen zu fördern und eine Geist und Gemüt bildende Geselligkeit unter seinen Mitgliedern zu pflegen". Nach sei-

---

1) Classen a. a. O. S. 75 ff. — 2) Classen a. a. O. S. 96. — 3) Jahresbericht der Handwerkskammer Berlin 1905, S. 63.

nen Jahresberichten hat der Verein mit sehr gutem Erfolge im Jahre 1904 die Hamburger Lehrlingsvereine nachgeahmt. Dem ersten, im November 1904 gegründeten Vereine traten 28 Lehrlinge bei, die wie in Hamburg ihre Angelegenheiten selbst regeln [1]). Infolge der guten Erfahrungen, die man mit dieser Einrichtung gemacht hat, ist der Verein bestrebt, diese Lehrlingsvereine über die ganze Stadt auszudehnen.

Was in Hamburg und Dresden gelungen ist, wird anderswo auch gelingen.

Die Gemeinde hätte Sonntags leerstehende Schulräume und Turnhallen zur Verfügung zu stellen und die Handwerkskammer, Innungen und gemeinnützige Vereine die Kosten für Licht, Brand und Reinigung, evtl. für die notwendigen Aufsichtspersonen zu bestreiten. Aus den regelmäßigen Besuchern der auf solche Weise entstandenen Unterhaltungsnachmittagen würde sich leicht ein Lehrlingsverein wie in Hamburg bilden, der die Lebensführung seiner Mitglieder beeinflussen und seine Anziehungskraft auf viele noch Außenstehende auszuüben vermag. Um ein möglichst dauerndes Interesse der jüngeren Leute an dem Verein zu erhalten, müßten diese wie in Hamburg ihre Angelegenheiten selbst regeln. Sie sollen sich nicht in der Schule, oder in der Kirche fühlen, dann sind sie voller Mißtrauen. Sie fühlen sich auch als Vereinsmitglied gebundener als bei den einfachen Unterhaltungsabenden. Sie sollen selbst bestimmen, was sie wollen. Der Verein soll indessen nie Selbstzweck sein, sondern nur eine pädagogische Form bedeuten. Die Lehrlinge wählen ihren Vorstand, Bücher- und Kassenwart, Ordner usw. Jedoch bedarf diese Institution dennoch eines tatkräftigen umsichtigen Leiters, der vor allem durch Besuche bei den Eltern der Vereinsmitglieder diese für seine Sache zu interessieren bemüht sein muß. Er muß ferner bestrebt sein, eine möglichst große Zahl sogenannter Helfer zu gewinnen suchen, die durch Vorträge usw. die jungen Leute beschäftigen. Der eine vereinigt die Lehrlinge zu Spiel, Turnen usw., der andere zur weiteren Fortbildung usw. Mit dem 18. Lebensjahre ist jedoch besser, die Lehrlinge aus dem Verein ausscheiden zu lassen und evtl. einem Gesellenverein zu

---

1) Jahresbericht des Dresdener Vereins „Volkswohl" 1904, S. 5 f. 1905, S. 15 f.

empfehlen, da sie in diesem Alter mit ihrer Erfahrung, Regierung und Ueberlegenheit die jüngeren leicht drücken. In dieser Hinsicht haben besonders die konfessionellen Vereine, Jünglingsvereine usw. sehr segensreich gewirkt, was in einem gemeinsamen Erlaß des preußischen Kultusministers und des Ministers für Handel und Gewerbe vom 24. November 1901 besonders anerkannt wird [1]). In diesem Erlaß wird auch die Bedeutung der Unterhaltungsnachmittage hervorgehoben und darauf hingewiesen, daß etwa 10% der gewerblich tätigen jungen Leute konfessionellen Vereinen angehören, etwa weitere 10% sich an anderen derartigen Veranstaltungen beteiligen, und daß von dem Rest weit über die Hälfte in ihren Mußestunden eines Anschlusses an das Elternhaus oder an eine sonst geeignete Familie gänzlich entbehrt [2]).

So segensreich diese und manche ähnliche Anstalten innerhalb der Begrenzung, die sie sich gezogen haben, wirken können, wäre ihre Hilfe doch wesentlich größer, wenn nicht einzelnen auf diese Weise geholfen würde, sondern ihre Einrichtungen allen Lehrlingen offen ständen, ob sie empfohlen sind oder nicht, katholisch oder protestantisch. Die Hauptsache ist ein guter Kern, der sich dann unter guter Leitung und Führung zu einem tüchtigen Mitgliede der menschlichen Gesellschaft formen läßt. Echte Gemeinnützigkeit und Wohltätigkeit muß den Geist der Freiheit atmen, wenn sie nicht einen falschen Beigeschmack bekommen soll. Der christliche Charakter solcher Institutionen kann und soll dabei doch gewahrt bleiben. Da der Gegensatz der beiden großen Konfessionen in allen Lebensverhältnissen immer wieder zu Tage tritt, da oft ernste und eifrige Christen vergessen, daß Katholiken und Protestanten Christen sind, so sollte es Aufgabe solcher auf der sittlichen Erziehung von jungen Leuten beruhenden Einrichtungen sein, der Gefahr entgegenzutreten, daß Brüder, die demselben Herrn und derselben Nation angehören, sich wie zwei fremde feindliche Mächte bekämpfen. Es gilt heute das Gemeinsame unter ihnen nicht auf Grund des allgemeinen Weltbürgertums, sondern der deutschen Nationalität, nicht auf Grund einer allgemeinen Humanität, sondern des Glaubens an denselben Herrn, wo und wie immer es möglich ist, zur Anerkenntnis zu bringen.

---

1) Preuß. Handelsmin.Bl. 1901, S. 352.

2) Jahresbericht der Handwerkskammer Posen 1904, S. 191.

Dasselbe gilt von den in langsamer Entwicklung sich befindenden Lehrlingsheimen. Es sind dies Anstalten, die zuerst im Anfange des 19. Jahrhunderts von den Jesuiten in Regensburg, München, Wien usw. gegründet worden sind [1]), um den Lehrlingen, die weder in die Hausgemeinschaft des Lehrherrn, noch ihrer Angehörigen aufgenommen sind, zum dauernden Aufenthalte die Wohnung und meist auch die Verpflegung gegen entsprechendes Entgelt oder unentgeltlich zu gewähren. Sie sind jedoch mehr als bloße Logierhäuser oder Pensionate, da sie auch die sittliche und meist auch die religiöse Ausbildung der aufgenommenen Lehrlinge verfolgen, und die oben besprochenen Aufgaben der Lehrlingspatronate und Lehrlingshorte zu erfüllen suchen, und deshalb auch für außerhalb der Anstalt wohnende Lehrlinge in Betracht kommen. Durch die Lehrlingsheime werden größere Betriebe, die bisher keine Lehrlinge halten konnten oder wollten, in die Lage versetzt, solche anzunehmen und sich ausschließlich der praktischen Ausbildung derselben zuzuwenden. Dieser Gedanke wird bei der Gründung von Lehrlingsheimen als einer indirekten Förderung der praktischen Ausbildung des gewerblichen Nachwuchses berücksichtigt werden müssen. Die Einrichtung solcher Heime muß der Neuzeit entsprechend sein. Die gesundheitlichen Einrichtungen für die Insaßen wie Bäder, Waschräume usw. dürfen nicht fehlen. Für ausreichende Versorgung mit Wasser und für gute Ventilation muß gesorgt sein.

Um die Lehrlinge von den Schlafstellen und Wirtshäusern fern zu halten, suche man ihnen möglichst alle Bequemlichkeiten zu bieten, die sie dort nicht finden, wie Erholungs-, Spiel-, Speisezimmer usw. Vor allen Dingen sollte jeder sein eigenes Schlafkabinett haben, wenn dieses auch durch einfache Verschläge in einem großen Raume hergestellt wird. Was die Verwaltung anlangt, so ist vor allen Dingen auf einen tüchtigen erprobten Vorsteher zu achten. Auch sein Beruf setzt Begabung, Erlernung und Erfahrung voraus. Er muß das Vertrauen seiner Schützlinge zu erhalten und sie zum offenen Reden ihm gegenüber zu bewegen suchen.

Wenn auch solche Einrichtungen zum Wohle derer, für die sie bestimmt sind, errichtet werden, so dürfte es nicht zweckmäßig sein, die Benutzung dieser Institute unentgeltlich zu gestatten. Man

1) Bachem a. a. O. S. 1173.

sieht sonst darin leicht einen Beigeschmack von Almosen, die man wohl Unglücklichen, Witwen gewähren muß, aber nicht jungen Leuten. Die Lehrlingsheime sollen vielmehr Einnahmen ermöglichen, die nach Abzug der Verwaltungskosten noch eine Verzinsung des investierten Kapitals zum landesüblichen Zinsfuß ermöglichen, wie die lodging houses in England, die alle eine verhältnismäßig hohe Verzinsung ergeben [1]). Es würde dann auch bei uns in Deutschland möglich sein, mit Zuhilfenahme der Haupttriebfeder der heutigen Erwerbsordnung, d. h. der Erweckung der Hoffnung auf einen Gewinn, der zum mindesten nicht unter dem üblichen steht, den alleinstehenden oder fremden Lehrlingen eine angenehme Wohnstätte zu geben.

In solchem Falle würden auch Gemeinden wie Private eher das zum Bau solcher Lehrlingsheime notwendige Kapital hergeben.

Leider läßt die bisherige Entwicklung des Lehrlingsheimwesens viel zu wünschen übrig. Bisher waren es vornehmlich gemeinnützige Vereine, die sich der schulentlassenen Jugend in dieser Weise angenommen haben.

Auf katholischer Seite waren es im Jahre 1902 zirka 130 Vereine mit annähernd 13 000 Mitgliedern, die sich das Lehrlingsheimwesen angelegen sein ließen [2]) und zum Teil in einigen Städten, Cöln, M.Gladbach, Coblenz, Freiburg, Stuttgart, München u. a. eigene Lehrlingsheime besitzen. Auf protestantischer Seite hat der Verein für innere Mission Hervorragendes geleistet und in Stuttgart, Leipzig usw. Lehrlingsheime errichtet. Auch von der neuesten Interessenvertretung des Handwerks, den Handwerkskammern, die sich in Bezug auf die praktische Ausbildung der Lehrlinge in der kurzen Zeit ihres Bestehens so große Verdienste erworben haben, ist zu erwarten, daß sie sich die sittliche Ausbildung der Lehrlinge mehr als bisher angelegen sein lassen, sei es, daß sie selbst Lehrlingsheime gründen oder doch die bestehenden Anstalten finanziell und moralisch unterstützen.

1) Bowmacker a. a. O. S. 105.
2) Bachem a. a. O. S. 1173.

FSC
www.fsc.org
MIX
Papier | Fördert gute Waldnutzung
FSC® C083411

Kolibri 360 GmbH
Ferdinand-Jühlke-Straße 7
99095 Erfurt, Deutschland
produktsicherheit@kolibri360.de